세속 시대를 위한
칼뱅주의

다함
도서출판 다함은

1. 다윗과 아브라함의 자손
아브라함과 다윗의 자손으로, 하나님 구원의 언약 안에 있는 택함 받은 하나님 나라 백성을 뜻합니다.

2. 마음과 뜻과 힘을 다하여 하나님을 사랑하라
구약의 언약 백성 이스라엘에게 주신 명령(신 6:5)을 인용하여 예수님이 가르쳐 주신 새 계명 (마 22:37, 막 12:30, 눅 10:27)대로 마음과 뜻과 힘을 다해 하나님을 사랑하겠노라는 결단과 고백입니다.

사명선언문
1. 성경을 영원불변하고 정확무오한 하나님의 말씀으로 믿으며, 모든 것의 기준이 되는 유일한 진리로 인정하겠습니다.
2. 수천 년 주님의 교회의 역사 가운데 찬란하게 드러난 하나님의 한결같은 다스림과 빛나는 영광을 드러내겠습니다.
3. 교회에 유익이 되고 성도에 덕을 끼치기 위해, 거룩한 진리를 사랑과 겸손에 담아 말하겠습니다.
4. 하나님 앞에서 부끄럽지 않도록 항상 정직하고 성실하겠습니다.

세속 시대를 위한 칼뱅주의
- 21세기에 읽는 아브라함 카이퍼의 칼뱅주의 강연 -

초판 1쇄 인쇄 2025년 08월 11일
초판 1쇄 발행 2025년 09월 01일

지은이 | 리처드 마우, 빈센트 베이코트, 조지 하링크 외 6인
편 집 | 제시카 & 로버트 자우스트라
옮 김 | 신국원

교 정 | 김석현
디자인 | 장아연
펴낸이 | 이웅석
펴낸곳 | 도서출판 다함
등 록 | 제402-2018-000005호
주 소 | 경기도 군포시 산본로 323번길 20-33, 701-3호(산본동, 대원프라자빌딩)
전 화 | 031-391-2137
팩 스 | 050-7593-3175
블로그 | https://blog.naver.com/dahambooks
이메일 | dahambooks@gmail.com

ISBN 979-11-989435-8-3 (04230) | 979-11-90584-07-4 (세트)

Originally published by InterVarsity Press as Calvinism for a Secular Age, edited by Jessica R. Joustra and Robert J. Joustra.

©2022 by Robert J. Joustra and Jessica R. Joustra. Translated and printed by permission of InterVarsity Press, P.O. Box 1400, Downers Grove, IL 60515, USA. www.ivpress.com.

License arranged through rMaeng2, Seoul, Republic of Korea.

이 한국어판의 저작권은 알맹2를 통하여 InterVarsity Press와 독점 계약한 도서출판 다함에 있습니다.

※ 신저작권법에 의하여 한국 내에서 보호받는 저작물이므로 무단 전재와 무단 복제를 금합니다.
※ 책 값은 뒷표지에 있습니다.
※ 잘못된 책은 구입처에서 교환하여 드립니다.

Abraham Kuyper Series 03

세속 시대를 위한

칼뱅주의

Calvinism For A Secular Age

- 21세기에 읽는 아브라함 카이퍼의 칼뱅주의 강연 -

제시카 & 로버트 자우스트라 편집
리처드 마우, 빈센트 베이코트, 조지 하링크 외 6인 공저
신국원 옮김

다함
도서출판

+ 목차

추천사	6
서문 - 제임스 D. 브랫	16
감사의 글	32
들어가는 글 - 로버트 J. 자우스트라	35
1. 카이퍼와 삶의 체계 _ 리차드 J. 마우	53
2. 카이퍼와 종교 _ 제임스 에글린턴	83
3. 카이퍼와 정치 _ 조나단 채플린	115
4. 카이퍼와 과학 _ 데보라 B. 하르스마	159
5. 카이퍼와 예술 _ 애드리안 뎅거링크 채플린	199
6. 카이퍼와 미래 _ 브루스 애쉬포드	231
7. 카이퍼와 인종 _ 빈센트 베이코트	263
8. 번역으로 인한 손상: 스톤 강연의 초고 _ 조지 하링크	291
9. 칼뱅주의가 한국사회와 문화에 미친 영향 _ 신국원	331
마치는 글 - 제시카 R. 자우스트라	366
참고문헌	390
색인	422

✚ 추천사

130년이 가까이 되어가는 〈칼빈주의 강의〉를 아직도 읽을 필요가 있는가? 이 책 집필에 참여한 저자들은 그렇다고 답합니다. 아브라함 카이퍼의 사상에는 빛과 그늘이 있지만 시대적 한계나 개인의 성격에서 비롯된 요소들을 가려내면 그로부터 배울 수 있는 것들이 여전히 많습니다. 피터 헤슬람의 『기독교 세계관의 창조』(Creating A Christian Worldview)가 카이퍼의 『칼빈주의 강연』의 배경과 내용을 학문적으로 잘 이해할 수 있도록 도움을 주는 책이라면 자우스트라 부부가 편집한 이 책은 각 분야에서 전문가로 오늘의 삶을 살아가는 그리스도인들이 카이퍼로부터 실천적으로 무엇을 배울 수 있을지를 깊이 있게 안내해 주는 책입니다. 삶의 자리에서 어떻게 생각하고, 어떻게 책임 있게 살아가야 할지 고민하는 그리스도인이라면 이 책을 꼭 읽어 보기를 권합니다.

강영안
(한동대학교 석좌교수, 서강대학교 철학과 명예교수)

본서는 아브라함 카이퍼의 개혁주의 공공(공적) 신학을 다룬 최고의 걸작, 『칼빈주의 강연』의 21세기 현대판 『칼빈주의 강연』입니다. 카이퍼는 19세기말 미국 프린스턴 신학교 스톤 강연에서 칼뱅주의, 즉 그리스도의 절대주권이 사회의 각 영역, 즉 종교, 정치, 학문, 예술, 그리고 미래에까지 미친다고 주장했습니다. 본서의 기고자들인 카이퍼 전문가들은 카이퍼의 여섯 강연에 대한 각 주제별 회고와 더불어 현대 그리스도인들의 공적 광장에서의 참여와 역할을 격려하며 촉구합니다. 게다가 본서의 마지막 두 장은 오늘날 민감한 주제이지만 카이퍼 당시에는 당연시 되었던 인종 문제, 그리고 카이퍼의 강연 원고를 둘러싼 논란과 해법을 다룹니다. 기고자들이 각 장에서 다루는 내용은 그 지향성이 매우 현대적이기에 내용 자체에 대한 인식과 비판적 수용도 중요하지만, 더욱 중요한 것은 카이퍼가 주장했던 칼뱅주의에 대한 접근 방식입니다. 쉽게 말하면, 옛적 16세기 제네바의 개혁자 칼뱅의 신학적, 교리적 가르침을 반복하거나 복사하는 것이 아니라 성경에 뿌리를 둔 개혁주의 전통을 따라 21세기 포스트모던 공적 삶의 다양한 영역에 현대적으로 적용하고 실천하는 것입니다. 한국 그리스도인들은 하나님의 절대주권을 신뢰하는 가운데 그리스도의 복음이 더 이상 교회당 울타리에 갇힌 것이 아니라 사회와 문화를 변혁하는 역동적 능력임을 선언해야 합니다. 이런 기독교적 문화 변혁의 도상에서 그리스도인들은 승리주의에 함몰된 콘스탄틴주의를 주장하는 것이 아니라, 오히려 성령의 은혜와 능력 아래 십자가 희생과 섬김의 길로 나아가야 합니다. 한국교회가 그리스도의 복음 안에서 갱신될 뿐만 아니라 한국 사회와 문화를 개혁하는 세상의 빛과 소금이기를 소원하는 모든 독자들에게 본서를 적극 추천합니다.

박태현
(총신대학교 목회신학전문대학원 실천신학 교수,
『아브라함 카이퍼의 칼빈주의 강연』의 번역자)

이 책의 발간이 갖는 유익은 우리 문화 현실과 씨름하는 그리스도인들에게 어떻게 대응할지 알려준다는 점입니다. 그리스도의 주권, 일반은총, 문화명령 등을 포함하여 칼뱅주의 전통은 문화예술에 대한 성경적 지혜와 통찰을 제공해 줍니다.

이 책에서는 종래 칼뱅주의가 문화예술에 대해 지닌 부패와 죄를 억제하는 방부제와 같은 소극적 변론에서 문화적 책임, 사랑과 정의의 사회적 실천, 공동선의 추구와 같은 적극적 역할로 나가고 있음을 보여줍니다. 문화 변혁의 비전을 품은 그리스도인이라면 놓쳐선 안 될 책입니다.

서성록
(안동대학교 미술학과 명예교수)

칼뱅의 가르침으로 교육, 학문, 정치 등 사회 개혁을 실행했던 카이퍼를 각 분야의 전문가들이 21세기 우리 시대로 데려왔습니다. 카이퍼 이후 과학이 폭발적으로 발전하였지만 교회가 제대로 대처하거나 수용하지 못하여 어려움에 처한 청년들에게, 신앙은 개인의 구원을 넘어 삶의 체계이며 세계관이라는 카이퍼의 주장은 여전히 빛을 비춰 줍니다. 이 책을 읽으면 신자가 하는 모든 일이 기독교적 소명이라는 확신을 얻게 될 것이기 때문입니다. 카이퍼의 『칼뱅주의 강연』을 읽었던 세대에게는 그때의 신앙적 흥분을 다시 한번 맛볼 수 있게 해주는 책입니다. 모든 것이 답답한 지금 꼭 필요한 책입니다.

성영은
(서울대학교 화학생물공학부 교수 / 『파브르의 안경』(홍성사) 등의 저자)

오늘과 같이 신앙 생활에 있어서 '공적인 영역'이 약화되고, 성도들에게 '사적인 신앙'만을 갖도록 강요하는 시대 속에서 아브라함 카이퍼를 소환하는 것은 의미있습니다. 종교개혁 이후 한 성도가 정치와 신학, 사회와 신앙의 영역에서 카이퍼처럼 부각된 인물이 또 있었을까요? 그의 세상적인 성공을 말하려는 것이 아니라, 그가 가지고 있었던 통전적인 삶을 생각해 보려는 것입니다. 『세속시대를 위한 칼뱅주의』는 아브라함 카이퍼가 강의한 칼뱅주의에 관한 일종의 해설서인데, 놀랍도록 읽기 쉬운 책입니다. '칼뱅주의' 혹은 '아브라함 카이퍼의 신학'은 대다수 독자들에게는 부담을 줄 것 같습니다. 하지만 이 책은 여러 명의 저자들이 아브라함 카이퍼가 이해한 칼뱅주의를 자신의 전문 영역에서 녹여내어 읽기 쉽게 독자들에게 설명합니다. 어찌 보면 다양한 주제를 다루고 있지만, 이 책은 결국 사적인 영역에 한정하여 신앙생활을 하라고 다방면에서 짓누르듯 교회를 압박하는 '세속 시대'를 살고 있는 모든 교우들에게, 어떻게 공적 영역에서도 빛나는 신앙을 살아낼 것인가를 제시합니다. 개혁주의 신학을 따르는 목회자인 저는 이 책을 통하여 신앙과 정치, 과학, 예술, 미래를 하나의 체계로 보게하는 통전적 사고에 대한 지평을 열 수 있었습니다. 그래서 성도들을 더욱 분명하게 '공적인 영역'의 삶으로 파송하고, 이를 위하여 어떻게 훈련해야 하는 가에 관한 필요한 지침을 얻게 되었습니다. 혹 칼뱅주의에 호감을 갖지 않는 분들도 성도로서 세상 가운데 공적인 책임을 지는 신앙과 삶에 부담을 느낀다면, 이 책은 새로운 안목을 열어 주리라 확신합니다.

한규삼
(충현교회 담임목사 / 사귐과섬김 공동대표)

영어권 독자들이 방대한 아브라함 카이퍼의 저작을 더 많이 읽을 수 있습니다. 그렇다 해도 원초적 영어 자료인 스톤 강연을 다시 돌아보는 것은 가치 있고 중요한 시도입니다. 카이퍼의 프린스턴 신학교 강연은 세기 중간에 카이퍼와 신칼뱅주의를 전세계적으로 널리 친숙하게 만든 주요 원천이었습니다. 본서는 현재와 미래 모두를 위해 그 유산을 수용하여 의의를 되새길 소중한 진입로를 제공합니다. 카이퍼의 비옥한 사고의 가장 두드러진 면모를 쉽고도 충실하게 소개해준 편집자와 기고자들에게 감사하는 바입니다.

조던 볼러
(종교, 문화, 민주주의 센터 연구 책임자 / 『아브라함 카이퍼의 공공신학 전집』의 편집자)

아브라함 카이퍼가 분열된 우리의 21세기 세상에 무엇을 제공해야 할까요? 이 책의 글들은 한 눈으로 카이퍼의 상황을 살피고 다른 한 눈으로는 그리스도인들이 신앙을 오늘의 공적 삶에 연관 지우려 할 때 직면하는 도전들을 직시하며, 우리 시대의 상황과 카이퍼의 관련성과 한계를 밝혀주는 필수 가이드를 제공합니다.

크리스틴 코베스 뒤 메즈
(『예수와 존 웨인』 저자)

카이퍼의 스톤 강연을 처음 접했을 때부터 양면성을 느꼈습니다. 강의에서 제시하는 세계와 삶의 비전은 나의 신학적 견해에 매우 중요합니다. 그러나 카이퍼의 인종차별적 측면은 특히 후대 해석자들에 의한 비극적 전유를 염두에 둘 때 매우 괴롭습니다. 따라서 본서는 카이퍼 강의에 꼭 필요한 책으로 감사를 증폭시키되 아픔을 인정하는 반가운 강장제를 제공해 줍니다. 이 책은 카이퍼의 목적을 명확히 하고 그의 유산을 풍성하게 하며, 그의 결점에 도전합니다. 필요할 경우 카이퍼 자신을 거스르는 독해를 통해 전진합니다. 가장 중요한 것은 우리의 세속 시대에 절실히 필요한 삶 전반에 대한 생성적이면서도 관대한 비전을 제공하여 카이퍼의 프로젝트를 이어갑니다.

저스틴 아리엘 베일리
(도르트대학교 신학 부교수 / 『변증학을 다시 상상하다』의 저자)

근래에 일부 사람들이 카이퍼를 잘못 인용하며 사악한 정치적 의제를 정당화하기 위해 인용하곤 합니다. 또 카이퍼가 "취소"되어야 한다고 주장하는 다른 이들은 그를 잘못 해석하곤 합니다. 편집자 자우스트라 부부는 카이퍼의 사상을 제대로 따르려는 이들에게 시의적절한 자료를 제공합니다. 그것을 정제하고, 때로는 버리기도 하며, 결국엔 갱신을 통해서 말입니다. 이 책은 평생을 그리스도의 복음에 비추어 살려고 애쓰는 이들에게 주는 많은 선물이자 부정할 수 없는 죄악도 가졌던 복합적인 한 인간, 카이퍼와의 매우 창의적인 씨름입니다.

코리 윌슨
(미국 칼빈신학교 선교학과 선교목회학 제이크와 베시 툴스 석좌 부교수 /
세계 교회 개척 및 쇄신 연구소 소장)

지난 날의 신앙이 과학, 정치, 예술, 인종, 종교 등에 대한 오늘의 질문과 어떻게 연결될 수 있습니까? 이 일련의 걸출한 글들은 신앙과 공적 삶의 교차점을 풍부하고 심오한 신학적 상상력을 가지고 탐구합니다. 이 책은 개혁파 신학과 아브라함 카이퍼의 독자들이 오랫동안 기다려온 선물입니다. 세계 최고의 카이퍼 학자들이 카이퍼의 시대를 열었던 칼뱅주의 강연에 새로운 삶과 신선한 관점을 제공하기 위해 여기에 모였습니다.

매튜 크레밍크
(풀러신학교 신앙과 공공 생활을 위한 리처드 마우 연구소 이사장 겸 소장)

아브라함 카이퍼에게서 우리 시대의 문화적·정치적 난제를 헤쳐 나갈 때 도움을 줄 수 있는 가이드를 찾고자 하는 이 때에, 이 시의적절한 책이 그의 유산으로부터 배우는 방안을 모색함으로써 카이퍼의 사상에 대한 쉬운 입문을 제공해줍니다. 기고자 모두 탁월한 저자들이며, 글 전체가 정치, 과학, 예술 같은 중요한 분야에서 충실한 그리스도인으로 참여하는 것이 어떤 것인지 생각해 보도록 초대합니다. 이 글들은 지난날로부터 카이퍼 사상의 지혜를 캐낼 뿐 아니라 하나님께서 오늘날 만물을 새롭게 하시고 구속하신다는 것이 무엇인지 상상하도록 촉구합니다. 복음이 개인적 헌신과 공적 참여 둘 다와 관계됨을 믿는 모든 이들이 관심을 기울여야 할 책입니다.

크리스틴 디드 존슨
(웨스턴신학교 신학과 기독교 형성 교수 / 교무부총장)

〈일러두기〉

본서에서는 'Calvin'을 '칼뱅'으로, 'calvinism'을 '칼뱅주의'로 번역했습니다. 다만 아브라함 카이퍼의 저서는 오랫동안 『칼빈주의 강연』이라는 이름으로 번역 출간되어 왔기에, 그대로 표기했습니다.

제이콥에게
너의 수고를 한 세대가 다른 세대에게 칭송한단다.

✝ 서문

제임스 D. 브랫

아브라함 카이퍼는 1898년 8월 21일 미국으로 가는 6일간의 항해를 위해 쿠나드사의 원양 여객선 루카니아호에 승선했다. 미국에 대해 많이 공부했고 생각도 많이 했던 터라, 그는 사람들과 여러 지역을 직접 경험하기를 갈망했다. 여행은 거의 4개월 동안 지속되었으며 뉴욕에서 아이오와, 코네티컷에서 메릴랜드까지 미국 북동부의 사분면을 전부 돌았다. 그러나 가장 중요한 목표는 뉴저지주 프린스턴에 가서 그곳 대학교로부터 명예박사학위를 받고 프린스턴신학교에서 스톤 강연을 하는 것이었다.[1]

---

1 카이퍼의 미국 여행에 관한 상세한 분석을 위해서는 다음을 참고하라. James D. Bratt, *Abraham Kuyper: Modern Calvinist, Christian Democrat* (Grand Rapids, MI: Eerdmans, 2013), 261-79.

카이퍼는 명예박사학위를 받는 것에 대해 주저함이 없었다. 그는 수락 연설에서 20년 전 고국 네덜란드에서 명예박사 후보로 지명되었지만 정적들이 가로막았던 일을 회상했다. 그는 청중들에게 이렇게 말했다. "지금 나에게 수여된 학위가 나의 적들에게 '작은 복수'를 해주었습니다. 명예로운 복수는 언제나 사람의 마음에 달콤한 무엇인가를 제공한다는 것을 인정하지 않을 수 없군요."[2] 이 작은 에피소드는 존경을 갈망하는 전사(戰士)이면서도 겸손의 미덕을 잊지 않는 신실한 그리스도인으로서 카이퍼의 면모를 살짝 엿볼 수 있게 해준다. 또한 이 수여식은 그에게 극적인 감각을 요구했다. 네덜란드의 오란여 왕가의 이름을 따서 명명된 프린스턴의 어거스트 나소 홀에서 미국 대통령이었던 그로버 클리블랜드(Grover Cleveland)가 청중석에 참석한 가운데 열렸기 때문이다.

카이퍼의 프린스턴신학교 강의에선 그보다는 조용한 드라마가 연출되었다. 한편으로 신학교가 미국 장로교회의 정통의 요새였기에[3] 청중들이 우호적일 것은 확실했다. 칼뱅주의에 대한 숨김없는 헌신도 문제없이 받아들여질 것이었다. 그러나 다른 한편으로 그에게 "칼뱅주의"는 당시 프린스턴 사람들에게 익숙한 내용보다 훨씬 더 많은 것을 의미했다. 그는 그 전통에 프린스턴신학교가 오랫동안 스스로를 정의해온 타협 없는 교리와 교회 정치체제가 분명히 담겨있음을

---

2 Bratt, *Modern Calvinist*, 264.
3 신학파(New School)는 당시에 신학적으로 훨씬 더 한결같이 보수적이었던 미국의 "남부" 장로교회에 대비해 이른바 "북부" 장로교회로 불렸다.

확언했다. 하지만 그 이상이 있다고 했다. 칼뱅주의 역사는 광범위한 정치적·문화적 활동의 기록을 보여주었다. 그리고 개혁파 신학은 신자들이 단지 시민과 이웃이 아니라 기독교 시민이자 이웃이라는 자의식을 가지고 세상 일에 참여하도록 명한다. 프린스턴의 정신에 있는 순수한 교회만이 아니라 "거룩한 국가"를 만들고자 하는 총체론적 참여가 뉴잉글랜드 청교도주의에 확고히 뿌리 내린 "신학파"(New School) 장로교회와 연관 지어져 있었다. 프린스턴신학교는 거의 전 역사를 통해 두 "신파들"을 예의 주시하며 반대 입장을 견지해왔다.[4]

청교도를 미국의 "정수"(精髓)라고 부르며 이상화하는 것만으로는 충분하지 않았던지, 카이퍼는 프린스턴의 정신을 괴롭게 할 주제 두 가지를 더 외쳤다.[5] 첫째, 그의 인식론(지식 이론)은 프린스턴이 항상 거부했던 독일 관념론 모델에 깊이 의존했다. 그것은 의식되지 않은 채 카이퍼의 "세계와 인생관"(world-and-life-view) 개념에 숨겨져 말뚝처럼 박혀 있었다. 카이퍼의 접근 방식은 프린스턴이 지지하는 스코틀랜드 계몽주의에서 파생된 상식적 실재론 철학에 적대적이었다. 이 철학은 실재가 우리의 오감을 통해 중립적이며 감정을 초월한 이성에 의해 "사실들"로 처리되기 위해 객관적으로 우리에게 온다고 주장했다. 이런 이해에 의하면 기독교는 사실적 증거에 기초한 합리

---

4 E. Brooks Holifield, *Theology in America: From the Age of the Puritans to the Civil War* (New Haven, CT: Yale University Press, 2003), 341-96.

5 Abraham Kuyper, "Calvinism: Source and Stronghold of Our Constitutional Liberties," in James D. Bratt, ed., *Abraham Kuyper: A Centennial Reader* (Grand Rapids, MI: Eerdmans,1998), 286에서 인용함.

적인 신념 체계이며 논리와 이성에 의해 변호되어야 할 것이었다. 사실상 그것은 궁극적으로 가장 (어쩌면 유일한) 완전히 합리적인 체계이다. 카이퍼는 이와 반대로 우리 모두 불가피하게 세계에 대한 인상을 전(前) 이성적 해석의 틀 속에서 인식하고 처리한다고 주장했다. 따라서 기독교 지성의 작업은 이 틀을 최대한 성경의 증언에 충실하게 만들고, 들어오는 모든 것들에 맞서 거기서 얻은 결과들을 방어하며 일관된 논리에 따라 그 속에서 세워져 가는 것이다. 마찬가지로 그리스도인들은 문화와 정치 분야에서 자신의 일을 성경과 신학과 역사에 대한 세심히 연구에 기초한 일관성 있는 자기비판적 프로그램을 따라 추구해야 한다.[6]

카이퍼는 기독교에 대한 포괄적이고 역동적인 이해와 지식을 관점 간의 갈등이라고 보는 개념, 이 두 가지 도전에 하나를 더 추가했다. 오랫동안 프린스턴의 최고 신학자였던 찰스 하지(Charles Hodge)는 그 신학교에서 근본적으로 새로운 사상이 제창된 적이 없다고 주장한 바 있다. 카이퍼는 아주 다른 소리를 냈다. 〈칼뱅주의와 미래〉라는 마지막 강의 첫 부분에서 말했듯이, 이 시대에 필요한 것은 "칼뱅주의가 마치 화석이나 되는 것처럼 과거를 모방하는 것이 아니다. 이제 칼뱅주의라는 식물이 우리 현대의 실생활과 미래의 시대적 필요에 온전히 부합하게끔 싹이 돋아나 다시 한번 꽃을 피우도록

---

[6] 상식적 실재론(Common Sense Realism)에 대해서는 다음을 참고하라. Mark Noll, *America's God: From Jonathan Edwards to Abraham Lincoln* (New York: Oxford University Press, 2002), 93-113, 253-68.

정화하고 물을 주기 위해 그것의 산 뿌리로 돌아가는 것이다."⁷ 더욱이 이것은 당시 유행하던 현실적 적절성에 대한 욕구를 반영한 것이 아니라 하나님의 주권에 대한 칼뱅주의의 핵심적 헌신을 단호히 표명하는 것이었다.

> 인류의 타락 이후의 세계는 결코 잃어버린 행성이 아니며, 지금은 오직 교회가 그 싸움을 계속하지 않으면 안 되는 장소로서 운명 지어져 있을 뿐이다. 또 인류는 택함 받은 자를 산출하는 목적에만 이바지하는 목표 없는 대중의 무리가 결코 아니다. 반대로 세계는 태초와 마찬가지로 지금도 하나님의 능력 있는 역사가 이루어지는 무대이며, 인류는 여전히 하나님의 피조물로서 구원의 문제와는 별도로 이 현재의 섭리 아래에 이곳 지상에서 하나님의 사업을 완수하고 그 역사적 발전에 의하여 전능하신 하나님의 이름을 영화롭게 해야 한다.⁸

카이퍼의 도전은 프린스턴신학교 훨씬 너머를 겨냥하고 있었다. 미국 개신교 전체를 향해 말했던 것이다. 우리는 뒤에서 그의 강연이

---

7 Abraham Kuyper, *Lectures on Calvinism* (1931; repr., Grand Rapids, MI: Eerdmans, 1999), 171. 아브라함 카이퍼, 『아브라함 카이퍼의 칼빈주의 강연』, 박태현 옮김 (군포: 도서출판다함, 2021), 304.

8 Kuyper, *Lectures on Calvinism*, 162. 카이퍼, 『아브라함 카이퍼의 칼빈주의 강연』, 288-89.

어디서 어떻게 받아들여졌는지를 고려하면서 이 부분에서 그가 거둔 상대적인 성공에 대해 다시 검토할 것이다. 우리는 먼저 그 강연 이면에 있는 프로그램을 이해할 필요가 있다. 카이퍼는 당시 현안들에 엄청난 위험이 도사리고 있다고 보았다. 그것은 스톤 강연에서 만나게 되는 대담한 언어와 거대한 역사적 진보를 설명하는 데 도움이 된다. 극단적으로 아이러니와 의심에 조율된 우리의 포스트모던 귀에는 "대담함"이 곧 "터무니없음"일 수 있고, 웅장함은 거창함이 될 수 있다. 그러나 당시로서는 그런 언어나 역사적 진보 감각이 그다지 이상한 것이 아니었다. 불과 2년 앞서, 미국인들은 윌리엄 제닝스 브라이언(William Jennings Bryan)이 민주당 대통령 후보 지명을 수락하며 재계(財界)를 향해 이렇게 경고하는 말을 들었다. "노동자의 이마에 가시 면류관을 눌러 씌우지 말며, 인류를 금 십자가에 못 박지 말지어다!"[9] 마찬가지로, 시어도어 루스벨트는 1912년 지명 대회에서 이렇게 말했다. "우리는 아마겟돈에 서있습니다. 그리고 우리는 주님을 위해 싸웁니다!"[10] 그런 수사는 좌, 우 그리고 중간 어디서나 들을 수 있었다. 그것이 당시의 관습이었다.

카이퍼는 이런 판국에다 게오르크 헤겔(Georg W. Hegel)이 가장 인상깊게 각인해 놓은 독일 관념론의 역사관에 푹 젖은 자신의 견해

---

9 "Bryan's 'Cross of Gold' Speech: Mesmerizing the Masses," History Matters, accessed May 1, 2020, http://historymatters.gmu.edu/d/5354/.

10 Lewis L. Gould, "1912 Republican Convention: Return of the Rough Rider," *Smithsonian Magazine*, August 2008, www.smithsonianmag.com/history/1912-republican-convention-855607/.

까지 덧붙였다.[11] 물론 카이퍼는 헤겔이 신을 세계 정신으로 바꾸어 놓은 것을 비난했다. 그러나 세계 역사가 다양한 국가와 체제들, 문명과 종교들 속에서 체현된 주도적 "원리"의 변증법 유희에 따라 발전해 왔다는 개념을 철저히 공유했다. 카이퍼는 이미 네덜란드의 조용한 시골 마을의 젊은 목사이던 1865년에 당시 유럽에서 이 드라마가 펼쳐지고 있다고 보았다. 그는 역사가 기독교가 대표하는 전통적인 유신론적 세계관과 철학적 토대와 인간의 삶에 대한 규범이 철저히 물질주의적이고 완전히 무자비한 자연주의 사이의 충돌에 이르렀다고 했다.[12] 1890년대에 이르러 범신론이 주적이 되었다. 전통적 기독교의 자원은 로마 가톨릭과 개신교로 나누어진 상황이었다. (카이퍼의 마음속에 "칼뱅주의"는 언제나 개신교를 활달하게 만드는 정신 또는 "원리"의 가장 순결한 정수(精粹)였다.[13])

카이퍼는 사상가로서 그리고 행동가로서 전 생애를 이 싸움에 바쳤다. 역사를 통제하는 힘이 궁극적으로 영적이기에 (정치나 경제 대신) 문화를 싸움의 최전선으로 보았고, 따라서 에너지를 교회와 학교에 집중시켰다. 그러나 1870년대에 교육정책이 (다른 나라들처럼) 정치의 전면에 부상하자 종교적으로 다원주의적 공립학교 제도를 주창하기 위해 네덜란드 의회에 진출했다. 그는 네덜란드 법의 새로운 조항을 이용해 헌신적일 뿐 아니라 이제는 식견이 훨씬 높아진 칼뱅주

---

11 Bratt, *Modern Calvinist*, 31-32, 58-59.
12 Bratt, *Modern Calvinist*, 46-47.
13 Bratt, *Modern Calvinist*, 212-14.

의 시민들의 공동체를 전국적으로 결속시키는 신문을 발행했다. 그들의 활동을 통합하기 위해 새로운 정당도 창립했다. 또한 갓 부상하기 시작한 운동 전체에 리더십을 제공할 대학교를 설립했다.

이 모든 일은 1880년 즈음 자리를 잡았다. 그다음엔 개혁파 국교회를 철저히 개혁할 것이라고 기대한 일에 착수했지만 그 계획은 목표에 이르지 못했다. 그래서 초점을 다시 정치로 돌렸다. 그리고 프린스턴 강연에 이르는 10년간 그의 운동은 날로 강해졌다. 카이퍼의 정당은 다른 무엇보다 1887년과 1897년 두 번의 극적인 참정권 확대로 덕을 보았다. 1880년대 후반의 혹독한 경제 침체가 결국 그의 운동도 경제에 주의를 기울이기 시작하도록 자극을 주었다. 또한 네덜란드는 1890년대에 실시된 거대한 개혁 방안들로 공중 보건과 번영에 대한 훨씬 더 나은 전망의 토대를 쌓았다. 학자로서의 카이퍼의 가장 위대한 성공들도 같은 시기에 이루어졌다. 1894년엔 3부작 『신학백과사전』(*Encyclopedia of Sacred Theology*)을 마쳤다. 역시 3부작으로 1902년에 출판될 독창적인 일반 은총 교리에 관한 긴 시리즈도 이때 잡지에 연재하기 시작했다.[14]

간단히 말해 『칼빈주의 강연』에 흐르는 모든 불길함과 쇠퇴의 색조에도 불구하고, 카이퍼는 절정기에 프린스턴에 왔다. 그는 1896년의 한 빛나는 연설에서 추종자들에게 똑같이 외쳤다. "형제들이여, **나**

---

14 카이퍼의 교회 개혁에 관해서는 Bratt, *Modern Calvinist*, 149-71, 이 시대의 정치와 경제에 관해서는 215-32, 298-301, 학문에 대해서는 183-87, 197-204, 206-7을 참고하라.

는 미래를 믿습니다. 전심으로 그것을 믿습니다."[15] 하나님께서 여전히 역사와 창조세계를 다스리시며, 다가오는 장래에도 신실한 자들을 위해 놀라운 일을 마음에 품고 계신다. 아마도 그중 하나가 1901년에 카이퍼를 수상으로 부상시키는 것이었을 수 있다. 그가 낳았고, 30여 년에 걸친 혁신과 발전 과정을 내내 이끌었던 놀라운 운동은 성숙해 갔다. 카이퍼는 미국 칼뱅주의자들로 하여금 그 비슷한 뭔가를 생각하기 시작하도록 하려고 프린스턴에 도착했던 것이다.

그러나 대서양 이편에는 아직 시기가 무르익지 않은 것으로 판명되었다. 카이퍼의 『칼빈주의 강연』은 그가 바랐던 곳보다는 오히려 간과했던 곳에서 기억되고 추앙을 받았다. 그리고 그의 영향력은 훨씬 훗날에나 드러날 것이었다. 이런 결과는 프린스턴 이후에 수행한 두 개의 다른 강연 여행에서 예견되었다. 첫 강연 여행은 서부 미시간으로부터 시카고 지역과 북서 아이오와에 걸쳐 중서부 지역의 여러 네덜란드계 이민자 공동체에서 잇달아 행해졌다. 다른 하나는 시카고에서 시작해 뉴잉글랜드 디아스포라의 발자취를 되짚어 클리블랜드와 로체스터 그리고 하트포드로 간 다음, 뉴저지와 필라델피아의 네덜란드 개혁교회와 장로교회의 요새들로 내려갔다.

---

15 Bratt, *Modern Calvinist*, 239에 인용 (강조는 본래 카이퍼의 것)

두 번째 여행을 먼저 짚어보자. 이 기착지들은 카이퍼를 19세기 말 미국 경제와 문화를 여전히 지배하던 북동부 개신교의 거점 축을 관통하게 했다. 여기에 의로운 사회에 대한 청교도의 꿈의 씨앗이 교육 및 헌법 질서에 대한 스코틀랜드 및 네덜란드 칼뱅주의의 헌신과 혼합되어 자리잡고 있었다.[16] 카이퍼는 그 모든 것을 확고히 지지했다. 그러나 이 종족 교회들이 그들의 종교적 뿌리를 위협하는 근대주의 신학의 질병에 주의를 기울이며 윤리적 열매에 너무 몰두하고 있음을 우려했다. 이런 선상에서 그의 메시지는 결과적으로 당대의 혼합된 정신들을 비판적으로 자세히 살펴 알곡을 쭉정이와 구분하라는 『칼빈주의 강연』의 요청에 메아리쳤던 셈이다. 하지만 청중들은 그의 도전을 오해하거나 무시했다. 미국 개신교의 권력은 나라를 개혁해 부흥시켜 더욱 안정된 토대 위에 재정립하려는 거대한 진보적 캠페인의 백척간두에 서 있었다. 정신적 분열은 제1차 세계대전이 십자군적 열정을 소진시킨 후인 1920년대에 가서야 일어날 것이었다. 그리고 그 충돌 속에서 근대주의와 근본주의 진영 어디서도 카이퍼의 선도를 따를 여지가 전혀 없었다.

묘하게도 네덜란드계 미국으로의 여행이 훨씬 유익했던 것으로 드러났다. 그 공동체는 두 교단으로 나누어져 있었다. 식민지의 새로

---

16 이 두 조상의 비교적 면모들을 보려면 다음을 참고하라. James D. Bratt, "Calvinism in North America," in *John Calvin's Impact on Church and Society*, 1509-2009, ed. Martin Ernst Hirzel and Martin Sallmann (Grand Rapids, MI: Eerdmans, 2009), 49-66. 카이퍼가 그들에게 준 메시지에 대해서는 Bratt, *Modern Calvinist*, 272-73, 277-78을 참고하라.

운 네덜란드의 후손들로 얼마간 정착민 분위기를 가진 미국 개혁교회(Reformed Church in America, RCA)와 고국 네덜란드의 개혁파 국교회에 반대하는 다양한 분열 운동에 공동체의 뿌리를 내린 것을 긍지로 삼는 기독교개혁교회(Christian Reformed Church, CRC)가 그것이었다. 카이퍼는 RCA의 중서부 핵심 리더들과 오랫동안 교류했었고, 실제로 워싱턴 D. C.를 방문했을 때 그들을 통해 윌리엄 매킨리(William McKinley) 대통령과 공식 면담을 갖기도 했다. 매킨리는 크게 실망스러웠다. 전략적으로 자리 잡은 RCA를 통해 영향력을 미칠 기대 역시 희미했다. 이 집단에서 그의 정열을 따르는 이들은 숫자도 적고 업적도 변변치 못했다.[17]

대신 그 정열은 더 분리주의적인 CRC 가운데서 훨씬 오래 그리고 강하게 타오를 것이었다. 여기서 미국 문화의 공통적 분위기에 대항해 스스로를 미국 사회 내에서 구분함이 카이퍼의 비판 정신에 더 큰 여지를 제공했다. 동시에 여기서 세상과의 적극적인 기독교적 참여를 위한 그의 부름이 교단의 분리주의 정신 아래서 그것과 마찰을 겪으며 양육된 명석하고 야심찬 젊은이들을 위한 생명의 말씀 그 자체였던 것으로 드러났다. CRC는 제2차 세계대전에 이르기까지 어젠다의 중심을 교리적 일탈과 모든 형태의 "세속성"에 대한 열렬한 싸움에 두었다. 카이퍼는 그런 협착을 넘어설 정통적 이유와 잘 정립된 방법을 제공했다. 가장 분명한 결실 중 하나가 이 교단의 칼빈대학교

---

17 Bratt, *Modern Calvinist*, 264-68, 276-79.

가 배출한 일군의 국가적 수준의 철학자들이었다.[18] 더 널리 상징적으로는 이 공동체의 중심에 자리잡은 어드만스 출판사(William B. Eerdmans Publishing Company)가 『칼빈주의 강연』의 판권을 획득한 1931년 이래 줄곧 인쇄하고 있다.

카이퍼의 영향력은 이후 미국에서 두 노선을 따라 확장되었다. 첫째로 제2차 세계대전 이후 네덜란드로부터 캐나다로의 이민이 고국에서 카이퍼의 완벽한 기관 전체에서 양육을 받아 신세계에서 유사한 것을 세우기를 추구하는 수천 명을 북미로 이주시켰다. 이들은 때로 성공적이기도 했다. 그들의 영향력은 이중 국적의 CRC 교회에 속한 가정들을 통해서 미국 전체에도 퍼졌다.[19] 둘째로 1920년대에 충격적인 수치를 겪은 많은 개신교 근본주의자들이 반세기 후, 미국 무대에 다시 참여하기 위해 복음주의자들로 떠올랐다. 그들의 유산인 반-과학적이며 세계도피적 강박이 이 일을 위한 자원을 찾게 만들었고, 카이퍼의 프로그램이 탄탄한 선택지를 제공했다. 첫째, 관점주의

---

18 이 과업의 지도적 정신은 윌리엄 해리 젤레마(William Harry Jellema)였으며, 그의 제자들 중에 코넬리우스 반틸(Cornelius Van Til), 윌리엄 프랑케나(William Frankena), 오 케이 보우스마(O. K. Bouwsma)와 니콜라스 월터스토프(Nicholas Wolterstorff)와 앨빈 플랜팅가(Alvin Plantinga)가 있다. 보다 상세한 내용은 다음을 참고하라. James D. Bratt, "De Erfenis van Kuyper in Noord Amerika" [Kuyper's Legacy in North America], in *Abraham Kuyper: zijn volksdeel, zijn invloed*, ed. C. Augustijn, J. H. Prins, and H. E. S. Woldring (Delft: Meinema, 1987), 203-28와 James D. Bratt, "The Reformed Churches and Acculturation," in *The Dutch in America: Immigration, Settlement, and Cultural Change*, ed. Robert P. Swierenga (New Brunswick, NJ: Rutgers University Press, 1984), 191-208.

19 Bratt, "Kuyper's Legacy," 203-28.

인식론이 근본주의가 프린스턴으로부터 물려받은 상식 실재론의 낡은 이성주의보다 설득력이 있었다. 둘째로 미래에 관한 하나님의 약속 아래 세상에 참여하라는 명령은 근본주의 정신의 다른 극단인 세대주의의 극렬한 판타지에 적극적인 대안을 제시했다. 렉스햄 출판사(Lexham Press)가 새로 펴내고 있는 공공신학의 넓은 범위에 걸친 카이퍼의 책들의 청중이 이들이다.[20]

그렇다면 카이퍼의 『칼빈주의 강연』은 앞으로 어떻게 활용되어야 할 것인가? 그의 핵심적 통찰은 항상 가치 있게 남을 것이다. 즉 신앙이 일요일만 아니라 평일에도 관련이 있으며, 영적인 것뿐만 아니라 물질적인 것에도, 신학과 경건과 개인적 행동뿐만 아니라 과학과 정치, 예술 여가, 노동 및 비즈니스에도 관련이 있다는 것이다. 이것은 단지 복음 명령의 하나가 아니라 현실 그 자체다. 사실 무관심도 일종의 헌신이다. 세상에서부터 도피는 그것이 우리가 증거하도록 부름받은 거룩한 공의로부터 얼마나 멀리 떨어져 있든지 간에 그것이 최

---

20 Mark Noll, *The Scandal of the Evangelical Mind* (Grand Rapids, MI: Eerdmans, 1994), 215-17, 224-25, 237. 마크 놀, 『복음주의 지성의 스캔들』, 박세혁 옮김 (서울: IVP, 2010). 렉스햄 출판사 시리즈에 대해서는 다음을 참고하라. "Abraham Kuyper Collected Works in Public Theology," Lexham Press, accessed April 20, 2020, https://lexhampress.com/product/55067/abraham-kuyper-collected-works-in-public-theology.

선이라고 확증하는 한 방법이다.

또 다른 소중한 유산이 카이퍼가 사물의 상호연관성에 어떻게 주목했는지에 있다. 사회 제도들과 정치적 정책과 예술 작품들이 통제 원리와 욕망을 반영하듯이, 우리의 우선적 확신이 **참으로** 우리의 지식과 행동을 형성한다. 우리 시대의 풍경 아래서 지각판들처럼 움직이는 다양한 이상과 가치 체계를 구현하는 파워 블록들을 알아차리는 것은 어렵지 않다. 그리고 성경의 기준과 역사의 지혜를 통해서 그것들을 찾아내고 평가하는 것은 필수적이다. 즉 우리 그리스도인들은 세상에 대한 피상적이거나 단지 감정적이거나 그냥 반동적인 이해가 아니라 깊은 이해를 개발해야 한다는 카이퍼의 부름이 필요하다. 그것은 이웃을 바르게 사랑하기 위한 필수적 서곡이다.

물론 우리는 그 연관성을 『칼빈주의 강연』이 너무 자주 보여준 것 같은 과장과 과도한 일반화에 취약한 거대한 헤겔 방식으로 살피지 않아야 한다. 우리는 뉘앙스와 사물들 속의 역설적인 불일치 그리고 심지어 모순들에 대해 보다 더 바르게 알고 있다. 예를 들어 카이퍼는 (프랑스) "혁명"의 지지자들이 전통적인 기독교 지지자들에 대항해 일관성 있게 도열할 것이라는 유럽대륙의 인식을 미국으로 가져왔다. 그러나 미국에서는 그 다이얼의 각도를 90도 꺾어야 했다. 미국 혁명(독립전쟁—역자 주)의 양편 **모두** 기독교인과 계몽주의 이성의 열광자들을 포함했다. 알렉산더 솔제니친(Alexander Solzhenitsyn)과 더불어 깨닫게 된 바, 선과 악 사이의 대립은 인간 집단들 사이가 아니라 모든 인간의 마음 정중앙을 관통한다.[21] 따라서 우리는 카이퍼의 비판적 명령을 우리 대적들 위에 내려놓기에 앞서 우리 자신들에게 먼저 적용할 필요가 있다.

우리가 사용하는 메타포와 어조를 돌아보는 것도 중요하다. 카이퍼는 권위, 법, 순종, 그리스도의 주권 같은 정치적 용어를 선호한다. 우리는 성경의 보물창고에 들어있는 용어에 관심을 기울여 그로부터 유익을 취해야 한다. 목자로서 우리 앞에 행하시며, 우리 곁에서 행하시고, 또는 우리 안에 빛나는 성령으로서의 그리스도의 이미지 아래 정치와 예술, 과학, 경제가 어떻게 비칠 것인가? 만일 카이퍼처럼 복음이 충동할 전쟁만이 아니라 오히려 대신에 그리스도께서 우리에게 약속하신 평화를 향해 전력으로 나아간다면? 우리는 여기서 이것이냐 저것이냐의 배타적 용어를 생각할 것이 아니라, 적어도 우리에게 가용 가능한 모든 용어와 어조의 모음을 염두에 두어야 할 것이다.

하지만 이 모든 것을 감안한다 해도, 카이퍼의 『칼빈주의 강연』은 여전히 온 세계를 대항함에 한 사람의 그리스도인이 할 수 있고, 또 그리스도인들이 다 함께 취해야 할 하나의 모델을 제공해 준다. 만일 우리가 그와 방법과 언어상 어떤 점에서 다를 수 있다. 또 필연적으로 우리가 살피는 분야에서 다른 사건과 사례와 발전들이 그의 것보다 더 크게 보일 수도 있다. 그럼에도 불구하고 카이퍼가 스톤 강연에서 보여준 대단한 에너지와 확신과 탁월함은 우리로 하여금 우리 삶과

---

21 Alexander Solzhenitsyn, *The Gulag Archipelago* (New York: Harper & Row, 1974), 168.

시대와 씨름하도록 불러내기에 충분하다.

제임스 브랫(James D. Bratt, PhD, Yale University)

칼빈대학교 역사학 명예교수이다.

대표 저서로는 *Abraham Kuyper: Modern Calvinist, Christian Democrat*이 있으며, 카이퍼의 중요한 소품들을 번역하고 편집한 *Abraham Kuyper: A Centennial Reader*을 펴냈다.

✢ 감사의 글

위대한 교회 역사가 야로슬라프 펠리칸은 전통을 "죽은 자의 산 신앙"이라고 불렀습니다.[1] 너무나 많은 중요한 신학과 철학이며 교리가 일종의 **전통주의**, 즉 그가 산 자의 죽은 신앙이라고 부른 것이 되고 말았습니다. 살아 있는 전통은 알래스데어 매킨타이어(Alasdair MacIntyre)의 말처럼 토론과 갱신, 정제와 개정을 통해 대화를 이어가야 합니다. 아마도 카이퍼는 (그리고 칼뱅도) **항상 개혁함**(semper Reformanda)이라는 표현을 선호했을 것입니다.

이 책은 아들 제이콥 스콧 자우스트라(Jacob Scott Joustra)에

---

1 Jaroslav Pelikan, *The Vindication of Tradition* (New Haven, CT: Yale University Press), 65. 야로슬라프 펠리칸, 『전통을 옹호하다』, 강성윤 옮김 (서울: 비아, 2024).

게 헌정되었습니다. 하지만 이 책은 부모님들이신 레이와 메리 자우스트라(Ray and Mary Joustra) 그리고 스콧과 르네 드리센가(Scott and Renee Driesenga)와 우리의 지적, 영적 부모들과 "박사학위 지도교수님들" 그리고 이 프로젝트에 함께 해준 친애하는 친구들과 동료들을 비롯한 많은 이들의 열매입니다. 그 외에도 매튜 크레밍크(Matthew Kaemingk), 저스틴 베일리(Justin Bailey), 스테파니 서머스(Stephanie Summers), 해리 반 다이크(Harry Van Dyke)과 같은 여러 분들이 이 전통의 **생명**을 아름답게 증거해 주었습니다.

이 책은 또한 여러 세대에 걸쳐 같은 목적을 위해 함께 뭉쳤던 이들과 기관들의 결실이기도 합니다. 없어서는 안 될 니콜 벤바우(Nicole Benbow)가 관장하는 지극히 유능한 우리의 연구 사무실을 통해 우리의 학문적 고향인 리디머대학교가 교내 연구비를 지원해 주었습니다. 리디머의 연구조교 조하나 루이스(Johanna Lewis)는 참고문헌들과 각주를 확인하고 수정하는 작업을 했습니다. 리드 재단(The Reid Trust Foundation)도 이 책과 저자들을 재정적으로 지원했습니다. 이 모든 것이 아니었다면 이 책은 분명히 가능하지 않았을 것입니다. 카르두스 넥스트젠(Cardus NextGen) 펠로우십과 리디머대학의 교수 개발 주간 그리고 신앙과 행함을 위한 리디머 장로교회 센터(Redeemer Presbyterian's Center for Faith and Work)도 이 책의 내용에 영감을 주고 관대한 포럼도 제공했습니다. 제시카를 박사후 연구원으로 초청한 뒤 연구 펠로우로 받아준 깜픈신학대학교는 신칼뱅주의와 아브라함 카이퍼에 관한 지극히 탁월한 연구의 본향이

자 항구가 되어왔습니다. 이 책을 읽는 박사과정을 지망하는 학생들에게 그곳의 박사과정 학생들을 위한 하계 펠로우십인 고등신학 연구 펠로우십(the Advanced Theological Studies Fellowship)을 적극 권장하는 바입니다.

우리는 또한 유럽 신칼뱅주의 심포지엄을 주최하는 풀러신학교, 암스테르담 자유대학교, 에든버러대학교와 같은 다른 기관들의 컨소시엄도 염두에 두고 있습니다. 우리는 많은 칼뱅주의자들과 마찬가지로 로마에서 열린 교황 회칙 "레룸 노바룸"(*Rerum Novarum*)에 관한 컨퍼런스에서 만났고, 현재 조던 볼러(Jordan Ballor)와 다른 사람들이 칼빈대학교에서 주최하는 카이퍼 컨퍼런스에서 만났습니다. 그들은 카이퍼와 다른 사람들의 기록물을 영어로 번역하는 데 많은 기여를 해왔습니다.

요컨대, 이것은 우리 선조들의 죄를 간과하지 않음에도 불구하고 그 한가운데서 좋은 소식과 주님께서 행하신 선한 일들을 찾으려 진력했던 놀라운 구름과 같은 증인들에 대한 우리의 감사장입니다. 아마도 전통의 생명은 그 기관들이나 학술지 또는 사상들이 아니라 거기 속한 **사람들** 속에서 가장 잘 측정되지 않나 싶습니다. 그렇다면 신칼뱅주의 전통은 세계 각국 모두에서 아름답게 꽃을 피우고 있습니다.

그러므로 이 책은 모든 칼뱅주의적 기획과 마찬가지로 근본적으로 먼저 우리 하나님께 드리는 감사의 작품입니다. 그리고 앞에 언급한 모든 분과, 죽은 자의 산 신앙을 모범으로 삼은 무명의 성도들에게 드리는 감사의 작품입니다.

들어가는 글

로버트 J. 자우스트라

아브라함 카이퍼(1837-1920)는 신문 발행인이자 대학 설립자요 목사이며, 교회를 세우기도 하고 헐기도 하는 사람이고, 네덜란드 수상이었다. 사실 말썽꾼이었다. 오해는 하지 마시라. 그는 적어도 한 다소 지나치게 낙천적인 전기에 따르면 진정한 르네상스인이었다.[1] 매우 경건하고 예수 그리스도를 열정적으로 따른 사람이었다. 의욕이 넘치고 특별한 재능을 가졌지만, 가장 가까운 이들을 멀어지게 만드는 재주가 있는 사람이었다.[2] 그의 신학은 그 역시 감정을 표현하는 데

---

1 James Edward McGoldrick, *God's Renaissance Man: Abraham Kuyper* (Darlington, UK: Evangelical Press, 2000).
2 아브라함 카이퍼에 관한 결정적인 영어판 전기를 쓴 제임스 브랫은 카이퍼를 "위대하지만 좋지는 않은 사람"(a great man, but not a nice one")이라고 썼다. James Bratt, *Abraham Kuyper: Modern Calvinist, Christian Democrat*

아무런 고통을 느끼지 않았던 클라스 스킬더(Klaas Schilder) 같은 이들의 격렬한 반발을 불러일으켰다.³

정치에서 카이퍼는 적은 물론 동지와 심지어는 여왕도 소원하게 만들었다. 특히 자신의 신문에 여왕의 사적인 발언을 공개한 사건 이후에 그랬다. 기둥화(pillarization), 즉 현대 사회는 차이를 없애지 말고 오히려 차이를 위한 뚜렷하고 의미 있는 공간을 만들라는 개념에 대한 카이퍼의 견해는 오늘날에도 여전히 많은 논란이 되고 있는 네덜란드 교육 제도를 만들어냈다. 그리고 그것은 사실 과거 네덜란드의 식민지였던 남아프리카와 같은 곳에서 인종차별을 조장하는 빌미가 되기도 했다. 그 망령은 매우 암울해 어떤 이들로 하여금 카이퍼의 생각이 구제불능으로 식민주의적이며 인종 차별적이라는 결론을 내리게 했다.

그렇다면 왜 그런 인물을 주목하는가? 그는 분명히 대단했다. 하지만 한때 세계의 열강이었으나 절정기가 한참 지난 활기 없는 북유럽의 작은 저지대 국가인 네덜란드라는 작은 맥락 속에서 소소한 역사적 의미로 그랬을 뿐이다. 우리가 네덜란드에 살며, 좁은 역사를 배우는 네덜란드 소년 소녀였다면 이 작은 탐사가 정당화될 수 있을지

(Grand Rapids, MI: Eerdmans, 2013), xxii.

3   그런 반응에 대한 아주 좋은 예가 리처드 마우(Richard Mouw)가 쓴 서문과 함께 이제 영어로 새롭게 번역되어 있다. Klaas Schilder, *Christ and Culture*, trans. William Helder and Albert H. Oosterhoff (Hamilton, ON: Lucerna CRTS Publications, 2016). 클라스 스킬더, 『그리스도와 문화』, 손성은 옮김 (서울: 지평서원, 2017).

모른다. 그러나 이는 백 년이 지나 카이퍼의 세계로부터 한참 동떨어져 보이는 질문들과 씨름하는 북미 대륙의 기독교 신앙인들을 위한 서론치고는 다소 부적절한 선택으로 보일 수 있다.

우리는 이 책을 시작하면서 왜 아브라함 카이퍼를 "이와 같은 때"를 위해 살피는지에 대해 적어도 네 가지의 주장을 펼치려 한다. 하나는 전기적인 것이고, 다른 셋은 더 개념적인 (즉 카이퍼가 생각했고 가르쳤던 내용에 관한) 것이다. 카이퍼는 결코 오늘의 북미에서 신실한 기독교 문화와 정치 참여를 위한 만병통치약일 수 없다. 그러나 그는 양극화된 정치와 종족 종교가 점점 더 요동치는 위험천만한 해역에서 우리를 도와줄 매우 든든한 이정표이고 안내자이다.

아브라함 카이퍼의 상황 이해

카이퍼의 네덜란드는 기독교 국가였다. 적어도 그들 자신은 그렇게 생각했다. 유럽 역시 기독교적이었다. 그들도 분명히 **스스로를** 그렇게 보았다. 곧 문명과 교육과 도덕의 중심이라고 보았던 것이다. 그리고 19세기 말에는 그것을 증명해 줄 증거가 압도적인 것처럼 보였다. 중국과 인도와 메소포타미아의 고대 제국들을 빠르게 압도하고 제압한 과학적 혁신이 이끄는 거대한 산업화가 그것이었다. 유럽의 기술과 과학 지식은 당대를 엄청나게 능가했다. 경쟁상대가 없었고, 결국 하나의 제국의 시대에 전 세계를 지배할 때까지 그랬다. 네덜란드는 그중에서 일찍이 성공을 거둔 열심당이었다. 카이퍼가 태어난 세상은 그랬다.

그러나 무엇인가 분명히 잘못되었다.

이 기독교 제국들은 복음 아래서 인류의 형제애를 이루기보다는 영토와 자원과 심지어는 노예를 서로 빼앗으려고 피차 다투는 일에 훨씬 더 힘썼다. 소위 기독교 유럽의 부상은 좋게 말해서 균형 잃은 신앙이 특징이었고, 이 기독교 국가들과 그들 사이 경쟁은 그로부터 세계가 쉽사리 회복하지 못할 세계적인 대격변을 초래할 것이었다. 실제로 그 이야기와 거기 수반된 대량 살육이 세기 전체를 압도할 것이었다.

달리 말하자면, 거기엔 기술과 정치 권력과 경제 성장이 동시에 놀랍게 확장되고 있었다. 하지만 가정과 국가엔 일종의 도덕적, 영적 공허를 가져왔다. 사람들이 믿는다고 말하는 것과 실제로 믿는 것 사이에 그리고 그렇게 **해야만** 한다고 알고 있는 것과 실제로 **살아가는** 방식 사이에 괴리가 커져가고 있었던 것이다.

(유럽의) 기독교 교회는 빈약한 쉼이나 제공하는 역할을 했을 뿐이다. 카이퍼는 초기에 이렇게 썼다. "교회 생활은 냉냉하고 형식적이었다. 종교는 거의 죽었다. 학교에서는 성경이 아예 자취를 감췄다. 국가에는 생명이 없었다."[4] 또는 "백성들은 [기독교적] 외양 만으로 만족했으며, 복음을 마음에 담는 데 실패했다."라고 재차 강조하고는 이를 제1차 세계대전(1914-1918)의 대재앙과 직접 연결 지어, 이렇

---

4 Abraham Kuyper, *Lectures on Calvinism* (1931; repr., Grand Rapids, MI: Eerdmans, 1999), iii.

게 결론을 맺었다. "그 비극적 결말은 유럽의 분열과 불화의 횃불에 불을 붙였다."[5] 그러나 유럽인들은 하나님께 축복받은 나라들이 아니던가? 20세기 초 기독교 유럽은 열방의 빛이 될 선민이 아니던가? 카이퍼는 전쟁 전야에 넌더리를 치며 전혀 아니었다고 썼다. "예외없이 그들[기독교 국가들]의 진짜 헌신된 이들도 자기 나라의 대의를 주님의 것으로 세례 주기를 주저하지 않았다."[6] 카이퍼의 생각에 그것의 결과는 세계를 집어삼킬 도덕적, 물질적 붕괴였다.

익숙하게 들리는가? 미국인이라면 그래야 할 것이다. 지구는 냉전 종식과 파리드 자카리아(Fareed Zakaria, 인도계 미국 저널리스트)가 말한 "나머지의 상승" 이래 거침없이 달려온 미국의 초강대국 야심으로 인해 크게 옥죄임을 당하는 중이다.[7] 미국은 경제적으로, 지정학적으로 그리고 정치적으로 실수를 거듭했다. 그와중에 거대한 신흥 권력들이 글로벌 경제로 막대한 수의 인구를 끌어들였다. 당신이 (특히?) 오늘의 미국 복음주의 기독교인이라 해도, 한때 미국 복음주의였던 것의 중심을 따라 갈라진 틈새가 이제는 너무 넓은 구렁이 되어서 그들조차도 그것을 넘을 수 있을지 의심스러울 정도다. 미국의 전통 종교가 위기에 처했다고 말하는 것은 진부하다.

---

5 Abraham Kuyper, *Pro Rege: Living Under Christ's Kingship*: Volume 3, ed. John Kok with Nelson D. Kloosterman, trans. Albert Gootjes (Bellingham, WA: Lexham Press, 2019), 256.

6 Bratt, *Modern Calvinist*, 370.

7 Fareed Zakaria, *The Post-American World: Release 2.0* (New York: W. W. Norton, 2012).

그러나 20세기 초의 유럽 역사를 읽어보면, 거기서 21세기 초 미국에서 읽을 수 있는 생각과 언어를 발견할 수 있다. 열방의 빛으로 하나님의 축복받은 선민이라는 생각 말이다. 그것의 쇠퇴에 관한 증거가 줄곧 쌓였다. 새로운 호전적인 세력들이 일어나고, 우리가 역사와 흐름의 최악을 피하길 희망하는 내내 세계는 숨을 죽이고 있다.

옛 그리스인들은 "같은 강물에 두 번 발을 디딜 수 없음"을 알았다. 이 역사적 유비가 결코 완전하지 않지만, 요점은 단순하다. 우리 시대의 위기가 영속적인 방식으로 카이퍼의 위기를 생각나게 하기에, 이와 같은 때에 아브라함 카이퍼가 중요하다는 것이다. 카이퍼 역시 매우 근본적인 변화가 두드러졌던 극한 격동의 세기 초를 살아냈다. 역사에 대한 우리의 태도는 때로 매우 자기중심적이어서 디지털 혁명과 우주여행 그리고 아이폰이 얼마나 중요하건 간에, 텔레그램, 내연기관, 전구 그리고 고정 질소가 실리콘 밸리의 가장 야심적인 사업가의 숨을 멎게 할 정도의 속도와 유행으로 세계를 바꾸어 놓았다는 것을 잊어버리곤 한다.

달리 말해서 아브라함 카이퍼는 단지 특출한 통찰과 신앙과 야심을 품은 사람만이 아니었다. 그는 또한 가장 결정적인 의미에서 거대한 격변과 세계적인 변화의 시대였다고 할 수 있는 그 당대의 산물이었다. 그런 시대에 신문을 창간하고, 교회와 학교를 세우고, 자그마한 유럽 국가의 수상으로 일하는 내내 기독교 신앙의 열정에 매달렸던 것이다. 그처럼 폭넓게 움직였던 사람은 실수할 것이라고, 그것도 나쁜 실수를 할 것이라고 예상할 수 있다. 그러나 또한 우리는 그의 발치에 앉아서 그가 어떻게 한 손에 성경을, 다른 한 손에 그의 시대를 쥐고 우리가 오늘 주님이라 부르는 같은 예수님을 따름에 그 둘을 함께 읽어냈는지도 보고 싶어 할 것이다.

세계관과 인생관: "세상의 모든 것"

아브라함 카이퍼는 칼뱅주의를 사랑했다. 칼뱅주의에 대한 그의 열정을 어쩌면 비정상적인 것으로 규정할 수 있을지도 모른다. 오늘날 대부분의 칼뱅주의자들은 위협적이지 않고 맥주를 마시며 수염을 기른 멋쟁이 행세를 하려고 하기 때문이다. 카이퍼는 전혀 그렇지 않았다. "참된 세계관과 인생관"으로서의 칼뱅주의에 대한 그의 열정이 종국에 『칼빈주의 강연』으로 알려질 그의 첫 번째 스톤 강연이었다. 이 책에서는 리처드 마우가 그 부분을 논의한다.

카이퍼는 칼뱅주의를 장 칼뱅의 어떤 특별한 천재성 때문에 사랑한 것이 아니었다. 그는 칼뱅주의에 기독교 복음의 가장 진실한 가르침이 배어 나온다고 생각했기에 그것을 사랑했다. 카이퍼에게 칼뱅주의는 우주적인 좋은 소식인 보편적 복음의 가장 충만한 의미를 대표했다. 도르트 신조(Canons of Dort)의 표현이자 카이퍼가 애용했던 고백처럼 이 복음의 "대상을 가리지 않음"은 삶의 **모든** 영역에서 순종을 요청하며, 인류만을 위한 것이 아니라 창조 **전체**를 위한 것이기 때문에 보편적이다. 그의 칼뱅주의에 대한 강연은 근본적으로 바로 이 점을 풀어낸 것이다. 예수 그리스도의 복음이 예술에 어떤 의미가 있는가? 과학에는? 정치에는? 그리고 이런 영역들에 대한 일관성 있는 기독교적 토대는 어떤 모습인가? 그런 일관성 있는 기독교적 토대를 "세계관"이라는 용어로 명명할 수 있을 것인가?

카이퍼는 이 세계관 개념을 가지고 사람들이 사물에 대해 실제로 **믿는** 바를 포착했다. 또 그 믿음이 무엇인지 의식하지 못하는 가운데라도, 우리의 행동과 태도와 궁극적으로는 우리 삶 전체를 통제하는 실제 방식으로 작동하는 것을 포착했다. 여기서 카이퍼는 때로 신앙을 배운 이들이 읽고 토론하는 관념과 개념으로만 여겨 너무 지적이라는 비판을 받아왔다. 그러나 이는 카이퍼와 그의 실천적인 신학을 잘못 읽는 것이다. 믿음은 단지 우리가 생각하는 것이 아니라 우리가 **사랑**하는 것과 우리 마음속에 있는 것과 관계있다. 신앙은 우리가 사물들이 실제로 어떠하다고 생각하는 핵심에 도달하고, 또 우리가 삶을 기꺼이 드릴 것을 형성하고 그에 의해 형성되어야만 비로소 정말 적절하고 근본적이다.

그것이 카이퍼가 세계관으로 뜻한 바이다. 그것은 단지 종교적인 이들이 가진 무언가가 아니다.

그런 세계관을 기독교 복음에 맞추어 확증하는 것이 그의 평생 과업 중 하나였다. 카이퍼의 임무는 어떤 세계관을 **무(無)에서** 창조하는 것이 아니었다. 이미 존재하는 우리의 세계관을 예수 그리스도의 복음으로 훈련하는 것이었다. 우리 모두 그것을 이론화하는 작업을 하거나 그에 대해 기도하기 훨씬 전에 그런 기본적인 신념과 욕망을 가지고 있다. 카이퍼에게 세계관은 시편 필자의 기도 -"우리 심령을 시험하사 우리 안에 부정한 행위가 있나 살펴 주소서"- 의 연장이었다. 이와 관련해, 카이퍼는 지식 아래 **항상** 어떤 신념 체계나 욕망이 있다는 것과 앎에 대한 중립적인 방법은 있을 수 없다는 포스트모더니즘의 충동을 거의 반세기나 앞서갔다.

그러나 그는 포스트모더니스트들의 영악한 해체를 넘어섰다. 카이퍼는 그런 신념 체계와 욕망이 지속될 뿐만 아니라 어떤 원리나 능력에 대한 사랑과 신뢰와 순종은 인간의 근본 조건임을 주장했다. 우리는 신이나 자신을 포함한 어떤 피조물을 신뢰하고 사랑한다. 카이퍼에게 이것은 단지 지적 프로젝트가 아니다. 그것은 믿음의 문제였다. 그는 칼뱅주의가 삶과 하나님께 의존한 모든 것에 관한 가장 일관되고 충실한 기독교 세계관과 인생관이라고 생각했다. 20세기 후반 카이퍼의 제자였던 에반 러너(H. Evan Runner)는 이를 "삶이 곧 종교다"라는 애호 문구로 간단히 표현했다.

자신감 있는 다원주의: 사랑스럽고 충성된 기구들

카이퍼의 세계관 논의의 논리적 결론에서 급진적인 종류의 사회 프로젝트가 도출된다. 지식과 욕망이 결코 중립적이지 않으며, 지적, 정서적, 블루칼라, 화이트칼라 등 삶의 모든 것이 예수 그리스도께 속한다면, 교회는 어떻게 사람들을 이 근본적 왕국 비전 아래서 훈련할 수 있을까?

천 개의 기독교 기관을 출범시킨 세계관이 있다. 그중 카이퍼와 그 후예들의 것도 상당수다. 지금까지 가장 지속적이고 포괄적인 개신교의 사회, 교육, 정치 조직들은 그들의 손으로 행한 일을 하나님의 왕국과 통합하기 위해 애썼던 이 세계관에 의해 구축되었다. 물론 다른 기독교 사회 비전들도 존재한다. 그러나 그들은 대체로 특정 형태의 일과 사역(예를 들어 목회 사역)을 높이거나 기독교의 사업, 예술, 또는 정치 활동을 마음과 정신의 회심 수단에 귀속시키곤 했다. 카이퍼 신학의 우주적 범위는 기독교인 농부들이 그리스도의 부르심 아래 (기독교 농부 연맹에 소속되어) 어떻게 파종하고 추수할지에 대해 기도하는 것과, 기독교 노동자들은 (캐나다 기독교 노동조합에 속하여) 그리스도와 그의 나라에 순종하기를 기도하며 철골 구조를 제작한다는 것을 의미한다.

모든 직업과 업종과 전문직이 예수 그리스도의 왕권에 순종하거나 반발하는 (테제 또는 반테제) 습관과 신앙을 그들 속에 감추고 있다는 것이 카이퍼의 핵심 주장이었다. 소위 과학이나 수학은 중립적 작업이라는 일반적 불평이 있기는 하다. 근대정신에는 신실한 기독교인의 선형 대수학의 작업이 어떻게 쾌락주의적 무신론자와 유의미하게 다를 수 있느냐가 분명치 않다는 것이다. 그들의 말처럼 수학은 그냥 수학일 뿐이라는 것이다. 세계관을 들여와도 조금도 변하는 것은 없고, 그런다고 해도 더 나아질 것은 없다. 이런 불평이 놓치는 것은 근대 수학과 과학의 이면에 이미 강고한 세계관들이 있다는 사실이다. 우주의 이해 가능성과 실재의 논리적이며 반복적이고 발견 가능한 성격에 대한 가정이다. 이 둘 중 어느 것도 우연히 생성된 우주의

자연적이거나 필연적인 결론이 아니다. "도둑질하지 말라" 같은 법은 어떤 면에서 종교적인 것처럼 보인다. 열역학의 법칙 같은 법은 그렇지 않다. 하지만 그것은 단지 우리가 의심스러울 정도로 경이와 선함과 발견 가능성으로 가득한 종류의 우주에 대한 충만한 믿음을 가진 과학 방법을 우리에게 물려준 역사상 위대한 과학 정신들의 종교적 과거를 청산하기 바빠서 그럴 뿐이다.

그래서 만일 카이퍼의 말처럼 그리스도께서 "단 한 치도"(심지어 수학조차도!) 포기하지 않으신다면, 우리는 그리스도께서 요구하시는 제자도를 육성할 기구들과 세대를 이어갈 회심을 구축하기 위해 애써야만 한다. 우리는 누군가 말한 대로 공적 신앙을 가져야 한다.[8] 그것은 단지 골방 기도와 주일 아침의 신앙만이 아니라 예수 그리스도의 구속만큼 우주적인 신앙이다.

아울러 우리는 법률 이론가 존 이나주(John Inazu)가 자신감 있는 다원주의라고 부른 것도 실천해야 한다.[9] 그리스도의 나라에 대한 우리의 이해를 의도적이면서도 구차히 변명하지 않으면서 증진시키는 신앙의 공적 실천 말이다. 이는 공개적으로 분명하게 반드시 그것을 공유하지 않는 다른 이들과 더불어 살아내는 신앙이다.

이나주는 이 용어를 우연히 착안한 것이 아니다. 그것은 오늘날

---

8 Miroslav Volf, *A Public Faith: How Followers of Christ Should Serve the Common Good* (Grand Rapids, MI: Brazos Press, 2011). 미로슬라브 볼프, 『광장에 선 기독교』, 김명윤 옮김 (서울: IVP, 2015).

9 John Inazu, *Confident Pluralism: Surviving and Thriving Through Deep Difference* (Chicago: University of Chicago Press, 2016).

을 위한 카이퍼 연구를 필요하게 만든다고 생각되는 세 번째이자 마지막 영역을 이끌어 낸다. 즉 깊은 차이 속에서 함께 살아가는 문제이다. 만일 그리스도인이 그들의 확신을 소리내어 살아간다면 그리스도인들이 동의하지 않을 때 무슨 일이 벌어질 것인가? 또는 (더 핵심적으로) 그리스도인과 무신론자, 불교도, 힌두교도, 이슬람교도 등의 온갖 종족과 확신을 가진 사람들이 **그들의** 신앙을 공공연하게 살아낼 경우 무슨 일이 일어날 것인가? 카이퍼 시대의 다원주의는 개신교인과 로마 가톨릭이 별도의 학교 체제를 갖는 것으로 비쳤다. 우리 시대의 다원주의는 이슬람교도와 유대교도들이 가정법원과 자유주의적 자본주의와 급진적 생태학과 이제는 어디서나 무슬림의 히잡을 쓰고 다니는 것으로 비친다.

과연 이 모든 다원주의에 대해 여전히 확신하고 있는가?

우리는 더불어 살아갈 수 있을까? 카이퍼의 다원주의의 요점

카이퍼주의 철학자인 니콜라스 월터스토프(Nicholas Wolterstorff)는 이렇게 썼다. "예를 들어 모든 사람이 한 '일련의 전제' 또는 '실재에 대한 관점'을 가지고 이론적 탐구에 임한다고 한다. 그것은 사실일 수 있다. 그러나 그렇게 말하는 것이 문제의 끝일 수 없다. 그것은 최선의 경우 시작이어야 한다."[10]

---

10 Nicholas Wolterstorff, *Reason Within the Bounds of Religion*, 2nd ed. (1984; repr., Grand Rapids, MI: Eerdmans, 1999), 22. 니콜라스 월터스토프, 『종

월터스토프와 같이 21세기의 우리는 아마도 인류 역사상 대부분의 사람들보다 경쟁적 전제들이나 실재에 대한 관점들의 엄청난 배열에 대해 아마도 훨씬 더 인식하고 있을지 모른다. 그러나 월터스토프처럼 또한 우리는 그런 다양성이 최선의 경우 시작이며, 우리가 살아가는 맥락일 뿐이며, 그 자체로 끝이 아니라는 것도 안다. 그중 어떤 것은 위험하고 불안하게 보이는 이런 다원주의의 혼합을 어떻게 평가해야 하는가? 요점을 말하자면 어떻게 기독교인이 자신의 집에서는 단연코 죄라고 부를 그런 종류의 넓은 다양성 속에서 살아갈 수 있을까? 그러한 평화로운 해결이 실제로 종교적 경쟁자들 사이에 존재할 수 있을까? 특히 카이퍼의 체제 아래서 우리가 단지 삶의 한 **부분**에 대해서가 아니라 어떤 의미에서 삶 **전체**에 있어 의견이 맞지 않음을 아는데 말이다.

여기서 카이퍼는 그의 제자들이 **원칙 있는 다원주의**라고 부르게 된, 다원주의에 대한 원칙적이고 절차적인 한계를 두지만 그(자크 마리탱(Jacques Maritain)의 말처럼) "이유에 대해"(on why) 우리 모두가 동의하기를 요구하지 않는 정치를 위한 일종의 헌법적 장치를 발전시켰다. 이것이 또한 기독교 사회민주주의로 불리며, 카이퍼주의 정치 철학자 조나단 채플린(Jonathan Chaplin)이 다원적 기독교 국가라고 명한 것의 주춧돌이다.[11] 이것이 카이퍼의 가장 지속적인 유

교의 한계 안에서의 이성』, 김지호 옮김 (파주: 도서출판100, 2023), 25.

11 Jonathan Chaplin, "Rejecting Neutrality, Respecting Diversity: From 'Liberal Pluralism' to 'Christian Pluralism,'" *Christian Scholar's Review*

산 중 하나가 되고 만 것은 아이러니일 수 있다. 그 자신이 칼뱅주의 정치와 종교를 유일하고 확실한 순종과 번영의 길로 주장했던 사람이면서 근본적으로 다양한 세계관과 인생관 속에서 평화로운 정치를 상상하는 한 방식이었기 때문이다. 그러나 그것은 우연이 아니었다. 왜냐하면 카이퍼는 그를 이은 다른 이들과 마찬가지로 그리스도의 것 중 "한 치"도 양보하지 않으면서도 종족적 양극화를 넘어서, 공동선을 위한 중첩되는 원칙과 절차를 향한 정치적 삶을 위한 기독교적 비전을 회복하고 다시금 명료하게 했기 때문이다. 그리고 카이퍼는 특히 우리 시대에 이해하고 적용하기 위해 연구하는 것보다 훨씬 더 잘못하고 있을 신학과 철학의 형태인 칼뱅주의적 이유로 그렇게 했다. 궁극적으로 카이퍼는 한 나라와 그 공동적 삶의 활력은 그것의 내적인 영적 삶의 반영 그 자체라고 믿었다. 그것은 갱신이냐 쇠퇴냐가 분명히 거기로부터 나오는 쌍방향 도로이다.

이와 같은 때에

아브라함 카이퍼는 우리가 그를 읽을 때 매우 동시대적으로 보일 수 있다. 그리고 그는 부분적으로는 바로 이유로 우리를 위한 위대

35, no. 2 (Winter 2006): 143-75. 채플린의 카이퍼주의적이며 도여베이르트주의 정치이론에 관한 걸작을 추천하지 않고 지나갈 수 없다. Jonathan Chaplin, *Herman Dooyeweerd: Christian Philosopher of State and Civil Society* (Notre Dame, IN: University of Notre Dame Press, 2016).

한 모델이라는 것이 우리의 주장이다. 인간 카이퍼의 업적과 삶을 이야기함에 있어 다루어야 할 내용은 엄청나다. 이는 결코 『일반 은총』(Common Grace), 『왕을 위하여』(Pro Rege), 『교회론』(On the Church), 『이슬람론』(On Islam) 등과 같은 그의 초기 작품들의 새로운 영어 번역본들 때문만이 아니다.[12] 그는 저작과 연설과 운동과 기구 설립에 있어 비범하게 생산적인 인물이었다.

그러나 아마도 그의 가장 유명한 작품은 미국에서는 확실히 그의 얄팍하지만 그의 신학과 정치의 에너지와 비전의 많은 것을 보여준 『칼빈주의 강연』이다. 우리는 우리 자신을 이 서론적 안내서에서 이 강연에 제한했다. 우리가 그의 다른 작품을 지지하지 않기 때문이 아니다. (우리는 지지한다!) 이것이 인간의 삶(**모든 것**이라 부를 수 있는)의 진정한 학제간의 영역들에 있어 그의 의도와 영향을 이해하는데 바른 방법이라고 생각하기 때문이다. 이 강연은 북미의 청중을 대상으로 프린스턴에서 우리처럼 신학 입문자가 아닌 자들에게 카이퍼의 칼뱅주의 프로그램의 넓이와 깊이를 소개하기 위해 진행되었다. 따라서 우리 각각의 전문가들은 각 강연에서 카이퍼의 맥락과 주장(카이퍼가 무슨 이야기를 했는가)을 설명하는 것에서 시작한다. 그리고 각 강연에 대한 "참고문헌"도 제공한다. 그것이 북미에 어떤 영향을 미쳤는가(그것이 무슨 일을 했는가), 그것을 들은 사람들이 그에 대해 어떻게 생각했겠으며, 백 년도 더 지난 지금 북미에서 우리는 어떤 종류의

---

12 www.abrahamkuyper.com을 참고하라.

파문들을 보고 있는가, 끝으로 각자 맹점들과 약점들 그리고 후대의 카이퍼 학도들이 실수를 발견했거나 향상시킨 영역들(우리는 무엇을 할 것인가)도 지목할 것이다. 적어도 카이퍼가 1898년에 프린스턴에서 다루지 않았지만 오늘날 우리가 반드시 다루어야 할 한 핵심 영역은 이 안내서의 부가적 장인 인종 영역이다. 카이퍼 학도들이 이 주제에 대해 절대로 적지 않은 작업을 해냈으며, 카이퍼의 기독교 세계관이 위태롭게 불완전하거나 어떤 경우엔 완전히 잘못된 영역임에 의심할 나위 없다.[13]

우리가 앞으로 그의 『칼빈주의 강연』에 담긴 카이퍼의 최선의 의도를 읽으면서 그가 얼마나 우리와 동시대적이라고 느껴지던 간에 그는 또한 우리에게 시대에 동떨어진 사람임을 기억해야만 할 것이다. 그는 또한 칼뱅주의자였으며, 그의 최선의 노력들도 자주 죄의 침식으로 점철되었다는 점을 너무도 잘 인식했었다. 우리는 그런 메아리들도 보게 될 것이다.

결국 요점은 성자의 초상이 아니라 때로는 괴팍한, 그럼에도 불구하고 그 자신의 것을 포함하여 삶 전체를 예수 그리스도의 주권 아래 가져오기 위해 "두려움과 떨림"으로 애썼던 사람의 초상을 그리려는 것이다. 그런 노력에 있어서 그는 완벽함에서 멀었고, 우리 역시 또한 그렇다. 그래서 우리 모두가 이 프로젝트와 그 작업에서 "주님의 밭"

---

13 비록 인종에 관한 카이퍼의 난처한 논의들이 다른 여러 곳에도 발견되기는 하지만 이 책에서는 스톤 강연 안에 있는 인종에 대한 카이퍼의 언급에 초점을 맞추었다.

에서 함께 일하는 동료들이다.¹⁴ 그런 정신에서 우리는 당신을 아브라함 카이퍼의 생애와 유산을 탐사하도록 초청하는 바이다.

로버트 자우스트라
(Robert J. Joustra, PhD, University of Bath)

캐나다 소재 리디머대학교의 정치와 국제학 부교수이며, 기독교학문센터의 초대 소장이다.
다음의 책들을 편집하고 저술했다.
The Religious Problem with Religious Freedom: Why Foreign Policy Needs Political Theology
How to Survive the Apocalypse: Zombies, Cylons, Faith, and Politics at the End of the World.

---

14 카이퍼주의자인 캘빈 시어벨트(Calvin Seerveld)가 애용하는 구절 하나로 편집된 그의 작품집 하나의 제목이 되기도 했다. Craig Bartholomew, ed., *In the Fields of the Lord: A Calvin Seerveld Reader* (Carlisle, UK: Piquant, 2000).

1. 카이퍼와 삶의 체계
- 리차드 J. 마우

✛ 1. 카이퍼와 삶의 체계

리차드 J. 마우

카이퍼는 무슨 이야기를 했는가?

언젠가 한 학생이 내 수업에서 『칼빈주의 강연』을 독서 과제로 준 것에 대해 감사를 표했다. 이 강연을 읽는 것은 엄청난 경험이었다고 했다. 그러나 카이퍼의 첫 강연에 대해 가벼운 불만을 덧붙였다. "시작 부분에 '경고 라벨'을 붙여야 한다고 생각해요. 그가 칼뱅주의를 좋게 보이도록 하고 기독교적인 것들을 포함해 다른 관점들을 나쁘게 보이게 만드는 방식의 다소 오만함이 깃들어 있었습니다. 그리고 여러 요점을 제시하며 많은 전문적인 내용을 힘들게 헤쳐 나가게 만듭니다. 내가 정말 좋아한 다음 장(章)들로 넘어갈 때 기뻤습니다!"

나는 스톤 강연을 읽기 시작한 것에 대한 그의 불평에 놀라지 않았다. 수년간 그 강연을 여러 차례 읽었고 카이퍼가 말하는 요점을 이해하기는 해도 읽기 쉽다고 느끼지 않았다. 그 학생과 마찬가지로 나 역시 다른 기독교 전통들에 대한 카이퍼의 어떤 언급은 때로 너무 논쟁적인 톤이라고 생각한다. 이어지는 장(章)들은 구체적인 영역에서의 문화적 참여로 전환하면서 훨씬 더 흥미로워진다. 카이퍼는 거기서 어떻게 칼뱅주의가 하나님께서 종교적 신앙과 여러 실천과 정치, 과학과 예술에 관심을 기울이시는 이유를 이해하는 데 도움이 되는지를 보여준다.

그래도 서두에서 중요한 주제가 다루어지고 있으며, 왜 카이퍼가 더 구체적인 영역으로 이동하기 전에 칼뱅주의를 다른 관점과 대조할 필요가 있다고 생각하는지 알아보는 것이 좋다. 또한 이는 왜 그의 어조가 전체적인 틀을 구성할 때 약간 거슬리는지를 아는 데 도움이 된다.

카이퍼는 프린스턴에서 이 강연에 참석했던 목사와 교수 위주의 장로교인들이 프린스턴신학교의 신학을 오랫동안 특징지었던 전통적인 칼뱅주의에 대한 공격에 대해 괴로워하고 있음을 잘 알고 있었다. 카이퍼 자신도 그 무렵 고국 네덜란드에서 개혁파 진영 내의 심각한 분열을 초래한 몇몇 신학적 갈등을 겪었던 차였다. 그래서 그는 청중에게 격려의 말을 건네기 원했던 것이다. 그는 그들에게 칼뱅주의에 대한 옹호가 패배한 싸움이 아니었다고 확신을 주기를 원했다. 실제로 칼뱅주의는 우리가 모든 일에 주님을 섬기기 원하는 사람으로 어떻게 살아야 하는지에 대해 매우 흥미진진한 포괄적인 관점을 제공한다.

카이퍼는 자신의 주장을 펼치며 청중에게 칼뱅주의의 새로운 차원을 탐사하려고 한다는 것을 설명했다. 그것은 흔히 지나간 세기 동안 장 칼뱅의 신학에 충성을 고백했던 이들이 적절한 주의를 기울이지 않았던 것이었다. 카이퍼는 이 강연에서 칼뱅주의를 논하는 의도가 "낡아빠진 형태를 복원하는 것이 아님"을 분명히 했다. 오히려 그는 어떻게 칼뱅주의가 깊은 "삶의 원리"로부터 흘러나오는 사상체계로서 "우리 자신의 세기의 필요들"을 흥미진진하게 채워주는지를 보여줄 참이었다.[1]

카이퍼가 "낡아빠진 형태"의 칼뱅주의를 재활시키는 것을 원치 않는다고 말한 것은 가장 현명한 일은 아닐 수 있다. 지난날의 칼뱅주의를 배격할 의도는 확실히 아니었다. 그 점을 청중에게 확증했더라면 아마도 더 좋았을 것이었다. 카이퍼는 분명히 어떻게 개인이 하나님과 화목하게 될 수 있는지에 대한 칼뱅주의적 묘사의 기본사항을 인정했다. 우리는 하나님과 순종의 교제 속에서 살도록 지음을 받았으나 창조주께 반역함으로 우리 자신의 죄에 깊이 빠져들었다. 만일 우리가 타락으로부터 구원을 받으려면 그것은 하나님 편으로부터 일어나야만 했다. 그리고 하나님께서 우리 죄를 그에게 지우시기 위해 예수님을 세상에 보내심으로 실제로 우리를 향해 움직이셨다. 우리는 그렇게 은혜로만 구원을 받는다.

카이퍼는 선택과 예정과 신자의 "영원한 안전"에 관한 전통적인

---

1 Abraham Kuyper, *Lectures on Calvinism* (1931; repr., Grand Rapids, MI: Eerdmans, 1999), 41. 카이퍼, 『아브라함 카이퍼의 칼빈주의 강연』, 79-80.

칼뱅주의 교리들을 전부 포함해 그 모든 것을 확고히 믿었다. 이 강연에서 그의 의도는 어떻게 칼뱅주의가 이 모든 것을 제공하는지를 보이는 것이었다. 그러나 그보다 훨씬 더 많은 것도 있었다. 그렇다. 하나님께서 소망 없는 죄악의 상태로부터 우리를 구원하신다. 그러나 무엇을 **위해** 우리를 구원하시는가? 여기가 바로 칼뱅주의의 더 큰 그림을 펼치기 시작하는 곳이다. 우리는 신자의 공동체의 일원으로서 만유에 대한 그리스도의 주되심을 보여주기 위해 구원받았다.

간단히 말하자면, 카이퍼는 이 강연에서 칼뱅주의를 기독교적 삶에 대한 큰 그림이라는 관점으로 묘사하기를 원했다. 그가 첫 번째 강연에서 칼뱅주의를 "삶의 체계"로 보는 중요성에 그토록 많은 관심을 기울인 이유는 바로 그것이다.[2] 개인적 구원에 관한 신학이 우리가 가진 전부라면, 그가 당시 인간 삶에 영향력 있는 인도를 제공하던 다른 네 개의 삶의 체계들로 보았던 이교주의, 이슬람, 로마 가톨릭, 근대주의가 만들어낸 인간 복지에 관한 더 넓은 질문들에 대한 대답들이 쉽게 받아들일 수 있었을 것이다. 그는 주장하기를, 이 경쟁적 영향력들에 맞서기 위해 우리는 그가 "모든 인간 삶의 근본적인 세 가지 관계들"이라고 규정한 것들에 관해 칼뱅주의가 무엇을 가르치고 있는지에 대해 분명히 해야만 한다고 했다. 어떻게 우리 피조물 인류가 하나님과 관계하는지, 어떻게 우리가 동료 인간들과 관계하는지, 그리고 어

---

2 Kuyper, *Lectures on Calvinism*, 9-40. 카이퍼, 『아브라함 카이퍼의 칼빈주의 강연』, 24-80.

떻게 우리 자신을 발견하는 큰 세상과 관계를 하는지가 그것이다.³

카이퍼에게 이 모든 것의 기초는 하나님이 누구인지에 대한 이해이다. 성경의 하나님의 최고 권위는 카이퍼의 실재에 대한 이해의 기초다. 만유의 창조주로서 하나님은 그가 존재하게 한 모든 것과 구별된다. 하나님은 온전한 신이 되기 위해 세상을 창조할 필요는 없으셨다. 그 관점은 우주의 "모든" 것을 신적인 것과 동일시하는 범신론적 이해와 극명하게 대조를 이룬다. 카이퍼는 고전적인 하나님의 전적 타자성 개념에 대해 열정적이었다.

창조주와 그의 피조물 사이의 이 엄청난 "존재" 차이를 부정하는 것이 인류의 죄악의 중심에 있다. 하나님만이 우리의 궁극적 신뢰에 합당하시며, 우리가 그 신뢰를 하나님보다 못한 피조물인 어떤 것에 둘 경우 우상숭배에 빠지며, 그것이 모든 죄의 뿌리이다. 우리의 궁극적 충성을 피조세계 내의 무엇인가로 돌림으로써 "모든 인간 삶의 세 가지 근본적 관계들"을 망가뜨린다.⁴ 하나님의 권위를 존중하기 거부함으로 우리는 자신을 우리의 창조주와 교제 가운데 사는 복으로부터 끊어졌고, 그것은 동료 인간과의 관계만 아니라 인간 이외의 세상과 관계하는 방식도 망가뜨렸다.

카이퍼는 이 모든 것에서 문제는 기독교 신앙이 순전히 "개인적"

---

3 Kuyper, *Lectures on Calvinism*, 19. 카이퍼, 『아브라함 카이퍼의 칼빈주의 강연』, 42.

4 Kuyper, *Lectures on Calvinism*, 19. 카이퍼, 『아브라함 카이퍼의 칼빈주의 강연』, 42.

인 사안 훨씬 이상이라고 주장한다. 물론 그것 이하도 아니다. 우리 인간이 지금 빠져 있는 난관 속으로 떨어진 것은 우리의 첫 조상이 하나님께 불순종하고, 금지된 과일을 먹으면 그들 자신이 "하나님과 같게 될"(창 3:5) 것이라는 뱀의 약속을 믿는 매우 개인적인 결단을 했기 때문이다. 그러나 그 개인적인 반역 행위는 인간의 삶에 폭넓은 결과를 가져왔다. 카이퍼가 이 강연에서 어떻게 그리스도의 대속 사역을 통해 하나님과의 인격적 관계를 회복하는지가 교회와 정치와 과학과 예술 활동을 어떻게 바라보는가에 심오한 함의를 가진다는 점을 설명하는 것으로 나아가는 것은 그 때문이다.

그럼에도 불구하고 카이퍼는 기독교적 섬김의 구체적 영역들에 대한 상세한 내용에 들어가기에 앞서, 그가 제시하는 삶의 체계가 세상에서 활동 중인 다른 주요 삶의 체계들과 어떻게 다른지 보여주고자 했다. 그는 이들 중 특정한 것 하나에 각별히 관심을 두었다. 그는 오늘의 삶 속에서 "생사를 건 전투 속에 서로 씨름하고 있는" 것은 근대주의와 기독교라고 했다.[5] 이와 관련해서 그는 근대주의 생활 체계와 18세기 말의 프랑스 혁명 사이의 밀접한 연관을 주목했다.

카이퍼는 20년 전에 반혁명당을 설립하여 네덜란드 의회에서 그 정당의 지도자로 섬겨왔다. 정당의 이름을 "반혁명"으로 택함으로써 그는 프랑스 혁명의 이데올로기가 기독교적 삶과 사상에 정반대임을 드러냈다. 프랑스의 혁명주의자들은 하나님을 믿는 것과 관련된 모

5　Kuyper, *Lectures on Calvinism*, 11. 카이퍼, 『아브라함 카이퍼의 칼빈주의 강연』, 30.

든 것을 말살하는데 헌신했다. 그들의 사랑의 중심은 독립적인 인간 자아의 근본적 우월성이었다. 이런 의미에서 프랑스 혁명의 이데올로기는 인간의 이성이 의미와 가치의 궁극적 원천으로 인간이 자신의 신이 될 수 있다는 뱀의 약속의 철학적 표현이었다.

카이퍼는 이 첫 강연에서 근대주의 관점을 더욱 상세히 설명하면서, 약간의 복잡한 내용을 소개했다. 프랑스 무신론의 주제에 덧붙여, "범신론적인" 독일 철학의 개념들이 근대주의 속에서 작용하고 있다고 보았다. 특히 하나님의 섭리에 대한 전통적인 기독교 신앙을 인류 진보에 대한 불가피성에 관한 확신에 근거해 진화 사상과 합쳐 놓는 방식이 그렇다고 했다. 하지만 여기서 우리의 목적을 위해 카이퍼의 해설의 철학적 내용을 상세히 추적해야 할 필요는 없다. 근대주의가 인간의 삶과 사상으로부터 기독교 신앙의 모든 영향을 제거하고자 애쓰는 삶의 체계라는 그의 핵심 주장을 파악하는 것으로 충분하다.

분명히 근대주의 프로젝트가 21세기에도 기독교 신앙에 주요 도전의 하나로 남아 있긴 하다. 그러나, 카이퍼가 말한 다른 두 비기독교적인 삶의 체계들이 카이퍼의 시대에 그랬던 것보다 훨씬 더 여전히 우리 서구 문화의 그림 속에 생생하다. 그는 전세계적으로 사고했지만, 그에게 이교주의와 이슬람은 대체로 세계의 다른 부분에서 주요한 실재였다. 그가 말한 바처럼 영적인 것들에 대한 이교적 이해는 "가장 낮은 정령숭배"와 "가장 높은 불교"에서 모두 볼 수 있다. 모든 형태의 이교주의의 공통점은 "피조물을 넘어 그 이상의 독립적인 하나님의 존재 개념으로 올라가지 못하는" 신적 존재에 대한 이해라고 보았다.[6] 이런 의미에서 이교주의는 대중적인 "뉴에이지" 사상뿐만 아니라 "나는 전혀 종교적이지 않지만 자신이 정말 영적이라고 여긴다"라는 대중적 모토로 표현되는 조망에서도 현재 우리의 환경 속에 엄연히 존재한다.

그리고 이슬람이 서구 문화 속에 매우 가시적인 실재가 된 것은 물론이다. 나의 성장기, 무슬림에 대해 알았던 것은 주로 귀국한 선교사들이 교회에 방문했을 때 그들이 아랍 국가들에서 했던 사역을 우리에게 말해준 내용이었다. 이제 나는 무슬림을 슈퍼마켓과 학교 운동장에서 매일 본다.

카이퍼에게 이슬람은 독특한 종교 현상이었다. 무슬림은 분명히 창조주를 그의 피조물의 어떤 양상과 혼동하지 않는다. 그들이 기도하는 신은 피조 질서 훨씬 위 그리고 그 너머에 있다. 실제로 카이퍼의 이야기 속에서 이슬람의 문제는 알라와 세상 사이에 영적 거리를 너무 **거대하게** 만든다는 데 있다. 그는 말하기를 이슬람은 하나님의 존재를 피조된 실재로부터 너무 떨어뜨려 "피조물과 섞이는 것을 막기 위해 **하나님을 피조물로부터 격리한다**"고 했다.[7] 그 결과는 한 칼뱅주의자가 더 근래에 이슬람에 대해 이야기한 바와 같다.

---

6 Kuyper, *Lectures on Calvinism*, 20. 카이퍼, 『아브라함 카이퍼의 칼빈주의 강연』, 43.

7 Kuyper, *Lectures on Calvinism*, 20. (강조는 원래의 것) 카이퍼, 『아브라함 카이퍼의 칼빈주의 강연』, 44.

이슬람에서는 하나님과 인격적인 친교의 삶에 대한 여지가 거의 없다. 알라는 너무도 위대하고 너무도 높여지며, 그의 뜻은 너무도 완전히 지배적이어서 인간 편에는 거의 아무것도 남겨져 있지 않다. … 심지어 그를 향한 인격적 책임의 의식과 용서와 화해의 필요도 발전할 가능성이 전혀 없다.[8]

카이퍼가 보기에 기독교는 이런 다른 삶의 체계들과 달리 큰 그림을 정확하게 파악한다. 성경은 그의 피조물을 다스리시는 하나님에 대해 이야기함과 동시에 하나님이 인간을 자신과 생기 넘치는 교제를 나누며 살 수 있는 능력을 가진 존재로 창조했다는 사실을 또한 강조한다. 카이퍼의 입장에서 이 사실은 우리 삶의 모든 양상을 하나님의 임재 앞에서 일어나는 것으로 보아야 할 것을 요구한다. 카이퍼는 이 실재를 포착하기 위해서 "하나님 앞에서"라는 의미의 코람 데오(Coram Deo)라는 아주 멋진 라틴어 어구를 자주 사용했다. 칼뱅주의의 뛰어남은 우리 삶의 모든 순간이 하나님의 면전에서 피할 수 없는 실재임을 강조하는 생활 체계를 제시함에 있다고 강조한다.

카이퍼에게 칼뱅주의에 대한 명백한 기독교적 대안은 그가 "로마교"라고 부른 로마 가톨릭의 관점이다. 그가 보기에 로마 가톨릭의 핵심 약점은 하나님과 우리 사이 관계의 중보를 교회에 의존하는 방식이다. 카이퍼는 칼뱅주의자에게 하나님의 은혜는 하나님으로부터 우

---

8 J. H. Bavinck, "Defining Religious Consciousness: The Five Magnetic Points," in *The J. H. Bavinck Reader*, ed. John Bolt, James D. Bratt, and Paul J. Visser, trans. James A. De Jong (Grand Rapids, MI: Eerdmans, 2013), 181.

리에게 직접 오며, "살아 계신 하나님과의 직접적이며 즉각적인 교류"의 길을 가로막는 것은 아무것도 없어야 한다고 주장한다.[9] 더 넓게 카이퍼는 또한 로마 가톨릭 교회가 오랫동안 스스로를 하나님과 다른 영역들 사이의 관계를 중보하는 것으로 보아온 방식도 반대한다. 카이퍼에 의하면 교회의 영역은 각기 하나님의 주권적 통치 아래 직접 서 있는 국가와 예술계, 대학교와 경제활동 영역 같은 공동적 삶의 영역들 중 하나일 뿐이다.

카이퍼는 예를 들어 침례교회, 성공회, 웨슬리파, 루터파 등 다른 기독교 전통은 로마 가톨릭과 칼뱅주의가 가진 온전한 삶의 체계라는 특징을 결여하고 있는 것으로 보았다. 재세례파는 그가 보기에 넓은 문화에 참여하기를 전적으로 거부하는 것으로 인해 그에게 특히 비판을 받았다.

나의 학생이 분명히 한 것처럼, 다른 기독교 전통에 대한 카이퍼의 묘사 어조가 오늘날 우리에게는 지나치게 대립적인 것으로 들릴 수 있다. 다행히 우리는 그가 마지막 강연의 결론에 이르러 로마 가톨릭과 심지어는 근대주의 개신교도에게서 배운 긍정적인 교훈들을 인정하는 것을 보게 된다.

그러나 이 개회 강연에서 그가 아프리카 전통문화에 대해 언급한 내용들은 변명의 여지가 없다. 카이퍼는 아시아인들의 문화적 보화들이 넓은 세계에 기여하지 못한 것에 대해 비판하면서도 아시아의

---

9 Kuyper, *Lectures on Calvinism*, 20. 카이퍼, 『아브라함 카이퍼의 칼빈주의 강연』, 45.

문화 발달을 인정했다. 그러나 아프리카는 나머지 인류와 나눌 아무런 중요한 문화 발전을 전혀 이루지 못했다고 암시했다. 이런 평가를 내리면서 심지어 노아의 아들들에 대해 언급하기까지 했다. 아버지로부터 저주를 받은 함의 후손이 아프리카 대륙에 거주했다고 가르치는 전통을 암시한 것이다. 물론 그런 정서는 문화에 대한 이해의 폭을 넓히려는 의지가 없음을 그러내는 것이다. 최악의 경우엔 그보다 훨씬 더 못된 것을 드러낸다.

아프리카 문화에 대한 카이퍼의 인식은 명백히 남아프리카 공화국에 정착했던 네덜란드인들의 관점에 의해 형성되었다. 그는 그들과 밀접하게 연락하고 있었다. 그 사람들은 머지않아 인종차별적 아파르트헤이트 체제를 구축할 것이었다. 그 정권을 지지한 네덜란드 개혁주의 신학 체계는 카이퍼의 사상에서 도출되었다고 흔히 여겨지고 있다. 역설적으로 카이퍼는 이 강연에서 강력한 글로벌 문화 발달은 오직 "혼혈"에 의해서만 올 수 있다고 주장한다.[10] 이는 아파르트헤이트 정권의 기초인 인종 분리에 직접적인 도전이다.

남아프리카 공화국의 흑인 신학자 러셀 보트만(Russel Botman)은 카이퍼가 실제로 아파르트헤이트 사상에 기여한 반면에 "남아프리카 공화국에 해방적 영향력"을 끼쳤음을 또한 인정한다.[11] 보트만

---

10 Kuyper, *Lectures on Calvinism*, 35. 카이퍼, 『아브라함 카이퍼의 칼빈주의 강연』, 72.

11 H. Russel Botman, "Is Blood Thicker Than Justice? The Legacy of Abraham Kuyper for Southern Africa," in *Religion, Pluralism, and Public Life: Abraham Kuyper's Legacy for the Twenty-First Century*, ed. Luis E.

은 이는 "긍정적 면모를 취해서 남아프리카 공화국에 그것의 신학적 적실성을 제시하는 것이 흑인 카이퍼주의의 사명임"을 뜻한다고 했다.[12] 그는 카이퍼 사상에서 인종적 정의를 위한 투쟁에 끼친 긍정적 지원을 보았던 또 다른 뛰어난 흑인 개혁파 신학자 알렌 부섹(Allan Boesak)의 말을 인용했다.

> 우리는 아브라함 카이퍼와 더불어 삶의 단 한 뼘도 그리스도의 주권 아래 놓이지 않은 곳이 없다고 열렬히 믿는다. … 여기서 개혁파 전통은 삶의 전체성에 대한 아프리카의 사상에 지극히 근접하므로, 이 둘은 칼뱅을 따르는 이들이 기독교적 삶에 들어온 동력을 갱신하기 위해 반드시 결합되어야 한다.[13]

보트만은 말하기를, 우리가 할 수 있는 전부는 "진짜 카이퍼는 칭송받을 개혁파 신학자이지만 유감스럽게도 개연적으로 분리의 억압적인 핵심 가치를 주장했다는 이 두 가지를 모두" 인정하는 것이라고 했다.[14]

Lugo (Grand Rapids, MI: Eerdmans, 2000), 343.
12 Botman, "Is Blood Thicker Than Justice?," 343.
13 Allan Boesak, *Black and Reformed: Apartheid, Liberation, and the Calvinist Tradition* (New York: Orbis Press, 1984), 87, quoted in Botman, "Is Blood Thicker Than Justice?," 344.
14 Botman, "Is Blood Thicker Than Justice?," 354.

카이퍼주의자들은 무엇을 했는가?

카이퍼의 프린스턴 강연은 청중에게 의도했던 결과를 내지 못했다.[15] 그는 신앙인들로 하여금 훨씬 넓은 북미 문화의 지적, 정치적, 예술적 도전을 떠맡는 동기를 유발할 수 있는 강력한 칼뱅주의 삶의 비전에 관한 메시지를 가져왔다. 반면에, 프린스턴 청중(모든 강의에 약 40명이 참석한)은 다른 문제들에 몰두해 있었다. 그들은 성경의 권위와 동정녀에게서 태어나 갈보리에서 인류의 죗값을 치르려 자신의 피를 흘린 하늘이 보낸 하나님의 아들인 그리스도 같은 전통적 핵심 교리를 부정하는 자유주의 신학의 점증하는 영향에 의해 공격을 당하고 있다고 느끼고 있었다. 프린스턴 사람들은 카이퍼가 그들이 자신들의 교회 생활 속에 대항해 싸우고 있던, 근대주의 영향력의 근본적 위협들을 분석하고 있음을 감지한 것은 분명하다. 하지만 문화를 포용하는 삶의 체계로서의 칼뱅주의의 근본적 성격을 탐사하기보다는 칼뱅주의 신학의 특정한 신학적 함의를 방어할 필요에 시선이 가 있었던 것이다.

프린스턴의 장로교인들이 카이퍼를 존경했고, 그의 방문을 긍정적으로 평가한 것은 확실하다. 그러나 그들은 그의 강연으로부터 교

---

15 프린스턴 청중들에게 카이퍼 강연이 미친 영향에 관해서는 조지 하링크 (George Harinck)가 다음 논문에서 내린 평가를 인용하는 바이다. George Harinck, "A Triumphal Procession? The Reception of Kuyper in the USA (1900–1940)," in *Kuyper Reconsidered: Aspects of His Life and Work*, ed. Cornelis van der Kooi and Jan de Bruijn (Amsterdam: VU Uitgeverij, 1999), 275-77.

회 세계 속에서 그들을 사로잡고 있었던 당면한 신학적 논쟁을 위해 그들을 무장시켜줄 특정 사상을 취했다.

북미에서의 카이퍼의 영향력이 결국 어떻게 자라났는지를 보기 위해서는 용어상의 문제를 언급할 필요가 있다. 그는 첫 강연의 한 각주에서 왜 그가 프린스턴에서의 강연에서 **삶의 체계**라는 표어를 선택해 사용했는지를 간략히 설명했다.[16] 우리가 보아온 것처럼 그 라벨은 그가 칼뱅주의를 옹호하는 방식에 있어 중요한 역할을 했으며, 그는 그것을 줄곧 고수했다. 그러나 마지막 강의에서 칼뱅주의가 "인생관과 세계관"을 제공한다고 말하며 용어를 바꾸었다.[17] 카이퍼의 영향력이 장악한 곳에서 그 새로운 라벨은 단순히 **세계관**으로 축약되어, 그가 주창하는 큰 그림 접근법을 묘사하는 표준적인 방식이 되었다.

그러나 또다시 이 세계관 관점이 북미 기독교에서 중요한 영향력을 가지게 되기까지는 상당한 시간이 걸릴 것이었다. 그것이 비교적 빠르게 정착된 곳 하나가 주로 미국 중서부에 집중된 네덜란드 칼뱅주의자 이민 공동체 속이었다. 카이퍼의 스톤 강연은 비교적 신속히 책으로 출간되어 그 하위문화 사람들 사이에서 읽혔다. 그들은 카이퍼를 잘 이해했고, 그의 접근 방식은 그들의 교육 기관들과 특히 미시간의 칼빈대학교에서 깊고도 지속적인 영향을 미쳤다.

---

16 Kuyper, *Lectures on Calvinism*, 11n.

17 Kuyper, *Lectures on Calvinism*, 171. 카이퍼, 『아브라함 카이퍼의 칼빈주의 강연』, 304.

그러나 불행히도 최근 이민자들은 더 넓은 북미 문화에 적극 참여 속으로 카이퍼의 사상을 번역할 준비가 되어 있지 않았다. 카이퍼가 프린스턴을 방문했을 때, 그들은 여전히 그들의 종교활동 대부분을 네덜란드어로 하고 있었다. 그리고 카이퍼가 프린스턴을 방문한 20년 후 영어로 전환하기 시작할 즈음엔 그들의 진영 자체 내의 신학 논쟁에 몰두하게 되었다. 그 논쟁들 가운데 하나가 카이퍼의 핵심 가르침인 일반 은총에 관한 것이었으며, 그 논쟁은 1920년대에 고통스러운 교회 분열을 초래했다.[18] 그렇게 카이퍼의 체계는 역설적으로 더 큰 문화를 다루는 데 사용되는 대신에 그들 자신 공동체 내의 분열의 빌미를 제공했던 것이다.

그러나 네덜란드계 미국 칼뱅주의자들은 적어도 다소 격리된 그들의 학문적 문화 속에서 활발히 유지했다. 나는 그것을 1960년대 후반에 (당시엔 칼빈칼리지였던) 칼빈대학교 철학과 교수직을 위해 면접을 하면서 아주 생생하게 개인적으로 분명히 알게 되었다. 면접 과정의 마지막 단계는 대학 총장과의 면담이었다. 그는 친절했지만 세계관 문제에 관해서는 나를 강하게 밀어붙였다. 나는 복음주의 대학에서 학사학위를 받았음에도, 그는 내가 칼빈대학교에서 어떤 상황에 처하게 될지를 알고 있는지를 명확하게 확인하고 싶어 했다. 어느 순간인가 그는 칼빈대학교의 사명을 충격적인 방식으로 설명했다. "우리는 여기서 우리 칼뱅주의 신학을 아주 진지하게 받아들입니다. 그

---

18 James D. Bratt, *Dutch Calvinism in Modern America: A History of a Conservative Subculture* (Grand Rapids, MI: Eerdmans, 1984), 93-122.

러나 그것 자체가 이곳을 칼뱅주의 학교로 만드는 것은 아닙니다. 단도직입적으로 말하지요. 신학과 교수 전체가 같은 날 저녁에 다 죽고, 예배당 또한 전소되어도, 그다음 날 아침에도 여전히 기독교 학교일 것입니다. 그 이유는 우리가 가르치는 모든 것을 형성하는 세계관을 가지고 있기 때문입니다. 사회학, 화학, 역사, 문학 말입니다!"

총장님을 잘 알게 되었는데 그는 칼뱅주의 신학에 깊이 헌신된 따듯한 신앙을 가진 분이었다. 그러나 그 말속에 그는 한 대학이 카이퍼주의의 비전에 충실한 것이 무슨 의미인지를 표현하고 있었던 것이다. 복음주의권의 다른 여러 학교들은 오랫동안 주로 필수 신학 교과목들과 정기 캠퍼스 예배를 통해서 기독교 정체성을 유지해온 반면에, 카이퍼주의 방식은 커리큘럼 자체가 기독교 세계관에 의해 형성되었다.

또한 우리는 그 세계관 관점(조망)이 네덜란드 칼뱅주의 공동체 내의 지성인들에 의해 다음 반세기 동안 보존되었음을 감사할 수 있다. 그러나 칼빈대학교 총장과 대화했던 바로 그 당시 더 넓은 복음주의 공동체 속에서도 카이퍼주의 비전에 대한 새로운 각성이 떠오르고 있었다. 예를 들어 1960년대 후반에 중요한 복음주의 신학자 칼 헨리(Carl Henry)가 "모든 대학교 학과목을 기독교 세계관과 인생관의 유익 안에 통일"하는 것을 목표로 하는 새로운 대학원 수준의 대학교를 세울 소망을 품고 기독교 고등학문 연구소(Institute for Advanced

Christian Scholarship)을 설립했다.[19]

칼 헨리는 복음주의 학문을 위해 이런 더욱 강력한 접근의 필요성을 언급한 유일한 사람이 아니었다. 이 점에 관해 또 다른 중요한 목소리는 1951년부터 40년간 휘튼대학에서 세계관을 강력히 역설하며 가르쳤던 철학자 아서 홈즈(Arthur Holmes)다. 그의 견해는 마침내 복음주의 고등교육에서 영향력을 발휘했다. 각각 1975년과 1977년에 출판된 그의 『기독교 대학의 개념』(The Idea of a Christian College)와 『모든 진리는 하나님의 진리다』(All Truth Is God's Truth)가 복음주의 교수들과 행정가들 사이에 널리 읽히며 일어난 일이다.

대학교 캠퍼스 사역들 역시 세계관에 대한 감수성을 증진시키는 일에 중요한 역할을 하기 시작했다. 이 점에 관한 명백한 사례는 광범위한 청중이 세계관 저술들을 접하도록 하는데 크게 기여한 IVP(InterVarsity Press)였다. 이 책의 출판사이기도 하다. 걸출한 예는 짐 사이어(Jim Sire)가 쓴 『기독교 세계관과 현대사상』(The Universe Next Door)이었다. 이 책은 1976년에 처음 출판되어 여러 해에 걸쳐 수십만 권이 팔린 베스트셀러가 되었다. 그 책은 본래 기독교적 조망을 이신론, 동양적 신비주의, 실존주의, 자연주의 등과 비교했다. 개정판들에는 마르크스주의 뉴에이지, 세속적 인본주의 등 같은

---

19 다음 자료에서 인용됨 Owen Strachan, *Awakening the Evangelical Mind: An Intellectual History of the Neo-Evangelical Movement* (Grand Rapids, MI: Zondervan, 2015). 스트라첸은 이 내용을 다음 자료에서 끌어왔다. the Henry Papers at Trinity Evangelical Divinity School's Rolfing Library.

다른 조망을 추가했다.

    사이어는 사망하기 얼마 전 인터뷰에서 카이퍼가 자기 생각에 미친 영향을 인정했다.[20] 그러나 그는 또한 나름의 주장을 펴기 위해 다른 자료들도 끌어왔다. 헨리와 홈즈처럼 그는 북미 상황 속에서 논점들이 네덜란드 개혁주의 교리와 주제에 너무 의존하고 있다고 느낄 정도로 묶지 않고 넓은 복음주의 청중에게 세계관 사유를 접할 수 있게 하는 것이 중요하다고 보았다.

    그런 의식이 높아져가는 가운데, 북미에서의 카이퍼주의 운동으로 새로운 활기찬 네덜란드의 에너지가 유입되어 긍정적인 일들이 네덜란드계 미국 칼뱅주의자들 사이에서 벌어지기 시작했다. 제2차 세계대전 이후 네덜란드로부터 상당수의 이민자가 들어와 대부분 캐나다에 정착했다. 이 칼뱅주의자들은 구체적 영역들에 문화 참여라는 카이퍼의 비전을 구현했던 네덜란드 운동들에 의해 형성된 이들이었다. 그들은 새로운 조국에서 이 사명을 수행할 열정을 품고 북미에 도착했다. 멀지 않아 그들은 기독교 농부 그룹들과 노사 관계에 대한 기독교적 관심 증진을 위한 운동, 카이퍼주의 관심사 증진을 위한 하계 컨퍼런스, 오늘날 토론토 기독교학문연구소(Institute for Christian Studies in Toronto)로 알려진 영향력 있는 "싱크 탱크" 조직인 기독교 고등학문 협회(Association for the Advancement of

---

20 James Sire, interview by Fred Zaspel, Books at a Glance, May 12, 2015, www.booksataglance.com/author-interviews/interview-with-james-sire-author-of-apologetics-beyond-reason-why-seeing-is-really-believing/.

Christian Scholarship)를 조직했다. 이 이민자 공동체의 학생들이 또한 칼빈대학교와 북미 네덜란드계 칼뱅주의자들에 의해 새롭게 세워진 다른 대학과 대학교들에 새로운 열정을 불어넣었다.

제2차 세계대전 이후 증가하던 북미의 카이퍼 사상에 대한 열정의 역설적인 발전 하나는 두 명의 영향력 있는 지도자와 관련 있다. 한 명은 미국인 프란시스 쉐퍼(Francis Schaeffer)로 스위스에 연구 센터를 세웠으며, 세계관 사고를 증진시킨 여러 권의 널리 읽힌 책을 썼다. 다른 한 명은 칼빈대학교의 교수였던 에반 러너(Evan Runner)였다. 그는 최근 캐나다에 정착한 네덜란드 이민자들이 그들의 카이퍼주의 감수성을 새로운 문화 환경에 적용시키는 일을 지도하는 핵심 역할을 했다.

쉐퍼나 러너는 민족적으로 네덜란드계가 아니었다. 그러나 둘 다 카이퍼의 사상을 유창하게 설명할 수 있는 사람들이었다. 아이러니가 거기에 있었다. 둘 다 카이퍼가 1898년 강연을 했던 시대를 지배했던 "구(舊) 프린스턴" 신학에 의해 훈련되었으며 계속 그에 의해 형성된 이들이었다는 것이다. 이 둘은 카이퍼가 프린스턴 청중이 포착하길 원했던 그 연관성을 보았다. 마침내 카이퍼의 비전이 최초 청중의 자손들 사이에서 전유되고 있었던 것이다.

우리는 무엇을 해야 하는가?

앞서 지적한 것처럼, 카이퍼는 일찍이 첫 강의에서 프린스턴 청중들에게 자신의 관심은 어떻게 칼뱅주의 안에 정립된 "삶의 원리"가 "우리 자신의 세기의 필요들"을 채워주는지를 보이는 것이라고 했다. 그는 20세기가 막 시작되려 하는 때에 그런 관측을 했는데, 지금 우리는 21세기 속으로 훌쩍 들어와 있다. 그래서 우리 자신의 시대적 도전을 직면하기 위해 우리는 카이퍼의 비전을 가지고 무엇을 해야 하는지를 묻는 것이 중요하다.

분명히 해야 할 필요가 있는 한 가지, 또는 내게 그렇게 보이는 것은, 카이퍼가 그의 프린스턴 첫 강의에서 탐색했던 모든 신학적, 철학적 문제들을 이해하고 받아들이는 것을 요구함 없이 세계관 사고의 중심 관심사를 그리스도인들로 하여금 이해하게 하는 일이다. 그리스도를 따르는 대다수의 사람들은 전문적인 문제들, 예를 들면 범신론이나 프랑스 혁명의 철학 또는 무슬림의 신적 초월성과 같은 것들을 명확히 정의할 수 없어도 오늘의 세계관 주제와 도전들과 씨름할 수 있어야만 한다. 그런 주제들을 폄하하려는 것은 아니다. 나는 그것에 대해 많이 생각한다. 그러나 그런 전문적 문제들은 농부나 컴퓨터 엔지니어, 헤어스타일리스트 같은 동료 그리스도인들에게 가장 중요한 것이 아니다.

그런 이들은 카이퍼의 칼뱅주의의 섬세한 신학적 측면들을 전부 이해할 필요도 없다. 물론 나는 여기서도 그가 말한 내용을 매우 진지하게 받아들이지만 말이다. 그러나 카이퍼가 세계관 논의에서 다루었던 것의 핵심은 하나님께서 삶의 모든 것 위의 주권적 통치자이시며, 우리는 하나님께서 세상에 관한 그의 목적들에 대해 우리에게 계시하신 빛 안에서 우리의 삶과 행동을 형성할 필요가 있다는 것이다. 이것이 중요한 중심 진리이며, 그것을 파악했다면 대안적 세계관들이 우리에게 권하는 방식들을 저항할 수 있게 된다. 예를 들어 인간의 인격을 우주의 최고 권위로 보는 것이나 하늘이 보낸 구세주를 절실히 필요로 하는 죄인임을 인정하기를 요구하지 않는 종교적 충동으로 만족하는 것에 우리 삶을 헌신하는 것 등이다.

세계관에 관한 공식을 단순화해야 한다는 제안은 이 주제들을 "단순화"해야 한다는 뜻이 아니다. 앞서 언급한 휘튼대학의 아서 홈즈는 한편으로 "신학자들의 신학"과 "철학자들의 철학"이라 부른 것과 다른 한편으로 "세계관적 신학"과 "세계관적 철학"이라 표시한 것 사이를 멋지게 구별했다. 첫 번째 두 사유 방식은 전문 신학자들과 철학자들이 학계의 동료들과 사안을 논의할 때 이야기하는 류의 주제들을 다룬다. 반면에 "세계관적" 종류는 학자들이 실제적인 실생활 맥락에서 떠오르는 질문들을 다루면서 씨름하는 주제들을 다룬다.[21]

분명히 홈즈는 철학과 신학의 더 전문적인 학문적 추구를 존중한다. 그러나 그는 다양한 영역에서 하나님 나라 일을 준비하는 학생들을 가르치면서, 지적인 그리스도인들이 다양한 직종과 삶의 여건에 관련된 근본적인 질문들, 즉 성(性)과 기술, 일과 여가, 친교와 정치 같은 주제들에 대해 명료하게 생각하기 위한 세심한 안내를 제공하길 원했다.

---

21 Arthur F. Holmes, *Contours of a World View* (Grand Rapids, MI: Eerdmans, 1983), 31-32, 34-40.

브라이언 왈쉬(Braian Walsh)와 리처드 미들턴(Richard Middleton)은 함께 쓴 책에서 일반 청중들에게 세계관적 주제들을 용이하게 만드는 작업을 탁월하게 해냈다. 그 주제에 관한 그들의 생각은 카이퍼에게 빚진 것이지만 자신들의 주장을 상당히 비전문적이며 매우 실천적인 용어로 풀어냈다. 그들은 말하기를 세계관은 기독교적이든 그렇지 않든 다음과 같은 질문들에 대한 일련의 답들로 구성된다고 했다. 나는 누구인가? 나는 어디에 있는가? 무엇이 잘못되었는가? 치료법은 무엇인가?[22] 사람들은 항상 이런 질문들을 명시적으로 묻는 것은 아니다. 그러나 인간은 일반적으로 이런 질문들의 답이 무엇인지를 어느 정도는 파악해 삶에 다가선다. 그리고 우리가 당연하게 여기는 그 답들이 우리의 삶을 이끈다.

"나는 누구인가?"라는 질문은 인간 됨이 무엇인지에 대해 한 사람이 가진 근본 가정과 관련이 있다. "나는 어디에 있는가?"는 실재의 더 큰 틀 속에서 인간의 위치를 어떻게 보는가에 관계된다. "무엇이 잘못되었는가?"는 분명히 우리 삶이 개인적이며 공동적으로 자주 역기능적이라는 널리 퍼져 있는 인식을 뜻한다. 그리고 "치료법은 무엇인가?"는 우리 인간 실존의 문제들에 대한 근본적인 해결이라고 기대하는 것을 다룬다.

---

22 Brian J. Walsh and J. Richard Middleton, *The Transforming Vision: Shaping a Christian World View* (Downers Grove, IL: InterVarsity Press, 1984), 35. 브라이언 왈쉬, 리처드 미들턴, 『그리스도인의 비전』, 황영철 옮김 (서울: IVP, 2023).

이 질문들은 카이퍼가 첫 강의에서 논의한 삶의 체계와 동일한 영역을 다룬다. 프랑스 혁명의 이데올로기를 예로 들어보자. 그 세계관에서는 인간 인격이 이성적 능력을 적절히 사용함으로 궁극적으로 완전히 알 수 있는 우주 안에 존재하는 자유롭고 합리적인 존재로 인식된다. 인간 실존의 근본적인 문제는 우리가 이성을 신뢰하지 않으며 자주 자신을 비합리적이며 심지어 미신적인 신앙과 관습들에 넘겨준다는 것이다. 따라서 해결책은 이성의 명령만을 따르는 것을 방해하는 억압적인 종교 기관과 권력들을 다같이 타도하는 것이다.

이것은 다소 너무 성급한 요약일 수 있다. 그러나 프랑스 혁명을 만들어낸 세계관을 이끌었던 원리들을 확실히 밝혀준다. 그러나 우리 시대에는 유럽에서 18세기의 마지막 10년에 일어난 이 사건들을 형성한 조망이 프랑스 역사에 대해 아무런 지식이 없는 많은 이들의 삶 속에서 나타난다. "내 방식으로 해야만 해" 또 "내 자신이어야 만 해"는 프랑스 계몽주의 철학이 찬양했던 "자율적인 자아"의 우리 시대의 대중적 표현이다. 우리가 더 나은 교육을 증진시키기만 한다면, 또는 과학이 가르치는 것에 의지하기만 한다면, 우리의 가장 깊은 이성적 충동에 좀 더 "주의를 기울이"기만 한다면 인류의 시급한 문제들을 해결할 수 있다는 확신도 마찬가지다.

한 차원에서 이 질문들에 대한 기독교 세계관의 해답은 매우 간단하다. 우리는 하나님의 형상으로 지음 받은 그의 자녀들이다. 우리는 우리가 하는 모든 것에 있어 그를 영화롭게 하도록 부르신 살아 계신 하나님의 부르심을 받아 우주에 살고 있다. 문제는 우리가 죄인들이며, 스스로를 구원할 수 없다는 것이다. 그러나 하나님께서 그의 독생자를 보내시고 우리와 같은 것들을 구속하시어 회복시키심을 통해 놀라운 해결책을 제공하셨다는 것이다.

그러나 이 해답들 각각은 그 아래 깔려 있는 다양한 주제들을 가리킨다. 어떤 경우에는 이 관심사들을 다루면서 카이퍼가 그의 생각 속에서 했던 것보다 훨씬 더 멀리 가야 할 뿐 아니라 심지어 되돌아가 그 견해의 어떤 것들을 교정해야 한다. 인종에 대한 그의 견해들이 명백한 사례다. 우리는 누구인가? 우리는 여러 인종과 민족성을 지닌 인류이다. 그럼에도 불구하고 하나님의 사랑스러운 피조물임에 근거한 공유된 존엄성을 가진 존재들이다. 그리고 우리는 지금 그 공유된 인간됨에 관한 확신에 대해 깊이 숙고하면서 시급히 행동할 것을 요청하는 문화적 영향력에 함께 맞서고 있다. 우리는 전세계적 불의에 대한 인식과 종교적 박해, 피난민들과 여타 노숙인들의 곤경, 소셜미디어와 "인공지능"의 축복과 저주 등등 카이퍼가 그의 시대에 씨름했던 것보다 훨씬 많은 문제들을 가지고 있다.

"우리는 어디에 있는가"라는 질문은 환경에 관한 염려로 인해 특별한 중요성을 가진다. 인류에게 주신 창조 세계를 "다스리라"는 명령은 인간 이외의 것들을 지배하라는 것이 아니라 창조의 청지기(돌보는 자)가 되라는 부르심이다. 우리 인간의 사명의 범위를 이와 연관해 바로 인식하는 것은 또한 더 넓은 우리 죄악에 대한 저주의 구조적이며 "조직적"인 범위를 인식하는 것이기도 하다. 이는 우리가 예수를 단지 우리의 구주이며 주님으로만 아니라 모든 피조물의 왕이시며 주권적인 통치차로 볼 것을 요청한다. (그리고 여기서 카이퍼는 우리의 탐사를 위한 바른 종류의 어조를 설정해 두었다.)

나는 카이퍼의 전체적 조망을 설정하면서 그가 우리로 하여금 직면하길 바랐던 도전과 문제들을 강조했음을 의식한다. 이것은 자칫 또 다른 우울한 칼뱅주의로 다가올 수 있다. 그렇다면 그것은 오해일 뿐이다. 그렇다, 하나님께서는 우리를 기독교 제자도의 복잡다단함과 씨름하도록 부르시고 또 명하셨다. 카이퍼는 다음 강의들에서 분명히 칼뱅주의 세계관을 인간의 번영을 증진하는 것으로 추천하길 원했다. 그는 우리가 서로를 지지해 주며 그리스도의 몸의 구성원들로 은혜 가운데 성장할 것을 격려할 참이다. 그는 정부가 풍성히 다양한 문화영역을 격려하고 지원하는 질서정연한 사회의 삶을 통해 받을 수 있는 혜택에 대해 이야기하고자 했다. 그는 우리가 적극적으로 기독교적 학문을 증진시키며 사상의 세계에 참여하길 원했다. 그는 인간 복지를 육성하는 것에서 예술의 중요성을 지적한다.

나는 근래 내 강연과 저술 속에서 세계관 "갖기"라는 더 정적인 개념보다는 능동적인 "세계관으로 **보기**"(worldviewing)의 중요성을 강조해 왔다. 나는 카이퍼가 과거의 개념을 단지 반복하는 것이 아니라 현재를 위한 흥미진진한 비전을 명료히 제시함으로 과거로부터 최선의 것을 다시 취하는 그런 칼뱅주의가 필요하다고 했을 때 바로 그런 더 역동적인 그림을 권했다고 생각한다. 그리고 지금 우리는 우리의 신앙의 여정에서 새로운 길에 들어서 새로운 현실을 직면하고 있다.

그러나 여전히 명사로서의 **세계관**을 이야기하는 것을 그냥 포기하지 말아야 할 중요한 이유가 적어도 하나 있다. 우리가 나아가면서 새로운 현실을 바라볼 때 카이퍼가 주창했던 세계의 큰 그림을 계속 의식하는 것은 매우 중요하다. 성경에서 "세상"은 때로 인간 사상과 관습의 악한 형태를 의미한다. 이런 의미에서 사도 요한이 "이 세상이나 세상에 있는 것들을 사랑하지 말라"(요일 2:15)고 경고한 것은 옳았다. 그러나 그 동일한 사도가 복음서에서는 "세상을 이처럼 사랑하사" 그의 아들을 세상에 보내신 것은 "세상을 심판하려 하심이 아니요 그로 말미암아 세상이 구원을 받게 하려 하심이라"(요 3:16-17)고 했다. 여기서 **세상**의 헬라어 단어는 **코스모스**(kosmos)로 하나님께서 본래 좋았더라고 선포하셨던 창조된 질서를 가리킨다.

그것이 세계관에 대한 카이퍼의 이해의 핵심이다. 하나님은 자신의 피조물을 사랑하시며 우리의 악한 반역이 그가 지으신 모든 것을 위한 그의 본래 계획을 무효화하도록 놔두기를 거부하셨다. 하나님께서 여전히 사랑하시는 세상은 가정생활과 정치, 예술과 사업 활동, 학문과 의료 연구, 체육과 그 외의 것들 같은 인간 문화의 형태와 산물들을 포함한다. 하나님은 그 모든 것이 그의 창조 속에 펼쳐지는 것을 원하시며, 우리를 그를 영화롭게 하는 것들 속에 참여하여 계속될 역사의 일꾼이 되라고 부르신다. 이것은 물론 우리의 할 일임이 확실하다. 그러나 그것은 또한 그들이 가진 재능들의 신적 기원을 인정하지 않는 사람들에 의해 만들어진 것들을 포함해, 다른 이들이 성취한 것들을 누림도 의미한다.

이 모든 것은 시편 기자가 "땅과 거기에 충만한 것과 세계와 그 가운데에 사는 자들은 다 여호와의 것이로다"(시 24:1)라고 썼을 때 의도했던 것을 이해할 흥미진진한 방식을 우리에게 제공한다. 카이퍼는 우리를 예수 그리스도 안에서 만물이 새롭게 될 그날을 위해 준비되고 있는 창조 세계 속에서 우리로 하여금 번영하도록 해줄 삶의 방식으로 초청하고 있다.

리차드 마우(Richard J. Mouw, PhD, University of Chicago)

풀러신학교의 명예총장이며, 칼빈대학교의 폴 헨리 기독교와 정치 연구소의 시니어 연구원이다.

*Abraham Kuyper: A Short and Personal Introduction*을 포함한 아브라함 카이퍼의 사상에 관한 다수의 책과 논문이 있다.

⟨발전을 위해 더 읽을거리들⟩

Dooyeweerd, Herman. *In the Twilight of Western Thought.* (Lewiston, NY: Edwin Mellen Press, 1999)

Heslam, Peter. *Creating a Christian Worldview: Abraham Kuyper's Lectures on Calvinism.* (Grand Rapids, MI: Eerdmans, 1998)

Naugle, David K. *Worldview: The History of a Concept.* (Grand Rapids, MI: Eerdmans, 2002)

Runner, H. Evan. *The Relation of the Bible to Learning.* (Toronto: Wedge Pub. Foundation, 1970)

Spykman, Gordon. *Christian Faith in Focus.* (Jordan Station, ON: Paideia Press, 1992)

Van Til, Henry R. *The Calvinistic Concept of Culture.* (Grand Rapids, MI: Baker Academic, 2001)

Walsh, Brian J., and J. Richard Middleton, *The Transforming Vision: Shaping a Christian Worldview.* (Downers Grove, IL: InterVarsity Press, 1984)
브라이언 왈쉬, 리처드 미들턴, 『그리스도인의 비전』, 황영철 옮김 (서울: IVP, 2023)

Wolters, Albert M. *Creation Regained: A Biblical Basis for a*

Reformational Worldview. 2nd ed. (Grand Rapids, MI: Eerdmans, 2005)
알버트 월터스, 『창조 타락 구속』 양성만·홍병룡 옮김 (서울: IVP, 2007)

Wolterstorff, Nicholas. *Reason Within the Bounds of Religion*. (Grand Rapids, MI: Eerdmans, 1984
니콜라스 월터스토프, 『종교의 한계 안에서의 이성』 김지호 옮김 (파주: 도서출판100, 2023)

2. 카이퍼와 종교
- 제임스 에글린턴

2. 카이퍼와 종교

제임스 에글린턴

카이퍼는 무슨 이야기를 했는가?

종교의 개념은 20세기 중반 이후 개신교 기독교인들 손에서 상당한 타격을 입었다. 예를 들어 그 세기의 위대한 개신교 교의학자 칼 바르트(Karl Barth, 1886-1968)는 그의 창발적인 『교회교의학』(*Church Dogmatics*)에서 종교란 본질적으로 믿음 없는(faithless) 노력이라고 선언한 바 있다. 종교를 하나님을 향한 악한 인류의 혐오의 연장으로 본 바르트는 그것을 하나님의 자기 계시 개념의 반대로 지목했다. 그는 우리가 우리의 종교 속에서 자신의 환상을 따라 거짓 신들을 만들어낸다고 주장했다. 우리는 하나님을 향한 우리 자신의 길을 닦을 권리를 주장하면서 그에게서 더 멀리 벗어나기 위해 종교를 이용한다고 주장했다. 바르트에 따르면, 하나님은 계시 안에서 자기 자신을 드러내시는 자기 계시를 행하시는데, 우리를 향해 오시는 예수 그리스도를 통해, 그 안에서, 그리고 그분 자체로 이루어진다고 믿었다.[1] 같은 시대에 바르트의 제자였던 반(反) 나치 루터교회 신학자인 디트리히 본회퍼(Dietrich Bonhoeffer, 1906-1945)는 "종교 없는 기독교"를 위한 그의 유명한 주장들을 발전시키기 시작했다.[2] 물론 그들의 상황에서 기독교를 종교로부터 해방시키려는 열정은 나치주의가 당시 유약한 자유주의 기독교 종교를 손쉽게 받아들임에 자극을 받은 것이었다. 이에 대한 반동으로 바르트와 본회퍼는, 나치의 탈취에 취약한 것으로 드러난 성직자와 교회의 관습과 의식, 교리적 믿음들과 같은 얄팍한 종교적 구조물 아래 묻혀 있던 기독교 신앙의 원초적 핵심을 찾고자 했다.

20세기가 진행되면서 1960년대의 반(反) 권위주의 정신과 대중 시장 자본주의의 개인주의가 결합하여, 기독교는 종교라기보다 하나님과의 관계로 보아야 한다는 개신교 (복음주의) 정서가 널리 주장되는 현상을 만들어냈다. 이러한 견해는 "영적이지만 종교적이지 않은" 자

---

[1] Karl Barth, *Church Dogmatics* I.2, ed. G. W. Bromiley and T. F. Torrance, trans. G. T. Thomson and Harold Knight (Edinburgh: T&T Clark, 1980), §17.3; 또한 Sven Ensminger, *Karl Barth's Theology as a Resource for a Christian Theology of Religions* (London: T&T Clark, 2016)도 보라.

[2] Dietrich Bonhoeffer, *Letters and Papers from Prison*, ed. Eberhard Bethge (New York: Touchstone, 1971); 또한 Jeffrey C. Pugh, *Religionless Christianity: Dietrich Bonhoeffer in Troubled Times* (London: T&T Clark, 2008), 69-95도 보라.

기 정체성이라는 더 넓은 배경에서 자랐다.[3] 개신교 종교개혁자 장 칼뱅이 『기독교강요』(*The Institutes of the Christian Religion*)를 집필한 이후 4세기가 지나는 동안 그의 교회적 후예들은 크게 변했다. 그들의 기독교가 어떻게 변했든 그것은 전혀 종교적이지 않았다.

20세기 전반에 걸쳐 발전될 종교에 대한 일반적으로 낮은 견해에 비추어 볼 때, 아브라함 카이퍼가 스톤 강연 두 번째 강의에서 종교를 긍정적으로 다룬 것은 주목할 만하다. 많은 이들은 19세기 자유주의 신학이 종교를 재정의해 계몽주의로부터 구하려는 노력을 기울였다고 여긴다. 아마도 독일 신학자 프리드리히 슐라이어마허(Friedreich Schleiermacher)의 『종교론: 교양 있는 경멸자에 대한 연설』(*On Religion: Speeches to Its Cultured Despisers*)이 그 세기의 가장 두드러진 예일 것이다.[4] 한편, 카이퍼 자신의 종교 옹호는 그 세기가 막 저물어가던 시점인 1898년에 행해졌는데, 다비트 프리드리히 슈트라우스(David Friedrich Strauss)가 문명화된 세계는 의도적으로 탈 기독교적인 새로운 시대의 문턱에 서 있다고 대담하게 주장한 바로 그때였다. 슈트라우스의 제안처럼 다가오는 20세기에서는 종교에 가장 가까운 것은 어떤 형태의 과학주의일 것이었다. 경험과학의 설명력이

---

3 Christian Smith with Melina Lundquist Denton, *Soul Searching: The Religious and Spiritual Lives of American Teenagers* (Oxford: Oxford University Press, 2005), 81; William B. Parsons, ed., *Being Spiritual but Not Religious: Past, Present, Future(s)* (Abingdon, UK: Routledge, 2018).

4 Friedrich Schleiermacher, *On Religion: Speeches to Its Cultured Despisers*, ed. Richard Crouter (Cambridge: Cambridge University Press, 1996).

예술가의 작업실로부터 공장 바닥에 이르는 인간 실존의 모든 부분을 담당하기에 충분하다는 믿음 말이다.[5] 그런 주장에서 기독교(그리고 특히 예수 자신)은 문명의 진보에 가장 커다란 장애로 나타났다. 슈트라우스에게 기독교 복음은 과학과 예술 또는 문화를 위해 전혀 좋은 소식이 아니었다.

그러나 카이퍼에게 종교는 일반적인 현상으로 특히 그리스도인들 사이에서, 일상의 모든 것을 포괄하는 주제이며 불결하거나 세상에서 삶의 번영을 가로막는 장벽도 확실히 아니었다. 오히려 그의 본능은 슈트라우스의 그것과 정반대였다. 카이퍼의 칼뱅주의 프리즘을 통해 굴절된 기독교는 과학과 예술과 문화를 위해 정말 좋은 소식이었다. 19세기 말, 칼뱅주의를 세상의 소망으로 제시하며 크게 홍보하는 이 강연을 했을 때, 카이퍼의 주장은 일반적인 종교를 비판하고 동시에 옹호하는 능력과 칼뱅주의를 인간의 번영에 필수적인 바로 그 종교로 장려하는 능력에 달려 있었다.[6]

더 큰 논의의 한 부분으로서 카이퍼의 〈칼뱅주의와 종교〉[7] 강의

---

5 David Friedrich Strauss, *The Old Faith and the New: A Confession*, trans. Mathilde Blind (New York: Henry Holt and Company, 1873).

6 종교에 대한 이 주장은 그의 스톤 강연의 넓은 틀에 확실히 잘 맞는다. 먼저 인류가 참여하는 조직하고 생기 있게 하는 "삶의 체계"의 개념에 대한 주장을 하고 나서 삶 전체를 포괄하는 총체적인 종교를 다룬 이 강의는 정치, 과학, 예술의 통합에 관한 내용으로 들어가는 디딤돌 역할을 했다. 그런 다음, 강의는 브루스 애쉬포드(Bruce Ashford)가 이 책 뒷부분에 다룰 〈칼뱅주의와 미래〉라는 도발적인 강의로 마무리되었다.

7 Abraham Kuyper, *Lectures on Calvinism* (1931; repr., Grand Rapids, MI: Eerdmans, 1999), 41-77. 카이퍼, 『아브라함 카이퍼의 칼빈주의 강연』, 82-

는 종교에 관한 네 가지 질문을 중심으로 구성되었다. 각 질문은 그의 시대와 한 세기 후에도 여전히 중요한 관심사를 직접 다루었다. (1) 종교는 단지 인간적 현상에 불과한가? (2) 모든 인간은 반드시 종교적인가? (3) 종교는 단지 마음이나 도덕의 사적 문제에만 관여하는가? 아니면 그 범위가 훨씬 더 넓은가? (4) 종교는 세상의 선을 위한 적극적인 힘이 될 수 있는가? 이 질문들에 대한 자신만의 대답을 제시하면서 카이퍼의 강의는 훗날 "신칼뱅주의"로 분류될 그의 칼뱅주의만의 특징들을 보여주는 서사를 발전시켰다. 그것은 기독교를 하나님과 인간, 개인과 사회, 머리와 마음과 손을 결합시키는 종교로 명료하게 표현한 것이었다. 본회퍼처럼 기독교를 종교에서 해방하여 구하려 하거나, 바르트처럼 예수님을 믿음 없는 우상 숭배가 되어버린 기독교로부터 거리를 둠으로 예수님의 선한 명성을 구하려 하기보다, 카이퍼의 강의는 그것의 최선이라 믿는 것을 보여줌으로써 종교를 구하는 것을 목표로 삼았다. 그 종교는 하나님 앞에서 삶의 (전부)를 사는 종교로서의 칼뱅주의이다. 그는 이런 종류의 종교는 분명히 세상의 선을 위한 긍정적인 힘이라고 주장했다.

이런 질문들을 탐구하기에 앞서, 카이퍼가 이 강연에서 종교에 대한 추상적 정의를 제시하지 않는다는 점에 주목할 가치가 있다. **종교적**이라는 단어의 의미는 오히려 카이퍼가 잘 사는 인간의 삶, 말하자면 인간의 삶이 모든 넓이와 깊이에서, 개인적으로나 공동적으로나,

---

135.

하나님의 영광을 위해 사는 것에 대한 그의 비전을 설명할 때 분명해진다. 이런 점에서 카이퍼에게 종교는 매우 실제적인 문제가 된다. 그것은 정확히 하나님께서 우리를 그를 위해 지으셨기 때문에 개인적으로 구체화된다. 인생의 출발점과 목적지가 하나님 안에서 발견되기 때문에 인생이 아름답고 조화롭게 될 것이라는 목적과 함께 말이다. 그래서 카이퍼의 종교관은 아마도 종교적인 것과 비종교적인 삶 사이가 드러내는 차이에 대한 그의 묘사에서 가장 분명하게 보여질 수 있다. 그는 "비종교적이라는 것은 인간 최고의 삶의 목적을 거부하는 것"이라고 주장했다.[8] 카이퍼가 제시한 대안적 삶은 "하나님과 그의 뜻을 위해 존재하며, 주님의 영광스런 이름에 전적으로 몰입하는 것이 모든 참된 종교의 중심이자 핵심이다."[9] 스톤 강연에서 종교성과 비종교성은 삶의 두 방식으로 가장 잘 이해된다.

첫 번째 질문: 종교는 누구에 대한 것인가? 카이퍼에 따르면 종교는 추상적인 것이 아니라 인생의 날실과 씨실의 일부로 보아야 한다. 그것은 종교가 없다면 부서지고 말 인간 됨에 필수적이다. 카이퍼는 이 점을 하나님께서 모든 인간 속에 자신에 대한 생득적 감각을 심으셨다는 칼뱅의 개념을 끌어와 주장한다.[10]

---

8 Kuyper, *Lectures on Calvinism*, 46. 카이퍼, 『아브라함 카이퍼의 칼빈주의 강연』, 90.

9 Kuyper, *Lectures on Calvinism*, 46. 카이퍼, 『아브라함 카이퍼의 칼빈주의 강연』, 90.

10 칼뱅은 신성의 감각 또는 신의식이라는 개념을 그의 『기독교강요』의 초반에 소개한다. 1권 3장에서 그는 "인간의 마음 속에 신의식이 자연적 본능

> 하나님은 인간 마음의 현(絃)들을 연주하도록 하신 '**신적 감각**'을 통해 친히 그들을 종교적으로 만드십니다. … 종교는 본래 그 성격상 배타적으로 마음을 고양시키고 끌어당기는 **감탄과 경배**의 표현이지, 분리시키고 압박하는 의존의 표현이 아닙니다.¹¹

카이퍼는 종교가 인간의 삶 구석구석에 심겨 있다고 주장한다. 하지만 그럼에도 불구하고 당시 공통적이던 한 중요한 경향을 강하게 반대했다. 즉 종교가 인간의 심리학적 필요들을 반영하는 인간의 산물로 가장 잘 설명된다는 견해 말이다.

카이퍼의 강연에 몇십 년 앞서, 슐라이어마허(Schleiermacher, 1768-1834)가 종교를 인간 의식의 환경 속에서 그것의 가장 고상한 형태로 재구성했다. 그는 종교가 하나님에 대한 "절대의존의 감정"이라고 주장했다. (그리고 그것은 오로지 하나님을 완전히 의식하는 인간인 예수 자신에게서만 원래 형태로 발견된다). 이에 이어, 독일 무신론 철학자 루트비히 포이어바흐(Ludwig Feuerbach 1804-1872)는 종교의 성격이 신적인 것이 아니라 철저히 인간적이라는 주장을 개진했다. 포이어바흐의 (당시엔 참신했던) 주장은 종교가 인간이 자신의 깊은 심리적 욕구를 탐색할 때 발생한다는 것이었다. 따라서 그는 종교의 진

에 의해 실제로 존재한다…. 하나님께서 손수 그의 신적 위엄에 대한 확실한 이해를 모든 인간 속에 심으셨다. John Calvin, *Institutes of the Christian Religion*, ed. John T. McNeill, trans. Ford Lewis Battles (Philadelphia: Westminster Press, 1960), 1.3.1.

11 Kuyper, *Lectures on Calvinism*, 46 (강조는 원문). 카이퍼, 『아브라함 카이퍼의 칼빈주의 강연』, 89.

짜 비밀은 무신론이라고 믿었다. 그의 『기독교의 본질』(*The Essence of Christianity*, 1841)은 카이퍼의 생애 내내 많은 찬사를 받았다. 네덜란드에서는 카이퍼와 같은 시대의 저명한 예술사가인 알라드 피어슨(Allard Pierson, 1831-1896)이 포이어바흐의 영향 아래 종교는 인간 인격성의 연장으로 예술과 시와 병행한다고 주장했다.[12]

카이퍼는 이 모두에 반대하여 종교가 인간 됨의 중요한 부분이긴 하지만 그것의 "인간적이며 주관적인 측면"은 무언가 다른 것의 열매라고 주장했다. 그것은 창조주에 의해 의도된 하나님을 향한 인생의 방향이다. 카이퍼는 종교가 "인간을 위한 복(福)을 베풀기도 하지만, 인간을 위해 존재하는 것은 아니라"고 했다.[13] 달리 말하면, 종교는 특정한 삶의 방식이기 때문에 (카이퍼의 용어로 하나님 앞에서 사는 삶으로) 잘 이해된 종교는 우리에게 우리 자신을 넘어서는 무엇인가를 위해 사는 것을 가능하게 하고 지시하고 요청할 수 있다. 카이퍼에게 이것은 종교가 인간의 삶이 거기에 얽매여 있는 세상과는 다른 무엇으로**부터** 오며 그것을 **위한** 것임을 의미했다. 그는 종교가 일차적으로 하나님에 관한 것이고 오로지 부차적으로 인간에 관한 것이라고 주장했다. 그는 이런 상황에서 칼뱅주의가 삶의 각 부분에서 인간이 하나님 앞에서 살도록 그를 가장 잘 갖추어 주는 종교라는 주장을 펼쳤

---

12 S. A. Naber, *Levensbericht van Allard Pierson* (Amsterdam: Johannes Muller, 1898), 7. 목사로 직장 생활을 시작했던 피어슨은 신적 계시에 대한 불신앙을 이유로 목회를 그만두었으며 후에는 예수의 존재 자체를 부정했다.
13 Kuyper, *Lectures on Calvinism*, 45. 카이퍼, 『아브라함 카이퍼의 칼빈주의 강연』, 88.

던 것이다.

두 번째 질문: 모든 인간이 종교적이어야만 하는가? 카이퍼는 그의 둘째 질문을 **직접적** 그리고 **중재적**이라는 용어를 통해 시작했다. 종교는 사회의 모든 구성원에 의해 경험되어야 하는가, 또는 아마도 더 나은 표현은 살아내야(lived out) 하는가(카이퍼가 "직접적" 종교라고 부른 것), 아니면 사회의 사제 계급이 대중에게 그것을 "중재"하기 위하여 경험하는 것으로 충분한가? 일반적 종교에 대한 카이퍼의 긍정적 견해는 강연의 이 지점에서 비판으로 돌아선다. "모든 비기독교적 종교에는 중간 매개자가 필수적"[14]이다. 카이퍼는 또한 기독교 안에서조차도, 특히 로마 가톨릭과 루터교회에서도 삶으로서의 종교의 풍성한 혜택이 교회의 계층화된 위계적 모델로 인해 직접성을 상실한다고 주장했다. 카이퍼는 이에 대한 대책으로 특정 계층의 그리스도인만의 임무로 제한된 사제 제도의 견해에 반하여 "만인제사장직"을 선호했던 칼뱅에게서 종교의 직접적 중요성을 다시금 발견했던 종교개혁 시대의 도움을 구한다.[15]

---

14 Kuyper, *Lectures on Calvinism*, 47. 카이퍼, 『아브라함 카이퍼의 칼빈주의 강연』, 91.

15 칼뱅은 그리스도의 삼중직(선지자, 제사장, 왕으로서)에 대한 자신의 이해에 토대를 두고, 단지 일부가 아니라 모든 그리스도인이 그리스도의 제사장직을 소유한다고 주장했다. 그는 "제사장 직분"에 대해 논하면서 "그리스도께서는 제사장의 임무를 행하시는데, 이는 영원한 화목의 법을 통해서 아버지를 우리에게 자비와 긍휼을 베푸시도록 만들기 위함이었으며 동시에 우리를 이 위대한 직분에 함께 동참하는 자로 받아들이시기 위함인 것이다(계 1:6) … 우리는 그리스도 안에서 제사장이다." (칼뱅, 『기독교강요』, 2. 15. 6). 뒤에서 칼뱅은 교회와 그 직분을 다루면서 그리스도인의 제사장

칼뱅은 회피하거나 망설임 없이 거룩한 분노로 영혼과 하나님 사이에 개입한 모든 것에 대항했습니다. 사제에 대한 미움이나 성인들에 대한 혐오에서나 천사들의 중요성을 평가 절하해서가 아니라 오로지 종교의 본질 때문에, 그리고 그 본질 가운데 하나님의 영광을 주장하기 위해 그러했습니다.[16]

카이퍼가 1898년 당시 미국 청중에게 전달했던, 종교가 평범한 이들을 위한 것이라는 견해는 1870년대 중반 이래 그의 조국 네덜란드에서 그의 운동에 활력을 불어넣었고 (눈부신 정치적 성공)도 이루게 했다. 거기서 그의 끊임없는 후렴구는 "민초들"에 대한 호소였다. 자국 내에서 카이퍼는 주로 노동 계층 그리스도인들에게 강연했다. 그들은 공장 교대 근무, 농사, 결혼, 가정생활, 정치적 충성, 교육에 대한 권리와 주일 예배와 같은 그들 삶의 각 부분이 어떻게 하나의 힘을 주는 의도적인 삶의 방식으로 함께 조화를 이룰 수 있는지를 듣고 싶어 했다. 카이퍼는 노동 계급에게 권한을 부여하려는 운동을 하면서 정부와 교회 모두에서의 귀족 통치에 맹렬히 반대했다. 그는 평범한 사람들이 양자 모두에서 적극적인 참여자가 되어야 한다고 믿었다. 물

적 소명과 사명의 보편성을 다시 확증했다. "[그리스도께서] 영원한 속죄와 화목의 제사를 단번에 드리셨고, 지금은 하늘 성소에 들어가셔서 우리를 위하여 간구하고 계신다. 그리스도 안에서 우리 모두가 제사장이다. (계 1:6, 참조, 벧전 2:9) 그러나 찬송과 감사를 드리는, 다시 말해서 우리 자신과 우리의 모든 것을 하나님께 드리는 제사장들인 것이다" (칼뱅, 『기독교강요』, 4. 19. 28).

16 Kuyper, *Lectures on Calvinism*, 47. 카이퍼, 『아브라함 카이퍼의 칼빈주의 강연』, 91-92.

론 이 평등주의 종교에 대한 헌신은 종교가 우선적으로 사람보다는 하나님에 관한 것이라는 카이퍼의 신념의 자연적 연장이었다.

> **인간을 위한** 종교는 인간 자신을 중간 매개자로 불러들이는 반면, **하나님을 위한** 종교는 필연적으로 중간 매개자를 배제합니다. … 하지만 **모든** 인간의 마음이 하나님께 영광을 돌리는 것이 종교의 요구라면 어떨까요. 한 사람이 다른 사람을 위해 대신할 수 없으므로 각 사람은 개인적으로 반드시 등장해야 하며, 종교는 오직 신자의 보편적 제사장직에서 그 목적을 달성합니다.[17]

이와 더불어 카이퍼의 처음 두 질문에 대한 답의 일관성이 순차적으로 결정된다. 종교는 우선적으로 인간을 위한 것이 아니라 하나님에 대한 (그리고 그를 위한) 것이다. 그것은 종교가 하나님을 위하여 존재하기 때문이다. 그리하여 종교가 모든 인간에게 직접적이고 긴급한 관심사가 된다. 카이퍼의 판단에는 각 사람이 하나님을 향해 나아갈지 멀어질지를 결정해야만 한다. 따라서 우선적으로 하나님과 관련된 것으로서의 종교는 모든 사람의 일이다.[18]

---

17 Kuyper, *Lectures on Calvinism*, 48 (강조는 원문). 카이퍼, 『아브라함 카이퍼의 칼빈주의 강연』, 92-93.
18 물론 이 맥락에서 카이퍼가 하나님이며 인간이신 예수님이 하나님과 인류 사이의 유일하고 완전한 중보자시기 **때문에** 다른 인간 중보자가 필요 없다는 그의 일관된 확고한 주장과 함께 개인과 하나님 사이의 직접적 관계에 대한 인상적인 설명에 천착했다는 것이 언급되어야 한다. "우리 마음 깊은 곳으로 곧바로 들어온 신성한 빛줄기"에 대한 카이퍼의 확증은 예수 그리스도를 통하지 않고 하나님과 연합을 추구함에 대한 허락으로 읽히지 않아

세 번째 질문: 종교는 단지 마음이나 도덕의 문제에만 관한 것인가? 카이퍼의 셋째 질문은 약간 변형을 거쳐 현재까지 이어진다. 종교는 본질상 사적인 것으로 보는 것이 최선인가? 종교는 격리된 영역 속에 간직되어야 번영할 수 있는 사적 의견이나 감정에 제한되어야 하는가? 아니면 신자 개인적 삶의 각 영역과 더 넓게는 사회 전체의 구조와 작동도 지도해야 하는가? 종교는 단지 도덕적 가치에만 관계된 것인가? 종교는 사적인 문제인가 아니면 공적 진리에도 관계되는가? (예를 들어 현실 세계에서 기독교 정치인이 자신의 종교를 정치에 표현하는 것이 적절한가?) 또는 카이퍼의 말처럼 "종교는 **부분적**인가 아니면 모든 것을 지배하고 포함하는, 절대적 의미에서 **전체적**인가?"[19]

종교의 유용성의 범위를 정의하려는 노력들이 19세기 전반에 걸쳐 카이퍼가 보기에 제약된 방식들로 이루어졌다. 많은 이들이 학문의 영역에서 (그리고 이와 같이 정신적 삶을 형성함에) 종교가 발언할 자격을 극히 제한하면서도, 어떤 이들은 철학자 이마누엘 칸트(Immanuel Kant)의 예를 따라 윤리적인 문제를 고려하면서 종교가 어느 정도 유용성을 지니고 주장했고, 또 다른 이들은 종교의 범위를

야 한다. 또한 이참에 카이퍼는 종교가 모든 시민의 절실한 관심사임을 믿는 한편, 국가가 한 종교적 신조에 특권을 부여해야 한다는, 국민에게 하나의 특정한 방식으로 그들의 종교성을 표현하도록 요구해야 한다는 생각을 강력히 거부한다는 사실을 주목할 가치가 있다. 도리어 카이퍼는 국가가 개인이 어떻게 그 종교성을 실천할지를 차별하지 않으면서, 국가가 일반적인 종교성을 억제하기보다는 지지하는 일종의 종교 다원주의를 주장한다.

19 Kuyper, *Lectures on Calvinism*, 49 (강조는 원문). 카이퍼, 『아브라함 카이퍼의 칼빈주의 강연』, 95.

신비 경험의 영역에 국한시켰다.

> 종교는 학문에서 배제되고, 공공 생활의 영역에서 배제되고, 안방으로, 기도처로, 마음의 은밀한 처소로 보내집니다. 칸트(Kant)는 **"너는 ~해야 한다"**(*Du sollst*)라는 말로 종교의 영역을 윤리적 삶으로 국한했습니다. 우리 시대의 신비주의자들은 종교를 감정의 은신처로 추방합니다. 이런 식으로 종교는 다양한 형태로 삶과 나란히 서거나 삶의 넓은 영역에서 단지 옆에 따로 격리된 사적인 영역을 지닐 뿐입니다.[20]

카이퍼는 종교가 광대한 인간 존재의 범위에 관하여 할 말이 없고, 삶의 대부분에서 종교가 없을 바로 그때에 종교의 적절함을 용인하는 것은 심각한 문제가 있다고 본다. 그 이유를 파악하려면 자연과 우주의 목적에 관한 카이퍼의 설명을 어느 정도 알아야 한다. 즉 자연과 우주는 그리스도 **안**에서 그를 **위하여** 만들어졌고, 위대한 다양성을 가진 전체가 단 하나의 목적인 창조주의 영광을 위해 존재한다. 우주에 대한 "하나님 시점의 조망"에 대한 기본적 헌신과 거기서 비롯되는 세상에 대한 일관된 관점의 가능성에 대한 믿음은 카이퍼나 그의 신칼뱅주의 전통에서만 독특한 것이 아니다. 그의 운동이 아마도 조금 더 독특한 이유는, 비록 그것의 독점적 특성이 아니긴 하지만, 그리스도께서 우주를 창조한 영원한 로고스로서 그것을 궁극적으로 더욱

---

20 Kuyper, *Lectures on Calvinism*, 50-51. 카이퍼, 『아브라함 카이퍼의 칼빈주의 강연』, 96.

영광스러운 형태로 재창조하시기 위해 유지하시며 돌보시면서 그것의 각 부분 속에서 계속 역사하고 계신다는 주장 때문이다. 이 사상은 카이퍼와 그의 동료들에 의해 "로고스 교리"로 명시되었다. 이 교리는 삶의 각 영역 속에서 전심으로 하나님의 영광을 추구하는 것이 만물을 유지하시는 영원한 로고스에게로 나아가는 것임을 확증한다. 정치적 실천은 예술이나 신학 또는 법의 실천만큼 로고스를 탐구하는 것이다. 따라서 카이퍼의 경우 삶의 어떤 특정 영역이 비종교적인 방식으로 적절하게 다루어질 수 있다고 주장하는 것은 사실 예수님 자신에 대한 진솔한 고백으로서, 그것은 영원한 로고스가 어떤 것의 주님이시나 만유의 주님은 아니심을 의미한다. 영원한 로고스는 어떤 영역에는 임재하지만 모든 것에는 아니라는 뜻이다. 삶의 어떤 부분의 구속을 통해 자신을 영화롭게 하시나 모든 것을 통해서는 아니라는 것이다. 카이퍼는 이런 엉성한 종류의 종교성을 기독론에 근거해 문제 삼았다. 중심이 아니라 주변적 종교의 수용은 "영원한 로고스를 부인하는 것과 마찬가지"라고 했다.[21]

이 헌신을 염두에 두면, 카이퍼의 위대한 생애의 기획이 총체적인 기독교 세계관을 명료히 제시하는 것에 중심을 두고 있었다는 사실은 놀랄 일이 아니다. 이 "로고스 교리"는 그의 동료인 헤르만 바빙크(Herman Bavinck, 1854-1921)와 얀 볼처(Jan Woltjer, 1849-1917)가 공유했고, 새로운 (그리고 당시 의미 있는 기독교) 대학교인 암스테르담

---

21 Kuyper, *Lectures on Calvinism*, 52. 카이퍼, 『아브라함 카이퍼의 칼빈주의 강연』, 99.

자유대학교를 설립하는 프로젝트 배후의 근본 원리로 결정적인 역할을 했다. 거기서 카이퍼의 목표는 단지 신학부만이 아니라 학문 연구의 전 분과에서 영원한 로고스에 대한 연구가 가능해지는 기관의 창조였다. 카이퍼의 대학교는 법률, 철학, 의학 분야의 학문이 **기독교적인** 관점에서 연구될 수 있게 함으로 그 사회를 잘 섬기게 될 것이었다. "만일 기독교가 우리 국가적 삶의 누룩이 되려고 한다면, 법관도, 의사도, 정치가도, 문인도, 철학자도 그리스도의 빛을 그들 학문의 실질적 내용과 방향 위에 비추게 해야만 한다."[22] 아브라함 카이퍼에게는 모든 것이 종교적이고, 종교는 모든 것에 관한 것이었다. 카이퍼는 아마도 가장 많이 인용되는 어구인 "우리 인간 삶의 모든 영역에서 **만유**의 주재이신 그리스도께서 '나의 것이다'라고 외치지 않는 영역은 한 치도 없습니다"라는 말로 자유대학교를 개교했다.[23] 20년 후 종교에 대한 그의 생각은 여전히 그 믿음을 반영하고 있었다.

네 번째 질문: 종교는 세상의 선을 위해 긍정적인 힘이 될 수 있는가? 카이퍼의 마지막 질문은 종교가 "정상적"인지 "비정상적"인지를 탐사한다. 이를 통해 그는 종교가 인생의 익숙한 것인지 아니면 무엇인가 낯선 것인지를 물으려 했던 것이 아니다. 이 질문은 오히려 종교

---

22 Arie van Deursen, *The Distinctive Character of the Free University in Amsterdam, 1880-2005* (Grand Rapids, MI: Eerdmans, 2008), 5에서 인용함.

23 Abraham Kuyper, *Souvereiniteit in eigen kring* (Kampen: Kok, 1930), 33 (강조는 원문 내용); 아브라함 카이퍼, 『아브라함 카이퍼의 영역주권』, 박태현 옮김 (군포: 도서출판다함, 2020), 67. James D. Bratt, ed., *Abraham Kuyper: A Centennial Reader* (Grand Rapids, MI: Eerdmans, 1998), 488도 보라.

가 인간을 위해서 존재하는지 아니면 하나님을 위해서 존재하는지에 관한 앞선 질문의 변형이었다. 그러나 이 경우 종교가 정상인지 비정상인지에 대한 질문은 종교가 (인간의 산물로서) 단지 우리의 기본 생활방식을 반영하는지 아니면 (인간을 그들 자신 너머로 인도하는 무언가로서) 우리를 삶의 새로운 방식을 향해 인도하는 것인지를 묻는 것이다. 종교는 우리의 세계를 그 속에 깨어진 모든 것을 긍정하는 영구적 현상 유지로 가도록 만드는가? 아니면 그 세계를 더 새로운 것으로 변화시키는 것을 목표로 하는가?

> 제가 의미하는 대립은 우리가 종교의 문제에서 사실상 인간을 **정상적** 인간으로 여겨야 하는가 아니면 타락하여 죄 가운데 있는 **비정상적** 인간으로 여겨야 하는가라는 질문입니다. 후자의 경우, 종교는 당연히 구원론적 성격을 지녀야만 합니다.[24]

카이퍼는 이 질문에 답하면서 당시 유럽 문화의 다수 의견이 종교를 "정상적인 것"으로 보는 것으로 기울어 있음을 인정했다. 인간의 필요를 충족시키기 위해 인간의 심리에서 유래한 현상이 어떻게 다른 무엇이 될 수 있을까? 당시에 증가하던 비종교성에 대한 카이퍼의 설명도 의도적으로 비종교적인 이들이 자신들에게는 이제 더 이상 종교가 필요 없다고 판단한 곳에서 "정상적인 종교"에 대한 이러한 관점과 관련이 있다는 점이 흥미롭다. 우리도 카이퍼의 네 번째 질문의 배후

---

24 Kuyper, *Lectures on Calvinism*, 54 (강조는 원문). 카이퍼, 『아브라함 카이퍼의 칼빈주의 강연』, 101.

에 숨어있는 도덕주의적이며 자신감 넘치는 19세기 전반에 걸쳐 공통적이던 견해의 메아리를 듣는다. 즉 인간 문화의 역사는 폭력과 고통으로 가득한 것이었고, 종교들의 불협화음은 이 흐름을 돌리는 데 실패해 왔다. 이런 관점에서 종교는 세계 문제의 일부이지 해결책의 일부가 아니다.

카이퍼는 이에 답하여 최선의 종교인 칼뱅주의는 종교에 대한 "정상적" 견해에 단호히 **반대한다**고 주장했다. 칼뱅주의는 이 세상을 바라보며 그 상처와 통곡이 완전히 비정상적인 것이라고 선언한다. 칼뱅주의는 인간의 타락성을 감수하는 대신, 적극적인 세계 변혁의 개념을 소중히 여긴다. "비뚤어진 삶의 바퀴를 다시 그 축에 바르게 놓으시는 하나님의" 내적 갱신 행위인 개인의 "중생"과 더불어 시작되는 변혁 말이다.[25]

> 하나님이 먼저 그의 마음을 거듭나게 하시고, 이 중생을 통해 그의 마음과 그를 둘러싼 거짓이 가득한 세상 사이에 화해할 수 없는 투쟁이 일어나게 하신 것처럼, 이제 이 성경 가운데서 그에게 그의 거듭난 마음에 적합하고 일치하며, 참된 본질적 세계로서 그 거듭난 마음에 속하는 사상의 세계, 힘의 세계, 삶의 세계를 열어줍니다.[26]

---

25 Kuyper, *Lectures on Calvinism*, 56. 카이퍼, 『아브라함 카이퍼의 칼빈주의 강연』, 104-105.

26 Kuyper, *Lectures on Calvinism*, 58. 카이퍼, 『아브라함 카이퍼의 칼빈주의 강연』, 107.

카이퍼의 주장은 칼뱅주의가 자신들이 죄악의 조건 아래 있는 세상에 만족하지 못함을 발견하고, 그들의 삶의 각 영역에서 하나님의 영광을 위해 살려고 애쓰는 "확실히 깨어 있는" 사람들을 만들어낸다는 것이다. 카이퍼의 칼뱅주의는 갱신을 목표로 삼는다. 신학적 표현으로 말하자면 카이퍼는 세상을 향한 칼뱅주의의 기본자세를 묘사하기 위해 구원론을 끌어온다. 그것은 세상을 향해 "구원론적"으로 접근하는 것이다.[27] 그것은 인류와 그들이 만들어내는 문화의 상실을 전제하고 그들이 빠져 있는 어두움에 빛을 가져오는 것을 목표로 삼는다.

교회와 종교. 점점 더 비종교화 되어가는 자신의 시대를 배경으로 (일반적이지만 일관성 있게 칼뱅주의 방향에 입각하여) 종교를 위한 네 부분으로 된 변증을 개진한 후, 카이퍼의 강연은 이제 현실 세계의 종교의 한 표현으로서 기독교 교회의 특징들을 다루는 것으로 나아간다. 그런데 현실 세계의 기구로서 교회에 대한 설명에서, 카이퍼는 교회의 중심점이 세상에 있는 것이 아니라 부활하신 예수 그리스도가 장소적으로 현존해 계시는 하늘에 있다는 주장으로 시작한다. 그렇다면 세상에 존재하는 기독교 교회는 하나의 메아리다. 그것은 천상의 유리바다(계 4:6)에 튄 물이 땅에 만들어낸 파문이다. 카이퍼는 구약의 언어를 끌어와 지상의 교회는 성전의 "바깥 뜰"이라고 주장했다. 그 지성소는 분명히 이 땅 위에 없다. 그러나 카이퍼는 천상의 기독교 교회가 우리의 세계 역사 속에 뻗어있는 범위에 대해 이야기하면서,

---

27 Kuyper, *Lectures on Calvinism*, 58. 카이퍼, 『아브라함 카이퍼의 칼빈주의 강연』, 107.

중세에 와서 교회의 참된 중심이 상실되었다고 주장했다.

> 중세에 교회는 이러한 자신의 하늘의 영적 본질을 점점 더 상실했습니다. 교회는 본질상 세상적인 것이 되었습니다. 성소는 다시 땅에 내려왔고, 제단은 다시 돌로 만들어졌으며, 제단을 섬기기 위해 사제의 계급제도가 형성되었습니다. 당시의 교회는 이 땅의 희생제물을 필요로 했으며, 미사라는 피 없는 제사에서 그 희생제물을 발견했습니다.[28]

이 강연에서 얼핏 모호해 보이는 신학적 구분 -예를 들어 주의 만찬에 대한 로마 가톨릭의 교리(화체설)와 그리스도께서 주의 만찬에 영적으로 임재한다는 칼뱅의 개신교적 설명 사이의 차이- 의 작용 방식과 결과는 세상과 교회가 맺는 관계에 대한 이해에 중대한 영향을 미친다. 로마 가톨릭의 화체설에서는 떡과 포도주가 예수의 육체적 몸과 피가 **된다**. 그리고 이를 통해 그리스도는 늘 이 세상 속에 계시며 그 속에서 계속 희생 당하신다. 성례에 대한 칼뱅의 대안적 설명에 따르면 그리스도는 장소적으로 (즉, 온전히, 육체적으로, 영적으로) 천국에 머무시며, 비록 떡과 포도주**로서** 육체적 의미로는 아니지만, 성찬에서 그의 백성들과 **함께** 영적으로 항상 임재하신다. 카이퍼는 이 교리적 차이를 주목하면서, 로마 가톨릭과 칼뱅주의 교회가 세상에서 존재하는 완전히 대조되는 방식의 기원을 조사한다. 그는 주장하기를

---

28 Kuyper, *Lectures on Calvinism*, 60. 카이퍼, 『아브라함 카이퍼의 칼빈주의 강연』, 110.

로마 가톨릭 교회의 중심은 그 기독론으로 인해 가시적인 제사의 현장으로 확연히 이 세상 **속에** 머무른다. 대조적으로 칼뱅주의는 그리스도의 대속 제사가 완성되었고 이제 그리스도가 영광스러운 몸과 영혼으로 오직 하늘에 계신다고 여기기에 "감히 [이 지상 제단]을 완전히 없앤다." 칼뱅주의 교회의 중심점은 전적으로 이 세상 밖에 있다.

카이퍼의 주장에서 이 상이한 중심점은 로마 가톨릭과 칼뱅주의 교회를 다른 방향으로 향하게 한다. 그는 주장하기를, 전자는 세상을 어지럽히는 우상숭배에 대립하기보다 그냥 전유하는 경향이 있는 반면, 칼뱅주의의 천상적 무게 중심은 이 세상에 항상 존재하는 부패에 도전한다.

칼뱅주의를 역사적 기독교 전통으로 옹호하려는 카이퍼의 의지는 이 점에서 당시에 가장 일반적으로 그에 대해 가해지던 비판에 대응할 것을 요구했다. 먼저 종교개혁 시대 이래 칼뱅주의 교회들의 분열적 (그리고 분파적) 성격에 대해 답해야 했다. 그의 동료 헤르만 바빙크가 거의 동일한 형식으로 제시했던 공통된 주장에서, 카이퍼는 이 세상에서 종교적 신념과 실천의 완전한 통일은 억지로 부과된 강요와 강제로만 가능할 수 있었다고 주장했다.[29] 그가 전심으로 종교적 표현의 자유를 지지하는 자유주의적 이상(사람들에게 종교적 신념이나 관습을 강요하는 국가를 거부하는 것)을 품고 있었다는 것과 주교와 교황의 권위를 지지하지 않았음을 염두에 두면, 카이퍼가 다원주의적

---

29 Kuyper, *Lectures on Calvinism*, 63-65. 카이퍼, 『아브라함 카이퍼의 칼빈주의 강연』, 115-117.

인 종교 풍경 외의 다른 것을 어떻게 지지할 수 있을지 상상하기 어렵다. 심지어 서로 다른 칼뱅주의 그룹들이 모든 문제에 대해 눈을 마주치는 데 실패하는 경우에도 그렇다.[30] 이런 풍경이 카이퍼나 바빙크에게 이상적이지 않았으나, 두 사람 모두 이를 주어진 상황에서 최선의 선택으로 여겼다. 국가가 종교적 일치를 강요하는 사회는 통일된 교회를 확보할 수 있을지 모른다. 그러나 그 교회는 카이퍼의 이상인 "신자들의 모임"이 아니라 의무 협회가 될 것이다.[31] 그리고 엘리트 계층의 권위적 인물들(감독들)이나 심지어 하나의 개인(교황)이 통일성을 담보하는 교회는 카이퍼의 개신교와 풀뿌리 낭만주의 (엘리트에 맞서는 "민초들"에게 권한을 부여하는 것을 목표로 삼는), 그리고 인간의 번영을 그들의 종교적 자유에 연결하는 자유민주주의 가치의 조합을 감안할 때 절대로 받아들일 수 없는 것이었다. 카이퍼는 이곳 땅에서 기독교를 통일시킬 길을 찾으려는 모든 가상의 해결책들은 즉시 훨씬 더 심각한 문제를 일으켰다고 믿었다.

이에 따라 카이퍼는 칼뱅주의에 대한 두드러진 두 가지 비판에 동시에 응답했다. 그것은 칼뱅주의자들에게 예정에 대한 믿음 때문에 도덕적 방종의 경향이 있다는 것과 반대로 칼뱅주의자들이 완고

---

30 Herman Bavinck, *Reformed Dogmatics: Holy Spirit, Church, and New Creation*, ed. John Bolt, trans. John Vriend (Grand Rapids, MI: Baker Academic, 2008), 411-34. 헤르만 바빙크, 『개혁교의학 4』, 박태현 옮김 (서울: 부흥과개혁사, 2011), 483-511.

31 Kuyper, *Lectures on Calvinism*, 63. 카이퍼, 『아브라함 카이퍼의 칼빈주의 강연』, 115.

한 도덕주의적 자만심에 차 있다는 비판이다. 카이퍼는 이 비판들이 쉽게 호환될 수 없음을 감지했다. 어떻게 같은 기독교 전통이 부도덕한 동시에 도덕에 너무 엄중한 잘못을 범할 수 있는지 이해하기 어렵다. 따라서 같은 호흡으로 그들에게 응답하기로 한 카이퍼의 선택은 매우 계획적인 것으로, 칼뱅주의를 규칙 준수로 구원받는 것이 아니지만,[32] 하나님을 위한 사랑이 신자의 삶 각 부분에 있어서 경건을 향한 새로운 열망을 그들 속에 창조한다는 것을 가르치는 기독교의 형식이라는 그의 주장을 펼 여지를 제공했다. "사랑과 경배 자체는 모든 영적 활동의 동기이며, 따라서 삶 전체, 즉 가정과 사회에서, 학문과 예술에서, 개인 생활에서, 그리고 정치적 활동에서의 실체로서 하나님을 경외하는 것입니다."[33]

카이퍼는 일부 칼뱅주의자들을 "청교도"라 부른 원래 명칭을 낳은 삶의 정화에 대한 열망이 칼뱅주의에 독특한 역사적 성격을 부여했다고 지적한다. 칼뱅주의는 (그가 믿기에 세상 순응으로 기울어지는) 루터파와 (타락한 세계의 타락한 영향력을 피하기 위해 가까이하지 않는) 재세례파와 달리 언제나 천상의 중력에 복종하는 한편 땅에 발을 딛는 것을 목표로 삼았다. 카이퍼는 많은 이들이 이것에서 비롯된, 세상을 피하지 않지만 세상에 순응하지도 않으며 스스로를 오히려 세상을

---

[32] Kuyper, *Lectures on Calvinism*, 69. 카이퍼, 『아브라함 카이퍼의 칼빈주의 강연』, 126.

[33] Kuyper, *Lectures on Calvinism*, 72. 카이퍼, 『아브라함 카이퍼의 칼빈주의 강연』, 128.

가장 사랑하는 비판가로 자리매김하는 종류의 칼뱅주의적 문화 참여가 철저히 오해되어 왔다고 믿는다. 칼뱅주의가 억압적인 문화 권력이라는 자주 듣는 견해가 거기서 유래했다. 칼뱅주의의 역사상 여러 시점에 카드놀이와 춤과 극장에 대한 반대가 명백히 증명한다는 것이다. 카이퍼는 논점을 흐리는 이런 비난들을 개별적으로 반박했다. 칼뱅주의가 눈먼 운명에 맡기는 카드놀이와 여성을 대상화하는 형태의 춤, 인간의 타락을 미화하는 예술 형식들을 반대하는 것은 칼뱅주의가 본래 반문화적임을 뜻하지 않는다고 응대했다. 그와 반대로 칼뱅주의는 오락, 인간의 성(性), 그리고 예술과 훨씬 더 일반적으로 조화를 이룬다고 주장했다. 특수한 경우의 문화적 반대는 칼뱅주의가 단지 그것이 죄인들의 작품이라는 이유로 모든 문화에 불만을 품고 노려본다는 것을 의미하지 않는다. "밀턴(Milton)이 셰익스피어(Shakespeare)를 그렇게도 높이 칭찬하지 않았습니까? 그 자신이 희곡 형태로 글을 쓰지 않았습니까? 심지어 그와 같은 대중적 연극 상연 자체에도 악은 전적으로 숨어 있지 않았습니다. 칼뱅 시대 제네바에서 대중적 상연이 시장에서 모든 시민들 앞에서 펼쳐졌습니다."[34]

카이퍼주의자들은 무엇을 했는가?

종교에 대한 카이퍼의 강연은 칼뱅주의가 세상을 바꾸었다는 승

---

[34] Kuyper, *Lectures on Calvinism*, 74. 카이퍼, 『아브라함 카이퍼의 칼빈주의 강연』, 131.

리 선언으로 끝난다. 칼뱅주의는 효력이 있다.

> 그리고 여러분은 칼뱅주의가 어떻게 한 세대에 다섯 나라(네덜란드, 스코틀랜드, 잉글랜드, 스위스, 미국—편집자 주)에서 동시에 지금까지 고상한 개념과 자제력에서 능가할 수 없는 넓은 도덕적 삶의 영역을 창조했는지 볼 것입니다. 여러분 가운데 그 누가 최소한 도덕적 영역에서 칼뱅주의가 승리의 종려가지를 흔들었다는 것을 감히 부인하겠습니까?[35]

이는 실로 루터파가 아니라 칼뱅주의 흐름을 따르는 나라들의 문화 발전에 개신교 종교개혁이 기여했다는 엄청난 주장이다. 카이퍼의 사망 한 세기 후에 이를 다시 읽을 때, 그것은 거슬리고 도발적인 주장으로 보일지도 모른다. 특히 카이퍼가 과거를 그릴 때 넓은 붓을 자주 사용한다는 것을 아는 사람에게 더욱 그럴 수 있다. 이런 주장으로 카이퍼는 단지 19세기 후반의 일반적 흐름을 거스르는 오래된 칼뱅주의자의 신화적 유토피아의 지속을 요구하고 있는 것일까? 기독교의 지속적 유효성이 19세기에 전례 없는 도전에 직면했던 것은 분명한 사실이다. 그러나 네덜란드에서는 1870년대부터 1890년대 사이에 일어난 신칼뱅주의의 놀라운 부흥으로 인해 아브라함 카이퍼가 이끄는 그 나라 개혁파 기독교인들에게 큰 의미가 있는 사건으로 한 세기가 마무리되었다. 근대적 형태로 부활한 칼뱅주의를 증진시키려는

---

35 Kuyper, *Lectures on Calvinism*, 77. 카이퍼, 『아브라함 카이퍼의 칼빈주의 강연』, 135.

카이퍼의 노력이 그를 시골 목사로부터 1901년에 (국가의 첫 번째 근대적 민주주의 정당인 반혁명당의 대표로서) 네덜란드의 수상으로 임명을 눈앞에 둔 순간까지 이르게 했다.

이 수십 년 동안 카이퍼는 19세기 말 네덜란드 문화의 분열에 맞서 총체적인 기독교 세계관을 증진시키려고 끊임없이 노력했고, 그것이 역사적으로 놀라운 현실 세계의 결과를 이끌어내는 것을 보았다. 반혁명당의 창립과 함께 이 수십 년 동안 새로운 기독교 전국 신문들(*De Heraut*와 *De Standaad*), 새 개혁파 대학교(암스테르담 자유대학교), 칼뱅주의자들 사이에서 시와 예술에 대한 관심의 증가,[36] 블루칼라 노동자들 사이에서 기독교를 풀뿌리 정치에 적용하는 일[37]의 시작을 목격할 수 있었다. 그리고 앞서 언급한 대로 이는 프린스턴 강연 3년 후 아브라함 카이퍼가 네덜란드 수상으로 선출되는 것으로 이어졌다. 그것은 하나의 세계관이 단순히 이론적인 용어가 아닌 구체적인 것으로 세워지던 세월이었다. 카이퍼에게 세계관 개념은 평범한 시민들의 적극적인 참여를 요구했으며, 현실 세계의 사회 기구들의 변혁을 이끌어냈다. 따라서 카이퍼가 1898년에 요청했던 칼뱅주의 종교의 실제 배경은 막연한 17세기 신화의 유토피아가 아니었다. 그

---

36 바빙크와 카이퍼 둘 다 상당량의 시를 썼다. Herman Bavinck, *Bilderdijk als denker en dichter* (Kampen: Kok, 1906); Abraham Kuyper, *Bilderdijk en zijn nationale beteekenis* (Amsterdam: Hoveker & Wormer, 1906).

37 예를 들어 다음을 참고하라. Abraham Kuyper, "The Social Question and the Christian Religion," in *Makers of Modern Christian Social Thought: Leo XIII and Abraham Kuyper on the Social Question*, ed. Jordan J. Ballor (Grand Rapids, MI: Acton Institute, 2016), 45-118.

것은 도리어 매우 현실적이었다. 그의 배경은 이전 30년에 걸쳐 그의 나라를 뒤집었던 네덜란드 문화를 기독교화하기 위한 대대적인 운동이었다. 카이퍼는 칼뱅주의가 효력이 있음을 주장하면서, 자신이 가설이나 대략적인 역사 기록을 다루고 있다고 보지 않았다. 자신의 직접적인 경험이 기독교 종교가 근대의 모든 삶을 함께 그리스도의 주권 아래 가져오는 것이 참으로 가능함을 말해주었다. 코람 데오의 삶은 교회당 좌석, 교실, 극장, 시 낭송회, 운동경기장, 신문편집실, 저녁 식탁에서 실제로 가능하다는 것이다.

우리는 무엇을 해야 하는가?

100년이 지난 지금, 세상은 완전히 다른 곳이 되었다. 카이퍼의 조국도 마찬가지다. 네덜란드가 카이퍼가 거의 상상하지 못했을 정도로 세속화를 겪었지만, 그 문화는 여전히 종교와 자유에 대한 그의 주장에 지대한 영향을 받은 채로 남아있다. 2021년의 네덜란드는 전국적인 기독교 일간신문을 선택할 수 있다. 부모들이 국가의 재정 지원을 받되 명시적인 세계관(기독교, 힌두교, 무슬림, 또는 세속주의)을 따라 운영되는 학교들 가운데 선택할 수 있다. 어떤 세계관을 가진 유권자든 대체로 다소 일관된 방식으로 그들의 핵심 신념을 대표하는 (그리고 기꺼이 그들에게 투표할 수 있는) 정당을 발견할 수 있는 나라다. 역사적으로 볼 때, 이 중 어느 것도 종교에 대한 아브라함 카이퍼의 주장이 아니었다면 가능하지 않았을 것이다.

카이퍼의 영향력은 이민자들의 행렬을 쫓아 더 멀리 추적될 수 있다. 네덜란드 개혁파가 간 곳엔 대개 총체적인 기독교적 사고와 삶의 중요성이 함께 갔다. 이런 이유로 삶 전체의 기독교에 대한 그의 견해는 역사적 네덜란드에 뿌리를 둔 기독교 교양 교육 기관들에 상당한 영향력을 계속 행사하고 있다. 캐나다 온타리오주 해밀턴 소재 리디머대학교, 미국 미시간주 그랜드 래피즈 소재의 칼빈대학교와 카이퍼대학, 아이오와주 수 센터 소재 도르트대학교가 대표적인 예들이다.[38] 그러나 그의 영향력의 범위는 네덜란드 디아스포라에 국한되지 않는다. 기독교 교양 교육 대학들의 학자들은 통합된 기독교적 사고의 추구 속에 학문의 내용들을 결합하려는 의욕을 뒷받침해 줄 자원을 찾고자 할 때 종종 카이퍼에게로 돌아간다. 그러나 대부분의 경우 카이퍼 자신의 사고방식에서 바라볼 때 2021년의 개신교도들, 분명히 오늘의 복음주의자들 대부분은 기이하게 비종교적인 형태의 기독교로 살고 있다. 그들의 신앙은 삶의 어떤 영역에 대해 가르침을 주지만, 확실히 전부에 대해서는 그렇게 하지 않는다. 어떻게 천국에 가는지 가르쳐 주지만, 상점과 교실, 슈퍼마켓, 변호사 사무실에서 어떻게 사고하고 그리스도인답게 살아낼지에 대해서는 훨씬 적게 이야기하는 신앙 말이다. "유일한 지상의 소명은 **모든** 인간생활 위에 **단 하나**의 도장을 찍지 않으면 안 된다. 왜냐하면 모든 것을 창조하신 유일

---

38   예를 들어 다음을 참고하라. Cornelius Plantinga Jr., *Engaging God's World: A Christian Vision of Faith, Learning, and Living* (Grand Rapids, MI: Eerdmans, 2002), xiii.

하신 하나님이 모든 인간 생활을 지탱하고 보존해 주시기 때문이다"라는 카이퍼의 주장은 처음 공기를 탄 때로부터 한 세기가 지난 지금, 그 10월의 저녁에 그랬던 것처럼 요란한 소문만 무성하게 들린다.[39]

제임스 에글린턴
(James Eglinton, PhD, University of Edinburgh)

에든버러대학교의 개혁파 신학 멜드럼 시니어 교수이다.

최근 저술인 『바빙크: 비평적 전기』(Bavinck: A Critical Biography)가 복음협회 2020년 올해의 역사와 전기(Gospel Coalition 2020 History and Biography Book)상을 받았으며 2021년 ECPA 기독교 서적 중 전기와 회고록 부문(a Biography and Memoir finalist at the ECPA Christian Book Awards 2021) 최종 후보였다.

그의 저서로는 Trinity and Organism, translator of Christian Worldview와 『헤르만 바빙크의 설교론』(Herman Bavinck on Preaching and Preachers)이 있고 공저로 Neo-Calvinism and the French Revolution가 있다.

그의 글은 The Times, Christianity Today, The Herald, The Gospel Coalition, Desiring God 등에 자주 실린다.

---

39 Kuyper, *Lectures on Calvinism*, 54. 카이퍼, 『아브라함 카이퍼의 칼빈주의 강연』, 100.

〈발전을 위해 더 읽을거리들〉

Audi, Robert, and Nicholas Wolterstorff. *Religion in the Public Square: The Place of Religious Convictions in Public Debate.* (Lanham, MD: Rowman & Littlefield, 1997)

Bavinck, Herman. *Philosophy of Revelation.* Edited by Cory Brock and Nathaniel Gray Sutanto. (Peabody, MA: Hendrickson, 2018)
헤르만 바빙크, 『헤르만 바빙크의 계시 철학』, 박재은 옮김 및 해제 (군포: 도서출판다함, 2019)

Bratt, James D., ed. *Abraham Kuyper: A Centennial Reader.* (Grand Rapids, MI: Eerdmans, 1998)

Kuyper, Abraham. *On the Church.* Edited by John Halsey Wood Jr. and Andrew M. McGinnis. (Bellingham, WA: Lexham Press, 2016)

_____. *Scholarship: Two Convocation Addresses on University Life.* Translated by Harry Van Dyke. (Grand Rapids, MI: Christian's Library Press, 2014)

_____. *Wisdom and Wonder: Common Grace in Science and Art.* Edited by Jordan J. Ballor and Stephen J. Grabill. Translated by Nelson D. Kloosterman. (Grand Rapids, MI: Christian's Library Press, 2011)

Lugo, Luis E., ed. *Religion, Pluralism, and Public Life: Abraham Kuyper's Legacy for the Twenty-First Century*. (Grand Rapids, MI: Eerdmans, 2000)

Rasmussen, Joel D. S., Judith Wolfe, and Johannes Zachhuber, eds. *The Oxford Handbook of Nineteenth-Century Christian Thought*. (Oxford: Oxford University Press, 2019)

Van Deursen, Arie. *The Distinctive Character of the Free University in Amsterdam, 1880-2005*. (Grand Rapids, MI: Eerdmans, 2008)

Wood, John Halsey. *Going Dutch in the Modern Age: Abraham Kuyper's Struggle for a Free Church in the Nineteenth-Century Netherlands*. (Oxford: Oxford University Press, 2013)

3. 카이퍼와 정치
- 조나단 채플린

3. 카이퍼와 정치

조나단 채플린

오늘날 북미 사람들은 심각한 분열을 일으키는 두 가지 질문에 점점 더 골머리를 앓고 있다. 어떻게 시민과 정부가 그들의 사회를 황폐하게 만드는 부, 권력, 지위의 명백한 불평등을 극복할 길을 찾을 수 있을 것인가? 그리고 어떻게 시민들이 점점 더 깊어지며 충돌하는 믿음, 관습, 정체성의 차이 속에서 평화롭게 존중하며 더불어 사는 길을 발견할 수 있을 것인가? 이번 장에서 나는 아브라함 카이퍼의 정치사상이 어떻게 이 두 도전 모두에 대해 놀라운 지혜의 손잡이를 제공할 수 있는지를 보이려 한다. 첫 번째 부분은 〈칼뱅주의와 정치〉라는 강의에 나타난 카이퍼의 정치사상의 근본 원리들을 소개한다.[1] 두 번째

---

1 Abraham Kuyper, *Lectures on Calvinism* (1931; repr., Grand Rapids, MI: Eerdmans, 1999), 78-109. 아브라함 카이퍼, 『아브라함 카이퍼의 칼빈주의

부분은 그 설명에 기초해 그의 사상이 어떻게 북미 그리스도인들에게 적용되어 왔는지를 추적한다. 세 번째 부분은 그의 유산을 평가하고 그것을 교정하여 향상시킬 방안을 제안한다.

카이퍼는 무슨 이야기를 했는가?

카이퍼는 정치에 관심을 가진 북미 그리스도인들 사이에 주로 그의 영역주권 사상으로 알려져 있다.[2] 이 사상은 여러 다양한 사회 기구들, 즉 가정, 학교, 조합, 병원, 기업, 예술 협회, 자선 기관, 교회 등이 하나님께서 주신 고유의 본질과 목적을 가지며, 정부나 여타 기구의 강압적 통제로부터 자유로울 그에 상응하는 자치권(주권)을 소유한다는 사상이다. 오늘날 우리는 이 기구들을 시민 사회라고 부른다.[3] 자유롭고 건실한 시민사회에 대한 이 생각이 카이퍼의 정치 기획의 핵심에 있으며 19세기 후반과 20세기 초반에 네덜란드에서 칼뱅

강연』, 138-190.

2 이 사상에 대한 카이퍼의 가장 완전한 진술은 그의 1880년 강연이다. "Sphere Sovereignty," in *Abraham Kuyper: A Centennial Reader*, ed. James D. Bratt (Grand Rapids, MI: Eerdmans, 1998), 461-90.

3 학술 토론에서는 "시민 사회"를 대체로 국가, 시장, 가정, 또는 가족과 구별되는 자유로운 자발적 연합의 영역으로 구성된 것으로 본다. "카이퍼주의"적 분석을 위해서는 다음을 참고하라. Jonathan Chaplin, "Civil Society and the State: The Neo-Calvinist Perspective," in *Christianity and Civil Society: Catholic and Neo-Calvinist Perspectives*, ed. Jeanne Heffernan Schindler (Lanham, MD: Lexington, 2008), 67-96; James W. Skillen, "Civil Society and Human Development," in *In Pursuit of Justice: Christian-Democratic Explorations* (Lanham, MD: Rowman & Littlefield, 2004), 19-40.

주의 그리스도인들 사이에서 강력한 호소력을 가진 것으로 판명되었다. 카이퍼 자신이 그것을 교회, 신문, 대학, 정당 등의 여러 기구들을 설립하는데 활용했다. 그의 첫 번째 주요 공공 운동은 정통 개신교 학교들이 정부의 과도한 통제를 받지 않고 운영할 권리를 옹호하려 했다. 그렇게 함으로 그들이 자신들의 고유한 학풍을 결정할 수 있고 당시의 지배적이던 세속적 자유주의 틀 속으로 강제로 편입되지 않을 수 있었다.[4]

영역주권은 실제로 두 가지 별개의 관련된 (카이퍼가 때때로 둘을 통합한) 개념을 다룬다. 사회 제 제도들이 과도한 국가의 통제로부터 벗어나 누리는 일반적인 자유, 그리고 그러한 기관이 종교적 비전을 채택하고 그에 따라 같아갈 수 있는 특수한 자유는 종교 다원주의라는 상태로 이어진다. 전자가 카이퍼의 사상에서 일차적이며 나는 이 부분에서 거기에 초점을 맞출 것이다. 종교 다원주의의 문제는 두 번째 부분에서 소개할 것이다. 그러나 카이퍼의 정치사상은 북미의 동조자들이 가장 열정적으로 받아들인 개념인 영역주권보다 훨씬 더 광범위한 것이었음을 염두에 두어야 한다.[5]

---

[4] 카이퍼의 정치 경력에 대해서는 다음을 참고하라. James D. Bratt, *Abraham Kuyper: Modern Calvinist, Christian Democrat* (Grand Rapids, MI: Eerdmans, 2013).

[5] 그의 사상의 넓은 범위는 그가 설립한 정당의 프로그램에 대한 그의 상세한 해설에서 분명히 드러난다. 그것은 1878년에 "우리의 프로그램"이라는 제목으로 나왔으며 그의 해설이 다음 해에 나왔다. Abraham Kuyper, *Guidance for Christian Engagement in Government*, trans. and ed. Harry Van Dyke (Grand Rapids, MI: Christian's Library Press, 2013).

영역주권. 영역주권을 이해하기 위해서 이를 카이퍼의 광범위한 기독교 정치 이론의 맥락에서 보아야 한다.[6] 〈칼뱅주의와 정치〉에서 카이퍼가 첫째로 주장한 것은 어떤 정치적 전통도 앞에서 제임스 에글린턴이 주장한 것처럼 종교적이든 또는 반(反)종교적이든 "신앙"에 근거하지 않으면 역사에서 실질적인 견인력을 얻지 못한다는 것이었다.[7] 정치 영역은 결코 종교적으로 중립적일 수 없고 숨겨져 있는 권력을 반영한다. 인식되지 않을지라도 신앙이 개입되어 있다. 카이퍼는 뚜렷한 칼뱅주의적 신념에 뿌리내린 특정 정치 전통이 존재한다고 주장했다. 그것은 네덜란드, 미국, 그리고 잉글랜드 같은 나라들의 정치 역사를 깊숙이 형성해 온 것이다.[8]

---

6 참고. Peter S. Heslam, "Third Lecture: Calvinism and Politics," chap. 6 in *Creating a Christian Worldview: Abraham Kuyper's Lectures on Calvinism* (Grand Rapids, MI: Eerdmans, 1998), 142-66; Bratt, "Political Theorist," chap. 7 in *Abraham Kuyper: Modern Calvinist*, 130-48; Vincent E. Bacote, *The Spirit in Public Theology: Appropriating the Legacy of Abraham Kuyper* (Grand Rapids, MI: Baker Academic, 2005); Craig Bartholomew, "Sphere Sovereignty: Kuyper's Philosophy of Society" and "Politics, the Poor, and Pluralism," chaps. 5 and 7 in *Contours of the Kuyperian Tradition: A Systematic Introduction* (Downers Grove, IL: IVP Academic, 2017), 131-60, 191-212. 카이퍼주의와 현대 기독교 정치사상의 다른 가닥을 비교하기 위해서는 다음을 참고하라 P. C. Kemeny, ed., *Church, State, and Public Justice: Five Views* (Downers Grove, IL: InterVarsity Press, 2007); James W. Skillen and Rockne M. McCarthy, eds., *Political Order and the Plural Structure of Society* (Atlanta, GA: Scholars Press, 1991). See also Paul Marshall, *God and the Constitution: Christianity and American Politics* (Lanham, MD: Rowman & Littlefield, 2002).

7 Kuyper, *Lectures on Calvinism*, 78. 카이퍼, 『아브라함 카이퍼의 칼빈주의 강연』, 139.

8 그는 여기에 스코틀랜드를 추가할 수 있었을 것이다. 그는 루터교회 전통에

이 전통의 심장을 뛰게 하는 것은 "자유"다.[9] 물론, 그것은 카이퍼의 미국 청중과 잘 어울릴 것이 확실했다. 그러나 그는 단지 그를 초청한 이들에게 아첨하는 것이 아니었다. 왜냐하면 그는 나아가 참된 자유는 자율적인 개인의 권리 주장을 통해 근본적으로 확보되지 않는다고 주장했기 때문이다. 그가 이 강연을 할 당시 이미 미국에서 지배하던 세속적 자유주의가 주장했던 것처럼 말이다. 대신에, 참된 자유는 내가 **입헌적 다원주의**라고 부르는 것, 곧 개인과 시민 사회의 여러 기관이 그 권위를 널리 공유하는 정치제도를 통해서 확보된다. 이런 제도 속에서 개인과 기관의 권리가 모두 존중되며, 각각 서로를 보호하고 제한하는 데 기여하며, 모두 정부에 명확한 한계를 부과한다. 다음으로 정부는 더 넓은 공익을 보호하는 한편, 시민 사회 속의 이 권리들의 자유로운 행사를 보호하고 지원하는 임무를 맡는다.

따라서 카이퍼의 정치사상은 **개인**이 아니라 **기관**에서 출발한다. 이것은 대체로 현재 미국과 캐나다의 정치적 사고를 지배하고 있는

의해 주로 형성된 국가들은 자유에 대한 같은 헌신을 보여주지 않으며, 그것이 역사에 의해 입증되지 않음을 시사한다. 사실 미국은 19세기 후반에 이르면 대체로 더 이상 칼뱅주의에 의해 형성되었다고 말할 수 없다. 또한 잉글랜드는 그 차이를 어떻게 이해하느냐에 따라 칼뱅주의만큼이나 성공회에 의해 형성되었다고 할 수 있다.

9 참고. Abraham Kuyper, "Calvinism: Source and Stronghold of Our Constitutional Liberties," in Bratt, *Abraham Kuyper: A Centennial Reader*, 279-322. See also John Witte Jr., "The Biography and Biology of Liberty: Abraham Kuyper and the American Experiment," in Luis E. Lugo, ed., *Religion, Pluralism and Public Life: Abraham Kuyper's Legacy for the Twenty-First Century* (Grand Rapids, MI: Eerdmans, 2000), 243-62.

개인주의적 자유주의와 현저히 대조된다. 그러한 개인주의에 의해 형성된 북미 사람들과 자신도 모르게 그것에 굴복한 많은 북미 **그리스도인**들은 카이퍼가 요구하는 패러다임의 전환을 위해서는 상당한 노력을 기울여야 한다. 카이퍼는 우리에게 "나의 권리"와 "나의 이익"(또는 나와 같은 사람들, 즉 "나의 정체성"을 공유하는 이들)이 아니라 모든 종류의 공유된 사회적, 제도적 환경에서 나를 동료 인간들과 묶어주는 것에서 시작할 것을 요청한다.

카이퍼는 입헌적 다원주의가 모든 피조물에 대한 하나님의 권위의 포괄적 범위에 대한 근본적 칼뱅주의 신념의 정치적 적용이라고 주장한다. 그는 "보이는 것과 보이지 않는 모든 영역과 나라들에서 온 우주를 다스리는 삼위일체 하나님의 주권"을 확언한다.[10] 그러나 하나님의 주권은 인간 영역인 국가와 사회, 그리고 교회에서 세 가지로 "연역된"(즉, 위임된) 주권의 표현으로 반포된다. 하나님은 모든 인간적 권위의 궁극적 근원이다. 우리는 그것을 스스로 우리의 자율적 의지에서 만들어내지 않는다. 하나님께서는 특정한 목적을 위해 자신의 권위의 일부를 인간에게 맡기신다. 그러므로 우리는 우리가 창조하지 않은 권력을 위임받은 자에 불과하다는 것을 아는 가운데 그것을 책임감 있고 공손하게 사용해야 한다. 인간의 삶의 모든 권위는 하나의 "소명"이다. 우리는 그것의 합당한 사용을 하나님께 책임지는 사

---

10 Kuyper, *Lectures on Calvinism*, 79. 카이퍼, 『아브라함 카이퍼의 칼빈주의 강연』, 140.

람들로서 그것을 행사해야 한다.[11]

카이퍼는 〈칼뱅주의와 정치〉에서 국가에 대해 논의함으로 출발한다. 하지만 그의 사상의 형태는 사회에서 시작해야 더 분명해진다. 나는 그의 교회 개념을 다루지 않으려 한다. 이 책에서 제임스 에글린턴과 브루스 애쉬포드가 그것을 다룬다. 하지만 나는 교회와 국가에 대한 그의 견해에 대해서는 논평할 것이다.

사회 내의 주권. 카이퍼는 "사회 영역에서의 주권" 또는 "영역주권"에 대해 이야기한다.[12] 이미 언급했듯이 그는 각 영역이 특정 성격이나 목적에 상응하는 고유한 종류의 주권이나 권위를 소유한 여러 구별된 영역을 염두에 두고 있다. 그는 다양한 저술에서 영역들에 관해 다양한 분류를 제시하지만 여기에서는 네 가지 유형을 나열한다.[13]

1. 개인의 주권
2. 기관의 주권
3. 가정의 주권
4. 지역의 주권

---

11 권위에 대한 "카이퍼주의적" 설명을 위해서는 다음을 참고하라. David T. Koyzis, *We Answer to Another: Authority, Office, and the Image of God* (Eugene, OR: Pickwick Publications, 2014).

12 Kuyper, *Lectures on Calvinism*, 90. 카이퍼, 『아브라함 카이퍼의 칼빈주의 강연』, 160. 이 용어들은 네덜란드어의 "souvereiniteit in eigen kring"의 번역이며 문자적으로 옮기면 "각기 고유한 영역의 주권"이라는 뜻이다.

13 Kuyper, *Lectures on Calvinism*, 96. 카이퍼, 『아브라함 카이퍼의 칼빈주의 강연』, 169.

카이퍼는 **영역**이라는 용어를 다소 느슨하게 사용한다. 따라서 이 유형들이 망라하는 관할 구역에 대해 몇 가지 설명을 제시하려 한다. 첫 번째, 내가 지금까지 다룬 예들은 특정한 목적을 가진 가정과 기업, 또는 학교와 같은 명확한 사회 구조들에 관련된 것들로 두 번째나 세 번째의 범주에 속한다. 두 번째, 국가(또는 정부)도 기관의 주권의 한 예다. 아래서 보게 될 것처럼 그것이 중요한 핵심이다. 국가는 여러 사회 기관 중 하나일 뿐이다. 세 번째, 카이퍼가 "공동체의 자율성"[14]이라고 부른 네 번째 범주는 지역 정부가 소유한 권위를 말한다. 이것은 지방 (또는 주 혹은 도) 수준에서 나타나는 정부의 주권으로 보면 좋다. 네 번째, 카이퍼는 또한 이 강연에서 과학과 예술을 영역으로 이야기하고 있다.[15] 그러나 이들은 정말 광범위한 사회적 **실천들**로 그것을 추구하는 일에 전념하는 (그가 언급한) 대학들이나 과학 연구소나 극단, 예술 박물관과 같은 특별한 기관이나 협회들을 출현시킨다.[16] 다섯 번째, 개인의 주권에 대한 카이퍼의 설명은 개인이 그들의 재능이나 능력으로 문화에 행사하는 영향력을 가리킨다.[17] 이것은

---

14 Kuyper, *Lectures on Calvinism*, 96. 카이퍼, 『아브라함 카이퍼의 칼빈주의 강연』, 169.

15 Kuyper, *Lectures on Calvinism*, 90. 카이퍼, 『아브라함 카이퍼의 칼빈주의 강연』, 160.

16 Kuyper, *Lectures on Calvinism*, 96-97. 카이퍼, 『아브라함 카이퍼의 칼빈주의 강연』, 170-171.

17 Kuyper, Lectures on Calvinism, 94-95. 카이퍼, 『아브라함 카이퍼의 칼빈주의 강연』, 167.

그의 정치사상에 필수적이 아니므로 여기서 다루지 않을 것이다.[18] 다음에서 나는 첫 번째로 사회 내의 주권, 그리고나서 국가 내의 주권의 순서로 기관의 주권에 집중할 것이다.

카이퍼는 이 범주들 내의 사회 기관들이 단지 인간의 발명품이 아니라 하나님께서 부여하신 우리의 창조된 본성으로부터 나온다는 놀라운 주장을 한다. 그는 이 개념을 "사회의 **유기적 삶**"과 "정부의 **기계적 성격**" 사이를 확연히 구분하고, 그런 기관들을 유기적이라고 묘사함으로 전달한다.[19] 하나님의 본래 창조 질서로부터 직접 발달한 것이 유기적인 것이다. 이것은 하나님께서 창조 속에 이미 심으신 것으로부터 그 기관을 위한 하나님의 본래적 "규례"를 반영하며 점진적으로 인간 역사 속에 다양한 형태로 나타나며 성장한다.[20] 이는 가정이 결혼으로부터 자발적으로 즉 자연적으로 출현하는 방식에서 가장 분명하게 볼 수 있다. 그러나 이는 다른 모든 사회 기관들에 있어서도

---

18 탁월한 개인들의 문화적 영향력에 관한 그의 근본 요점은 충분히 타당해 보인다. 그러나 그것을 설명하는 방식은 우리에게 상당히 고풍스럽다고 느껴진다. 카이퍼는 다른 이들보다 우월한 일부 "남성"들의 힘이 사회의 모든 영역에서 분명하다고 주장한다. 그것은 사실일 수는 있다. 하지만 그것이 "삶의 주권 자체"로부터 "유기적으로" 생겨난다고 주장하는 것은 문제의 소지가 있다. Kuyper, *Lectures on Calvinism*, 95. 카이퍼, 『아브라함 카이퍼의 칼빈주의 강연』, 168.

19 Kuyper, *Lectures on Calvinism*, 91 (강조는 원문). 카이퍼, 『아브라함 카이퍼의 칼빈주의 강연』, 161.

20 인간들 사이에 창조로부터 직접 기원하는 것은 무엇이나 발전을 위한 모든 자료를 그 인간의 본성 속에 소지하고 있다. Kuyper, *Lectures on Calvinism*, 91. 카이퍼, 『아브라함 카이퍼의 칼빈주의 강연』, 161.

마찬가지다.[21]

물론 카이퍼는 칼뱅주의자로서 사회 기관들이 창조의 선함뿐 아니라 타락의 부패 효과도 반영한다고 주장한다. 그들은 때때로 본래 축복이었던 것을 저주로 바꾸어 놓곤 한다.[22] 예를 들면 가정을 정서적 감옥으로, 또는 기업을 환경의 파괴자로 만든다. 그러나 이 효과들은 일반 은총에 의해 억제되어 왔다.[23] 이는 복음의 **구속하는 은총**이 아니라 **보존하는 은총**이다. 하나님께서 이 은총으로 본래 창조를 유지해 죄로 인해 인간 사회에 가해진 피해가 억제되고, 적어도 어느 정도의 평화와 질서를 유지하면서 인간의 삶을 계속할 수 있도록 하는 것이다.[24]

여기서 카이퍼의 언어는 유기적 사회 이론을 반영한다.[25] 사회나

---

21 모든 사회 기관들은 다 함께 "창조의 규례에 따라 창조의 삶을 형성한다. 그러므로 그것들은 **유기적**으로 발달한다." Kuyper, *Lectures on Calvinism*, 92 (강조는 원문). 카이퍼, 『아브라함 카이퍼의 칼빈주의 강연』, 162.

22 Kuyper, *Lectures on Calvinism*, 91. 카이퍼, 『아브라함 카이퍼의 칼빈주의 강연』, 161.

23 Kuyper, *Lectures on Calvinism*, 92. 카이퍼, 『아브라함 카이퍼의 칼빈주의 강연』, 162.

24 참고. Abraham Kuyper, "Common Grace," in Bratt, *Abraham Kuyper: A Centennial Reader*, 165-201. 이 주제에 관한 논의는 다음을 참고하라. Richard Mouw, *He Shines in All That's Fair: Culture and Common Grace* (Grand Rapids, MI: Eerdmans, 2001). 이 주제에 관한 또 다른 성경적이며 체계적인 서론을 위해서는 아브라함 카이퍼와 동시대인 바빙크의 1894년 총장 취임 연설 "일반 은총"을 참고하라. Herman Bavinck, "Herman Bavinck's 'Common Grace,'" trans. Raymond C. Van Leeuwen, *Calvin Theological Journal* 24, no. 1 (1989): 35-65. 헤르만 바빙크, 『헤르만 바빙크의 일반 은총』, 박하림 옮김, 우병훈 감수 (군포: 도서출판다함, 2021).

25 카이퍼의 "유기적" 언어의 사용은 중요한 질문을 제기한다. 그런 언어 사용

국가는 생물학적 유기체와 같이 상호 연결되어 발달하는 완전체로 인식된다. 특정 기관들은 그에 종속된 기관이거나 부분이다. 놀랍지 않겠지만, 북미의 동조자들이 그런 언어를 버린 것은 그것이 거기에서는 거의 공감되지 않았기 때문이다. 그런데 카이퍼 자신 또한 그 이론으로부터 거리를 두었다. 그는 사회 기관들이 창조 안에 주어진 것으로부터 발달될 뿐만 아니라 그렇게 성장된 것은 그 자체로 존중을 받아야 한다고 주장했다. 사회 기관들은 고유한 목적을 가진 완전히 독립적이고 자치적인 완전체다. 그것들은 단지 사회, 민족 더 나쁘게는 국가와 같은 더 큰 어떤 사회적 실재의 부분이 아니다.

카이퍼가 사회 기관을 국가의 창조물이거나 도구가 아니라고 주장한 이유는 바로 다양한 사회 영역들이 궁극적으로 창조로부터 파생하며, 따라서 직접적으로 하나님의 권위에 아래 서 있기 때문이다.[26] 그것은 국가가 결코 해서는 **안 되는** 일에 대한 경고였다.

에서 카이퍼의 의미는 그것이 인기가 있었던 더 넓은 사회의 그것과 일치했는가? 아니면 자신의 칼뱅주의 뿌리로부터 신학적 개념과 방법론을 도출했는가? 제임스 에글린턴은 그의 중요한 작품인 *Trinity and Organism: Towards a New Reading of Herman Bavinck's Organic Motif* (London: T&T Clark, 2012)에서 바빙크의 동일한 유기적 언어의 사용이 현대신학이 아니라 "교부와 종교개혁 전통에서 물려 받은 하나님에 대한 풍부한 삼위일체 교리"에 근거함을 설득력 있게 주장했다 (Eglinton, *Trinity and Organism*, 54). 에글린턴의 책은 바빙크에게 초점이 맞춰져 있지만 그 언어를 비슷하게 사용한 카이퍼도 간과하지 않는다. 카이퍼의 **유기적**이라는 용어의 사용은 분명히 당시의 더 넓은 헤겔의 이해보다는 칼뱅의 이해와 훨씬 더 일치한다.

26 "이 영역들은 국가로부터 생겨난 것이 아니며, 이 영역들의 삶의 법칙 역시 국가의 우월성에서 도출되지 않습니다. 이 사회적 영역들은 국가주권과 마찬가지로 **하나님의 은혜**로 다스리는 권위, 자신의 마음 속 높은 권위에 복

국가의 주권. 국가의 기계적 성격은 사회 영역의 유기적 성격과 대조적이다. 이 대조는 내가 방금 언급한 유기적 사회이론들 가운데 잘 알려져 있었다. 그러나 카이퍼는 그것을 정부에 대한 성경적 관점에 짜맞춘다. 유기적인 것이 창조로부터 자연스럽게 일어나는 반면, 기계적인 것은 타락의 결과로 발생한다. **국가**(또는 **정부**)는 여기서 집행 가능한 법을 통해 통치하고 "칼"[27]로 뒷받침되는 강압적 국가를 의미한다.[28] 그는 국가가 **이런 의미에서** 창조에 본래적이지 않으며, 타락 이후에 죄의 파괴적이고 폭력적인 효과를 억제하기 위해서 하나님께서 제정하신 것이라고 주장한다.[29] 그것은 일반 또는 보존하는 은혜의 다른 예다.[30] 이런 의미에서 사람들은 강요를 사용하는 국가를 "자연스럽지 못"하게 경험한다.[31] 우리는 이런저런 명령을 받게 되

종합니다. ... **오로지 하나님만 자기 위에 두는 것**이며, 국가는 여기서 그 둘 사이에 끼어들 수 없으며 자신의 권세를 명령할 수 없다." Kuyper, *Lectures on Calvinism*, 90. 카이퍼, 『아브라함 카이퍼의 칼빈주의 강연』, 160.

27 Kuyper, *Lectures on Calvinism*, 93. 카이퍼, 『아브라함 카이퍼의 칼빈주의 강연』, 163. 이것은 "정의"의 칼 (형법), "전쟁"의 칼 (외국의 위협에 대한 저항), 그리고 "질서"의 칼 (국내의 위협에 대한 저항)을 포함한다(93, 『아브라함 카이퍼의 칼빈주의 강연』, 163). 이 중 어느 것도 죄가 없었다면 필요하지 않았을 것이다(80, 『아브라함 카이퍼의 칼빈주의 강연』, 141). 법과 정부가 없다면 타락한 세상에서의 삶은 "진정 지상 지옥"일 것이다(81, 『아브라함 카이퍼의 칼빈주의 강연』, 143).

28 Kuyper, *Lectures on Calvinism*, 79-81. 카이퍼, 『아브라함 카이퍼의 칼빈주의 강연』, 141-143.

29 이 견해는 아우구스티누스에게까지 거슬러 올라가며 루터와 칼뱅도 지지했다.

30 Kuyper, *Lectures on Calvinism*, 81, 82-83. 카이퍼, 『아브라함 카이퍼의 칼빈주의 강연』, 143-145.

31 Kuyper, *Lectures on Calvinism*, 80. 카이퍼, 『아브라함 카이퍼의 칼빈주의

면 본능적으로 분개한다. 그리고 국가는 강압을 보유했기에 "끔찍할 정도로 권세를 오용하고"[32] "아주 쉽게 폭정의 권위"로 변질된다. 따라서 우리는 이런 오용이 우리의 자유에 미치는 위협에 대해 항상 경계해야만 한다.[33]

그러나 죄가 없었다면 어떤 일이 일어났을까? 카이퍼는 강압적이지 않은 유기적 형태의 정치 질서가 가정으로부터 일어나, 아마도 모든 인류를 포괄하는 세계 정부로 발달했을 수 있었을 것이라고 했다.[34] 그런 질서는 단지 타락 이후의 필요가 아니라 창조에 뿌리내리고 있을 것이었다. 그 경우 영토를 기반으로 하는 민족 국가들이 존재하지 않았을 것이다. 그러나 파괴적인 죄의 권세가 인류를 각기 정부를 필요로 하는 별개의 국가로 분열시켰다.[35]

이는 **국가 자체**가 죄의 결과라고 말하는 것이 아니다. 그 반대다. "그들은 하나님 덕분에 존재합니다. 그들은 그분의 소유입니다. 그러

강연』, 142.

32 Kuyper, *Lectures on Calvinism*, 80. 카이퍼, 『아브라함 카이퍼의 칼빈주의 강연』, 142.

33 Kuyper, *Lectures on Calvinism*, 81. 카이퍼, 『아브라함 카이퍼의 칼빈주의 강연』, 143. 그는 국가가 물리적 강압을 "독점"해야 한다는 생각을 분명히 옹호했다. 그것은 하나님께 받은 국가의 독특한 특권이다. 그는 미국헌법에 언급된 "무기 소지권"이 개인이 치명적인 무기를 소지할 일반적 권리를 의미한다는 생각을 받아들이지 않았을 것이다.

34 그는 이 일이 "가부장적 형식을 따라" 일어났을 것이라고 덧붙였다. 남성 가장이 정부체제 출현의 기초가 된다는 의미처럼 보인다. Kuyper, *Lectures on Calvinism*, 80. 카이퍼, 『아브라함 카이퍼의 칼빈주의 강연』, 142.

35 Kuyper, *Lectures on Calvinism*, 79-80. 카이퍼, 『아브라함 카이퍼의 칼빈주의 강연』, 141-142.

므로 이 모든 나라와 그들 안에서 인류 전체는 하나님의 영광을 위해 존재해야 합니다. 그분의 규례를 따라 살 때 비로소 복을 누리기 때문에, 그분의 규례에 따라 하나님의 신적 지혜가 빛나도록 해야 합니다."[36] 나는 뒤에서 "하나님을 영화롭게 하는 나라"의 개념을 다시 다룰 것이다.

그러므로 국가는 죄 때문에 시민들에게 강압적인 권위를 행사해야 한다. 그렇게 할 합법적 권리가 없다면 그런 힘은 단지 "가장 강한 자의 권리"가 될 것이다. 오직 하나님만이 그런 권리를 창조하실 수 있다.[37] 따라서 정치적 권위는 섭리에 따른 하나님의 인증 행위로부터 파생한다.

카이퍼는 자신의 주장이 당시 유럽을 지배하던 두 개의 매우 강력한 세속 이론과 극명하게 대조됨을 강조한다. "국민 주권"과 "국가 주권"이 그것들이다.[38] 그는 추상적인 이론을 겨냥한 것이 아니었다. 전자는 당시 네덜란드 정치와 경제를 지배하던 엘리트들의 신조로, 그들이 이익을 얻었던 개인주의적 자본주의와 정확히 맞물렸다. 후자는 이

---

[36] Kuyper, *Lectures on Calvinism*, 81. 카이퍼, 『아브라함 카이퍼의 칼빈주의 강연』, 144.

[37] Kuyper, *Lectures on Calvinism*, 82. 카이퍼, 『아브라함 카이퍼의 칼빈주의 강연』, 145. 죄 없는 세상에서는 아마도 정부가 권위를 행사할 유기적 권리를 보유할 것이다. 카이퍼는 이 권리가 타락 이후 하나님의 특별한 개입에 의해서가 아니라 창조에서부터 출현했을 것임을 암시한다.

[38] 다양한 근대 정치 이념에 대한 "카이퍼주의적" 분석을 보려면 다음을 참고하라. David T. Koyzis, *Political Visions & Illusions: A Survey and Christian Critique of Contemporary Ideologies*, 2nd ed. (Downers Grove, IL: InterVarsity Press, 2019).

웃 프랑스와 독일의 중앙집권화된 횡포한 국가의 배후에 있는 교리였으며, 유사한 사상이 네덜란드에서도 자리를 잡아가고 있었다.[39]

국민 주권에 따르면 정치적 권위는 개인들 사이의 (실제 또는 상상된) 사회 계약에서 파생하며 그로부터 통치할 권리가 생성된다.[40] 이것이 당시 네덜란드에서 주류가 되고 있었던 고전적 자유주의의 설명이었고, 미국에서는 이미 그랬었다. (그리고 미국과 캐나다에서는 오늘까지도 그렇다.) 카이퍼는 이 견해가 하나님의 권위를 오만하게 내던지고 유럽 전역에 걸쳐 폭정을 일으킨 무신론적 프랑스 혁명에 동기를 부여한 이론이기 때문에 강력히 반대했다.[41] 이와 달리 네덜란드와 잉글랜드와 미국에서의 세 칼뱅주의 혁명은 폭정에 대한 하나님을 경외하는 저항의 사례였다.[42]

---

39 카이퍼는 또한 (이 강의에서 "사회민주주의"라고 부른) 사회주의를 국가 주권의 또 다른 예라고 보았다. 그것은 물론 여기서 그가 눈길을 주고 있던 ("독일의 철학적 범신론"이라고 부른 것)이 아니라 마르크스주의에서 파생하기는 했다. Kuyper, *Lectures on Calvinism*, 88. 카이퍼, 『아브라함 카이퍼의 칼빈주의 강연』, 156

40 Kuyper, *Lectures on Calvinism*, 82. 카이퍼, 『아브라함 카이퍼의 칼빈주의 강연』, 145.

41 Kuyper, *Lectures on Calvinism*, 87-88. 카이퍼, 『아브라함 카이퍼의 칼빈주의 강연』, 154-156. 이 견해에 의하면, "전능하신 하나님은 폐위되고, 자유의지를 가진 인간이 그 보좌에 앉습니다. 인간의 의지가 처리합니다. 인간의 기뻐하는 뜻이 결정합니다. 모든 권세, 모든 권위는 인간에게서 나옵니다. 그래서 사람은 소수에서 다수로 옮겨갑니다. 그래서 국민으로 취해진 그 다수 가운데 모든 주권의 가장 깊은 원천이 숨어 있습니다." (87, 카이퍼, 『아브라함 카이퍼의 칼빈주의 강연』, 155).

42 Kuyper, *Lectures on Calvinism*, 86-87. 카이퍼, 『아브라함 카이퍼의 칼빈주의 강연』, 152-154. 이런 강력한 반혁명적 충동이 카이퍼로 하여금 적어도 그 세 나라에서는 강력한 기독교의 영향력이 그 이면에 존재했던 고전

국가 주권에 따르면, 정치적 권위는 계약이 아니라 한 나라의 역사적 전통에서 파생한다. 국가는 그 나라 고유의 정체성과 의지를 구현하기 위해 "신비한 존재"로 출현한다. 그것은 그 자체로 모든 국민을 대표한다고 주장하기 때문에 국민과 그들의 모든 사회 제도를 다 스릴 완전한 권위를 주장한다.[43] 이는 그런 기관들의 권위가 정부로부터 직접 파생된다고 주장하기 때문에 영역주권에 정면으로 배치되는 전형적인 국가주의다.

그러나 칼뱅주의는 근본적으로 반(反)국가주의적이다. 칼뱅주의는 사회 기관들과 (개인들의) 권리가 하나님의 창조질서에 기초하고

적 자유주의 전통을 지나치게 단순화하고 희화화했다. 카이퍼는 1879년에 칼뱅주의 정당을 설립하면서 그것을 "반혁명당"이라고 불렀다. 그 이름은 하나의 정치적 반동의 입장이 아니라 프랑스 혁명의 무신론 정신에의 반대를 시사한다. 학교를 침해하는 자유주의 입법에 반대하는 그의 캠페인은 네덜란드 역사상 가장 많은 시민들을 동원했다. 그 정당은 스스로를 반혁명주의자라고 부르는 사람들이 처음에 동맹을 맺었던 귀족 보수 운동과 결별하여 결성되었다. 그것은 유럽에서 설립된 최초의 기독교 민주 정당이었고, 실제로 유럽 최초의 대중당원 정당 중 하나였다. 원래 칼뱅주의가 17세기에 민주화 운동에 영감을 주었듯이, 카이퍼가 이끄는 네덜란드 신칼뱅주의가 19세기에 그랬다. 참고. John Bowlin, ed., *The Kuyper Center Review, Volume 4: Calvinism and Democracy* (Grand Rapids, MI: Eerdmans, 2014).

43 카이퍼는 이 이론에 대해 이렇게 설명한다. "존재하는 것은 좋은데, 왜냐하면 그것이 존재하기 때문이며, 이는 우리를 창조하셨고 우리를 알고 친히 모든 국가 권세를 초월하시는 하나님 때문이 아니라, 자기 위에 아무도 두지 않고, 그로 인해 사실상 스스로 하나님이 되어 우리 삶이 어떠해야 하는지 줏대 없이 결정하는 국가 의지 때문입니다."(Kuyper, *Lectures on Calvinism*, 89. 카이퍼, 『아브라함 카이퍼의 칼빈주의 강연』, 157-158) 여기서도 그는 모든 이론이 이런 식으로 국가를 "신격화"한 것은 아닌데도 복잡한 일련의 이론을 지나치게 단순화한다.

있다고 보기 때문이다.[44] 카이퍼는 실제로 칼뱅주의가 근대 입헌 정부 사상에 결정적인 기여를 했다고 주장한다. 정의에 뿌리를 둔 법률에 의해 제한되는 정부 말이다. 그것은 비록 기계적일지라도 정부의 강제적 권위가 필요함을 확증하는 한편, 유기적 사회 영역의 독립적 권위도 옹호한다.[45]

그러나 이는 국가가 고유한 권리를 행사할 수 없음을 뜻하지 않는다. 카이퍼는 영향력 있는 미국 보수주의의 진영에서 인기 있는 자유지상주의 유형의 최소 국가를 옹호하지 않는다. 국가는 이들 영역에 대해 세 가지 의무를 가진다. 첫 번째 의무는 영역들이 충돌할 때 그들이 서로의 적절한 경계를 존중하도록 하는 것이다. 노동조합이 사업체와 충돌할 때 몇 가지 기본 규칙을 설정하기 위해 개입하는 것이 현대의 한 예일 수 있다. 카이퍼는 다른 곳에서 국가가 노동자의 권리를 보호하기 위해 노동법을 장려해야 하는 방법과 더 큰 **사회 문제**를

---

44 "칼뱅주의는 우리를 현존하는 법으로부터 하나님 안에 있는 영원한 권리의 원천을 바라보도록 가르치며, 최고 권리의 이름으로 쉼 없이 불의에 대해, 악법에 대해서도 저항할 수 있도록, 불굴의 용기를 우리 안에 부어줍니다." Kuyper, *Lectures on Calvinism*, 90. 카이퍼, 『아브라함 카이퍼의 칼빈주의 강연』, 159.

45 Kuyper, *Lectures on Calvinism*, 93-94. 칼뱅주의가 "하나님이 제정하신 행정적 권위를 높이 존중"하듯이 "창조규례를 따라 하나님이 사회적 영역들에 심어놓으신 주권"도 균등하게 고양시킨다(94, 카이퍼, 『아브라함 카이퍼의 칼빈주의 강연』, 165). 이와 같이 국가는 "이 영역들이 속한 신적 명령서를 무시하거나 수정하거나 찢어서는 안 됩니다. … 국가는 모든 생활을 빨아들이는 기생식물이 되어서는 안 됩니다. 국가는 숲속 다른 나무들 가운데서 자신의 뿌리를 둔 자신의 위치를 취해야 하고, 그래서 자신의 신성한 자율성 가운데 독립적으로 자라는 모든 생명을 보존해야 합니다." (96-97, 카이퍼, 『아브라함 카이퍼의 칼빈주의 강연』, 169-170)

다루는 방법에 대해 흥미로운 제안을 했었다. 사회 문제는 19세기 후반 유럽의 산업 노동자 계급이 겪은 광범위한 착취와 빈곤을 가리키기 위해 사용된 용어다.[46] 국가의 두 번째 의무는 사회 기관들 자체에 의한 권력 남용으로부터 취약한 개인을 보호하는 것이다. 국가 권위에 제약이 있는 것처럼 사회 영역의 경우도 마찬가지다. 그들에 대한 권한을 가진 기관이 저지르는 불의(예를 들면 인종 차별)로부터 (예를 들어 민권법을 통해) 개입하여 개인을 보호하는 것이 국가의 의무다.[47] 국가의 세 번째 의무는 국민이 공정한 세금을 납부하고 민주적 절차에 참여하게 하여 좋은 정부에 기여하도록 보장하는 것이다.[48]

---

46 Abraham Kuyper, "Manual Labor," in Bratt, *Abraham Kuyper: A Centennial Reader*, 231-54; and Abraham Kuyper, *The Problem of Poverty*, ed. James W. Skillen (Grand Rapids, MI: Baker, 1991).

47 나는 명확성을 위해 카이퍼 당시의 예가 아니라 인종 차별이라는 우리 시대의 예를 사용했다. 인종에 대한 카이퍼의 문제적 견해에 대해서는 이 책 7장을 참고하라.

48 민주주의에 대한 카이퍼의 견해는 시간이 지남에 따라 진화했으며 늘 일관성이 있지는 않았다. 그는 확실히 당시 네덜란드에서 널리 보급되고 있던 대의제 의회 민주주의의 체제를 선호했으며 모든 남성 (아직 여성은 아님)에게 참정권을 확장하는 것을 지지했다. 그는 또한 이 강의에서 개인 뿐만 아니라 사회 기관도 투표할 수 있는 '법인 참정권'에 대한 아이디어를 제시하기도 했다 (Kuyper, *Lectures on Calvinism*, 98. 카이퍼, 『아브라함 카이퍼의 칼빈주의 강연』, 169-171). 그는 다른 곳에서 사회 기구들이 의회의 하원에서 대표된다는 생각을 지지했다. 하지만 이 두 아이디어 모두 성공하지 못했다. 참고. George Harinck, "Neo-Calvinism and Democracy: An Overview from the Mid-Nineteenth Century till the Second World War," in Bowlin, *Kuyper Center Review*, 1-20; Henk E. S. Woldring, "Kuyper's Formal and Comprehensive Conceptions of Democracy," in *Kuyper Reconsidered: Aspects of His Life and Work*, ed. Cornelius van der Kooi and Jan de Bruijn (Amsterdam: VU Uitgeverij, 1999), 206-17.

더 큰 목표는 내가 앞에서 입헌적 다원주의라고 불렀던 것을 촉진하는 것이다. 국가는 그것에서 권리와 공익을 위한 의무의 적절한 균형을 만들기 위해 사회 제도 및 개별 시민과 건설적으로 협력한다.[49] 카이퍼는 당시 네덜란드에서 그 프로젝트에 공공신학자이자 정치가로서 결정적으로 중요한 기여를 했다.

카이퍼주의자들은 무엇을 했는가?

나는 앞서 카이퍼가 **영역주권**이라는 용어를 사용하는 두 가지 의미를 구분했다. 첫 번째는 국가 통제로부터 사회 기관들의 **일반적** 자유를 의미한다. 두 번째는 그 기관들이 종교적 비전을 채택하고 그에 따라 살아갈 수 있는 **특정한** 자유를 의미한다. 후자는 매우 중요하지만 그것은 국가가 아닌 사회 기관이 보호하려는 많은 자유 중 하나에 관한 것이다. 미국 기독교 정치사상가 제임스 스킬런(James Skillen)은 이 두 의미를 **구조적 다원주의**와 **고백적 다원주의**라고 했다.[50] 여기서 나는 카이퍼 자신의 작업과 그에게서 영감을 받은 북미인들의 작업 사이를 왔다 갔다 할 것이다.

---

49 Kuyper, *Lectures on Calvinism*, 98. 카이퍼, 『아브라함 카이퍼의 칼빈주의 강연』, 171.

50 참고. James W. Skillen, *Recharging the American Experiment: Principled Pluralism for Genuine Civic Community* (Grand Rapids, MI: Baker Books, 1994). 이 둘 다 스킬런이 "원칙 있는 다원주의"라 불렀고, 나는 입헌적 다원주의라고 부른 것의 예들이다.

구조적 다원주의와 고백적 다원주의는 카이퍼의 작업에서 똑같이 중요했다. 그러나 그의 사상을 북미에 적용하려던 이들 사이에 가장 많은 관심을 끈 것은 두 번째 의미였다는 점이 놀랍다. 북미 기독교인들이 구조적 다원주의를 통해 정의를 증진하려고 노력한 사례는 고백적 다원주의가 주요 쟁점이 아니었던 곳에서는 거의 찾아보기 어렵다. 거의 예외 없이, 카이퍼에게 영감을 받은 여러 계획들의 주도적인 움직임들은 사회생활의 특정 영역에서 종교의 공적 표현을 제한하는 것에 대한 우려에서 비롯되었다. 북미에서 첫 번째 의미의 영역주권, 즉 신앙이 문제가 아니었던 곳에서의 영역주권의 역사를 살펴보려고 한다면 보고할 내용은 많지 않을 것이다. (이 점을 다시 언급할 것이다.) 하지만, 두 번째 의미의 역사에 대해서는 보고할 내용이 꽤 있다.

이제 카이퍼가 고백적 다원주의를 어떻게 이해했는지 간략히 살펴보자. 당시 칼뱅주의와 로마 가톨릭 그리고 세속적 인본주의의 세 가지 주요 "고백적" 비전이 공적 인정을 받기 위해 경쟁하고 있었다. 그는 세속적 인본주의가 당시 지배적인 정치적 자유주의의 종교였다고 주장했다. 그 자유주의는 칼뱅주의와 로마 가톨릭에 비례하는 공적 공간 -사적 종교의 자유와 구별되는 공간- 을 부여하기를 꺼려 했다. 세속적 자유주의자들은 공적 생활을 위한 자신들의 처방이 모든 고백적 그룹이 자유롭게 번영할 수 있는 중립적 공간을 제공한다고 주장했다. 이와 같은 주장이 종교의 "분열적" 영향력으로부터 자유로운 공적 영역을 설립함으로써 시민들 사이에 동등한 자유를 증진하려는 오늘날 북미 세속주의자들에 의해서 제기되고 있다.

그러나 카이퍼는 세속적 자유주의자들이 실제로 일련의 제한된 공적 규범을 강요하는 일을 벌이고 있다고 반박했다. 예를 들면, 교육이나 노사관계에서 칼뱅주의자와 로마 가톨릭을 공적 영역의 변두리에 가두고 그 신앙의 공적 표현을 억압해왔다는 것이다. 카이퍼는 칼뱅주의자들과 나중에는 그리스도인 전체의 권리를 옹호하면서 활동을 시작했고, 그들을 세속적 자유주의의 압제에서 해방시키는 것을 목표로 삼았다. 그러나 그는 아주 빠르게 훨씬 더 큰 목표를 채택했다. 그것은 종교적이든 세속적이든 **모든** 고백적 공동체가 단지 교회생활뿐만 아니라 교육, 사업, 노동, 언론, 정치 등에서 똑같이 자유롭게 그들의 확신을 실행할 수 있는 열린 공적 공간을 창조하는 것이다.

내가 지적한 것처럼, 고백적 다원주의는 구조적으로 다원적 기관들의 종교적 자유와 그러한 주장을 존중하는 국가의 의무를 옹호한다. 국가는 고백적 기관을 만들려고 하지 않아야 한다. 그것은 양심을 따르는 자유로운 사람들의 자발적인 주도에 의해서만 설립될 수 있다. 그럼에도 국가는 다양한 방법을 동원하여 그 기관이 존재하고 스스로 다스릴 법적 자유를 보호해 주어야 한다. 어떤 경우에는 자신들의 신념에 따라 교육이나 보건 같은 공공 서비스 제공(공적 자금 지원이 필요할 수 있음)에 참여하는 것도 허용해야 하며, 적절한 경우에는 중대한 변화에 대해 협의할 권리를 그들에게 부여함으로써 공공 정책 형성에 기여할 수 있도록 해야 한다.

그러므로 카이퍼는 그리스도인들이 공적 광장에서 정치적 또는 법적 특권이 아니라 동등한 지위를 추구해야 한다고 주장했다. 그리스도인의 목표는 넓은 표현의 자유와 공정한 민주적 대표성을 특징으로 하는 국가 내에서 다른 고백적 공동체들과 더불어 대등한 권리를 누리는 것이어야 한다. 기독교 학교들을 위한 평등한 처우를 위한 투쟁의 절정에 이르렀을 때, 카이퍼는 "우리의 끊임없는 의도는 **모두를 위한 정의**, 모든 삶의 표현에 대한 정의를 요구하는 것이어야 한다"[51]고 강조했다. 이것은 신성한 공적 광장도, 벌거벗은(중립적인) 공적 광장도 아닌 복수(複數)의 공적 광장을 의미한다.[52]

카이퍼는 정치 경력의 끝 무렵에서 적어도 사회의 어떤 영역들, 특히 교육에서 다원주의적 체계가 나타난 것에 대해 어느 정도 만족스럽게 되돌아볼 수 있었다. 이것은 그가 종종 로마 가톨릭과 긴밀히 협력하며 주도한 신칼뱅주의 운동의 중요한 성과였다. 더 많은 것들은 그의 사후에 세워져야 했다. 이것은 네덜란드에서 결국 정치학자들이 기둥화(pillarization)라고 부르는 것의 등장으로 이어졌다. 이는 다양한 고백적 기둥들이 각기 자신들을 후원하는 공동체를 섬기되, 국가가 공인하는 형태로 존재하는 체제다. 로마 가톨릭에서 영감을 받은 기독민주당도 다른 유럽 지역에서 비슷한 체제를 도모했다.

그런데, 고백적 다원주의에 대한 그의 헌신을 고려할 때 카이퍼가

---

51 Bratt, *Abraham Kuyper: Modern Calvinist*, 73에서 인용 (강조는 필자가 넣은 것).

52 Os Guinness, *The Global Public Square: Religious Freedom and the Making of a World Safe for Diversity* (Downers Grove, IL: InterVarsity Press, 2013)를 보라. 기네스는 시민 광장 뿐만 아니라 복수의 광장도 언급한다.

여전히 품고 있었던 기독교 국가의 개념은 무엇이었을까? 한편으로 그는 중세에 널리 퍼져 있던 기독교 왕국 모델을 거부했다. 이것은 국가가 기독교 신앙이나 기독교 교회에 독점적인 공적 우선권을 부여하는 것이나 마찬가지다. 그런 모델은 종교개혁에도 불구하고 18세기와 19세기까지 일부 유럽 국가에서 존속했다. 당시 카이퍼는 자신이 속한 칼뱅주의 정당에서 그러한 우위를 고수하려는 전통주의자들과 맞서야 했다.

그렇지만 한편으로 그는 네덜란드를 기독교 국가라고 계속 말했다. 이렇게 함으로써 카이퍼는 칼뱅주의가 네덜란드 문화와 정치에 크게 남긴 깊은 역사적 자취를 주목하도록 했다. 그는 그 유산에 대해 하나님께 감사했다. 하지만 고백적 기독교 국가에 대한 동시대의 주장을 뒷받침하기 위해 국가에 호소하지 않았다(네덜란드 개혁교회는 19세기 중반 자유주의 혁명에서 국교회의 지위를 상실했다). 그는 자신의 추종자들에게 정통 칼뱅주의가 국가의 핵심을 역사적으로 형성하는 데 얼마나 결정적인 역할을 했든 간에 이제는 인구의 10분의 1에 불과하다는 점을 상기시켰다. 국가의 기독교적 성격을 방어하는 것은 이제 그가 설립한 기독교 정당의 영향처럼 아래에서 위로 민주적으로만 이루어질 수 있었고 상속된 헌법상의 이점에 더 이상 의존할 수 없었다. 제임스 브랫이 말했듯이, 카이퍼에게 "칼뱅주의는 과거의 국가 종교가 아니라 다양성의 철학"[53]이었다.

---

53 Bratt, *Abraham Kuyper: Modern Calvinist*, 70. 다음도 참고하라. John Bolt, "Tyranny by Another Name? Theocrats and Pluralists," chap. 7 in *A Free*

이것은 교회와 국가의 관계에 관한 직접적인 함의를 가진다. 그중 어떤 것은 북미의 동조자들에 의해 채택되었다. 카이퍼의 모토는 "자유로운 국가 안에 있는 자유로운 교회"였다.[54] 이는 미국 청중들이 기꺼이 지지할 포부였다. 교회는 다른 고백적 공동체에게 거부된 법적 특권을 추구해서는 안 되지만 자치 능력에 대한 법적 억압을 용인해서도 안 된다. 여기에서 카이퍼는 국가가 "진정한 종교"를 보호하고 심지어는 강제하며 경쟁적인 신앙 전통들을 반대하고 심지어 박해해야 한다는 중세 사상을 옹호했던 칼뱅과 초기 칼뱅주의 전통의 대세로부터 명백히 거리를 두었다.[55]

그렇지만 국가는 필연적으로 종교와 상호 작용을 해야 한다. 따라서 그것을 어떻게 해야 할지에 관한 몇 가지 기본 규칙이 필요하다. 카이퍼는 종교에 대한 국가의 의무를 세 가지로 규정했다. 첫 번째,

---

Church, a Holy Nation: Abraham Kuyper's Public Theology (Grand Rapids, MI: Eerdmans, 2001), 303-50.

54 Kuyper, *Lectures on Calvinism*, 99. 카이퍼, 『아브라함 카이퍼의 칼빈주의 강연』, 173.

55 Kuyper, *Lectures on Calvinism*, 99-101. 카이퍼는 <칼뱅주의와 정치>에서 이 관습은 교회의 기구적 형태는 단 하나여야 한다는 견해로부터 직접 나온 것이며, 일단 그 견해가 포기되면 모든 교회들을 위한 자유가 따라 나온다고 주장한다 (101, 『아브라함 카이퍼의 칼빈주의 강연』, 176). 그는 또한 종교적 통일성이 깨져 흩어지는 것은 "자연스러운" 것이라고 주장했다 (105, 『아브라함 카이퍼의 칼빈주의 강연』, 183). 이는 별로 설득력 있는 주장이 아니다. 그는 다른 곳에서 종교의 자유와 다원주의에 대한 조금 더 나은 변호를 제시한다. 네덜란드가 이미 17세기에 상대적으로 다른 유럽 국가들에 앞서 종교적 관용이 있던 나라였음을 주장한 점 또한 옳았다. 그는 영어권에서 종교적 관용의 첫 강력한 사례가 급진적 17세기 영어를 사용하던 아메리카대륙의 청교도 로저 윌리엄스(Roger Williams)였다는 것을 지적했을 수도 있었을 것이다.

국가는 우선 교회를 향해 아무것도 하지 않아야 한다. 무엇이 참된 교회인지에 대한 견해를 갖는 일을 삼가고, 모든 교회가 존재하고 그 메시지를 공개적으로 선포할 동등한 법적 자유를 허락해야 한다. 이는 국가 자체가 종교의 진리에 접근할 수 없으며 (그런 진리는 하나님께서 국가에 주신 명령 너머에 있다) 무엇이 참된 종교인지를 규정하는 것은 오직 그리스도만이 다스리시는 교회의 영역주권을 침해할 것이기 때문이다.[56] 두 번째, 국가는 개인을 향해서 두 가지 의미에서 양심의 자유를 지지해야 한다. (1) 공적 영역에서 그런 자유가 "모든 인간의 기본적이며 양도할 수 없는 권리"[57]이기 때문이다. (2) 필요한 경우, 교회가 사람들이 그 양심에 반하여 교회 안에 남도록 강요하거나, 교회를 떠나는 사람들에게 정치적으로 불이익을 주려고 하지 않도록 해야 한다. 국가의 관점에서 교회는 신자들이 법적으로 자유롭고 가입하고 마음대로 떠나는 자발적인 협회로 취급되어야 한다.

국가의 이 두 의무는 북미 그리스도인들에게 즉각적인 반향을 일으킬 것이다. 그리고 그것은 카이퍼에게 도움받은 이들에 의해 강력히 옹호되어 왔다. 실제로 카이퍼주의자들은 이 의무의 범위를 기독교 이외의 종교들과 세속적 신앙을 가진 자들에게 기꺼이 확장하려고 힘썼던 다른 그리스도인과 합동했다. 북미 카이퍼주의자들은 국

---

56 Kuyper, *Lectures on Calvinism*, 105. 카이퍼, 『아브라함 카이퍼의 칼빈주의 강연』, 183.

57 Kuyper, *Lectures on Calvinism*, 108. 카이퍼, 『아브라함 카이퍼의 칼빈주의 강연』, 187.

가의 종교적 공정성 원칙의 열렬한 옹호자들이었다.[58] 이는 정부의 **도덕적 중립성**을 뜻하지 않는다. 카이퍼 자신이 그것이 불가능하다고 보았다. 그것은 오히려 국가가 종교적이고 세속적인 일 모두에서 다양한 신앙공동체를 공정하고 공평하게 대우하는 자세를 말한다. 20세기 네덜란드의 카이퍼 후계자들은 그 원칙이 과거 네덜란드 식민지나 다른 무슬림 국가들에서 온 많은 무슬림에게도 확대해야 한다고 보는 것에 별다른 문제를 느끼지 않았다. 그들은 또한 네덜란드가 카이퍼가 이해했던 의미에서 볼 때보다 점점 덜 기독교적인 나라라는 점을 인식했다. 그들은 암시적으로 국가의 종교적 공정성 원칙은 공공 정책 - 예를 들어 유대인 학교, 이슬람 은행 또는 불교 건강관리협회 등과 같은 신앙 기반의 조직체들 - 에 대한 공평한 대우를 의미한다고 결론지었다. 그런 사상은 많은 북미 카이퍼주의자들(그리고 물론 다른 이들)에 의해서 채택되었다.

그러나 카이퍼는 또한 우리의 귀에 처음 두 가지 의무와 긴장 관계에 있는 것처럼 보일 국가의 세 번째 임무, 즉 하나님을 향한 국가의 임무를 제안한다. (사실 이 의무로 강의를 시작했다.) 국가는 반드시 하나님을 "최고 통치자"로 인정해야 하며 "하나님의 규례를 따라" 통치해야 한다. 예를 들면 신성모독을 금지하고, 헌법에서 하나님의 이

---

58 카이퍼주의적인 고백적 다원주의에 대한 동정적 비판은 다음을 참고하라. James K. A. Smith, "The City of God and the City We're In: Augustinian Principles for Public Participation," chap. 7 in *Awaiting the King: Reforming Public Theology* (Grand Rapids, MI: Baker Academic, 2017), 209-24.

름을 고백하고[59], 안식일을 보호하고, 기도와 감사의 날을 선포하고, "하나님의 복"을 구하는 것을 포함한다.[60] 이것은 마치 기독교 왕국으로의 회귀처럼 들린다.[61] 분명히 이 의무들 대부분이 미국 수정헌법 제1조 국교 금지조항에 의해 배제될 것으로 보인다. 여기서 대부분의 북미 카이퍼주의자들은 국가가 하나님께 지는 명시적인 의무와 같은 것을 거부한다고 말하는 것으로 충분할 것이다. 이는 고백적 다원주의의 기본적인 취지에 어긋나기 때문이다.[62]

카이퍼는 여기에 중요한 제한을 하나 덧붙였다. 하나님이 국가에서 존중되는 주된 방법은 하나님에 대한 공식적인 인정이나 교회에 조언을 구하는 것이 아니라, 국가에 대한 하나님의 뜻에 관해 각자의 양심적 판단에 이르고자 애쓰는 공직자 개개인을 통하는 것이다.[63] 국가는 오직 "기독교적 원리가 요구하는 바에 대한 그들의 개인적 통

---

59 여담이지만 캐나다가 1982년 헌법 전문에서 그렇게 하고 있다. 그러나 한 수석 판사는 1999년에 그것을 "죽은 문구"라고 선언했다.

60 Kuyper, *Lectures on Calvinism*, 103. 카이퍼, 『아브라함 카이퍼의 칼빈주의 강연』, 180.

61 그러나 카이퍼는 신성모독법을 부과할 의무를 조심스레 규정한다. 그 법은 옹호하는 종교적 진리에 대한 어떤 견해를 취하지 않으며 신성모독에 함축된 "국법의 토대에 대한 공격"만을 방어할 것이다(Kuyper, *Lectures on Calvinism*, 103, 카이퍼, 『아브라함 카이퍼의 칼빈주의 강연』, 181). 세속적 인본주의자들은 이 점에 설득되지 않았다.

62 그런 "의무들"은 국가가 종교적 진리에 접근할 수 없으며 무신론자들을 포함하여 모든 고백적 공동체들을 똑같이 대해야 한다는 카이퍼의 사상에 배치되는 것처럼 보인다.

63 Kuyper, *Lectures on Calvinism*, 104. 카이퍼, 『아브라함 카이퍼의 칼빈주의 강연』, 182.

찰에 힘입어"⁶⁴ 기독교적 방식으로 통치될 수 있다.

그 제한은 북미의 카이퍼 추종자 대다수가 이미 알고 있던 것을 확인시키는 데 도움이 되었다. 그들은 카이퍼가 말한 "하나님에 대한 국가의 공식적 의무"를 없앴을 뿐만 아니라, 공적 양심을 통해 통치하는 하나님에 대한 카이퍼의 주장을 신앙을 가진 모든 시민에게 확대함으로써 민주화했다. 북미의 카이퍼 추종자들은 고백적 다원주의 아래서 국가에 대한 기독교의 영향력은 오로지 개인 기독교 시민들과 그들의 조직체들의 양심에 따른 민주적 활동과 더불어 공직자의 그런 활동을 통해서만 흘러 들어갈 수 있다고 주장했다. 그러므로 그들은 기독교나 하나님에 대한 어떤 형태의 국가의 공식적인 승인을 주장하는 그리스도인들에게 반대해왔다.⁶⁵

나는 시민과 그들의 조직체들을 언급했다. 카이퍼의 공공신학은 삶의 다양한 영역에서 여러 새로운 기독교 조직의 창설에 영감을 주었다. 편집자들은 서문에서 카이퍼의 세계관이 "천 개의 기독교 기관을 출범시킨 세계관"이라고 제안한다. 정확히 계산을 해보지 않았으나 분명히 북미에는 어느 정도 카이퍼의 비전에 기반을 둔 수많은 기관들을 식별해 낼 수 있다. 그중 대부분은 교육 기관이다. 또 카이퍼

---

64 Kuyper, *Lectures on Calvinism*, 104. 카이퍼, 『아브라함 카이퍼의 칼빈주의 강연』, 182.

65 다음 책에 카이퍼주의적 다원주의가 다양한 "기독교 국가" 입장들과 대조되어 있다. Gary Scott Smith, ed., *God and Politics: Four Views of the Reformation of Civil Government* (Phillipsburg, NJ: P&R Publishing, 1989).

의 영향이 대서양을 건너오기 전부터 존재했지만 이후 그의 생각에 의해 형성된 많은 것들도 있다(예를 들면 칼빈대학교가 그러하다). 부분적으로 카이퍼의 영향을 받아 미국과 캐나다에 기독교 학교 연합과 대학 연합이 형성되었다. 교육을 넘어서는 시도들도 나타났다. 캐나다에서는 카이퍼 추종자들(대부분 전후 네덜란드 이민자들)이 노사관계 분야에 노동과 경제에 대한 기독교 관점을 가져올 목적으로 1952년에 캐나다 기독교 노동 협회(CLAC, Christian Labour Association of Canada)를 설립했다. 지금 이 단체는 다양한 산업 및 서비스 분야에 걸쳐 6만 명의 근로자를 대표한다.[66] 또한 같은 공동체에서 농업 분야에 기독교적 지혜의 적용을 목표로 하는 온타리오주 기독교 농민 연맹이 탄생해 현재 4천 명의 농부를 대표한다.[67]

카이퍼주의자들은 또한 다수의 중요한 정치 조직을 만들어냈다. 캐나다에서는 공공의 정의를 위한 시민들(CPJ, Citizens for Public Justice)이 회원에게 정치 교육 자료를 제공하기 위해 1963년에 설립되었다.[68] 처음에는 정의와 자유를 위한 위원회였던 이 조직은 주로

---

66 "CLAC: Better Together," CLAC, accessed April 6, 2020, www.clac.ca/. 참고. Edward Vanderkloet, ed., *A Christian Union in Labour's Wasteland* (Toronto: Wedge Publishing, 1978).

67 "Christian Farmers Federation of Ontario," Christian Farmers Federation of Ontario, accessed April 6, 2020, www.christianfarmers.org/.

68 "Citizens for Public Justice," Citizens for Public Justice, accessed April 6, 2020, https://cpj.ca/. 참고. Gerald Vandezande, *Justice, Not Just Us: Faith Perspectives and National Priorities*, ed. Mark R. Vander Vennen (Toronto: Public Justice Resource Centre, 1999).

기독교 학교들의 권리와 (공적 인정을 받기 위해 세속적 기득권층에 맞서 길고 힘든 싸움을 해야 했던) 신생 CLAC의 권리를 보호하는 일에 관심을 기울였다. 나중에는 아동 빈곤, 노숙자, 원주민의 권리 같은 정의의 다른 주요 문제에 대해 정부를 상대로 로비하기 위해 임무를 확대했다. 1990년대 후반 CLAC 자체 내에서 태동되어 나중에 Cardus로 개명된 노동 연구 재단은 아마 캐나다에서 가장 영향력 있는 기독교 싱크탱크가 되었으며 그 활동을 통해 미국에서도 점점 더 잘 알려졌다. (이 조직의) 내부 간행물인 「논평」(Comment)이라는 잡지는 현대의 광범위한 문제들에 대한 문화적·정치적 논쟁에 기독교적 관점을 제공하는 선도적인 기여가 되어, 카이퍼주의 전통 안팎의 저자들을 끌어들이고 있다.[69]

미국에서는 현재 공적 정의를 위한 센터(CPJ, Center for Public Justice)로 명명된 기관이 1977년에 출범했다.[70] 그것은 워싱턴 D.C.에 기반을 두고 있으며, 공공 문제에 대한 카이퍼주의 접근에 대해 폭넓게 출판을 해온 정치사상가 제임스 스킬런(James Skillen)이 여러 해 동안 주도했다.[71] CPJ는 신앙에 기반을 둔 학교 및 기타 사회

---

69 "Comment Magazine," Cardus, accessed April 6, 2020, www.cardus.ca/comment/.

70 "The Center for Public Justice," Center for Public Justice, accessed April 6, 2020, www.cpjustice.org.

71 위에서 언급되었던 그의 책들 외에도 다음의 것들도 참고하라. James Skillen, *The Good of Politics: A Biblical, Historical, and Contemporary Introduction* (Grand Rapids, MI: Baker Academic, 2014); and *With or Against the World? America's Role Among the Nations* (Lanham, MD: Rowman &

조직의 종교적 자유, (비례 대표를 통한) 공정한 정치적 대표성, 복지 개혁 및 가족 정책, 이민 개혁 등을 포함한 광범위한 문제에 대해 교육하고 조언하고 로비 활동을 해왔다.[72]

이 조직들은 모두 구조적 다원주의와 고백적 다원주의에 대한 헌신에 기초해 설립되었다(살펴본 대로 초기에 설립 동기를 부여한 것은 후자였다). 때때로 특정 문제에 초점을 맞추었지만 의도적으로 단일 문제를 다루는 조직체로 출발하지 않고 원래 카이퍼 자신에게서 영감을 받은 더욱 넓고 통합된 기독교 정치 비전을 나타내려고 했다. 이 조직들은 자원과 직원이 적었음에도, 자신들의 고유한 길을 개척하며 지배적인 세속 이데올로기나 정당에 흡수되는 것을 저항하는, 종종 독특하고 신뢰할 수 있는 기독교 정치 참여의 개척자로 여겨진다. 오늘날 이 조직들은 서로 다른 신학적이며 세속적 관점으로 형성된 다른 많은 동종 조직들과 함께 일하고 있다.[73]

Littlefield, 2005).

72 CPJ의 잡지인 「공적 정의 평론」(*Public Justice Review*)가 다뤄온 이슈들의 범위를 보려면 다음을 참고하라. "Public Justice Review: A publication of the Center for Public Justice," Center for Public Justice, accessed April 6, 2020, www.cpjustice.org/public/public_justice_review. 복지에 관한 참고. Stanley Carlson-Thies and James W. Skillen, eds., *Welfare in America: Christian Perspectives on a Policy in Crisis* (Grand Rapids, MI: Eerdmans, 1996).

73 게다가 카이퍼의 비전에 의해 형성된 많은 개인이 또한 신앙을 기반으로 하거나 세속적인 다양한 조직체들 속에서 일하고 있으며, 일부는 정치적 직무 또는 정부의 다양한 위치에서 공직에 종사하고 있다.

우리는 무엇을 해야 하는가?

카이퍼의 유산을 평가하는 한 방법은 그의 사상이 알맞게 재구성되어 내가 첫 부분에서 언급한 북미의 사회적 분열의 두 가지 근본 원인에 어떤 빛을 비춰줄 수 있는지를 묻는 것이다. 나는 고백적 다원주의가 우리의 충돌하는 공적 정체성들에 대해 이해할 유망한 방법을 가리키지만, 구조적 다원주의는 그 사회를 황폐하게 만드는 깊은 경제적 불평등을 분석할 길을 제시한다고 제안하려 한다.

공공 영역에서 서로 다른 정체성 사이의 갈등이 증가하면서, 시민들이 자신을 미국인이나 캐나다인 등으로 통합하는 것보다 자신을 동료 시민과 구별하는 것으로 먼저 정의하는 정체성 정치가 생겨나고 있다.

우리는 현재 공적으로 인정받기 위해 각축을 벌이고 있는 세 범주의 정체성을 구분할 수 있다. 첫 번째는 (각각 자체 내부에 다양성을 가진) 기독교, 유대교, 이슬람, 또는 불교 같은 정통적 종교다. 이민은 전에 이질적인 것으로 여겨졌던 새로운 형태의 신앙들(나이지리아 오순절주의, 히스패닉 로마 가톨릭, 아랍 이슬람교)을 북미 해안으로 가져와 종교적 다양성을 날마다 증가시키고 있다. 두 번째는 세속적 인본주의, 급진 포스트모더니즘, 급진 생태주의[74]와 같은 세속적 신앙들이다. 이 신앙들은 점점 더 오랜 기간 전통 종교에 주어졌던 것과 동일

---

74 이는 인간이 자연의 여러 종(種)들 중 하나일 뿐이라는 신앙이다.

한 평등한 대우를 주장하고 있다. 세 번째는 젠더와 인종, 민족성, 성적 지향, 또는 장애와 같은 주어진 특성의 집단을 포함한다. 이들 가운데 일부는 이미 상당한 법적 보호를 확보했으며, 다른 옹호자들은 이를 위해 적극적으로 캠페인을 벌이고 있다.

정체성의 갈등은 새로운 것이 아니다. 인종, 민족, 종교를 둘러싼 격렬한 충돌은 미국과 캐나다의 건국만큼 오래되었다. 그런데 새로운 형태의 정체성들이 계속 등장하고 있다. 게다가 그 정체성들은 유색 인종들이 인종 차별과 경제적 소외를 함께 겪는 경우처럼 당혹스럽고 험악한 정체성 풍경을 만들어내며 점점 더 교차하고 있다. 경쟁하는 정체성들이 공적 영역에서 각기 고유한 주장을 하면서, 모두에게 정의를 증진하기 위한 정부의 임무는 점점 더 복잡해진다. 나는 카이퍼의 유산이 이 문제에 대해 말하기 위해 어떻게 활용될 수 있는지에 대해 세 가지 의견을 제시한다.

첫 번째, 19세기 네덜란드에서 카이퍼가 고백적 다원주의를 옹호한 배후에 있는 비전은 고백적 다원주의의 전진을 막거나 이미 존재하는 곳에서 이것을 되돌리려는 세속적 자유주의의 계속되는 시도에 직면하여, 북미 전역에서 광범위한 노력을 여전히 요구한다. 여기에는 개인과 기관의 종교 자유의 강력하고 포괄적인 주장을 옹호하는 일이 포함될 것이다. 신앙에 근거한 주장들이 자유민주주의와 양립할 수 없다고 하거나, 신앙에 근거한 조직들이 진정한 공공 서비스를 제공할 수 없다는 거짓 주장에 반박하는 일도 필요할 것이다. 여기에는 논쟁과 예시를 통해 신앙을 가진 시민들이 공적 삶에 가치 있는 기여를 할 수 있고 또 하고 있음을 보여주는 것이 포함될 것이다. 한편으로 그리스도인의 기여가 건설적이고 그것이 타인의 권리나 공익을 고려하지 않고 행해지는 매우 협소한 정체성 주장이 아니란 것을 확신하도록 그리스도인을 훈련하는 것도 포함된다.[75]

두 번째, 카이퍼가 **다원주의**를 통해 의미했던 것이 확장되어야 한다. 그것은 카이퍼 자신조차도 충분히 인식하지 못했고 북미 추종자 일부가 더디게 인정했거나 인정하기를 꺼려 했던 정체성을 고려하는 것이다. 예를 들어 리처드 마우(Richard Mouw)와 산더 흐리피윤(Sander Griffioen)은 구조적 다원주의와 고백적 다원주의와 함께 세 번째 범주, 즉 **상황적** 다원주의를 추가할 것을 제안한다. 이것은 다른 두 가지 유형을 형성하며 공적 인정이 필요할 수 있는 특정 문화적

---

75 예를 들어 이 주제들에 관한 다음의 책들이 직간접적으로 카이퍼주의 개념들로부터 영감을 얻었음을 참고하라. John Inazu, *Confident Pluralism: Surviving and Thriving Through Deep Difference* (Chicago: University of Chicago Press, 2016); Stephen V. Monsma and Stanley W. Carlson-Thies, *Free to Serve: Protecting the Religious Freedom of Faith-Based Organizations* (Grand Rapids, MI: Brazos Press, 2015); Stephen V. Monsma, *Pluralism and Freedom: Faith-Based Organizations in a Democratic Society* (Lanham, MD: Rowman & Littlefield, 2012); Dave Donaldson and Stanley Carlson-Thies, *A Revolution of Compassion: Faith-Based Groups as Full Partners in Fighting America's Social Problems* (Grand Rapids, MI: Baker Books, 2003); Charles L. Glenn, *The Ambiguous Embrace: Government and Faith-Based Schools and Social Agencies* (Princeton, NJ: Princeton University Press, 2000); Stephen V. Monsma and J. Christopher Soper, eds., *Equal Treatment of Religion in a Pluralistic Society* (Grand Rapids, MI: Eerdmans, 1998); Stephen V. Monsma, *Positive Neutrality: Letting Religious Freedom Ring* (Grand Rapids, MI: Baker Books, 1993).

(또는 민족적) 특성을 주목하게 한다.[76] 유럽과 북미 모두에서 기독교인들이 직면하는 한 핵심 과제는 이 개념을 다문화주의에 대한 긍정적이면서 비판적인 기독교적 설명으로 발전시키는 것이다. (모든 민족성과 문화가 죄로 오염되었으므로) 이것은 모든 형태의 민족적 또는 문화적 차이를 미화하는 것이 아니라 정치 영역에서 차별이나 배제로 위협받을 때, 특정 문화 또는 민족적 주장을 존중하는 것을 목표로 한 공공 정책 접근 방식으로 이해해야 한다.[77] 국가가 그런 문화적 다양성에 공정할 수 있는 길 하나가 단순히 구조적 다원주의를 존중하는 것임을 주목할 가치가 있다. 예를 들어, (히스패닉 이민자들이 사업을 시작하는 것을 돕기 위해 고안된 사회적 기업과 같은) 민족 협회가 인정을 받기 위해서나 자금 지원을 목적으로 다른 자발적 협회와 동등한 대우를 받는 경우, 그 협회는 나름의 고유한 목적을 가진 독특한 구조로서 존중을 받는 것이다. 그런 협회는 경제적 불평등을 완화하는 것에도 작은 기여를 할 것이다.

세 번째, 카이퍼의 개념은 위에서 언급된 세 번째 종류의 정체성 일부(나는 이제까지 문화와 민족에 대해 논했다)를 상세히 구획하고 대응하는 일을 도와주는 한편, 다른 이들에게 해야 할 많은 일들을 우리에

---

76 Richard J. Mouw and Sander Griffioen, *Pluralisms and Horizons: An Essay in Christian Public Philosophy* (Grand Rapids, MI: Eerdmans, 1993). 이들은 구조적 다원주의와 고백적 다원주의 대신에 유대적 다원주의와 방향적 다원주의를 거론한다.

77 참고. Jonathan Chaplin, *Multiculturalism: A Christian Retrieval* (London: Theos, 2011); Matthew Kaemingk, *Christian Hospitality and Muslim Immigration in an Age of Fear* (Grand Rapids, MI: Eerdmans, 2018).

게 남겨준다. 대부분은 주어진 것이지만 젠더 정체성이나 심지어 인종 같은 일부 정체성들은 점점 더 (문제적으로) 선택된 것으로 간주되고 있다. 그것들은 또한 매우 다른 종류의 공적 대우를 의미할 수 있다. 두 가지 예를 고려해 보자. (1) 장애 청구는 장애인이 경험하는 배제를 극복하기 위한 신체적, 재정적 지원과 관련된다. 이 중 일부는 국가가 담당하고 다른 것은 비정부 공급자가 제공할 수 있다. 그러나 그들은 또한 국가가 해결할 수 없는 뿌리 깊은 사회적 편견도 극복해야 한다. (2) LGBT[성소수자 가운데 레즈비언, 게이, 양성애자, 트랜스젠더를 합하여 부르는 단어—역자 주]가 제기하는 차별금지 주장은 가장 먼저 고용과 주거 등의 영역에서 평등한 법적 권리의 보호를 요구한다. 그러나 그러한 권리는 예를 들어, 전통적 종교인들의 종교적 자유 주장과 공정하게 균형을 이룰 필요가 있다. 이 복잡한 질문은 기독교인에게 많은 힘들고 새로운 작업을 요구한다.[78]

여기서 사회 구조보다 인간 본성에 대한 근본적인 질문에 대해 이야기하고 있기 때문에 영역주권의 용도가 제한될 수밖에 없음이 즉시 분명해진다. 카이퍼와 북미의 많은 그의 첫 상속자들은 급진적 개인주의와 생명 공학의 발전에 직면하여 지금 급속히 무너지고 있는 인간 본성에 대해 널리 공유된 기독교-인문주의적 이해를 당연하게

---

78 예를 들어 다음을 참고하라. Stephanie Summers, ed., "Fairness for All: Does Supporting Religious Freedom Require Opposition to LGBT Civil Rights?," *Public Justice Review* 9, no. 3 (2019), www.cpjustice.org/public/public_justice_review/volume/9-3.

여겼다. 그것은 기독교 문화 활동이 직면한 주요 도전이다. 여기서 해야 할 일은 인간을 몸을 가진, 관계적이며, 공동체적이며, 의존적이지만 능력을 가진 존재로 보는 강력한 비전을 분명히 제시하여, 하나님의 형상으로 지어진 인간의 존엄성을 박탈하는 환원주의 견해에 반대하는 것이다. 기독교 정치 활동이 직면한 주요 도전 하나는 진정으로 공적 인정이나 보호를 받을 가치가 있는 종류의 정체성에 대한 점점 더 신랄해지고 있는 논쟁 속으로 들어가는 것이다. 국가는 단순히 주관적인 정체성 주장을 따를 수 없으며 정의가 요구하는 민주적 합의를 찾아야 한다. 이와 같은 합의에 도달하는 것이 고백적 다양성의 확장으로 인해 정의의 의미 자체가 심각하게 논란이 되고 있어서 훨씬 더 어려워진다. 오늘날엔 그런 문제에 대해 건설적인 공개 토론을 시작하는 것조차 힘든 작업이다. 그러나 그리스도인들은 그것에서 물러서지 말아야 한다.

따라서 고백적 다원주의는 정체성 정치의 도전과 씨름하는 방법을 제안할 수 있지만 쉬운 해결책을 약속하지는 않는다. 이제 나는 구조적 다원주의가 심각한 경제적 불평등의 도전을 해결하는 데 도움이 될 수 있음을 제안하려 한다. 이 질문은 (미국인들이 부르는 것처럼) 보수주의자와 진보주의자 사이의 극단적이고 무익한 경쟁에 의해 지배되었다. 보수주의자들은 종종 정부 규제가 최소화되고 시장이 자체의 원리에 따라 자유롭게 작동할 때 경제가 가장 효율적이고 생산적이라고 주장한다. 불평등은 부를 창출하도록 시장을 자유롭게 함으로써 가장 잘 해소된다. 자유주의자들은 정부가 시장을 착취나 기업의 실패로부터 막아내고, 투자를 지원하고 개입주의 재정 및 통화 정책을 채택하지 않으면 효율성이나 생산성을 안정적으로 제공하지 못한다고 반박한다. 불평등은 경제를 적극적으로 관리하고 그 열매를 경제적으로 소외된 사람들에게 분배함으로써 가장 잘 해소된다.

각 사회의 번영을 위해 특정한 형태의 서비스를 제공하는 다양한 사회 기관들에 대한 카이퍼의 풍부한 설명은 시장과 국가 사이의 단순한 생각의 대치를 헤치고 나간다. 그는 독립적 사고를 가진 그리스도인이라면 단순히 자신을 이렇게 협소한 의미의 보수나 진보로 자신을 규정할 수 없다는 것을 보여주었다. 그의 19세기 말의 맥락에서, 카이퍼 자신은 국가가 경제적 불평등을 줄이는 데 주도적인 역할을 할 수 있거나 해야 한다고 생각하지 않았다. 우리는 이 지점에 대한 그의 제한된 기대를 바로잡을 필요가 있다.[79] 그러나 그의 더 큰 정치 이론은 우리가 시장이라고 부르는 것이 사실 경제 활동의 열매가 공정하게 향유되기 위해 책임감 있게 행동해야 하는 기업과 소비자의 매우 복잡한 네트워크라는 것을 이해하는 데 도움을 준다. 예를 들어, 기업은 일자리 창출, 훈련 제공, 정당한 고용 및 거래 관행 참여 등 다양한 방법으로 경제적 불평등을 해결하는 데 도움을 줄 수 있다. 노동조합은 노동자 연대를 구축하고 정당한 노동자의 이익을 강력히 대표함으로써 이에 기여할 수 있다. 소비자 또한 책임감 있게 생산되고 공정하게 거래되는 제품을 선택하고 과도하게 소비하지 않으며 이웃

---

[79] 예를 들어 이 점을 제외하면 매우 강력한 그의 『빈곤의 문제』(*The Problem of Poverty*)라는 글을 참고하라.

이 의존하는 지역 생산자 및 소매업체에 계속 충성함으로써 이에 기여할 수 있다.

그런데 국가에는 독특하고 잠재적으로 광범위한 책임이 있다. 미국과 같은 소위 자유 시장 경제에서도 시장은 이미 법에 의해 광범위하게 규제되고 있으며 반드시 그렇다. 시장의 범위와 기능은 실제로 경제 교환의 매개변수를 설정하는 국가에 의해 구성된다. 그리고 정당한 경제 활동을 촉진하는 조건을 설정하고 공정하게 규제된 시장조차도 필연적으로 발생하는 심각한 불평등을 보상하는 데 도움을 주는 것이 국가의 고유한 임무다. 독점력을 해체하고, 착취적 기업을 억제하며, (불공정 경쟁에 노출된 부문일 수 있는) 취약한 사업 부문을 지원하고, 지속적으로 경제적 배제를 겪고 있는 사람들에게 최소한의 경제적 안정을 제공하는 조세 및 공공 지출 정책을 고안하거나 환경을 보호하기 위해 행동하는 것 등이 바로 그것이다. 이러한 모델에서 모든 경제 행위자들, 즉 개인, 가족 및 가구, 자발적 및 자선 단체, 기업, 은행, 국제 규제 기관을 포함한 모든 단계의 정부는 심각한 경제적 불평등을 시정하고, 경제적 배제와 착취를 해소하고 자연을 보호하며 사회의 모든 구성원이 책임 있는 경제생활을 하고 그 열매를 누릴 수 있도록 권한을 부여하는 방식으로 행동해야 하는 구별되면서도, 각 영역에 특화된 책임을 가진다.[80]

---

[80] 네덜란드에선 저명한 경제학자며 정치가인 밥 하웃츠바르트(Bob Goudzwaard)가 카이퍼주의에서 영감을 받은 경제학에 대한 강력한 접근법을 개척했다. 참고. Bob Goudzwaard, *Globalization and the Kingdom*

북미 기독교인들은 카이퍼식 통찰을 고백적 다원주의에 적용하는 데 상당한 진전을 이루었다. 하지만 여전히 그 분야에서 해야 할 일이 많다. 그러나 그들은 카이퍼의 구조적 다원주의 모델이 어떻게 우리 사회의 깊은 경제적 불의를 조명하고 이를 개선하기 위한 단계를 제안할 수 있는지에 대한 탐구를 이제 막 시작했을 뿐이다.

---

of God (Grand Rapids, MI: Baker Books, 2001); *Capitalism and Progress: A Diagnosis of Western Society* (Grand Rapids, MI: Eerdmans/Toronto: Wedge Publishing, 1979); Bob Goudzwaard and Harry de Lange, *Beyond Poverty and Affluence: Towards a Canadian Economy of Care* (Toronto: University of Toronto Press, 1994). 루올프 한(Roelf Haan)도 같은 기질로 작업한 네덜란드 경제학자이다. 참고. 북미에서는 칼빈대학교 교수였던 존 팀스트라(John Tiemstra)와 조지 몬스마(George Monsma), 에드먼턴의 킹대학교의 엘빌 보케스(Elwil Beukes) 같은 기독교 경제학자가 하웃츠바르트와 다른 카이퍼주의 사상가들의 작업을 활용했다. 참고. John Tiemstra, Stories Economists Tell (Eugene, OR: Pickwick Publications, 2012); and John Tiemstra, ed., Reforming Economics: Calvinist Studies on Methods and Institutions (Lewiston, NY: Edwin Mellen Press, 1990). 카이퍼주의 사상은 싱크 탱크인 Cardus의 다음과 같은 프로그램에 큰 영향을 미쳤다. 참고. "Work and Economics" program: "Work & Economics—Cardus," Cardus, accessed April 6, 2020, www.cardus.ca/research/work-economics/. 또한 Nicholas Wolterstorff, "Lima or Amsterdam: Liberation or Disclosure?" and "The Rich and the Poor," chaps. 3 and 4 in *Until Justice and Peace Embrace* (Grand Rapids, MI: Eerdmans, 1983), 42-68, 73-98; Lambert Zuidervaart, "Macrostructures and Societal Principles," in *Religion, Truth, and Social Transformation: Essays in Reformational Philosophy* (Montreal: McGill-Queens University Press, 2016), 252-76를 보라.

조나단 채플린
(Jonathan Chaplin, PhD, University of London)

카두스(Cardus)의 시니어 펠로우이고, 영국 싱크탱크 테오스(Theos) 준 펠로우이며, 케임브리지대학교 신학교수회 일원이다.
케임브리지 소재 커비 레잉 기독교윤리연구소의 소장을 역임했고, 토론토 기독교학문연구소 정치학 부교수로, 근작인 *Faith in Democracy: Framing a Politics of Deep Diversity* 외 다수의 저서와 논문이 있다.

〈발전을 위해 더 읽을거리들〉

Bacote, Vincent. *The Political Disciple: A Theology of Public Life*. (Grand Rapids, MI: Zondervan, 2015)
빈센트 바코트, 『정치적 제자도: 공적 삶을 위한 신학 원리』, 성석환 옮김 (서울: 새물결플러스, 2021)

Bratt, James D. *Abraham Kuyper: Modern Calvinist, Christian Democrat*. (Grand Rapids, MI: Eerdmans, 2013)

Chaplin, Jonathan. *Faith in Democracy: Framing a Politics of Deep Diversity*. (London: SCM, 2021)

Goudzwaard, Bob. *Capitalism and Progress: A Diagnosis of Western Society*. (Grand Rapids, MI: Eerdmans; Toronto: Wedge Publishing, 1979)

Hoang, Bethany H., and Kristen Deede Johnson. *The Justice Calling*. (Grand Rapids, MI: Brazos Press, 2017)

Inazu, John. *Confident Pluralism: Surviving and Thriving Through Deep Difference*. (Chicago: University of Chicago Press, 2016)

Kemeny, P. C., ed. *Church, State, and Public Justice: Five Views*. (Downers Grove, IL: InterVarsity Press, 2007)

Koyzis, David T. *Political Visions & Illusions: A Survey and Christian*

Critique of Contemporary Ideologies, 2nd edition. (Downers Grove, IL: InterVarsity Press, 2019)

Kuyper, Abraham. *The Problem of Poverty*. Edited by James W. Skillen. (Grand Rapids, MI: Baker Books, 1991)

Monsma, Stephen V., and Stanley W. Carlson-Thies. *Free to Serve: Protecting the Religious Freedom of Faith-Based Organizations*. (Grand Rapids, MI: Brazos Press, 2015)

Mouw, Richard J., and Sander Griffioen. *Pluralism and Horizons: An Essay in Christian Public Philosophy*. (Grand Rapids, MI: Eerdmans, 1993)
리처드 마우, 신더 흐리피운, 『다원주의들과 지평들』, 신국원 옮김(서울: IVP, 2021)

Skillen, James W. *The Good of Politics: A Biblical, Historical, and Contemporary Introduction*. (Grand Rapids, MI: Baker Academic, 2014)

4. 카이퍼와 과학
- 데보라 B. 하르스마

4. 카이퍼와 과학

데보라 B. 하르스마

어린 시절 나는 카이퍼에 대해 아는 것이 없었다. 나는 복음주의 전통의 좋은 교회에서 자랐다. 어른들은 모두 공부를 잘하라고 격려했고, 교회 친구 부모님들 중에는 수학 교수와 엔지니어가 있었다. 그래서 학교와 학문에 대한 관심이 신앙과 분리되어 있다고 생각하지 않았다. 하지만 이 전통은 전도를 강조했는데, 그 강조 방식 때문에 하나님을 온전히 따르려면 선교나 사역을 해야 한다는 인상을 내게 주었다. 어떻게 학문이 그것에 어울리는가?

내가 카이퍼 전통을 발견한 것은 1980년대 후반에 미네소타에 있는 벧엘칼리지(현재 벧엘대학교)에 입학해서였다. 그 용어가 사용되었는지 기억나지 않지만, 카이퍼 사상의 힘은 분명히 이 침례교 대학에 퍼졌다. 공립학교를 다녔던 터라 나는 강의 전에 각 기독교 교수들이

기도나 성경 읽는 것을 기뻐했다. 하지만 그 이상이었다. **신앙과 학문의 통합**이라는 문구가 복도와 학사과정에 울려 퍼졌다. 갑자기 믿음이 전에 없던 지적 수준에 이르렀다. 장 칼뱅의 "모든 진리는 하나님의 진리이다"라는 말을 들었을 때, 그것이 내 생각을 바꾸어 놓았다. 가능한 모든 영역을 공부하는 것에 대해 덜 염려하게 된 반면에 더 많은 자유를 느꼈다. "기독교적 세계관"에서 흘러나오듯이 역사, 물리학, 음악에 대해 생각하는 기독교적인 방식이 있다는 것을 발견했다. 학문이라는 분야가 그리스도인의 소명이 될 수 있다는 것도 배웠다. 과학은 하나님의 작품 자체를 연구하는 것이기 때문이다. 나는 결국 천문학자가 되어 은하계와 팽창하는 우주를 연구하고 있다.

카이퍼의 1898년 강연 〈칼뱅주의와 학문〉을 읽고 카이퍼 전통의 기원에 대해 배운 것은 칼빈칼리지(현재 칼빈대학교)의 교수가 되었을 때다.[1] 이 글에서는 그때 이후 수십 년간 기독교 천문학자로서의 나의 소명을 길러주고, 기독교 대학들과 기관들에 영향을 미친 이 강연의 요점을 요약할 것이다. 이 요점 중 그 어느 때보다 많은 내용이 21세기에 교회와 학문이 지배하는 문화를 위해 적절하다.

---

[1] Abraham Kuyper, *Lectures on Calvinism* (1931; repr., Grand Rapids, MI: Eerdmans, 1999), 110-41. 카이퍼, 『아브라함 카이퍼의 칼빈주의 강연』, 192-247. 이 글은 카이퍼의 1898년 프린스턴 강연에 초점을 맞출 것이다. 하지만 때때로 1905년에 출판된 『학문과 예술에서 일반 은총』(*Common Grace in Science and Art*)도 언급할 것이다. 최근 번역은 다음을 참고하라. *Wisdom and Wonder: Common Grace in Science and Art*, ed. Jordan J. Ballor and Stephen J. Grabill, trans. Nelson D. Kloosterman (Grand Rapids, MI: Christian's Library Press, 2011).

카이퍼는 무슨 이야기를 했는가?

칼빈대학교에서 물리학과 천문학을 가르쳤던 여러 해 동안, 나는 모든 학사 과정에 기독교적 관점을 도입하는 책임을 즐겁게 감당했다. 나는 여기서 학생들에게 하듯 오늘날까지 지속되는 요점에 초점을 맞추어 용어를 새롭게 하고 개요를 바꿔가며 카이퍼의 강연의 보석을 제시할 것이다. 카이퍼는 강연의 많은 부분을 기독교의 다른 전통에 반대하여 칼뱅주의에 대한 논증으로 구성한 반면에 다른 글에서는 기독교로부터 넓게 추론했는데,[2] 나는 여기서 그 접근 방식을 따를 것이다. 진화론에 대한 카이퍼의 견해에 관한 논의는 글 후반부까지 연기할 것이다.

첫 번째, 몇 가지를 정의하자. 카이퍼는 **과학**이라는 단어를 영어에서 일반적으로 사용하는 것이나 심지어는 1898년의 영어와도 다르게 사용한다. 그는 그것을 천문학이나 의학 같은 자연과학뿐만 아니라 법학, 역사, 철학 등 모든 분야의 학문적 사고를 지칭하는 말로 사용한다. 나아가 이 단어는 학문의 목록 그 이상을 의미한다. 그는 **과학**을 모든 분야에서 "하나의 통합된 전체", 즉 "우주적 삶 전체의 통일성"[3]을 뜻하는 말로 사용한다. 그는 오늘날 우리가 큰 질문이라고 부

---

2 Abraham Kuyper, "Evolution," in *Abraham Kuyper: A Centennial Reader*, ed. James D. Bratt (Grand Rapids, MI: Eerdmans, 1998), 405-40.

3 Kuyper, *Lectures on Calvinism*, 113. 카이퍼, 『아브라함 카이퍼의 칼빈주의 강연』, 197.

를 "모든 사물의 기원, 연관성, 그리고 목적에 대한 질문"[4]에 대해 이야기한다. 이 책의 다른 글들이 여타 학문 분야를 다루기 때문에 나는 자연 과학(물리, 화학, 생물학, 천문학 등)에 집중하고 **과학**을 그것들을 지칭하는 데 쓸 것이다. 카이퍼의 더 큰 의미를 언급할 때 **학문**이라는 단어를 사용할 것이다.

그러나 **과학**조차도 자연과학의 많은 측면을 지칭할 수 있다. 나는 네 가지 측면을 구별하려 한다.

1. 과학의 전제들. 과학은 모든 과학자들이 공유하는 핵심 가정들에 기초한다. 이 가정에는 자연 세계에는 규칙적이고 반복 가능한 유형을 가지고 있고, 인간이 자연 세계를 조사할 능력이 있으며, 과학은 가치 있는 활동이라는 믿음이 포함된다. 이런 가정은 과학만으로는 증명될 수 없다.

2. 과학의 방법들. 과학은 합의된 행동과 방법에 따른 구조화된 인간 활동이다. 여기에는 관찰, 실험, 수학적 모델, 가설의 검증과 동료의 검토가 포함된다. 과학의 각 하위 분야는 각각의 영역에서 일관되고 유용한 결과를 제공하기 위해 고유한 특정 방법을 개발해왔다.

3. 과학의 발견들. 과학은 자연 세계에 대한 지식의 집합체다. 이 지식 체계에는 특정 관찰(예: 갈릴레오의 행성 운동 관찰)과 이런 관찰을 설명하기 위해 잘 검증된 모델(예를

---

4 Kuyper, *Lectures on Calvinism*, 113. 카이퍼, 『아브라함 카이퍼의 칼빈주의 강연』, 199.

들어 행성들이 지구가 아니라 태양을 공전하는 태양계의 태양 중심 모델)이 포함된다.

4. 과학의 함의들. 과학의 발견은 과학이 탐사하는 자연계를 훨씬 뛰어넘는 함의를 갖는다. 예를 들어 지구가 태양계의 중심이 아닌 경우, 그것은 우리의 성경 이해에 무엇을 의미하는가? 인간에게는 무슨 의미가 있는가? 태양 중심의 우주는 과학이 대답할 수 없는 더 큰 많은 질문을 일으켰다.

대부분의 사람들은 과학을 주로 지식의 집합체(3), 즉 학교와 자연 다큐멘터리에서 배우는 발견으로 생각한다. 그러나 대부분의 과학자들은 과학을 주로 과학을 하는 실천과 방법(2)이라고 생각한다. 카이퍼는 이 둘을 모두 뛰어넘어 과학의 전제(1)와 더 큰 의미(4)에 대해 깊이 있고 신중하게 생각하도록 돕는다.

그리스도께서 손수 만드신 작품을 연구하라는 부르심. 카이퍼의 첫 번째 요점은 기독교 세계관이 과학에 대한 사랑을 키운다는 것이다. 기독교는 학문 연구를 위한 "충동, 자극, 본능"으로 이끈다.[5] 과학자의 동기는 과학이 가진 전제의 중요한 부분이다. 우리는 과학을 해야 하는가? (또는 할 수 있는가?) 만일 할 수 있다면 왜 해야 하는가? 오늘날엔 과학의 가치가 명백해 보이지만 항상 그랬던 것은 아니다. 영들과 싸움을 하는 신들이 자연에 득실거리고 있다고 믿었던 초기 문

---

5 Kuyper, *Lectures on Calvinism*, 110. 카이퍼, 『아브라함 카이퍼의 칼빈주의 강연』, 193.

화에서는 자연에 대한 과학적 연구가 말도 안 되고 시간 낭비이거나 심지어는 신성모독처럼 보였다. 카이퍼는 중세 교회에서 천국 생활과 영원한 것의 추구가 너무 일방적이어서 교회에서는 "우주가 지평선 너머로 사라져 모든 관심은 다가올 삶의 전망에 집중"했다고 주장한다.[6] 우리도 오늘의 교회에서 그리스도인들이 과학을 소홀히 하거나 거부하는 도전을 보게 된다. 그리스도인 대부분은 일반적으로 과학에 대해 긍정적인 견해를 가지고 있지만,[7] 많은 사람들은 또한 종종 과학의 함의를 우려해[8] 일부 주요 과학적 발견을 거부한다.[9] 불행하게도 많은 과학자들은 교회가 과학을 거부했다고 믿는다.[10] 슬프게도

---

6   Kuyper, *Lectures on Calvinism*, 118. 카이퍼, 『아브라함 카이퍼의 칼빈주의 강연』, 205.

7   (미국) 복음주의 개신교인 중 48%는 과학과 종교가 협력할 수 있다고 믿고, 21%는 현실의 다른 측면을 언급하며, 31%만 갈등을 겪는다. Elaine Howard Ecklund and Christopher Scheitle, "Religious Communities, Science, Scientists, and Perceptions: A Comprehensive Survey," February 16, 2014, paper prepared for presentation at the Annual Meetings of the American Association for the Advancement of Science, www.aaas.org/sites/default/files/content_files/RU_AAASPresentation Notes_2014_0219%20%281%29.pdf.

8   "인간 진화에 대한 대중의 견해" Pew Research Center, December 30, 2013, www.pewforum.org/2013/12/30/publics-views-on-human-evolution/. 백인 복음주의자 중 27%만이 인간과 다른 생물이 시간의 흐름 속에 진화해 왔다는 데 동의하는 반면, 종교와 무관한 사람들 가운데는 78%가 동의한다. 흑인 개신교의 44%, 히스패닉 로마 가톨릭의 53%, 백인 로마 가톨릭의 68%, 백인 주류 개신교의 76% 등 다른 기독교 그룹은 인간이 진화했다는 것을 받아들일 가능성이 더 크다.

9   Elaine Howard Ecklund, *Religion vs. Science: What Religious People Really Think* (Oxford: Oxford University Press, 2018).

10 Elaine Howard Ecklund, *Science vs. Religion: What Scientists Really Think*

우리 젊은이들도 이런 인상을 받아들였다. 오늘날 교회에 다니는 십대의 49%가 "교회는 과학이 세상에 대해 말하는 것의 많은 부분을 거부하는 것 같다"라는 데 동의한다.[11]

카이퍼는 기독교적 세계관이 우리에게 과학을 하기 위한 적절한 전제를 제공한다고 주장한다. 하나님의 주권은 "온 우주의 실재와 사물들의 과정이 변덕이나 행운의 장난감이 아니라 질서의 확고함에 순종한다는 확실성"을 제공한다.[12] 우주는 스스로 또는 비인격적인 힘으로 생겨난 것이 아니다. 오히려 우주는 여전히 밀접하게 관여하고 있는 한 인격에 의해 창조되었다. 자연 세계 전체가 하나님에 의해 처음부터 확고한 의지와 명확한 계획으로 제정되었으며, 그의 뜻을 이루기 위해 계속 그의 통치를 받는다. 경이로운 우주, 생명이 번성하는 행성, 그의 형상대로 창조된 인간이 다 그렇다. 이 우주를 다스리시는 하나님의 신실하신 성품은 기독교인에게 우주가 변덕스러운 것이 아니라 "만물 가운데 확고함과 질서"가 있다는 확신을 준다.[13] 카이퍼는 강의 뒷부분에서 전제의 주제로 돌아올 것이지만, 처음부터 과학에 대한 기독교적 동기에 대해 명확하다. 기독교는 "세상에 대한 경

(Oxford: Oxford University Press, 2012).

11 Barna Group, *Gen Z: The Culture, Beliefs, and Motivations Shaping the Next Generation* (Ventura, CA: Barna Group, 2018), 71.

12 Kuyper, *Lectures on Calvinism*, 114. 카이퍼, 『아브라함 카이퍼의 칼빈주의 강연』, 200.

13 Kuyper, *Lectures on Calvinism*, 114. 카이퍼, 『아브라함 카이퍼의 칼빈주의 강연』, 200.

멸, 일시적인 것에 대한 무시, 세상적인 것에 대한 과소평가"로 이어지지 않는다.[14] 자연 세계 연구는 "영원한 것을 희생시켜 회복한 것이 아니라 하나님의 창조로서, 예술 작품으로서, 미덕의 계시로서 회복"할 수 있다.[15] 여기에 기독교인이 과학을 하는 궁극적인 동기가 있다. 그것은 하나님의 작품을 연구하고 하나님의 속성에 대해 더 많이 배우는 것이다.

카이퍼는 급히 창조에 대한 연구가 그리스도와 무관하지 않음을 분명히 한다. 그것은 도리어 그리스도에게서 흘러나온다. 과학과 신앙에 대한 논의는 너무 자주 단순한 유신론 논의로 축소되곤 했다. "신"이 무엇을 의미하는지에 대한 정의도 거의 내리지 않은 채, 신은 존재하는가? 설계자가 실제로 있는가? 같은 논의가 그것이다. 카이퍼는 그렇지 않았다! 그의 논의는 철저히 그리스도를 중심에 두었다. 카이퍼의 말 가운데 가장 유명한 하나가 영역주권에 대한 그의 1880년 연설에 나온다. "우리 인간 삶의 모든 영역에서 만유의 주재이신 그리스도께서 '나의 것이다'라고 외치지 않는 영역은 한 치도 없습니다."[16] 이 강의에서 카이퍼는 "천지의 창조자 전능하신 하나님 아버지

---

14 Kuyper, *Lectures on Calvinism*, 119-20. 카이퍼, 『아브라함 카이퍼의 칼빈주의 강연』, 210.

15 Kuyper, *Lectures on Calvinism*, 119-20. 카이퍼, 『아브라함 카이퍼의 칼빈주의 강연』, 210.

16 Abraham Kuyper, "Sphere Sovereignty," in *Abraham Kuyper: A Centennial Reader*, ed. James D. Bratt (Grand Rapids, MI: Eerdmans, 1998), 488. 카이퍼, 『아브라함 카이퍼의 영역주권』, 71.

를 빼고 오직 그리스도만을 신비롭게 예배하는 것"의 오류를 비판한다. "기독교를 오로지 구원론적으로만 이해하고, 그 우주론적 의미는 사라졌다고" 보는 이들에 대한 비판이다.[17] 그리스도의 우주론적 성격은 성경에 분명하다. 골로새서 1장 15-17절과 요한복음 1장 1-3절에서 그리스도는 만물의 한 부분이 아니라 전체의 창조주로 선포되고 있다. 그리스도는 또한 그의 구속에 있어서도 우주적이시다. "구속 사역의 목적은 몇몇 죄인들을 구원하는 것이 아니라 **세상**을 구속하고, 하늘과 땅에 있는 만물을 다시 하나의 머리 아래 회복하여 그 유기적 관계 속에 두는 것입니다."[18] 이것은 단순히 이지적 주장이 아니다. 카이퍼는 구속이란 우리의 삶을 주조하는 하나님 위엄의 깊은 인상에 압도될 때 우리가 그것을 영혼으로 이해하게 되는 광활하고도 우주적인 복음이라고 부연했다.[19]

카이퍼는 여기서 두 가지 아름다운 은유를 제공한다. 하나는 벨직 신앙고백(2조)[20]와 다른 곳에서 사용된 "두 권의 책"에 대한 은유다. 성경과 더불어 자연을 두 번째 "책"이라고 한 은유 말이다. 두 책 모두

---

17 Kuyper, *Lectures on Calvinism*, 118. 카이퍼, 『아브라함 카이퍼의 칼빈주의 강연』, 208.

18 Kuyper, *Lectures on Calvinism*, 119(강조는 원전). 카이퍼, 『아브라함 카이퍼의 칼빈주의 강연』, 208.

19 Kuyper, *Lectures on Calvinism*, 119. 카이퍼, 『아브라함 카이퍼의 칼빈주의 강연』, 209.

20 Guido de Bres, *The Belgic Confession*, 1561. 영어 번역본은 다음에서 찾아볼 수 있다. *Our Faith: Ecumenical Creeds, Reformed Confessions, and Other Resources* (Grand Rapids, MI: Faith Alive Christian Resources, 2013), 25-68.

하나님의 계시이며 하나님과 그분의 속성을 알 수 있는 수단이다. 다른 은유는 성경을 렌즈, 즉 자연 세계에 초점을 맞추고 자연에 계시된 거룩한 사상을 해석할 수 있게 해주는 안경에 비유한다. 두 은유는 자연이 단순한 "보조 자료"가 아니라 하나님 계시의 근본적인 부분임을 분명히 한다. 카이퍼는 1600년대의 설교자이자 폭넓은 지리학 지식으로 선원들에게 조언을 제공한 과학자였던 페트루스 플랑키우스(Petrus Plancius)의 이야기를 들려준다. "지구의 경도와 위도에 대한 연구는 그에게 그리스도의 사랑의 길이와 넓이에 대한 연구와 일치했습니다. 그는 하나님의 두 가지 사역, 즉 창조 사역과 그리스도 안에 있는 사역을 옹호했는데, 이 두 사역 중에 그는 자신의 영혼을 황홀하게 만든 주님의 능력을 경배했습니다."[21]

카이퍼는 학문의 모든 개별 영역이 그 자체로는 불완전하다는 점을 분명히 한다. 그는 "자연에 대한 연구"[22]와 "특수한 것에 대한 경험"[23]을 지지한다. 단 과학 자체를 넘어서는 더 큰 맥락에서 그리한다. 과학의 방법과 발견은 그 자체의 영역에서는 참으로 신뢰할 수 있고 강력하다. 하지만 삶의 큰 문제를 위한 과학의 광범위한 의미를 다룰 수 있는 과학의 능력은 삶의 큰 문제를 다루기에는 적합하지 않다. 자

---

21 Kuyper, *Lectures on Calvinism*, 120. 카이퍼, 『아브라함 카이퍼의 칼빈주의 강연』, 211-12.

22 Kuyper, *Lectures on Calvinism*, 114. 카이퍼, 『아브라함 카이퍼의 칼빈주의 강연』, 201.

23 Kuyper, *Lectures on Calvinism*, 115. 카이퍼, 『아브라함 카이퍼의 칼빈주의 강연』, 203.

연과학은 홀로 우리에게 의미를 부여하거나, 인격을 설명하거나, 윤리를 결정하거나, 하나님의 성품을 드러내 보여줄 수 없다. 카이퍼는 우리 모두가 모든 특정 분야들을 통일된 전체로 이끄는 더 높은 수준의 사고와 지식에 대해 갈증이 있다고 주장한다. 그는 우리를 그런 더 높은 질문에 대해 알 수 없다거나 알지 못하게 제한하는 이들이나 이 최고 형태의 지식에 대한 우리의 갈증이 결코 충족될 수 없다고 주장하는 사람들을 비방하며 이를 "정신적 파괴주의"[24]라고 불렀다. 최근 수십 년간 우리는 리처드 도킨스(Richard Dawkins)와 제리 코인(Jerry Coyne)과 같은 호전적 무신론 과학자들이 하는 새로운 종류의 파괴 행위를 목격했다. 이 무신론자들은 종교를 단순한 미신으로 조롱하며 과학의 방법과 발견을 최고 또는 아마도 유일하게 확실한 지식 형태로 높인다. 그때나 지금이나, 기독교만이 홀로 과학을 넘어 온전함에 대한 우리의 갈증을 충족해 줄 포괄적인 그림을 제공한다. 자연 세계, 인간 존재, 만물의 운명 등 만물에 대한 하나님의 주권은 "통일성, 확고함, 질서에 대한 압도적인 인상"과 "우주의 유기적 연관"에 대한 보증을 가져다준다.[25]

자연 세계를 하나님의 창조로 보는 것은 과학을 정당화하는 것 이상이다. 기독교는 우리가 하나님의 작품을 통해 그분을 알기를 요구

---

24 Kuyper, *Lectures on Calvinism*, 113. 카이퍼, 『아브라함 카이퍼의 칼빈주의 강연』, 199.

25 Kuyper, *Lectures on Calvinism*, 115. 카이퍼, 『아브라함 카이퍼의 칼빈주의 강연』, 203.

한다. "덕분에 자연에 전념하는 것이 허영에 빠져 넋 잃은 사람처럼 보인다는 모든 두려운 생각이 사라졌습니다. 사람들은 다음과 같은 사실들을 깨달았습니다. 하나님을 위한 것으로서 자연의 생명과 창조에 대한 우리의 통찰은 움츠러들 수 없고, …"[26] 이 비전은 결국 과학 추구가 내 믿음과 어떻게 조화되는지에 대한 내 어린 시절 질문에 대한 답을 주었다. 과학은 믿음을 산만하게 하거나 어떤 식으로건 신앙을 약화시키지 않는다. 오히려 전심전력하는 믿음의 중요한 부분이다. 그리스도를 따르는 것은 그리스도를 위해 한 번 결단하는 것 이상이다. 그것은 우리가 그 이후의 삶에서 어떻게 그분을 따르느냐와 관련된다. 카이퍼가 강의 뒷부분에서 주장하듯이, 우리가 영적 순례를 하고 있는 동안, 우리는 자연의 풍요로움이 우리 "인간 앞에, 그리고 인간 위아래"에서 펼쳐지고 있는 지구에서 수행해야 할 중요한 임무를 아직 가지고 있다. 이 "무한한 영역 전체"가 일할 곳이며, 우리는 이 일에 "열정과 자신감으로"[27] 자신을 헌신해야만 한다.

과학에 대한 독특한 기독교적 접근. 대학원에 진학하면서 새로운 질문이 떠올랐다. 과학을 하는 것이 내 기독교 신앙의 표현이라면 어떻게 내 주변의 비기독교 과학자들은 그렇게 위대한 과학을 할 수 있었을까? 나는 연구실에서 다양한 신앙을 가진 이들과 신앙이 없는 사

---

26 Kuyper, *Lectures on Calvinism*, 120-21. 카이퍼, 『아브라함 카이퍼의 칼빈주의 강연』, 212.

27 Kuyper, *Lectures on Calvinism*, 130. 카이퍼, 『아브라함 카이퍼의 칼빈주의 강연』, 228-29.

람들과도 함께 일했다. 하지만 우리 모두 같은 일을 했다. 수업 시간에 배웠고 컨퍼런스에서 귀 기울였던 위대한 과학자들은 분명히 나보다 똑똑했다! 예수 그리스도를 모르는 사람들에게서 그토록 많은 것을 배우는 것이 이상하게 느껴졌다.

카이퍼는 일반 은총에 대한 그의 가르침에서 이 문제를 직접적으로 다루었다. 그는 죄가 억제되지 않고 속박되지 않은 채로 두면 모든 것을 파괴할 것이라고 주장한다. 그 대신 하나님은 모든 사람에게 일반 은총을 주시어 악이 표면으로 완전히 드러나지 않도록 하신다.[28] 일반 은총에서 하나님은 사람들의 믿음에 관계없이 선물을 주신다. 예수님이 가르치신 대로 하나님은 "의인과 불의한 자에게 비를 내리신다"(마 5:45). 카이퍼는 "일반 은총이 어떻게 고대 그리스와 로마에서 철학적 빛의 보물들을 산출했고, 고전 연구를 불러일으킨 예술 감각과 정의감이라는 보물들을 드러내 보여주었는지 이해"했다.[29] 카이퍼는 몇 년 후 과학의 일반 은총에 관한 핵심 논설에서 이 점을 구체적으로 부각시켰다. "현대에도 천문학, 식물학, 동물학, 물리학 등의 분야에서 풍성한 과학이 꽃을 피우고 있다는 사실은 누구도 부인할 수 없다. 과학은 거의 전적으로 주님을 경외하는 일에 익숙하지 않은 사람들에 의해 수행되지만 그럼에도 불구하고 이 과학은 우리 그

---

28 Kuyper, *Lectures on Calvinism*, 123. 카이퍼, 『아브라함 카이퍼의 칼빈주의 강연』, 219.

29 Kuyper, *Lectures on Calvinism*, 125. 카이퍼, 『아브라함 카이퍼의 칼빈주의 강연』, 220-21.

리스도인들이 존경하고 감사하게 사용하는 지식의 보고를 만들어냈다."[30] 온갖 종교를 가진 과학자들이 하나님께서 그 손으로 하신 일을 제대로 인정하지 않으면서도 연구를 하고 있다. "하나님은 창조에 표현된 이러한 생각을 이해하고 파악하고 반영하고 전체적으로 배열하는 능력을 그의 형상을 지닌 존재인 인간 속에 창조하셨다."[31] 따라서 우리는 비기독교인이 이루어 낸 과학적 발견을 모두 의심할 필요가 없다. 발견이 하나님의 창조에 대한 증거와 일반 은총을 통해 주신 이성적 기능에 기초를 둔 것이라면 그것은 하나님의 것이다. 우리는 하나님의 일반 은총 덕택에 다원주의 사회에서 서로에게서 배울 수 있고 세계관과 문화와 국가를 가로질러 과학 연구에 협력할 수 있다.

그러나 일반 은총이 모든 갈등을 해결하지 않는다. 우리 문화에서 우리는 신앙과 과학의 교차점을 둘러싼 많은 긴장을 본다. 카이퍼는 여기서 중요한 구별을 강조한다. 갈등은 **과학**과 믿음 사이에 있지 않다. 오히려 근본적인 갈등은 서로 다른 세계관들 사이에 있다. 과학은 믿음과 분리되지 않고, 충돌하지도 않는다. 오히려 과학은 많은 신앙과 세계관의 구성 요소다. 각각의 세계관은 고유한 신앙을 가지고, 각기 인간 지식 전체 영역에 대한 권리를 주장하며, 신에 대한 고유한 견해가 있다. 그래서 당시 학계의 세계관 갈등에 대한 카이퍼의 설명은 매우 강력하다. "다름 아닌 이것이 학문의 영역에서 사유하는 정신

---

30 Kuyper, *Wisdom and Wonder*, 53.
31 Kuyper, *Wisdom and Wonder*, 41-42.

들을 두 개의 전투 대형으로 맞서게 만드는 근본적인 대립입니다."[32] 이 그림이 (단지 두 가지만이 아니라 여러 가지 세계관들을 가진 과학자들을 포함하며, 완전히 일관된 세계관과 삶의 관점이 그들에게 무엇을 의미하는지에 대해 대부분 깊이 생각하지 않는) 오늘날의 대학을 묘사하지는 않는 것은 사실이다. 하지만 카이퍼의 접근 방식의 강점은 자율적 이성보다 세계관의 관점에서 논의를 재구성하는 데 있다.[33] 갈등은 사실 대 가치 또는 이성 대 종교적 경험이 아니다. 오히려 모든 세계관에는 증거, 이성, 종교적 경험 및 믿음이 포함된다.

과학이 더 큰 세계관의 일부라는 사실을 인정하면, 세계관이 과학에서 정확히 어떻게 차이를 만드는가를 물어야만 한다. 천문학에 대한 뚜렷한 기독교적 접근은 어떤 모습일까? 대립 상황은 우리의 근본적으로 다른 출발점이 극적으로 다른 결론으로 이어져야 할 것을 시사한다. 그러나 일반 은총의 상황은 많은 공통점을 암시한다. 확실히 세계 어디서나 수학은 수학일 뿐이다! 우리는 대립과 일반 은총 사이에서 올바른 균형을 찾아야 한다. 카이퍼는 기독교인이 세상의 삶으로 영원한 것을 대체하려 애쓰는 인문주의자는 반대하지만, 세상에

---

[32] Kuyper, *Lectures on Calvinism*, 131-133. 카이퍼, 『아브라함 카이퍼의 칼빈주의 강연』, 232.

[33] Craig Bartholomew, *Contours of the Kuyperian Tradition: A Systematic Introduction* (Downers Grove, IL: IVP Academic, 2017), 113. 크레이그 바르톨로뮤, 『아브라함 카이퍼 전통과 삶의 체계로서의 기독교 세계관』, 이종인 옮김 (서울: IVP, 2023), 184-85.

서의 삶에 대한 합당한 인정[34]과 전제와 공유된 방법 사이의 구별을 요구하는 인문주의자의 동맹자라고 지적한다. 카이퍼는 또한 모든 학문 분야(천문학, 화학, 역사 등)의 발견을 존중해야 하지만 그로부터 도출된 결론과 분리될 수 있다고 말하면서 발견과 더 큰 의미를 구별한다.[35] 그는 훗날 쓴 글에서 이렇게 말했다. "우리는 죄로 인해 이성적인 피조물이 되는 것을 그치지 않았다. 아니다. 죄가 실제로 어둡게 만든 것은 전혀 다른 데 있다. … 우리는 진정한 맥락, 적절한 일관성, 모든 것의 체계적인 통합을 파악하는 은사를 잃었다."[36] 이와 같이 이성의 일반 은총과 자연에서의 하나님의 일반 계시로 인해 과학의 방법과 발견에서 광범위하고 실제적인 공통점이 세계관들을 너머 존재한다. 세계관의 차이는 주로 과학의 전제와 함의에서 나타나며, 때로는 매우 강력하게 대립하는 경우도 있다.

카이퍼는 전제에 초점을 맞춘다(함의에 대한 자세한 논의는 아래를 참고하라). 세계관은 과학의 전제에 대해 근본적으로 다른 출발점을 제공한다. 카이퍼는 우리에게 자의식이 있으며, 감각이 정확하게 작동하고 있고, 보편적인 유형이 우리가 관찰하는 특정 현상 아래 깔려 있다는 등의 전제를 나열한다.[37] 과학의 경우, 자연 세계는 인간이 이

---

34 Kuyper, *Lectures on Calvinism*, 121. 카이퍼, 『아브라함 카이퍼의 칼빈주의 강연』, 212.

35 Kuyper, *Lectures on Calvinism*, 139. 카이퍼, 『아브라함 카이퍼의 칼빈주의 강연』, 244.

36 Kuyper, *Wisdom and Wonder*, 54-55.

37 Kuyper, *Lectures on Calvinism*, 132. 카이퍼, 『아브라함 카이퍼의 칼빈주의

해할 수 있고, 과학은 가치 있는 활동이며, 자연 현상은 규칙적이고 반복 가능하다는 전제를 추가할 수 있다. 그리고 그 결론은 관찰과 실험에 의해 뒷받침되어야 한다(안락의자 이론은 과학이 아니다).[38] 이 모든 전제는 과학의 방법에 필요하다. 그러나 이러한 전제들은 "증명을 통해 우리에게 오는 것이 아니라, 우리의 내적 인식 덕분에 우리를 위해 확립"된 것이다.[39]

그리스도인에게 과학에 필요한 전제는 인간의 본성과 하나님께서 창조에서 하신 일에 대한 성경의 가르침에서 자연스럽게 흘러나온다. 어떤 의미에서든 그리스도인은 과학을 하기 위해 자신의 믿음을 버리지 않는다. 그리스도인은 실험실에 들어갈 때 "중립적인" 자세를 취할 필요가 없다. 오히려 과학적 방법과 인간의 추론은 완전한 기독교적 행위다. 그리스도인은 인간이 성경에 근거해 자연 세계를 이해할 수 있는 감각과 능력을 가지고 있다고 믿는다. 인간은 하나님의 형상대로 만들어졌으며(창 1:27), 하나님이 만드신 작품의 이름을 정하고 연구하는 은사를 하나님께 받았다(창 1:28, 2:19-20, 잠 25:2). 그리스도인은 안락의자 이론이 인간의 한계와 타락에 취약하다는 것을 알기 때문에 실험이 필요하다고 믿는다(욥 38장). 그리스도인은 자연이 보편적

강연』, 232.

38 카이퍼는 훗날 쓴 글에서 우주는 하나님 생각의 표현이며 따라서 인류는 하나님의 형상을 지닌 자로서 학문을 할 능력과 소명이 있다고 주장하면서 이 중 몇 가지를 지적한다(*Wisdom and Wonder*, 36-43).

39 Kuyper, *Lectures on Calvinism*, 131. 카이퍼, 『아브라함 카이퍼의 칼빈주의 강연』, 231.

이고 반복 가능한 유형으로 작동한다고 믿는다. 왜냐하면 성경은 자연이 변덕스러운 신들로 가득 차 있지 않고 한 분 하나님에 의해 신실하고 일관된 방식으로 통치된다고 가르치기 때문이다(창 1장, 시 119:89-90, 렘 33:19-26). 중력과 같은 물리적인 과정이 일어나는 것은 하나님의 신실하심 때문이다. 전기는 놀라운 수학적 정확성으로 모든 시간과 전 우주에 걸쳐 일관되게 작동한다. 그리스도인에게 이러한 법칙의 아름다움과 대칭성은 분명히 창조주의 아름다움의 표현이다. 이 기독교 세계관은 갈릴레오, 뉴턴, 보일, 케플러와 같은 과학 혁명의 많은 지도자들에게 강한 영향을 미쳤다. 비록 기독교가 과학 혁명에 대한 공을 전부 취할 수는 없지만(많은 요인들이 17세기 유럽에서 과학의 부상에 기여했다), 기독교 사상이 과학의 발흥에 심오하고 긍정적인 영향을 미쳤다는 것은 확실한 사실이다. 기독교 교리가 근본적으로 과학에 반대된다고 주장하는 사람들은 큰 착각을 하고 있다.

다른 세계관을 가진 사람들에게는 과학에 필요한 전제가 다른 방향에서 온다. 유대인과 무슬림 과학자들에게는 창조에 관해 많은 성경 구절을 기독교와 공유하기에 그 전제들의 유사한 기초로 이어진다. 호전적 무신론 과학자들에게 자연의 규칙적인 기능에 대한 믿음은 그들이 (잘못 생각해) 종교에서 기대하는 변덕스러운 행동과 미신적 추론에 대한 명백한 거부에 기초한다. 많은 과학자들은 내부적으로 일관된 세계관을 가지고 있지 않다. 내 경험으로는 과학적 전제들이 과학 수업에서 배운 원리처럼 자명하게 보이고 과학적 방법이 매우 강력하고 신뢰할 만하다는 사실을 계속 받아들이는 과학자들이 가장 흔하다. 그러나 과학 철학자들은 과거의 성과가 미래의 결과를 보장하지 않는다는 점을 상기시켜 준다. 그런 과학자는 어떤 근거로 자연 세계가 계속해서 지금처럼 움직일 것이라고 믿을 수 있겠는가? 그런 과학자들은 이 책의 편집자들이 서두에 쓴 것처럼, 그들은 "의심스러울 정도로 경이와 선함과 발견 가능성으로 가득한 종류의 우주에 대한 충만한 믿음을 가진 과학 방법을 우리에게 물려준 역사상 위대한 과학 정신들의 종교적 과거를 청산하기 바쁘다." 그리스도인으로서 우리는 과학을 할 때 무신론적 방법을 채택하는 것을 두려워할 필요가 없다. 오히려 우리는 기독교 세계관이 현재 모든 과학자들이 공유하고 있는 과학의 전제와 방법을 확립하는 데 미쳐온 긍정적인 영향을 기뻐할 수 있다.

그러나 우리는 편안함에 빠지면 안 된다. 기독교 세계관이 과학의 방법과 발견에서 무신론적 세계관과 겹친다. 하지만 우리는 근본적으로 다른 출발점을 결코 잊어서는 안 된다. 공적 광장에서 과학의 무신론적 틀을 용인하면 안 된다. 카이퍼는 우리가 체념하지 말고 행동할 것을 촉구한다. "만일 우리가 신학을 건지기만 한다면, 세속 학문을 우리 대적자들에게 기꺼이 내어주어도 된다는 '현실도피주의적인 생각'입니다."[40] 모든 기독교 학자는 이 점을 자신의 원칙으로 돌아가

---

40 Kuyper, *Lectures on Calvinism*, 139. 카이퍼, 『아브라함 카이퍼의 칼빈주의 강연』, 243-44. (여기서 '현실도피주의적인 생각'으로 옮긴 말의 원어 표현은 원래 '타조의 전술'(the tactics of the ostrich)이다. 이는 타조가 궁지에 몰리게 되면 모래에 머리를 처박고 자신은 숨은 걸로 안다는 세상 사람들의 생각으로 현실도피주의적인 정책을 의미한다. 여기서는 의미를 고려하

그에 따라서 과학 연구를 새롭게 하고 그에 대해 대학과 공적 광장에서 대담하게 이야기하려는 "예리한 자극"으로 느껴야 한다.[41] "우리는, 자신의 의식이라는 전제로부터 잘 구축된 학문을 수립하려는 정상론자의 자유를 공격하지 않을 것이지만, 동일한 것을 수행하기 위해서, 필요하다면 어떤 대가를 치르더라도, 우리의 권리와 우리의 자유를 옹호할 것입니다."[42]

카이퍼주의자들은 무엇을 했는가?

과학과 세계관에 대한 카이퍼의 접근 방식은 비록 마땅히 그랬어야 할 만큼의 큰 영향력은 아니지만 지난 120년 동안 중대한 영향을 미쳤다. 다시 말하지만, 나는 학문 전체 분야보다 자연 과학에 중점을 둘 것이다. 나는 역사가는 아니지만 몇 가지 역사적 경향과 개인적인 반성을 제공할 수 있다. 이 경향들 중 일부는 지난 160년 동안 가장 두드러진 신앙/과학 주제인 진화와 관련이 있다. 진화와 관련된 발견들과 그것의 함의에 대한 자세한 논의는 뒷부분을 참조하라.

카이퍼가 1898년 프린스턴에서 강연할 당시 프린스턴의 학자들은 과학, 신앙, 세계관에 대한 토론에 적극적으로 참여했으며 수십 년

여 '현실도피주의적인 생각'으로 옮겼다.—편집자 주)

41 Kuyper, *Lectures on Calvinism*, 139. 카이퍼, 『아브라함 카이퍼의 칼빈주의 강연』, 243.

42 Kuyper, *Lectures on Calvinism*, 138. 카이퍼, 『아브라함 카이퍼의 칼빈주의 강연』, 242.

동안 그래왔다. 역사가 브래들리 건들라흐(Bradley Gundlach)는 진화론 과학에 대한 전투적 언어가 어떻게 감소했으며, 그 결과 1890년대에 이르면 프린스턴대학의 과학자들이 "유신론의 일반적인 개념 하에서 진화 메커니즘과 효과를 탐구에 있어 폭넓은 자유를 얻었는지"를 보여주었다.[43] 일찍이 성경의 무오성을 옹호한 프린스턴의 신학자 벤자민 워필드(B. B. Warfield, 1851-1921)는 사실상 진화를 하나님의 통치 아래 있는 자연적 발달에 대한 가능한 (심지어 그럴 가능성이 있는) 설명이라고 썼다.[44] 논쟁은 도리어 카이퍼가 취한 것과 동일한 일반적인 방향, 즉 어떻게 진화론 철학의 세계관과 "그런 진화론적 개념을 신앙의 변개를 위한 지침이나 변명으로 취하는 신흥 자유주의 신학의 관점"[45]에 맞서는가에 초점이 맞춰졌다. 프린스턴 학파는 신앙과 과학에 대한 20세기 토론에 중요한 영향을 미쳤지만 카이퍼 자신은 두드러진 인물로 여겨지지 않았다. 그의 이름은 근래에 출판된 소책자들에서나 과학과 기독교에 관한 역사에서 언급되지 않는다.[46] 그러나 수십 년을 지나면서 카이퍼 전통의 계승자들은 점차 더

---

43 Bradley J. Gundlach, "Protestant Evangelicals," in *The Warfare Between Science and Religion: The Idea That Wouldn't Die*, ed. Jeff Hardin, Ronald L. Numbers, and Ronald A. Binzley (Baltimore, MD: Johns Hopkins University Press, 2018), 170-71.

44 Mark Noll, "Jesus Christ: Guidance for Serious Learning," chap. 3 in *Jesus Christ and the Life of the Mind* (Grand Rapids, MI: Eerdmans, 2011), 43-64.

45 Gundlach, "Protestant Evangelicals," 171.

46 카이퍼는 다음의 어느 책에서도 색인에 등장하지 않는다. Ronald Numbers, *The Creationists: The Evolution of Scientific Creationism* (New

큰 영향력을 행사하게 되었다.

　　미국에서 20세기 초반 수십 년 동안 과학에 대한 카이퍼의 비전이 완전히 실현되지 못하게 된 것은 아마도 실제적 이유 때문이었을 것이다. 카이퍼는 기초부터 기독교 세계관을 가지고 학문을 추구하기 위해 별도의 기독교 기관을 설립하라는 초청으로 강의를 마쳤으며, 스스로 암스테르담 자유대학교를 설립했다. 로마 가톨릭은 바티칸 천문대와 노터데임대학교와 같은 학문 연구에 종사하는 기관을 성장시킬 능력이 있었다. 그러나 네덜란드계 미국인들은 작은 이민 공동체였다. 그들은 기독교 학교, 대학, 신학교와 출판사를 설립했지만 과학 학위를 제공하기 위한 자원을 개발하는 데 수십 년이 걸렸으며 온전한 과학 연구에 참여하는 데는 훨씬 더 오래 걸렸다.

　　한편 근본주의가 미국과 네덜란드에서 부상하고 있었다. 1923년 『새로운 지질학』(*New Geology*)의 출판과 함께 조지 맥크리디 프라이스(George McCready Price)의 책들이 현대의 젊은 지구 창조론 운동을 이끌었다. 암스테르담 자유대학교에 있던 1920년대와 1930년대의 신칼뱅주의 신학자들은 진화론 과학의 발견들에 대해 덜 개방적이었

York: Knopf, 1992); Paul Copan et al., eds., *The Dictionary of Christianity and Science: The Definitive Reference for the Intersection of Christian Faith and Contemporary Science* (Grand Rapids, MI: Zondervan, 2017); James Stump and Alan Padgett, eds., *The Blackwell Companion to Science and Christianity* (Chichester, UK: Wiley-Blackwell, 2012); Heidi A. Campbell and Heather Looy, eds., *A Science and Religion Primer* (Grand Rapids, MI: Baker Academic, 2009); Ian G. Barbour, *Religion and Science: Historical and Contemporary Issues*, rev. ed. (San Francisco: HarperSanFrancisco, 1997).

다. 아브라함 플립스(Abraham Flipse)는 역사적 개관에서 그들이 "과학적 연구의 결과를 거부하는 경향이 있었고 성경의 권위와 창세기 첫 장에 대한 해석에 대해 더 엄격한 견해를 가지고 있었다"[47]라고 기록했다. 그러나 전쟁이 끝나자 미국과 네덜란드에서 카이퍼주의 과학자들의 영향력이 커지기 시작했다. 여기에는 자유대학교 동물학 교수인 얀 레버(Jan Lever)[48]와 미시간주의 칼빈대학교 화학교수 존 드 브리스(John De Vries)의 책이 포함되었다.[49] 그들은 과학에 대한 세계관에 기초한 카이퍼의 생각을 따랐지만 진화를 포함한 과학적 발견이 기독교 세계관의 틀에 맞춰질 수 있음을 보여주었다. 그런 카이퍼주의 학교들에서는 헨리 모리스(Henry Morris)의 젊은 지구 창조론자들의 견해(1961년에 출판된 그의 책 *The Genesis Flood*가 포함됨)가 좀처럼 뿌리를 내리지 못했다.

레버와 드 브리스의 책보다 더 큰 영향을 미친 것은 신학자 버나드 램(Bernard Ramm)이 1954년에 출판한 『과학과 성경의 대화』(*The Christian View of Science and Scripture*)였다. 램은 침례교인이었지만 그 책은 어드만스 출판사에서 나왔고 간략하게나마 카이퍼에 대

---

47 Abraham C. Flipse, "Creation and Evolution: History of the Debate in the Netherlands," BioLogos, November 17, 2014, https://biologos.org/articles/creation-and-evolution-history-of-the-debate-in-the-netherlands.

48 Jan Lever, *Creation and Evolution*, trans. Peter G. Berkhout (Grand Rapids, MI: Grand Rapids International Press, 1958).

49 John De Vries, B*eyond the Atom: An Appraisal of Our Christian Faith in This Age of Atomic Science*, 2nd ed. (Grand Rapids, MI: Eerdmans, 1950).

해서도 언급하고 있다. 램은 갈등이 과학 자체보다 과학주의에 중심을 둔 세계관이라는 카이퍼의 견해를 공유했다. 그는 복음주의자들에게 당시 근본주의자들 사이에 만연한 "비천한 전통"을 거부하고 "19세기 말의 고귀한 전통으로 되돌아 가는 것"을 권했다.[50] 20세기 중반 램이 몇몇 새로운 복음주의 기관에 영향을 미쳤다. 1956년에 「크리스처니티 투데이」(*Christianity Today*)를 창립한 빌리 그래함(Billy Graham), (1941년에 설립된 과학계 기독교인을 위한 전문 조직인) 미국 과학연맹의 초기 지도자들,[51] 네덜란드계 미국인 카이퍼주의자들에 의해서는 아니지만 1961년에 설립된 (환경 교육 및 보호 그룹인) 오 세이블 인스티튜트는 모두 램의 공이었다. 카이퍼주의자들이 이런 운동에서 더 두드러지지 않은 이유는 무엇일까? 분명하지 않다. 제임스 브랫은 『현대 미국에서의 네덜란드 칼뱅주의』(*Dutch Calvinism in Modern America*)[52]에서 그 이유에 대한 힌트를 제공했다. 미국 칼뱅주의자들은 과학에 영향을 미치는 세계관적 전제에 대한 카이퍼의 비전을 충분히 홍보했지만, 실제적인 수준보다는 이론적인 수준에서 세속적 과학주의와 같은 위협에 대응하는 자세를 가지고 있다는 것이다. 나는 또한 이 고립된 이민 공동체가 단순히 미국 복음주의의 더 큰 흐름을 자신의 문제로 보지 않았고, 따라서 더 많은 기관을 설립하

---

50 Bernard Ramm, *The Christian View of Science and Scripture* (Grand Rapids, MI: Eerdmans, 1954).

51 Gundlach, "Protestant Evangelicals," 177-79.

52 James D. Bratt, *Dutch Calvinism in Modern America: A History of a Conservative Subculture* (Grand Rapids, MI: Eerdmans, 1984), 146.

거나 카이퍼 전통의 풍요로움을 더 광범위하게 공유할 필요성을 느끼지 못한 것은 아닌지 궁금하다.

그러나 네덜란드계 미국인들은 자원을 이용할 수 있게 되면서 결국 과학에 더 깊이 관여하게 되었다. 칼빈대학교 지질학자인 클라런스 메닝가(Clarence Menninga)는 1946년에 앨버타대학교에서 지질학 학위를 취득한 후 목회 경력을 쌓기로 결정한 타이멘 호프만(Tymen Hofman)을 회상한다. 호프만은 칼빈신학교 학생 시절 동료 학생들과 함께 학교 당국에 지질학 과정 개설을 촉구하는 편지를 보냈는데 그것은 1950년에 승인되었다.[53] 세계관은 또한 칼빈대학교에서 천문학을 시작하는 데 중요한 역할을 했다. 나는 개인적으로 1951년부터 1976년까지 칼빈대학교 총장이었던 윌리엄 스폴호프(William Spoelhof)와의 대화를 기억한다. 그 대화에서 그는 1960년대에 지어진 새로운 과학관 건축에 대해 이야기했다. 그는 개인적으로 이 건물에 옥상 천문대를 포함시켜야 한다고 주장했다. 비록 대학에서 아직 천문학 과정을 개설하지 않았지만, 학생들이 하나님의 창조를 연구하고 스푸트니크[소련이 1957년 발사해 최초로 지구 궤도를 돈 인공위성—역자 주] 이후의 과학 문화에 더 잘 참여하는 것이 중요하기 때문이라고 했다. 칼빈대학교 1957년 졸업생이자 위스콘신-매디슨대학교의 생태학 교수가 된 캘빈 드 위트(Calvin De Witt)는 1979년에 오 세이블 인스티튜트의 리더십을 인수하면서 생태 과

---

53   Clarence Menninga, "History of Geology at Calvin College," April 10, 2001, https://studylib.net/doc/14496792.

학에 카이퍼주의 틀을 부여했다.

1980년대와 1990년대에 이르러 과학에 대한 카이퍼의 접근 방식은 복음주의 대학, 출판사 등 기타 기관에서 더욱 널리 시행되었다. 나는 개인적으로 1980년대에 침례교 대학에서 그것을 배웠고, 1990년대에 기독학생회(IVF)을 통해 더 많은 저자와 연사를 접했다. 기독교 대학원생들 사이에는 어느 정도 카이퍼주의 기반이 있는 기독교 대학을 졸업한 사람과 그렇지 않은 사람 사이에 분명한 차이가 있었다. "나는 물리학을 공부하는 것을 좋아하지만 하나님은 내가 노숙자 보호소에서 풀타임으로 일하는 것을 원하지 않으실까?"와 같은 질문으로 씨름하던 다른 사람들을 기억한다. 과학적 연구가 어떻게 온전한 기독교적 소명이 될 수 있는지를 그들과 함께 나누는 일은 즐거웠다. 나는 훗날 내가 칼빈대학교 교수로 부임하기 전후에 하워드 반 틸(Howard Van Till), 클라렌스 메닝가(Clarence Menninga), 데이비스 영(Davis Young), 아리 리그워터(Arie Leegwater), 랠프 스티얼리(Ralph Stearley) 같은 과학자들과 앨빈 플랜팅가(Alvin Plantinga)와 리처드 마우(Richard Mouw), 그리고 델 라치(Del Ratzsch)와 같은 철학자들에 의해서 카이퍼의 전통이 세부적으로 발전되었음을 알게 되었다.

2009년에 바이오로고스(BioLogos)는 기독교 관점에서 엄밀한 과학을 연구하기 위해 설립되었다. 처음에는 진화에 초점을 맞추었고 나중에는 더 다양한 주제로 확장되었다. 이 조직의 초대 지도자들은 카이퍼 전통과 밀접한 관계가 없었다. 하지만 하나님의 말씀과 하나님의 세계 사이의 조화를 세상에 알리는 사명을 중심으로 기독교 전통의 더 넓은 연합을 통해 많은 카이퍼주의자들을 빠르게 끌어들였다.[54] 오늘날 "모든 진리는 하나님의 진리다"와 같은 생각과 두 책의 은유는 과학에 대한 더 넓은 복음주의 대화에서 계속 심오한 영향을 미치고 있지만, 그러한 통찰력은 여전히 많은 청중에게 완전히 새로운 것이다. 이 장의 끝부분에 있는 〈발전을 위해 더 읽을거리들〉에는 카이퍼 전통에서 나온 책을 포함하여 과학과 기독교에 관한 최근 책 몇 권을 소개한다.

우리는 무엇을 해야 하는가?

과학에 대한 카이퍼의 풍부한 통찰력을 가지고 오늘날에는 무엇을 할 수 있을까? 위에서 살펴본 통찰력은 그 어느 때보다 연관성이 높으며 적용 가능성이 무르익었다. 여기에서 나는 카이퍼의 사고가 수정이나 확장을 통해 특히 오늘날 세계가 필요로 하는 것과 지난 120년간의 과학적 발견에 비추어 볼 때 유익을 줄 수 있는 세 가지 영역을 다루고자 한다.[55]

---

54 "BioLogos," BioLogos, accessed October 19, 2019, https://biologos.org/.
55 카이퍼의 글의 다른 측면은 역사의 먼지 속에 묻히는 것이 최선이다. 그는 어떤 곳에서 오늘날 방식으로는 분명히 인종차별적으로 글을 썼다 (예: *Lectures on Calvinism*, 124. 카이퍼, 『아브라함 카이퍼의 칼빈주의 강연』, 218). 카이퍼의 인종차별에 대한 현명한 대응은 이 책의 빈센트 베이코트(Vincent Bacote)가 쓴 장을 참조하라. 또한 카이퍼는 칼뱅주의에 대한 열성으로 다른 기독교 전통에 대해 경멸적인 언어를 사용한다 (예: 아

기독교 대학을 넘어서. 카이퍼는 이『칼빈주의 강연』과 이후 작업[56]에서 더 큰 세상의 기관들 속에 자리잡은 그리스도인 학자들의 역할의 가치가 제한적일 뿐이라고 보고 별도의 기독교 연구 기관을 강력하게 주창한다. 나는 혼합된 접근이 필요하다고 믿는다. 기독교 기관들은 교육과 학문 모두에서 여전히 중요하다. 기독교 대학은 온전한 기독교적 관점에서 큰 문제들을 해결하기 위해 여러 분야의 학자를 모아, 카이퍼가 그리로 우리를 소집한 심도 있는 학제간 학문의 본거지이다. 그러나 기독교 대학들로는 충분하지 않다. 그들 자체만으로 편협한 대화와 부족주의의 경향에 빠지는 위험이 있다. 기독교 대학의 탁월한 기독교 학문은 모든 전통을 포함하는 더 넓은 교회에 미치지 못할 것이다. 그리고 공적 광장에 온전히 참여하고, 과학에 흔히 따라붙는 무신론적 전제와 함의에 맞서기 위해서는 다른 통로가 필요하다.

이 목표를 위해 카이퍼주의 사고는 기독교 대학의 인큐베이터에서 더 큰 세계로 확산될 필요가 있다. 기독교 출판사들은 계속해서 이

르미니우스주의에 반대하는 내용, *Lectures on Calvinism*, 114. 카이퍼,『아브라함 카이퍼의 칼빈주의 강연』, 201). 현대적 카이퍼 전통의 목소리는 다른 전통의 가치를 기꺼이 확증한다. 참고. Bartholomew, *Contours of the Kuyperian Tradition*, 52; and Cornelius Plantinga Jr., *Engaging God's World: A Christian Vision of Faith, Learning, and Living* (Grand Rapids, MI: Eerdmans, 2002), xvi.

56 Kuyper, *Wisdom and Wonder*, 92-95. 이것은 학문을 하기 위해 여러 나라에서 온 다양한 사람들이 필요하며, 따로 일하더라도 하나님께서 학문의 궁극적인 설계자이시기 때문에 안정을 얻을 것이라는 그의 저작(43-46)의 앞부분의 주장과는 현저히 다른 것처럼 보인다.

학자들의 작업을 넓은 기독교 청중에게 제공하고 있다. 바이오로고스(BioLogos), 미국 과학연맹(American Scientific Affiliation), 캐나다 과학과기독교연맹(Canadian Scientific and Christian Affiliation), 오 세이블 인스티튜트(Au Sable Institute) 같은 기독교 선교단체들이 현대 과학과 성경적 믿음이 함께 손잡고 걸을 수 있다는 메시지를 가지고 많은 다양한 전통들의 기독교인에게 다가간다. 그리고 공적 광장에 온전히 효과적으로 참여하기 위한 가장 큰 요구 사항은 신앙을 가지고 있는 과학자들이 연구중심 대학과 여타 세속 기관에 자리잡은 최고의 연구 과학자로 봉사하는 것이다. 그런 과학 지도자들은 각자의 기관에서 대화 분위기를 형성하고, 기독교와 과학에 대한 많은 오해를 불식시킬 수 있으며, 대학에서 기독교 학생들의 롤 모델이 될 수 있고, 세속적 과학 문화에서 복음의 살아있는 증인이 될 수 있다. 과학의 방법과 발견에서 우리가 공유하는 공통적 토대는 기독교 증거를 위한 강력한 기반을 제공한다. 우리에게는 우주적 그리스도에 기초한 풍부하고 아름다운 기독교 과학 전제로부터 제공할 것이 너무도 많다.

윤리 문제를 해결하기 위한 부르심. 자연 과학의 의미에 대한 카이퍼의 논의는 거의 항상 진화 과학에 초점을 맞추고 있다. (아래에서 논의할 것이다.)[57] 오늘날 우리는 세상이 강력하고 분명한 기독교의 목소리를 들을 필요가 있는 인간성, 윤리 및 공공 정책에 대한 많은 질

---

57 영적 차원을 무시한다면 의술(醫術)에 대한 언급이 예외다. *Wisdom and Wonder*, 99.

문으로 이어지는 과학 및 기술의 여러 영역을 본다. 첫 번째 유전자 조작 아기들이 2018년 윤리의 안개 속에 중국에서 태어났다. 미국에서는 불법이지만 지금 우리는 아기들의 유전자를 조작하고 그 변경 사항을 그들의 모든 자손에게 전달하는 기술이 존재한다. 그리스도인들은 어떻게 대응해야 할 것인가? 토지 이용에서 종(腫)의 소멸과 기후 변화에 이르기까지 환경 문제는 하나님의 피조물뿐 아니라 환경 변화의 가장 큰 영향을 받는 사람들, 즉 종종 가난하고 무력한 사람들을 돌보아야 하는 긴급한 요청이다. 천문학에서 만일 우리가 다른 행성에서 지적 생명체를 발견한다면 그것이 기독교 신학에 어떤 의미가 있을까? 세상은 이런 영역들과 그 이상에서 카이퍼가 구상한 기독교 학문에 대한 온전한 이해를 들을 필요가 있다. 우리는 자연 세계와 인간 본성과 큰 질문들에 관한 진실을 이해하고 도전적인 윤리 문제들과 인간의 필요들에 관한 현명한 공공 정책을 증진시키기 위해 많은 연구 분야의 지식과 지혜를 한데 모아야 한다. 그런 기독교 학문이 어두운 세상에 빛을 가져온다.

진화론 이해. 카이퍼는 강연의 상당 부분을 진화에 대해 논의하는 데 사용하므로[58] 이 장의 나머지를 그에 대한 답변에 할애하려 한다. 카이퍼는 가장 강력한 용어로 진화론을 배격한다. 그러나 그는 반대

---

58 카이퍼는 프린스턴대학 강의 1년 후인 1899년에 "진화" 강의에서 자신의 주장을 확장했다. (*Centennial Reader*, 405-40). 여기에는 당시 접할 수 있던 과학적 증거에 대한 설명이 포함되어 있으며 진화적 사고가 사회 다원주의와 기타 사회과학 및 인문학으로 확산되는 것에 대한 그의 비판을 넓혀갔다.

의 초점을 진화에 관한 과학적 발견들에 맞추지 않았다.[59] 사실 그는 "자연의 전체 조직을 지배하는 유전과 변이의 법칙들"을 우주가 확고한 질서에 따라 발전하는 긍정적인 예로 언급하는 것 같이 보인다.[60] 오히려 그는 진화를 그 속에서 전제들의 차이를 보여주는 두 개의 상반된 세계관 사이의 더 큰 싸움의 한 표지로 여긴다.[61] 카이퍼는 진화에 관한 질문에서 그 대립을 가장 중요하게 생각한다. 그는 두 가지 세계관을 이렇게 규정한다. 하나는 내가 무신론적 진화주의라고 부르고 다른 하나는 기독교 입장이다.

무신론적 진화주의의 경우, 그 세계관의 전제는 기적과 초자연적 활동을 완전히 거부하고 원인과 결과에 대한 논리적 추론만을 허용한다. 무신론적 진화주의는 모든 종이 더 낮은 이전 형태의 생명체에서 발달했다는 진화의 발견을 받아들인다. 그러나 무신론적 진화주의는 이것에서 발견을 훨씬 뛰어넘어 기독교 신앙과 직접적으로 모순되는 함의를 이끌어낸다. 무신론적 진화주의에서는 죄 같은 것이 없고 구속이 필요하지 않으며 단지 낮은 도덕적 위치에서 높은 도덕

---

59 이 핵심적 구분은 카이퍼가 특히 1899년 강의에서 **진화**와 **진화론**이라는 용어를 일부 사람들이 진화론적 과학(무신론 및 사회 다윈주의와 같은)에서 도출한 더 큰 함의를 지칭하는 데 자주 사용하기 때문에 흐려진다. 과학자들은 **진화**와 **진화론**을 진화 생물학의 과학적 발견들을 지칭하는 데 사용한다.

60 Kuyper, *Lectures on Calvinism*, 115. 카이퍼, 『아브라함 카이퍼의 칼빈주의 강연』, 201-202.

61 Kuyper, *Lectures on Calvinism*, 138. 카이퍼, 『아브라함 카이퍼의 칼빈주의 강연』, 241-42.

적 위치로의 진화만 있다. 무신론적 진화주의에서 성경은 인간의 산물일 뿐이고 그리스도는 인간일 뿐이며 모든 최고 존재는 인간의 이상에 기초하여 인식된다.[62] 분명히 모든 그리스도인은 무신론적 진화주의를 거부해야 한다! 이러한 세계관에 맞서기 위한 카이퍼의 행동 촉구는 그 어느 때보다 적절하다.[63]

문제는 카이퍼가 진화론에 대한 그의 기독교 입장을 어떻게 정의하느냐에 있다. 그는 무신론적 진화론을 거부하려는 열정 속에서 일반 은총과 일반 계시에 관한 자신의 원칙을 따르지 않는다. 그는 무신론적 함의뿐만 아니라 과학적 발견 자체, 심지어는 자연적 메커니즘을 연구하는 방법에도 반대하는 기독교적 입장을 정의함으로써 자신을 궁지에 몰아넣는다. 불행하게도 그는 다른 기독교적 입장, 특히 진화의 과학적 발견을 통합하는 입장을 허용하지 않으며, 그런 관점을 이중인격적이라고 조롱한다.[64]

그런데 오늘날 많은 카이퍼주의 과학자들은 내가 진화론적 창조라고 부를 기독교적 전제 및 함의와 진화론적 발견의 수용을 결합한

---

62 Kuyper, *Lectures on Calvinism*, 132. 카이퍼, 『아브라함 카이퍼의 칼빈주의 강연』, 233.

63 최고의 철학자인 앨빈 플랜팅가의 『실제 갈등이 있는 곳』(*Where Conflict really Lies*, Oxford University Press, 2011)가 현대적 논의의 대표적인 예이다. 플랜팅가는 과학과 기독교 신앙 사이의 깊은 일치를 보여주고, 갈등을 과학 대 유신론으로 규정하려는 호전적인 무신론자들을 반박하고, 진화에 대한 무신론적 설명을 거부한다.

64 Kuyper, *Lectures on Calvinism*, 133. 카이퍼, 『아브라함 카이퍼의 칼빈주의 강연』, 234.

입장을 받아들인다.⁶⁵ 이 카이퍼주의자들은 진화론적 창조가 과학을 수행하는 기독교적 기초와 일반 은총과 하나님의 계시로서의 자연 세계에 대한 강조를 포함하는 카이퍼의 핵심 비전과 더 일치한다고 믿는다. 나는 크게 네 가지 요점을 언급하려 한다.

첫 번째, 종의 기원을 포함하여 창조질서에서 자연적 설명을 찾는 것은 철저히 기독교적인 노력이다. 카이퍼는 진화 과학의 방법에서 자연적 설명을 추구하는 것을 본질적으로 무신론적이라고 주장할 때 일관성이 없다. 다른 과학 분야와 마찬가지로 진화 과학의 방법은 기독교적 전제에서 자연스럽게 흘러나온다. 하나님께서는 가스 구름에서 별의 발달, 도토리에서 떡갈나무, 또는 더 단순한 종에서 복잡한 종의 발달과 같은 자연 역사의 자연적 메커니즘을 조사하도록 우리를 부르신다. 이런 조사는 하나님의 역사나 창조력을 부정하는 것이 아니라 자연계를 붙드는 하나님의 신실하심과 섭리의 능력을 인정하는 것이다.

두 번째, 과학적 발견은 영적 함의를 결정하지 않는다. 진화 과학의 발견은 우리의 신학적 사고에 정보를 제공할 수 있지만 과학은 신학을 **결정**할 능력이 없다. 무신론적 진화론의 세계관은 인간이 독특한 정체성을 가지고 있지 않고, 죄는 실재하지 않으며, 신은 우주에서 역사하지 않는다고 주장할 때 과학을 넘어선다. 먼지에서 기적적으로든 자연적인 진화 메커니즘을 사용하든, 하나님이 **호모 사피엔**

---

65 예를 들어 <발전을 위해 더 읽을거리들>을 참고하라.

스를 창조하기 위해 사용하신 메커니즘이 무엇이든, 하나님은 우리를 자신의 형상대로 창조하셨다. 하나님은 다른 모든 종과 독특하고 구별되는 방식으로 지상에서 그분을 나타내는 우리의 능력과 소명의 근원이다. 과학은 나쁜 행동을 기록할 수 있지만 하나님에 대한 반역의 영적 실재를 인식하거나 치유를 제공할 수 없다. 일반 은총은 죄의 결과를 제한하지만, 완전한 구원과 중생은 오직 그리스도 안에서만 발견된다. 하나님이 **호모 사피엔스**를 창조하기 위해 사용한 메커니즘은 이러한 영적 현실을 바꾸지 않는다.

세 번째, 진화 과학을 포함해 과학의 전제는 자연 역사에서 기적을 거부하는 것을 요구하지 않는다. 과학의 방법은 자연계의 유형과 규칙을 조사하기 위해 고안된 것이지만, 이는 단지 방법일 뿐 기적의 가능성을 제거하는 절대 법칙은 아니다. 기독교인에게 자연의 유형은 하나님이 일반적으로 피조물을 다스리시는 신실한 방식에 기인하며, 따라서 하나님이 그의 나라의 목적을 위해 때때로 그러한 유형에서 벗어날 수 있고 또 그렇게 하신다는 것을 인식하는 데 문제가 없다. 어떤 경우이든 우리는 증거를 연구함으로써 하나님이 어떤 유형의 행동을 취하기로 선택하셨는지 결정할 수 있다. 그러나 이것은 카이퍼주의자들이 동의하지 않는 지점이다. 어떤 이들은 초자연적 활동을 나타내는 자연 역사에 간격이나 추가가 있다는 증거가 있다고 보는 반면, 진화론적 창조론자들은 하나님이 자연적 메커니즘을 통해 일관되게 일하신다는 증거가 있다고 본다.

네 번째, 진화 역사와 과정에 대한 과학적 발견은 강력하며 늘어나고 있다. 카이퍼 시대에는 증거가 약했고 주류 대학에서 다윈의 개념에 대한 수용도 줄어들었다. 그 이후 수십 년 동안 증거는 비약적으로 증가했다. 불행하게도 진화에 관한 잘못된 정보로 인해 오늘날 백인 복음주의 기독교인의 49%가 주류 과학자들 사이에서 진화의 실재성에 대해 논쟁이 있다고 믿게 되었다.[66] 사실은 그렇지 않다. 기독교인이든 다른 세계관을 가진 이들이든 모든 생물학자들 중 91%가 진화 메커니즘을 통해 수십억 년에 걸쳐 생명체가 점진적으로 발달했다는 증거를 확증한다.[67] 과학의 질문이 남아 있지만 과거의 많은 어려움이 해결되었고 증거의 틈새들이 꾸준히 메워지고 있다. 증거는 하나님께서 종(種)들을 창조하기 위해 기적을 사용하지 않기로 선택했음을 보여준다. 오히려 하나님은 생명의 다양성과 시간이 지남에 따라 변형을 일으키는 자연적 과정을 사용하여 종들을 창조하기로 선택하셨다. 또한 이를 통해 세상을 풍요롭고 풍성하게 만드시고 인간이 그의 형상을 지니게 하시려는 그의 의도를 이루셨다.

우리는 무신론적 진화론에 계속 저항해야 한다. 우리는 일반 은총의 주제가 너무 강해져 다른 세계관들이 공적 광장에서 과학의 본성이나 인류와 종교에 대한 더 큰 함의에 대한 이야기를 설정하도록 내

---

66 "Strong Role of Religion in Views About Evolution and Perceptions of Scientific Consensus," Pew Research Center, October 22, 2015, www.pewresearch.org/science/2015/10/22/strong-role-of-religion-in-views-about-evolution-and-perceptions-of-scientific-consensus/.

67 "Elaborating on the Views of AAAS Scientists, Issue by Issue," Pew Research Center, July 23, 2015, www.pewresearch.org/science/2015/07/23/elaborating-on-the-views-of-aaas-scientists-issue-by-issue/.

버려 둘 수 없다. 그러나 자연적 메커니즘을 연구하라는 기독교적 소명을 저버리거나 하나님의 창조에 계시된 진리를 부정하는 방식으로 대립의 틀을 짜는 것 역시 위험하다. 그리스도인들은 과학적 발견을 여전히 긍정하는 동시에 세계관의 수준에서 이를 직접적으로 언급함으로써 유신론적 진화론에 대한 훨씬 더 강력한 거부를 제공할 것이다. 진화론적 창조는 기독교 신학과 자연에 나타난 하나님의 계시를 지지하는 포괄적인 그림으로 과학, 신학, 철학을 하나로 묶는 그러한 예이다.

카이퍼주의 전통은 그 어느 때보다 중요함. 아브라함 카이퍼가 1898년에 강연한 후로 과학과 신앙의 영역에서 많은 것이 바뀌었다. 모든 분야에서 과학적 발견이 폭발했다. 과학을 무신론적 노력으로 묘사하는 것이 널리 퍼졌다. 신앙을 가진 일부 과학자들은 무신론의 틀을 암묵적으로 받아들여 삶을 구획으로 나누어 자신의 과학을 신앙의 일부로 보지 않는다. 다른 그리스도인들은 과학에 대한 무신론의 틀을 거부하려는 열정으로 너무 멀리 나가 하나님의 창조에 명백한 과학의 발견을 거부한다. 이 모든 것이 오늘날 교회가 과학을 거부하고 기독교가 현대 과학 세계와 관련이 없다고 믿게 만들어, 많은 기독교 젊은이들을 신앙의 위기에 빠뜨렸다.

카이퍼 전통은 이 모든 그룹에 대해 풍성하고 강력한 대안을 제공한다. 이는 그리스도와 성경을 중심으로 과학을 포함한 모든 삶을 포괄하는 완전한 기독교 신앙이다. 인간은 하나님의 형상대로 만들어져 그의 손으로 하신 일을 연구하도록 부름을 받았고, 과학적 조사에 참여할 수 있는 능력도 받았다. 이처럼 기독교 세계관은 과학의 방법을 사용하는 데 필요한 전제를 제공한다. 하나님의 일반 은총에 의해 모든 민족이 과학의 방법과 발견을 공유하며, 모든 사람이 비록 그렇게 인정하지 않을 때에도 하나님의 세계의 규칙성, 다양성, 풍요로움에 대한 경이로움으로 가득 채운다. 하나님의 말씀과 하나님의 세계라는 **두** 책을 모두 아는 사람은 그리스도께서 확고한 목적을 가지고 창조하신 우주로 인식한다. 풍요롭게 살아있는 세계와 하나님과 서로를 사랑할 수 있는 인간 말이다. 카이퍼는 성경, 신학, 철학과 과학을 대학과 공적 광장을 향해 강력하고도 건설적인 목소리를 제공하는 통합된 비전으로 묶으라고 외쳤다. 우리는 신앙인으로서 현대 과학 및 기술의 도전적인 의미를 다루는 그 일에 부름을 받았다.

데보라 하르스마 (Deborah B. Haarsma, PhD, Massachusetts Institute of Technology)

바이오로고스 회장이며 베테랑 천문학자다.
Four Views on Creation, Evolution, and Intelligent Design 와 *Christ and the Created Order*에 기고한 내용들을 포함해 자주 과학과 신앙에 관한 글을 써왔다.
그녀의 남편이자 동료 물리학자인 Loren Haarsma와 함께 Origins을 저술했다.

⟨발전을 위해 더 읽을거리들⟩

Bancewicz, Ruth. *God in the Lab: How Science Enhances Faith*. (Oxford: Lion Hudson, 2014)

Bishop, Robert C., Larry L. Funck, Raymond J. Lewis, Stephen O. Moshier, and John H. Walton. *Understanding Scientific Theories of Origins: Cosmology, Geology, and Biology in Christian Perspective*. (Downers Grove, IL: InterVarsity Press, 2018)

Collins, Francis. *The Language of God: A Scientist Presents Evidence for Belief*. (New York: Free Press, 2006)
프랜시스 S. 콜린스, 『신의 언어』, 이창신 옮김 (파주: 김영사, 2009)

Ecklund, Elaine Howard. *Religion vs. Science: What Religious People Really Think*. (Oxford: Oxford University Press, 2018)

Flipse, Abraham C. "Creation and Evolution: History of the Debate in the Netherlands." BioLogos, November 17, 2014.
https://biologos.org/articles/creation-and-evolution-history-of-the-debate-in-the-netherlands.

Haarsma, Deborah B., and Loren D. Haarsma. *Origins: Christian Perspectives on Creation, Evolution, and Intelligent Design*. (Grand Rapids, MI: Faith Alive Christian Resources, 2011)

Hardin, Jeff, Ronald L. Numbers, and Ronald A. Binzley, eds. *The Warfare Between Science and Religion: The Idea That Wouldn't Die*. (Baltimore, MD: Johns Hopkins University Press, 2018)

Hoezee, Scott. *Proclaim the Wonder: Engaging Science on Sunday*. (Grand Rapids, MI: Baker Books, 2003)

Kinnaman, David, and Aly Hawkins. *You Lost Me: Why Young Christians Are Leaving Church . . . and Rethinking Faith*. (Grand Rapids, MI: Baker Books, 2011)

McGrath, Alister. *Enriching Our Vision of Reality: Theology and the Natural Sciences in Dialogue*. (West Conshohocken: Templeton Press, 2017)

Plantinga, Alvin. *Where the Conflict Really Lies: Science, Religion, and Naturalism*. (Oxford: Oxford University Press, 2011)

Van den Brink, Gijsbert. *Reformed Theology and Evolutionary Theory*. (Grand Rapids, MI: Eerdmans, 2020)

Young, Davis, and Ralph Stearley. *The Bible, Rocks, and Time: Geological Evidence for the Age of the Earth*. (Downers Grove, IL: InterVarsity Press, 2008)
데이비스 영·랠프 스티얼리, 『성경, 바위, 시간』 김의식 옮김 (서울: IVP, 2018)

5. 카이퍼와 예술
- 아드리엔 뎅거링크 채플린

5. 카이퍼와 예술

아드리엔 뎅거링크 채플린

카이퍼가 그의 6개 강연 중 하나를 칼뱅주의와 예술에 할애했다는 사실은 어떤 이들을 조금 놀라게 할 수 있다.[1] 어쨌든, 칼뱅과 그를 따르는 우상파괴주의자들은 예술 친화적인 것과는 전혀 무관하다. 그러나 카이퍼로 하여금 그 주제를 다루게 한 것은 정확히 칼뱅이 반(反)예술적이라는 대중적인 신화였다. 그는 10년 전 암스테르담 자유대학교의 초대 총장으로 임명된 1888년에도 비슷한 기회를 활용해 예술과 칼뱅주의를 취임 연설의 주요 주제로 선택했다. 그렇게 함으로써 그는 칼뱅주의가 단지 신학적 또는 교회적 운동이 아니라 거룩한

---

1 Abraham Kuyper, *Lectures on Calvinism* (1931; repr., Grand Rapids, MI: Eerdmans, 1999), 142-70. 카이퍼, 『아브라함 카이퍼의 칼빈주의 강연』, 250-302.

삶과 세속적인 삶 모두에 영향을 미치는 포괄적인 세계관임을 분명히 하길 원했다. 세계관은 그가 가장 잘 알려진 분야인 정치와 교육뿐만 아니라 문화와 예술을 포함한 사람이 힘써 하는 일들 전체 영역과 연관된다. 그의 프린스턴 강연은 이런 요점을 이번에는 미국 청중에게 이해시킬 또 다른 기회였다.

카이퍼는 무슨 이야기를 했는가?

카이퍼가 예술을 진지하게 받아들였다는 사실은 그 자체가 매우 중요한 발전이었다. 사실 앞으로 보게 될 것처럼, 칼뱅주의 자체는 흔히 묘사되는 것처럼 예술을 반대하지 않았지만, 카이퍼가 저술할 당시에는 예술에 관심을 가진 개신교도가 거의 없었다. 일반적으로 네덜란드의 떠오르는 중산층 사이에서 시각 예술과 공연 예술에 대한 매혹이 싹트고 있긴 했으나, 개신교인들은 말과 마음의 사안들을 훨씬 편안하게 느끼는 경향이 있었다. 그들은 예술의 세계에 대해 거의 알지 못했고 특히 연극, 무용, 영화 같은 "하찮은" 세계를 약간 의심스럽게 여겼다. 카이퍼 자신도 강의 시작 부분에서 예술에 대한 과도한 찬사와 거기서 감각적 쾌락에 탐닉하는 것에 대해 경고했다. 그러나 그는 자기 앞에 살았던 소수의 사람들처럼 예술이 사회와 인간 실존의 중심적인 힘이라는 사실을 인식하고 있었다. "예술은 옷에 덧붙인 장식용 실로 꼬아 만든 옷술이 아니며, 삶에 오락이 아니라 이 땅의

삶에서 최고로 중대한 권세입니다."²

비평가들은 종종 칼뱅주의가 고전기 그리스의 걸작이나 실제로 로마 가톨릭 교회에 필적하는 주요 예술 작품이나 건축물을 생산한 적이 없다고 지적한다. 개신교 교회는 예배 장소에서 모든 시각적 이미지를 금지함으로써 삭막하고 엄숙해졌다. 그런 맥락에서, 예술에 대해 언급하고 비방자들을 상대로 예술이 칼뱅주의에서 차지하는 위치를 변호하려는 카이퍼의 결정은 놀라울만큼 대담한 것이었다.

카이퍼는 자신의 주장을 펼치기 위해 세 가지 질문에 답하기 시작했다. 첫 번째, 왜 칼뱅주의에서 자신의 고유한 예술 양식을 발전시키는 것이 허용되지 않았는가? 두 번째, 칼뱅주의 미술양식의 부재가 미술의 본질을 이해하는 데 어떤 함의를 갖는가? 그리고 세 번째, 칼뱅주의는 예술의 진보를 위해 실제로 무엇을 해왔는가?

카이퍼는 첫 번째 질문에 대답하기 위해 예술과 종교의 기원으로 되돌아간다. 그는 예술과 종교가 각각의 기원에 밀접하게 얽혀 있다고 지적한다. 그 기원이 사원이나 탑, 대성당, 모스크에서 행해지는 어떤 형태의 예배로 거슬러 올라갈 수 없는 주요 예술 양식이나 운동은 거의 없다. 그러나 종교가 제대로 성장하고 온전히 성숙하기 위해서는 시각적 이미지와 우상의 "목발"을 제거해야 한다고 주장했다. 성숙한 종교는 구체적인 예술 작품의 물질적 외양에 의해 방해를 받지 않고

---

2 Kuyper, *Lectures on Calvinism*, 151. 카이퍼, 『아브라함 카이퍼의 칼빈주의 강연』, 264.

사람들의 마음과 정신 속에서 순수하게 "영적" 수준에서 움직인다.[3]

카이퍼는 종교와 예술의 관계가 이렇게 느슨해지는 것은 종교의 올바른 발전뿐 아니라 예술의 발전에도 중요하다고 주장한다. 예술은 종교의 속박과 교회에 대한 봉사에서 해방될 필요가 있었다.[4] 이를 통해 날개를 펼치고 풍경, 인물 또는 가정생활과 같은 다른 종류의 주제를 탐색할 수 있게 되었다. 원칙적으로 크든 작든 창조의 모든 것이 예술의 가치 있는 주제가 될 수 있다. 그리고 그러한 주제를 묘사할 수 있는 방법도 다양했다. 칼뱅주의는 특정 매체나 양식을 규정하지 않는다. 오히려 특히 한 국가에 획일적인 예술 양식을 강요하는 것을 피한다. 이것은 칼뱅주의가 자신의 예술 양식을 창조하려고 시도하지 않은 이유를 설명한다. 그것은 양식의 풍부한 다양성을 증진시키는 것을 목표로 했다. 달리 말하자면 칼뱅주의의 예술 양식과 전통의 부족을 빈곤함이나 실패의 상징으로 보기보다는 오히려 강점으로 보아야 한다는 것이다. 그것은 예술이 다양한 방향으로 발전할 수 있게 했으며, 그 자체도 고유함을 갖추게 되었다.[5]

---

3 Kuyper, *Lectures on Calvinism*, 145-49. 카이퍼는 이 점을 지적하기 위해 철학자 G. W. F. 헤겔(Hegel 1770-1831)과 에두아르드 폰 하르트만(Eduard von Hartmann 1842-1906)을 명시적으로 인용한다. 헤겔과 폰 하르트만은 종교의 하위 단계에만 시각적이고 상징적인 이미지가 필요하다고 가르쳤다. 카이퍼, 『아브라함 카이퍼의 칼빈주의 강연』, 257-62.

4 Kuyper, *Lectures on Calvinism*, 146-49. 카이퍼, 『아브라함 카이퍼의 칼빈주의 강연』, 257-62.

5 Kuyper, *Lectures on Calvinism*, 151-52. 카이퍼, 『아브라함 카이퍼의 칼빈주의 강연』, 264-68.

카이퍼는 예술과 종교가 밀접하게 얽혀 있던 지난날, 아테네의 파르테논 신전, 이스탄불의 하기아 소피아, 로마의 성 베드로 대성당 같은 몇 가지 주요 걸작이 만들어졌다는 사실을 부인하지 않았다. 그는 특히 질서와 조화와 아름다움에 중점을 둔 고대 그리스의 예술에 감탄했다. 카이퍼는 고전 예술이 모든 후대 예술의 표준을 설정했다고 본다. 그러나 그는 또한 그런 대규모 프로젝트가 부유한 국가나 민족 종교의 주요 자금에 크게 의존하고 있으며, 이는 필연적으로 예술가의 독립성과 표현의 자유를 축소하는 위험이 있는 종속 관계를 생성한다고 지적한다.[6]

삶의 서로 다른 "영역"들 사이의 독립성과 구분의 중요성은 카이퍼에게서 되풀이되는 주제이다. 교육, 종교, 정치 또는 경제 그 무엇이건 한 영역이 다른 영역을 지배하지 않아야 하고 또한 종속되지 않는 것도 필수적이다. 그것들 각각이 적절하게 발전하기 위해 고유한 "영역주권", 고유한 공간이 부여되어야 한다. 이것은 예술의 영역 또는 그가 두 번째 질문과 관련하여 다루는 주제인 "심미적인 것"에도 적용된다.

두 번째 질문인 예술의 본질 이해에 대한 대답에서 카이퍼는 고전이든 다른 예술이든 어떤 특정한 예술 형식이나 스타일이 아니라 예술 자체의 역할과 본질에 초점을 맞춘다. 그렇게 하면서 그는 칼뱅에게 직접 호소한다. 칼뱅에게 모든 예술은 인간의 위안과 하나님을 찬

---

6 Kuyper, *Lectures on Calvinism*, 145-47. 카이퍼, 『아브라함 카이퍼의 칼빈주의 강연』, 257-59.

양하기 위해 인간에게 주어진 성령의 은사이다. (칼뱅의 시대에는 거기에 천문학과 음악에서 제화와 직조에 이르기까지 소위 교양과 기계적 예술이라고 불리는 모든 예술이 포함되었을 것이다). 그것들은 다같이 지구를 개발하여 번성하게 하라는 창세기의 일반적인 문화적 소명에 대한 뚜렷한 응답을 형성한다.[7]

카이퍼가 예술에 대해 이야기할 때 칼뱅보다 좁은 의미로 오늘날 우리가 사용하는 의미에 더 가깝게 이 용어를 사용한다. 이것은 그의 시대에 미학에서 논의되었던 문제에 대한 그의 언급에서 분명히 드러난다. 그 논쟁 중 하나는 "사실주의자"와 "이상주의자" 간의 싸움이었다. 예술은 세상을 가능한 사실적으로 베끼거나 "모방"해야 하는가, 아니면 그것을 초월하고 "이상화"해야 하는가? 카이퍼의 입장은 그 중간 어디쯤에 있다. 예술은 항상 하나님께서 주신 피조물로서 자연에 뿌리를 두고 있어야 하지만, 그 모습을 맹종적으로 모방하지 않아야 한다. 대신에 "이 악한 세계가 우리에게 주는 것보다 더 높은 실재를 우리에게 열어"주는 것을 추구해야 한다.[8] 회화의 과제는 "자연의 아름다움을 초월하는 하나의 아름다움을 산출하는 것"이다.[9] 더욱이 음악은 마음을 움직이는 힘이 있고 성품을 고상하게 만들기까지 한다.

---

7 Kuyper, *Lectures on Calvinism*, 152-53. 카이퍼, 『아브라함 카이퍼의 칼빈주의 강연』, 264-71.

8 Kuyper, *Lectures on Calvinism*, 154. 카이퍼, 『아브라함 카이퍼의 칼빈주의 강연』, 273.

9 Kuyper, *Lectures on Calvinism*, 154. 카이퍼, 『아브라함 카이퍼의 칼빈주의 강연』, 273.

카이퍼에게 예술은 칼뱅과 마찬가지로 고전주의적 조화와 질서로 정의된 아름다움의 표현이다.[10] 아름다움은 "신적 완전의 표현"이며, 있는 그대로 객관적 실재에 뿌리를 내리고 있다.[11] 비록 죄와 깨어짐으로 훼손되었지만 예술은 사람들에게 타락 이전의 세상의 아름다움을 상기시키고 다가올 세상의 모습이 어떨지 엿볼 수 있는 기회를 제공하는 "신비한 임무"를 가지고 있다.[12] 카이퍼는 이렇게 말했다.

> 예술은 한때 놀라울 정도로 아름다운 창조의 폐허 곁에 서서 본래 계획의 모습들과 최고의 예술가와 건축가가 장차 이 폐허로부터 새롭게 창조하실 것을 우리에게 보여줍니다.[13]

카이퍼는 아름다움의 최고 이상이 고대 그리스인에 의해 달성되었다고 보았다. 그리스인들은 불신자들이었으나 질서와 조화의 최고의 표현을 달성했다. 카이퍼가 이 영예를 이교도 그리스인들에게 돌리기를 주저하지 않은 이유는 칼뱅의 일반 은총 교리 때문이다. "그러나 이와 달리 칼뱅은 '교양 학문'을 하나님이 **차별 없이** 경건한 자들과 불경건한 자들에게, 즉 썩어서 차별 없이 신자들과 불신자들에게 나누

---

10 Kuyper, *Lectures on Calvinism*, 156. 카이퍼, 『아브라함 카이퍼의 칼빈주의 강연』, 276.

11 Kuyper, *Lectures on Calvinism*, 156. 카이퍼, 『아브라함 카이퍼의 칼빈주의 강연』, 276.

12 Kuyper, *Lectures on Calvinism*, 155. 카이퍼, 『아브라함 카이퍼의 칼빈주의 강연』, 274.

13 Kuyper, *Lectures on Calvinism*, 155. 카이퍼, 『아브라함 카이퍼의 칼빈주의 강연』, 275.

어주신 선물들이라고 말합니다."¹⁴ 그는 심지어 불신자들이 믿는 사람들보다 예술에 더 능숙한 경우가 많다고 덧붙였다. "이 선물들은 역사가 보여주듯 다름 아닌 신앙의 영역 밖에서도 더 온건하게 빛을 비추었습니다."¹⁵ 그는 예루살렘에 성전을 건축하는 데 외부의 도움과 이교도 국가의 장인들의 기술이 필요했던 사실을 예로 들어 이를 설명한다. 이스라엘은 비록 종교에서는 진리를 가지고 있었지만 과학, 정치, 상업, 예술에서는 뒤떨어져 있었다.

칼뱅주의의 예술과 종교의 분리는 또한 예술이 더 이상 시각적 이미지로 하나님의 완전성을 표현할 수 없음을 뜻한다. 칼뱅주의는 고유한 원리에 따라 종교가 "감각적 아름다움을 통해 종교를 상징적으로 표현하는 것"을 금지했다.¹⁶ 이는 비록 다양한 외적 형태의 아름다움이 무한한 것의 영원한 아름다움을 여전히 가리킬 수 있지만, 하나님과의 교제를 위해 시각적 이미지에 의존할 수 없다는 것을 의미했

---

14 Kuyper, *Lectures on Calvinism*, 160 (강조는 첨가된 것). 카이퍼, 『아브라함 카이퍼의 칼빈주의 강연』, 284-85. 우리는 "복음의 약속"이 "모든 사람에게 가리지 않고 차별 없이" 선포되어야 한다고 요구하는 도르트 신조의 화답하는 소리를 들을 수 있다. Synod of Dort, *Decision of the Synod of Dort on the Five Main Points of Doctrine in Dispute in the Netherlands*, Second Head of Doctrine, Article 5. 영어 번역본은 다음에서 찾아볼 수 있다. "Synod of Dort," Christian Classics Ethereal Library, accessed May 16, 2020, https://ccel.org/ccel/anonymous/canonsofdort/canonsofdort.iii.i.html.

15 Kuyper, *Lectures on Calvinism*, 160. 카이퍼, 『아브라함 카이퍼의 칼빈주의 강연』, 285.

16 Kuyper, *Lectures on Calvinism*, 152. 카이퍼, 『아브라함 카이퍼의 칼빈주의 강연』, 268.

다. 칼뱅주의는, 최고로 표현하자면, 말씀과 내적 마음의 종교이다.[17]

카이퍼는 칼뱅주의가 신성한 완전성을 표현하는 예술 형식이나 그 자체의 중요한 양식을 창조하지 않았지만 그럼에도 불구하고 "**사실상 그리고 구체적인 의미에서 예술의 발전을 촉진시켰다**"고 주장한다.[18] 카이퍼는 세 번째 질문, 즉 칼뱅주의가 예술의 발전을 위해 실제로 무엇을 했는지에 대한 답변에서 이를 설명한다. 첫 번째 질문에 답으로 종교가 그 자체적으로 발전하는 것이 좋다고 주장한 카이퍼는 이제 이러한 종교로부터의 분리가 예술에도 어떻게 좋은지를 보여준다. 예술은 더 이상 종교적 주제에 얽매이지 않고 자연과 인간의 삶을 풍부하게 탐구할 수 있게 되었다. 카이퍼는 풍경, 가정 모습, 초상화 전통으로 17세기에 성공한 네덜란드 회화를 들어 이 점을 설명한다. 네덜란드 화가는 종교적 또는 신화적 주제에 국한된 중세 및 르네상스 그림과 달리 다양한 사회 계층과 배경을 가진 사람들과 함께 일상생활을 묘사하기 시작했다. 그들은 기쁨과 환희 또는 슬픔과 평온 같은 감정도 포함하여 "일반인"을 묘사했다.[19]

카이퍼는 칼뱅주의의 선택의 원리로 이 새로운 경향을 설명했다.

---

17 신자의 삶에서 마음의 중심성은 하이델베르크 교리문답에서 반복되는 특징이다. 예를 들어 21, 58, 60, 65, 76, 94, 102, 108, 113, 117번 질문과 답을 참고하라.

18 Kuyper, *Lectures on Calvinism*, 163 (강조는 원문). 카이퍼, 『아브라함 카이퍼의 칼빈주의 강연』, 290.

19 Kuyper, *Lectures on Calvinism*, 165-67. 카이퍼, 『아브라함 카이퍼의 칼빈주의 강연』, 293-97.

이 원리는 새 땅에서의 영생을 얻기 위해 일부를 구원하시지만 나머지는 구원하지 않는 것이 하나님의 뜻임을 함축한다.[20] 현대적 감성에서는 이 교리가 영벌에 처한 자들과 관련해 종종 불공평하다고 느껴진다. 그러나 카이퍼는 이와 대조적으로 세상의 표준에 따라 중요한 사람들뿐 아니라 적어도 원칙적으로는 누구라도 구원하시는 하나님의 공평성을 강조한다.

> 하나님이 눈에 보이는 것을 보지 않고 마음만 보신다면, 여기에 일반적이고 평범한 것을 관찰하고, 그 가운데 인간 마음의 움직임과 동기들을 추적하고, 거기 숨은 이상을 자신의 예술 사랑으로 붙들고, 온 세상 가운데 자신의 예술 사랑이 발견한 것을 나중에 자신의 연필로 그려서 보여주는 예술가를 위한 힌트는 없습니다.[21]

서민과 그의 내면에 대한 이러한 새로운 관심은 종교화에도 적용되었다. 이전에 이상화되었던 선지자, 사도, 성도들이 온전한 인간 상태로 사실적으로 묘사됨으로써 인간화되고 있었다. 이것은 렘브란트 반 라인(Rembrandt van Rijn)의 종교화에서 특히 분명했다. 카이퍼는 렘브란트가 자기 자신을 칼뱅주의자로 규정하지 않았음을 인정한

---

20 John Calvin, *Institutes of the Christian Religion*, vol. 2, ed. John McNeill, trans. Ford Lewis Battles (Philadelphia: Westminster Press, 1960), 3.21.5. 장 칼뱅, 『기독교 강요』 3, 21, 5.

21 Kuyper, *Lectures on Calvinism*, 166. 카이퍼, 『아브라함 카이퍼의 칼빈주의 강연』, 296.

다. 사실 렘브란트는 자주 교파의 경계를 넘나들었다. 그럼에도 불구하고 그는 자신의 그림과 많은 동시대 사람들의 그림이 더 일반적으로 네덜란드 문화와 사회를 형성한 칼뱅주의 원칙의 영향을 받았다고 주장했다.[22]

카이퍼는 특정 국가에서 예술의 발전은 항상 활용 가능한 자원, 국가적 특성 그리고 재능을 포함하는 광범위한 요인들에 달려 있다고 주장한다. "이탈리아 사람이 스코틀랜드 사람보다 음악적으로 더 탁월한 목청을 받았고, 독일 사람이 네덜란드 사람보다 더 격정적인 음악적 충동에 지배받는 것은 부인할 수 없는 자료들입니다."[23]

자원과 관련하여 카이퍼는 네덜란드가 예컨대 이탈리아와 동일한 건축용 석재와 대리석 공급량을 갖고 있지 않았다는 점을 상기시킨다. 네덜란드가 그림, 음악, 문학에서 뛰어났다는 사실은 부분적으로 이런 예술이 막대한 천연자원이나 부유한 후원에 덜 의존적이라는 사실 때문이었다. 카이퍼는 칼뱅주의의 영향의 산물로 "네덜란드 문학의 보물"을 논의하고 싶었지만 네덜란드어의 제한된 범위로 인해 이러한 작품이 국제적 명성을 얻을 것이라고 결코 기대할 수 없었기 때문에 대신 "귀로 듣고 마음으로 이해하는" 음악에 집중할 것이라고 썼다.[24]

---

22 Kuyper, *Lectures on Calvinism*, 165-67. 카이퍼, 『아브라함 카이퍼의 칼빈주의 강연』, 293-97.

23 Kuyper, *Lectures on Calvinism*, 164. 카이퍼, 『아브라함 카이퍼의 칼빈주의 강연』, 290-91.

24 Kuyper, *Lectures on Calvinism*, 165. 카이퍼, 『아브라함 카이퍼의 칼빈주의

카이퍼는 이런 의도를 가지고 종교 음악에 대한 칼뱅주의의 기여에 주목함으로 강의를 마무리한다. 종교개혁 이전까지 종교 음악은 거의 전적으로 전문 음악가들에 의해 연주되었으며 회중은 그저 듣기만 했다. 선술집과 거리에서 연주되는 민요와 같은 교회 밖의 모든 음악은 일반적으로 교회에 다니는 사람들의 눈살을 찌푸리게 했다. 이 모든 것이 칼뱅의 종교개혁으로 바뀌었다. 칼뱅은 회중을 시편 찬송에 참여시키고 신자들이 가정에서 가족들과 더불어 노래하는 것을 격려하기를 원했다. 특히 두 작곡가인 루이 부르주아(Loys Bourgeois)와 클로드 구디멜(Claude Goudimel)은 쉽게 따라 부를 수 있도록 시편 찬송을 인기 있는 민요로 편곡하기 시작했다. 전문 성가대는 사라졌고 회중이 진심 어린 열정으로 새 시편을 노래하도록 했다. 구디멜은 그때까지 교회의 전통적 성악(고정 멜로디, cantus firmus) 역할을 했던 테너 대신에 높은 소프라노에 주도권을 맡겨 당대의 음악을 바꾸어 놓았다.[25]

부르주아는 리듬을 추가하고 음계를 장조와 단조의 두 가지 주요 조(調)로 줄임으로써 전통적인 그레고리오 성가를 변형시켰다. 카이퍼는 부르주아가 제네바에서 칼뱅과 함께 일했으며 직접 그의 사상의 영향을 받았음을 지적했다.[26]

강연』, 293.
25 Kuyper, *Lectures on Calvinism*, 167-70. 카이퍼, 『아브라함 카이퍼의 칼빈주의 강연』, 297-302.
26 Kuyper, *Lectures on Calvinism*, 168-69. 카이퍼, 『아브라함 카이퍼의 칼빈주의 강연』, 300-301.

카이퍼의 강연 전체를 되돌아보면 그의 생각에 영향을 준 세 가지 핵심 칼뱅주의 원칙을 확인할 수 있다. 첫 번째, 예술을 교회의 봉사로부터 해방시키고 환원할 수 없는 고유한 임무를 가진 독립적인 인간의 활동으로 분립하도록 영감을 준 영역주권의 원칙이다. 두 번째, 고대 그리스 이교의 고전 예술이든 칼뱅 시대 음악가들의 세속적 민요이든 불신자들의 예술의 진가를 인정하고 이를 새로운 예술 형식으로 통합하고 변형시키는 일반 은총의 원리다. 세 번째, 선택의 원리는 평범한 사람들과 삶의 장면들을 예술의 가치 있는 주제로 여기도록 자극했다.

다음 부분에서 볼 수 있듯이 처음 두 원칙은 카이퍼 이후 개혁파 미학에서 계속 중요한 역할을 한다. 그러나 세 번째 원칙인 선택은 예술에 대한 오늘의 개혁파 사상에서 거의 사라졌다. 그럼에도 '일상'과 '서민'에 대한 예술적 관심은 여전하다. 오늘날에는 신학적으로 모든 인간이 하나님의 형상대로 평등하게 창조되었다는 근거에서 이것을 주장하는 것이 더 일반적이다.

카이퍼주의자들은 무엇을 했는가?

카이퍼는 네덜란드의 주요 예술 기관이나 예술 프로젝트를 시작하지 않았다. 예를 들어 자유대학교나 중앙일간지인 「트라우」(*Trouw*) 또는 반혁명당에 견줄 만한 것 말이다. 그렇지만 그의 세계관 전반은 소수의 예술 사학자와 철학자의 사상 형성에 뚜렷하게 기여했고, 이어서 그들의 책들이 여러 세대의 개신교 복음주의 예술가들에게 영감을 주었다. 이 사상가 그룹에는 미술사가 한스 로크마커(Hans Rookmaaker)와 미술철학자 캘빈 시어벨트(Calvin Seerveld)와 니콜라스 월터스토프(Nicholas Wolterstorff), 그리고 사회철학자 램버트 주이데르바트(Lambert Zuidervaart)가 포함된다. 그들은 함께 "카이퍼주의"나 "신칼뱅주의" 또는 "개혁파"로 다양하게 불리는 미학과 예술 철학 분야의 책들을 펴냈다.

위의 사상가 중 일부는 카이퍼의 영향력을 받았는데, 그 영향은 네덜란드 철학자 헤르만 도여베이르트(Herman Dooyeweerd)의 작품들을 통해 걸러진 것이었다. 도여베이르트는 카이퍼의 영역주권 교리를 사회생활에서 더 넓은 삶의 철학으로 확장했는데, 이것은 삶과 세계를 서로 다른 것으로 축소될 수 없는 다양한 차원, 즉 "양상 측면"들의 만화경으로 보았다. 그는 그중 하나를 미학적 측면이라고 불렀다. 도여베이르트의 "양상 이론"은 로크마커에게 미술을 공부하는 기독학생들에게 보내는 공개편지인 그의 짧은 책 『예술은 정당화가 필요 없다』(Art Needs No Justification)의 토대가 된 핵심적 영감이었다.[27] 로크마커 시대의 복음주의 개신교도 대부분은 복음 전도나 성경을 시각적으로 이해하기 위한 목적으로만 예술에 관여했다. 로크

---

27 Hans Rookmaaker, *Art Needs No Justification* (Leicester, UK: Inter-Varsity Press, 1978; repr., Vancouver: Regent College, 2010). Also published in *Western Art and the Meanderings of a Culture*, vol. 4 of *The Complete Works of Hans Rookmaaker*, ed. Marleen Hengelaar-Rookmaaker (Carlisle, UK: Piquant, 2001-2002), 315-49.

마커는 그의 책에서, 제목에서 알 수 있듯이 외부적 목적들에 의해 그 이상으로 정당화가 필요 없는 예술 **자체**의 자리가 있다고 주장했다. 이 통찰은 많은 그리스도인이 예술 분야에서 경력을 쌓을 수 있도록 해방시켰다. 로크마커는 도여베이르트와 카이퍼를 따라 미학의 핵심 양상 측면을 고전적인 아름다움, 더 구체적으로 "아름다운 조화"로 특정했다. 그렇다고 해서 모든 예술이 고전 규칙을 따르거나 유쾌하거나 예쁘다는 관습적인 의미에서 아름답다는 의미는 아니다. 로크마커는 예술이 세상의 상처와 인간의 고통을 드러내는 역할도 한다고 굳게 믿었다. 그는 결국 예술이 그것이 속한 문화를 **반영하고** 또 그 문화에 어떻게 **반영되는지**를 보여준 『현대 예술과 문화의 죽음』(*Modern Art and Death of Culture*)이라는 책으로 가장 잘 알려졌다.[28] 이 책은 때때로 현대 미술을 그 자체로 비난하는 것처럼 읽힌다. 그러나 이는 로크마커에 대한 정당한 평가가 아니다. 그것은 오히려 현대 미술 **속에서** 종종 비판적으로 포착되고 묘사되는 모더니즘 정신에 대한 비판이다.

상상력이 가장 풍부하고 영향력도 강한 신칼뱅주의 예술철학자이자 미학자는 신칼뱅주의 전통에 따라 설립된 대학원인 토론토 기독교 학문 연구소에서 오랜 기간 가르쳤던 캘빈 시어벨트(Calvin Seerveld)이다. 시어벨트는 도여베이르트의 양상 이론에서 영감을 받

---

28 Hans Rookmaaker, *Modern Art and the Death of a Culture* (London: Inter-Varsity Press, 1970). Reprinted as *Modern Art and the Death of a Culture*, vol. 5 of *The Complete Works of Hans Rookmaaker*, 3-166.

아, 예술의 본질과 미학에 대한 정교하면서도 세련된 설명을 개발해 냈다. 시어벨트는 카이퍼와 도여베이르트 그리고 로크마커와 달리 아름다움이나 조화를 미학의 결정적 특성으로 여기지 않았다. 그는 아름다움에 대한 생각이 예술에 대한 우리의 이해를 저주받을 정도로 흐려놓았다고 주장한다. 대신, 그는 때때로 "제시" 또는 "상상"이라고도 부르는 "암시성"이라는 개념을 제안한다.[29] 이 개념은 예술뿐만 아니라 다양한 현상과 게임을 하고 이야기를 하는 것과 같은 일상 활동에 적용된다.

놀이로 가득한 미적 참여에서 전문적인 예술적 전문성으로의 전환은 삶의 미적 차원이 특별한 관심과 훈련의 초점이 될 때 일어난다. 예술은 그때 전문인들이 종사하는 특정 목적을 위한 기술이 된다.

시어벨트는 대부분의 예술과 음악이 1800년 이전에는 양탄자를 짜고, 도자기를 장식하고, 자장가를 부르는 것과 같은 일상생활의 필요와 연결되어 있었고, 그 자체로 예술적 측면의 뚜렷한 성격을 의식적으로 인식하지 않았다는 사실을 주목하게 했다. 대부분의 숙련된 예술과 음악은 어떤 위탁 기관이나 기구의 요구 사항을 따라야 했다. 분리된 박물관과 공연장이 등장하고 예술가의 고유한 임무에 대한 인식이 높아지면서 자율적 예술, 즉 예술이 그 자체의 예술적 가치에

---

[29] Calvin Seerveld, *A Christian Critique of Art and Literature* (Toronto: Tuppence Press, 1995), 42-47; *Rainbows for the Fallen World* (Toronto: Tuppence Press, 1980), 125-35.

의해 평가되는 첫 번째 사례를 접하게 되었다.[30]

시어벨트에게 예술의 핵심 과제는 시각적, 음악적, 문학적으로나 어떤 형태로든 세계의 특정 측면과 인간 실존의 삶을 상상력으로 표현하거나 포착하는 것이다.[31] 따라서 예술은 우리가 대체로 간과되고 무시되는 세계에 대한 미묘한 뉘앙스와 반성적 사고 이전의 깨달음을 전달할 수 있게 해준다. 예술은 이 때문에 그 밖의 다른 모든 것이 말해지고 행해질 때 선택적으로 덧붙일 수 있는 요소가 아니다. 그것은 인간됨의 필수적인 부분이다.

인간의 심미적 영역을 존중하거나 위반할 수 있는 규범을 포함한다는 인식은 시어벨트의 미학의 핵심이다. 그는 예술계에서는 거의 들어볼 수 없는 '미적 순종'이나 '미적 건강'이라는 말을 자주 사용한다.[32] 예술이 정당화될 필요가 없고 환원될 수 없는 영역을 가지고 있다는 사실은 그것이 자체 외적 목적에 봉사할 수 없다는 것을 의미하지 않는다. 예를 들어, 일부 예술은 기념이나 축하하는 데 쓰이고, 예배나 정치적 행동을 목적으로 사용된다. 시어벨트는 다른 행위들 속에 포함된 예술을 "이중 의무" 예술이라고 부른다.[33] 예를 들어, 좋은

---

[30] Seerveld, *Rainbows for the Fallen World*, 109-14. 또한 Calvin Seerveld, *Redemptive Art in Society* (Sioux Center, IA: Dordt College Press, 2014), 12 이하를 보라.

[31] 시어벨트는 예술을 "은유의 법칙에 따라 특정한 의미를 지닌 현실을 상징적으로 객관화하는 것"이라고 정의합니다. *Rainbows for the Fallen World*, 132.

[32] Seerveld, *Rainbows for the Fallen World*, 42-77.

[33] Seerveld, *Redemptive Art in Society*, 22-23.

찬송은 신학적으로 건전하고 회중이 부를 수 있어야 할 뿐만 아니라 음악적으로도 훌륭하고 흥미로워야 지루함 없이 반복해서 부를 수 있다. 시어벨트는 특히 사회적으로 비판적이며 예언적 목소리를 가지고 있지만 게시판이나 선전으로 바뀌지 않는 공공 예술에 관심이 있다. 그는 자주 멕시코 화가 디에고 리베라(Diego Rivera)의 벽화를 예로 들어 그 독특한 양식이 억압받는 사람들에게 어떤 목소리를 주고 또 그것이 어떤 상상력을 불러일으키며 들려질 수 있는지를 언급한다. 모든 신칼뱅주의 예술철학자들이 그러하듯이 평범한 이들과 삶의 모든 영역에 대한 관심이 시어벨트의 미학의 핵심적 특징이다. 시어벨트에게 이것은 카이퍼의 가장 결정적인 통찰 중 하나를 나타내는 것이다.[34]

니콜라스 월터스토프(Nicholas Wolterstorff)의 글에서도 갤러리와 다른 기성 예술 기관들 외부의 예술에 대한 동일한 관심을 볼 수 있다. 신칼뱅주의 전통을 포함하여 현대 예술철학에 대한 월터스토프의 계속된 비판 중 하나는 그들이 "위대한 서사"라고 부르는 개념을 받아들인다는 것이다.[35] 이 개념은 예술이 18세기에 와서야 독자적인 갤러리와 음악 공연장의 출현으로 비로소 자리매김하게 되었으며, 예술에 접하는 유일하고 적절한 방법은 분리된 미학적 감상을 통해서라는 점을 내포한다. 그는 시어벨트의 "이중 작업 예술"에 화답하며

---

34 Seerveld, *Christian Critique of Art and Literature*, 55.
35 Nicholas Wolterstorff, *Art Rethought: The Social Practices of Art* (Oxford: Oxford University Press, 2015), 25-33.

예술은 여러 가지 사회적 기능을 수행할 수 있는 사회적 실천임을 주장한다.[36] 1980년 월터스토프와 시어벨트는 자율적 영역으로서의 예술의 출현을 긍정적으로 봐야 할지 부정적인 발전으로 봐야 하는지에 대한 매우 흥미로운 논쟁을 벌였다.[37] 이에 대해 시어벨트는 예술이 자체의 방식으로 성장하고 실험할 수 있는 공간을 제공한다고 주장했다. 하지만, 월터스토프는 반대로 그것이 예술을 일상생활에서 제거하고 엘리트주의에 기여했다고 주장했다.

이런 점에서 차이점에도 불구하고, 시어벨트와 월터스토프는 모두 예술이 문화 갱신과 사회 변혁의 주체일 것을 요구한다. 그리스도인 작가의 소명 또는 "화해의 사역"의 일부는 교회 안팎에서 문화를 변혁하는 예술을 생산하는 것이다.[38] 예술은 인간의 고통과 세상의 상처를 강조하면서도 세상에 치유를 가져올 수 있다. 실제로, 타락한 상태의 일부로서 세상의 고통과 부패를 폭로하라는 예술의 선지자적 소명의 한 부분이다.

예술의 사회적 역할은 또한 철학자 램버트 주이데르바트(Lambert

---

36 Wolterstorff, *Art Rethought*, 83-106.
37 Calvin Seerveld and Nicholas Wolterstorff, "Two Writers Engage in Rainbow Action: Nick Looks at Cal; Cal Looks at Nick," *Vanguard* 10, no. 6 (November–December 1980): 4-5, 18. Seerveld's piece is reprinted in Craig Bartholomew, ed., *In the Fields of the Lord: A Calvin Seerveld Reader* (Carlisle, UK: Piquant, 2000; Toronto: Tuppence Press, 2000), 360-64.
38 Seerveld, *Rainbows for the Fallen World*, 156-201; *Redemptive Art in Society*; Nicholas Wolterstorff, *Art in Action: Toward a Christian Aesthetic* (Grand Rapids, MI: Eerdmans, 1980), 65-174. 니콜라스 월터스토프, 『행동하는 예술』, 신국원 옮김 (서울: IVP, 2016), 129-321.

Zuidervaart)의 작품에서 중요한 주제이다. 그는 시어벨트의 제자였고 칼빈대학교에서는 월터스토프의 동료였다. 그의 카이퍼주의 뿌리는 이 전통의 다른 사상가들처럼 표면에 많이 드러나지 않는다. 하지만 그것은 나름의 독특한 방식으로 개혁파 미학 전통에 서 있는 그의 작업의 중심에 있다.[39] 주이데르바트에게 예술은 국가와 경제를 견제하는 일을 통해 시민 사회에서 필수적인 역할을 한다. 따라서 예술은 건강한 민주주의 문화를 위한 필수 조건이다.

한편으로 국가로부터, 그리고 다른 한편으로는 자유 시장으로부터 예술의 독립은 카이퍼와 도여베이르트의 영역주권 원리를 반영한다. 그 원리는 예술과 종교 사이뿐만 아니라 예술과 국가와 상업세계 사이에 적절한 구별을 요구한다.

주이데르바트의 견해에 따르면 모든 서구 사회는 전형적으로 행정 국가, 영리추구 경제, 시민 사회의 세 가지 "거시 구조"를 포함한다.[40] 이 세 가지 중 시민 사회는 우리가 살아가는 문화를 만드는 사회적 상호 작용과 토론을 위한 공간이다. 이 공간은 시장의 요구나 선전 국가에 의해 지배되지 않는다면 창의성과 예술을 위한 공간이기도

---

[39] Lambert Zuidervaart, *Art, Education, and Cultural Renewal: Essays in Reformational Philosophy* (Montreal: McGill-Queen's University Press, 2017), 103.

[40] 사회 내의 예술의 위치에 관한 주이데르바트의 생각에 대해서는 다음을 참조하라. Lambert Zuidervaart, *Art in Public: Politics, Economics, and a Democratic Culture* (Cambridge: Cambridge University Press, 2011); and "Art in Public: An Alternative Case for Governments Arts Funding," *The Other Journal*, January 3, 2009, http://theotherjournal.com/2009/01/03/art-in-public-an-alternative-case-for-government-arts-funding/.

하다. 예술은 국가와 시장 모두에게 책임을 물을 수 있고 국가와 시장이 위압적인 권세를 가지는 것을 방지할 수 있기 때문에 건전한 정치 및 경제 구조에 의존하는 동시에 기여하기도 한다. 인간의 공통 관심사에 대한 공개적이고 비판적인 대화를 육성함으로써 국가와 시장이 운영되는 방식을 형성하는 데 도움을 줄 수 있다. 역설적이게도 이것은 비영리 공공 예술 부문을 공적 자금 지원 대상으로 만들었다. 주이데르바트는 공공 예술이 지원되지 않는다면, 우리 사회와 문화가 무력화되고 영혼을 파괴하는 세계 시장 세력의 희생 제물이 될 것이라고 주장한다.

예술, 종교 기관, 국가의 분리의 중요성에 대한 카이퍼의 강조는 매우 현대적으로 들린다. 그는 예술이 교회에 의존하는 것의 위험성에 대해 이렇게 썼다. "칼뱅주의 덕분에 처음으로 **교회의 광채**, 즉 교회의 외적 화려함이 깨졌고, 예술을 재정적으로 속박했던 측량할 수 없는 교회의 소유가 파기되었으며, 인간 삶의 모든 표현이 자기에게 복종하기 전에는 결코 쉴 수 없었던 외적 권세의 표출 역시 무너졌습니다."[41]

오늘날에는 교회가 아니라 과열된 시장이 예술을 "재정적 속박"으로 묶고 있지만, 카이퍼는 국가와 시장의 압력에 모두 잠재적 완충 장치를 제공할 수 있는 사회 기반 구조과 탄탄한 시민 사회의 필요성을 강조한다. 사람들은 삶의 중요한 질문에 대한 방향 정립과 성찰을 위

---

41 Kuyper, *Lectures on Calvinism*, 159-60. 카이퍼, 『아브라함 카이퍼의 칼빈주의 강연』, 283.

해 예술로 눈을 돌린다. 예술은 주이데르바트에게 있어 시어벨트와 마찬가지로 보통 일상에서 작동하는 레이더 화면에 잡히지 않는 애매하고 미묘한 통찰과 인식을 명확하게 표현할 수 있는 능력을 가지고 있다. 그는 이를 탐구와 제시와 해석의 과정, 또는 다르게 포착되지 않는 의미의 "상상적 공개"라는 말로 설명한다.[42]

이 모든 것이 우리에게 타락 이전의 세계의 아름다움을 상기시키고 다가올 세계의 형태를 예견하는 예술의 "신비한 임무"에 대한 카이퍼의 관점과는 거리가 멀게 보일 수도 있다. 그러나 예술을 아름다움으로 정의하지 않더라도 대부분의 신칼뱅주의 예술철학자들은 예술이 인간의 삶과 세계를 묘사하는 방식에 있어 규범적이라는 데 동의할 것이다. 예술은 선하고 완전한 것을 기뻐하고 악하고 부서진 것을 폭로하고 한탄함으로써 그 일을 한다. 가장 중요하게는 이는 예술을 사회생활과 인간 실존의 필수 불가결한 특징이며, 외부의 정당화를 필요로 하지 않는 다른 문화 행위들에 버금가는 독특한 문화적 소명임을 보여준다. 그리스도인들은 종종 예술을 무시하고 무시하거나 그것을 낭만화하고 우상화하기 때문에, 이는 중요한 통찰이다.

---

42 주이데르바트의 "상상적 공개"라는 예술과 예술적 진리 개념에 대해서는 다음을 참고하라. Lambert Zuidervaart, *Artistic Truth: Aesthetics, Discourse, and Imaginative Disclosure* (Cambridge: Cambridge University Press, 2004).

우리는 무엇을 해야 하는가?

우리 시대에 대한 카이퍼의 관련성과 잠재적 기여에 대해 논의하기 전에 몇 가지 약점을 지적하는 것이 중요하다. 나는 특히 세 가지에 집중할 것이다. 그것들은 예술에 대한 칼뱅주의의 영향에 관한 설명과, 고전 예술을 옹호하기 위한 일반 은총에 호소하는 것, 그리고 아름다움을 미학의 핵심으로 강조하는 것과 관련이 있다.

황금 시대의 네덜란드 회화의 성공을 칼뱅의 선택 교리에 돌리려는 카이퍼의 시도는 적절한 증거가 부족하다. 선택 교리가 예술이 일반인들에게 부여한 새로운 관심과 양립할 수 있다는 것이 사실일 수도 있지만, 그것들이 인과적으로 관련되어 있다는 역사적 증거는 없다. 더 그럴듯한 설명은 평범한 사람들과 그들의 일상적 삶에 대한 이런 관심은 새로운 구매자 시장의 수요를 충족시켜야 할 필요성의 결과였다는 것이다. 다시 말해, 예술가들이 종교적이고 성경적인 주제를 넘어 다양한 소재로 눈을 돌리게 된 것은 칼뱅이 교회 안에서 시각적 이미지와 조각상을 금지한 것의 의도치 않은 산물이었다.[43] 교회의 작품 의뢰를 잃은 그들은 새로운 일과 고객을 찾아야 했다. 새로운 소재는 부상하는 중산층의 취향을 충족시켰는데, 어쩌다 보니 중산

---

43 Philip Benedict, "Calvinism as Culture? Preliminary Remarks on Calvinism and the Visual Arts," in *Seeing Beyond the Word: Visual Arts and the Calvinist Tradition*, ed. Paul Corby Finney (Grand Rapids, MI: Eerdmans, 1999), 19-45.

층의 대부분이 칼뱅주의자였던 것이다. 따라서 칼뱅의 선택 교리가 이전에 무시되었던 것을 고양시킨 것은 사실이지만 '서민'이 회화에 직접적인 영향을 미쳤다고 할 수는 없다.

이 강연의 또 다른 약점은 두 칼뱅주의 원리들 간의 긴장이다. 하나님이 신자와 불신자 모두에게 좋은 은사를 주신다는 것을 강조하는 "일반 은총" 원리와 신자와 불신자가 세계에 관여하는 방식에 근본적이고 화해할 수 없는 차이가 있다는 생각인 "대립"의 원리가 그것이다. 예술에 관한 강연에서 카이퍼는 일반 은총의 원리를 강조한다. 그러나 정치와 학문에 대한 강의에서 그는 대립의 교리를 전면에 내세웠다. 그는 그런 맥락에서 두 종류의 학문과 정치가 있음을 강조할 것이다. 하나는 성령의 인도 아래 신자들이 실행하는 것이고, 다른 하나는 불신자들이 하는 것이다. 카이퍼가 기독교 대학과 정당을 만들도록 영감을 준 것은 대립의 교리였다. 그러나 "두 종류의 학문", 즉 기독교적인 것과 불신자의 것이 있지만 "두 종류의 예술"이 있는 것은 아니다. 그 대신, 카이퍼는 일반 은총 덕분에 믿지 않는 그리스인들이 최고의 예술 양식을 성취했으며 그들의 원칙이 오늘날에도 여전히 유효하다고 믿는다. 그 결과, 카이퍼는 신앙인에 의한 것이든 믿지 않는 자의 것이든 간에 그 원칙에 부합하지 않는 당대의 예술에 대해 종종 매우 비판적이다.

칼뱅의 일반 은총 교리와 카이퍼의 대립 교리 사이의 긴장은 결코 실제로 해결되지 않았으며 그를 따르는 사상가들 간의 차이점들에 일부 반영되고 있음을 볼 수 있다. 예를 들어, 로크마커는 대립을 강조한다. 그는 자신의 저서『현대 예술과 문화의 죽음』에서 기독교 세계관에 의해 형성된 예술과 현대 세속적 사고에 의해 형성된 예술 사이의 분열을 개략적으로 설명하는 현대 예술에 대한 분석에서 그렇게 한다. 이와 대조적으로, 시어벨트는 그의 책『타락한 세상을 위한 무지개』(Rainbows for Fallen World)에서 현대 미술이 더 이상 기독교 원칙에 의해 형성되지 않았지만 그럼에도 불구하고 예술을 성장시킬 수 있는 새로운 길을 열어 주었다고 지적한다. 이것은 "현대 미술과 기독교 문화의 탄생"이라는 장(章)의 제목에 반영되어 있다.[44]

마지막 약점은 예술의 핵심 특징으로서 아름다움에 대한 카이퍼의 강조와 아름다움이 신적 완전성의 표현이라는 주장이다. "소리의 세계, 형상의 세계, 색깔의 세계, 그리고 시적 착상의 세계, 이것들은 하나님 외에 다른 데서 나올 수 없으며, 오직 그의 형상을 담지한 사람만 그것들을 이해하고 즐길 수 있습니다."[45] 카이퍼는 이 특성 묘사에서 성경적 통찰을 플라톤과 신플라톤 사상, 그리고 현대 낭만주의적 개념과 뒤섞어 합쳐놓는 아름다움과 예술에 대한 오랜 기독교적 사고의 전통을 따른다. 이 접근 방식의 한 가지 문제는 친절이나 정의 행위와 같은 창조 속에 나타나는 하나님의 임재의 다른 표현보다 아름다움을 무비판적으로 우선시한다는 것이다. 아울러 아름다움 자체가 타락한 창조세계의 일부라는 것도 인식하지 못다. 가장 문제

---

44 Seerveld, *Rainbows for the Fallen World*, 156-201.
45 Kuyper, *Lectures on Calvinism*, 156-57. 카이퍼,『아브라함 카이퍼의 칼빈주의 강연』, 277-78.

가 되는 것은 이런 류의 "아름다움 신학"이 아름다움에 대한 전(前)근대적 사고를 우리의 현대 예술 개념에다 무비판적으로 적용시킨다는 것이다. 그러나 전근대 사상가들이 아름다움에 대해 생각할 때 그들은 우리가 현재 예술로 분류하는 종류의 대상을 거의 염두에 두지 않았다는 것을 기억하는 것이 중요하다. 대신 그들은 자연의 빛이나 신성한 빛, 우주의 질서, 또는 플라톤의 경우처럼 동성애적 사랑의 맥락에서 인간 형태의 아름다움과 같은 것들을 깊이 생각했다. 아름다움에 대한 이러한 형이상학적 사색을 현대의 예술 개념으로 옮기는 것은 결코 간단하지 않고 종종 문제가 된다. 따라서 카이퍼 이후의 기독교 사상가들이 이 문제에 대해 다른 입장을 취한 것은 놀라운 일이 아니다. 도여베이르트와 로크마커는 아름다움과 조화로운 질서의 관점에서 예술을 정의하면서 카이퍼를 따르지만, 시어벨트, 월터스토프, 주이데르바트는 이 중요한 점에 있어 카이퍼에게서 떠난다.

이런 약점을 감안할 때 이 강연에서 카이퍼의 주요 공헌은 예술에 대한 어떤 특정한 견해에 있지 않고 (결국 이것은 그의 전문 분야가 아니었다), 그가 몇 가지 근본적인 칼뱅주의 원리에 주의를 기울이는 방식과 그것을 예술과 미학의 영역에 적용시킬 잠재적 가능성에 있다고 말할 수 있다. 이를 통해 우리는 과학이나 신화 또는 종교와 같이 의미를 구성하는 인간의 다른 활동들과 예술을 구별해주는 독특하고 환원될 수 없는 특성으로 간주될 수 있는 것이 무엇인지 탐구할 수 있다. 우리는 예술이 원래 선한 것으로 창조되었지만 다른 모든 것과 함께 죄에 의해 더럽혀지고 깨졌으며 구속이 계속 필요하다는 것을 단언할 수 있다. 비기독교 사상가와 예술가들에게서 탐구에 귀중한 통찰을 끌어올 때, 우리는 카이퍼의 칼뱅주의 일반 은총 개념에서 영감을 받을 수 있다. 그들 중 어떤 이는 문화 행위로서의 예술에 대한 이해나 세계와의 원초적인 심미적 만남에서 신체와 다양한 감각의 역할에 대한 더 나은 이해에 중요한 기여를 했다. 그들은 그렇게 함으로써 칼뱅의 긍정적인 창조 신학과 육체적이고 물질적인 모든 것의 근본적 선함을 암묵적으로 확증한다. 이것은 차례로 (나의 "정의"에 따르자면) 몸으로 체현되고 정서적인 삶의 인간 경험을 표현하는 예술의 역할에 대해 카이퍼와 다른 사상가들의 유익한 대화를 가능하게 한다.

마지막으로, 이 모든 것은 카이퍼가 교회에 예술을 위한 자리가 전혀 없다고 보았다는 의미인가? 나는 그것이 옳은 결론이라고 생각하지 않는다. 우선, 카이퍼는 교회에서 예배를 향상시키기 위한 회중 찬송의 중요성을 주장했다. 그는 칼뱅처럼 시각적 이미지를 말씀의 "목발"(또는 더 나쁘게는 대체물)이 될까 주의하지만, 그의 강연 중 예배의 맥락에서 예술의 사용을 금지하는 구체적인 내용은 없다. 아마도 예술에 대한 새로운 카이퍼주의적 이해는 감각과 정신을 활성화시키는 새로운 형태의 개신교 예전 예술에 영감을 줄 수도 있을 것이다. 아마도 그러한 예술은 전에 렘브란트가 그렇게 했던 것처럼 성경의 주요 인물들(선지자, 제사장, 왕)을 인간화할 수 있을 뿐만 아니라 "보통" 남자와 여자의 경험에 다가가고 그들의 신앙적 삶의 경험들, 즉 흔들리지 않는 믿음의 순간뿐 아니라 의심과 심지어 절망의 순간들도 상상적으로 포착할 수 있다. 그러한 궁극적으로 예술은 일요일에 행해지는 왕의 예배를 일주일 내내 행해지는 정의와 공동선을 추구하는 하나님 나라의 일에 연결할 수 있어야 한다. 그러나 이것을 개발하는 데는 시간이 걸릴 것이다.

아드리엔 뎅거링크 채플린(Adrienne Dengerink Chaplin), PhD, Free University of Amsterdam)

런던 킹스칼리지의 객원 연구 펠로우이며, 케임브리지 소재 마가렛 보우호트 연구소 연구 준회원이다.
토론토 기독교학문연구소 교수와 캐나다 미학 학회의 공동 대표를 역임했다.

Art, Conflict & Remembering: The Murals of the Bogside Artists 순회 전시의 큐레이터였으며 다음의 책을 공저했다.

『예술과 영혼』 (*Art and Soul: Signposts for Christians in the Arts*)

The Philosophy of Susanne Langer: Embodied Meaning in Logic, Art and Feeling.

⟨발전을 위해 더 읽을거리들⟩

Begbie, Jeremy. *Voicing Creation's Praise: Towards a Theology of the Arts*. (Edinburgh: T&T Clark, 1991)

Brand, Hilary, and Adrienne Chaplin. *Art and Soul: Signposts for Christians in the Arts*. (Downers Grove, IL: InterVarsity Press, 2007)
힐러리 브랜드, 아드리엔느 채플린, 『예술과 영혼』, 김유리, 오윤성 옮김 (서울: IVP, 2004).

Dyrness, William. *Visual Faith: Art, Theology, and Worship in Dialogue*. (Grand Rapids, MI: Baker Academic, 2001)

Finney, Paul Corby, ed. *Seeing Beyond the Word: Visual Arts and the Calvinist Tradition*. (Grand Rapids, MI: Eerdmans, 1999)

Graham, Gordon, ed. *The Kuyper Center Review*. Vol. 3, *Calvinism and Culture*. (Grand Rapids, MI: Eerdmans, 2013)

Rookmaaker, Hans. *The Complete Works of Hans Rookmaaker*. Edited by Marleen Hengelaar-Rookmaaker. 6 vols. (Carlisle, UK: Piquant, 2001-2002)

Seerveld, Calvin. *A Christian Critique of Art and Literature*. (Toronto: Tuppence Press, 1995)

_____. *Rainbows for the Fallen World*. (Toronto: Tuppence Press, 1980)

_____. *Redemptive Art in Society*. (Sioux Center, IA: Dordt College Press, 2014)

Taylor, David W. *The Theater of God's Glory: Calvin, Creation, and the Liturgical Arts*. (Grand Rapids, MI: Eerdmans, 2017)

Wolterstorff, Nicholas. *Art in Action: Toward A Christian Aesthetic*. (Grand Rapids, MI: Eerdmans, 1980)
니콜라스 월터스토프,『행동하는 예술』신국원 옮김 (서울: IVP, 2016)

_____. *Art Rethought: The Social Practices of Art*. (Oxford: Oxford University Press, 2015)

Zuidervaart, Lambert. *Art, Education, and Cultural Renewal: Essays in Reformational Philosophy*. (Montreal: McGill-Queen's University Press, 2017)

_____. *Artistic Truth: Aesthetics, Discourse, and Imaginative Disclosure*. (Cambridge: Cambridge University Press, 2004)

6. 카이퍼와 미래
- 브루스 애쉬포드

6. 카이퍼와 미래

브루스 애쉬포드

러시아의 겨울에는 저녁 시간을 보낼 수 있는 방법이 많지 않다. 기온이 영하 20도에서 30도까지 주기적으로 떨어지면 따뜻한 차 한 잔과 좋은 책을 들고 집에 틀어박혀 있는 것 외에는 할 일이 없다. 그래서 1990년대 후반에 내가 러시아에 살았을 때, 시간이 참 많아 책을 많이 읽었다. 나는 그렇게 아브라함 카이퍼에 대해 처음 알게 되었다.

    나는 침례교인으로 자랐고 침례교회 신학교에서 훌륭한 교육을 받았다. 어렸을 때는 물론 우연히 침례교인이었다. 어머니와 아버지가 침례교인이었기 때문에 침례교인이었던 것이다. 그러나 20대에 카잔 시에 있는 여러 대학에서 겸임교수가 되었을 때 즈음엔 확신에 찬 침례교인이었다. 나는 많은 면에서 침례교회 전통을 존경하지만, 그중에서도 성경에 대한 높은 견해와 전도와 선교에 대해 헌신하는 것을 가장 존경한다.

그러나 침례교회 전통에 없는 한 가지는 공공신학에 대한 통일된 접근 방식이다. 현대 미국 침례교인들은 침례교회 생활의 두 가지 역사적 흐름인 재세례파와 잉글랜드 개혁파 침례교에 의해 양육되었다. 나는 그리스도인들이 정치와 공적 삶에 적극적으로 참여해야 한다고 생각했기 때문에 정치와 공적 생활에 대한 재세례파의 접근 방식을 완전히 받아들일 수 없다는 것을 알고 있었다. 나는 잉글랜드 개혁 침례교도들과 더 친밀감을 느꼈지만, 그들은 포괄적인 사회철학을 구축한 것으로 알려져 있지는 않다.

그렇게 카잔에 살았던 당시 기독교 사회철학의 대안을 적극적으로 찾고 있었다. 카잔에서의 시간은 세 가지 이유에서 그런 철학을 성찰하고 명료화할 수 있는 완벽한 맥락을 제공했다. 첫 번째, 나는 카이퍼가 제공하려 했던 것에 대해 지적으로나 실존적으로나 준비가 되어 있었다. 청소년기에는 두 가지 질문이 끊임없이 나를 괴롭혔다. 첫째 질문은 기독교 신앙의 일관성과 관련이 있었는데, 그 질문은 신학교 시절에 상당히 좋은 답을 얻었다. 그러나 그리스도의 주되심의 본질과 성경 계시와 사회와 문화의 전체 구조에 대한 관계에 관한 둘째 질문은 신학교 시절에 그다지 깊이 다루어지지 않았다.

이 지적이고 실존적인 공허함이 내가 카잔에 살면서 카이퍼의 공공신학을 특히 잘 받아들일 수 있었던 두 번째 이유다. 러시아 사회는 사회 질서가 신성한 질서에서 오래전에 분리되었다는 의미에서 "세속적"이었다. 공산주의 혁명은 기독교를 기본 위치에서 몰아내고 저항하는 사람들과 공동체를 박해하는 데 비용을 아끼지 않았다. 혁명 후 몇 세대가 지나 내가 카잔에서 살던 때, 나는 대부분의 러시아인들이 하나님에 대한 언급 없이 삶을 관리하는 법을 배웠음을 느꼈다. 역사적 기독교의 가르침은 상상할 수조차 없을 정도로 말도 안 되는 것처럼 보였다. 나는 매일 대학교수들과 학생들과 어울렸기 때문에 그들이 나의 기독교 신앙에 대해 가진 깊은 회의감을 경험하곤 했다. 그들 중 많은 사람들이 하나님과 초월적이고 객관적인 도덕법, 삶의 의미나 목적에 대한 불신을 드러냈다. 러시아의 문화 기구, 특히 가족과 교육 기관과 정당은 이러한 깊은 상실감을 반영했다. 카이퍼의 공공신학은 세속 혁명, 즉 프랑스 혁명에 연관되어 발전되었기 때문에 러시아 상황에 대해 말하는 데 특히 도움이 되는 것처럼 보였다.

세 번째, 카이퍼의 공공신학은 내게 설득력이 있었다. 나는 『칼빈주의 강연』을 탐독하면서 한 국가의 사회 건설을 위한 하나님의 계획에 대한 그의 상상력이 심오하고 성경적임을 발견했다. 카이퍼는 성경과 역사 속에서 창조 질서와 사회의 합법적 질서를 드러내는 특정한 패턴을 보았다. 카이퍼는 이 질서를 명확히 설명하기 위해 공간적 유추를 사용했다. 하나님의 규범적 사회 구조가 매우 다양한 문화 영역들을 포함하고 있으며, 각 영역은 고유한 존재 이유가 있고, 관할권에 한계가 있다는 것을 바르게 인식했던 것이다. 이처럼 영역들은 일종의 존재론적 견제와 균형의 체계를 보여준다. 더욱이, 하나님은 그 영역들 위의 주권자이시며, 이 영역들 속에서 구원의 역사를 이루시기 위해 그의 백성을 부르신다. 하나님의 구원의 역사와 말씀은 이런 차원들에서 우리가 하는 활동과 연결되어 있다. 카이퍼의 해석은 내가 경험한 성경의 가르침과 세상에 이치가 맞았고, 내게 기독교 신앙을 나의 문화 활동에 적용하라는 소명을 불어넣었다.

21세기가 시작된 직후 미국으로 돌아온 나는 카이퍼의 공공신학이 급속히 세속화되는 미국 사회와 그 문화 기구들에 매우 관련이 있음을 즉각 깨달았다. 나는 『칼빈주의 강연』에서 제시한 사상의 틀이 밝은 미래를 가지고 있음을 보았다. 이것은 프린스턴대학교에서의 마지막 강의인 〈칼뱅주의와 미래〉에서 알 수 있듯이 카이퍼의 희망이기도 했다.[1] 그 책에서 그는 칼뱅주의가 단지 "교의적"이거나 "교회적"인 체계가 아니라 인간 삶의 전체와 관련된 생활 체계라는 점을 강조하면서 그 시점까지 자신이 주장했던 것을 다시 검토한다.[2] 따라서 카이퍼는 그것이 가진 총체론적 관련성을 토대로 삼아, 신칼뱅주의적 세계관이 그가 살았던 시대이자 우리의 선조인 근대 세계에 가진 연관성을 보여주길 원했던 것이다. 우리는 이 마지막 강의를 요약함으로써 카이퍼가 근대 세속 시대에 대해 지닌 관련성의 넓은 윤곽을 인식할 수 있다.

---

1 Abraham Kuyper, *Lectures on Calvinism* (1931; repr., Grand Rapids, MI: Eerdmans, 1999), 171-99. 카이퍼, 『아브라함 카이퍼의 칼빈주의 강연』, 304-54.

2 Kuyper, *Lectures on Calvinism*, 171. 카이퍼, 『아브라함 카이퍼의 칼빈주의 강연』, 304.

카이퍼는 무슨 이야기를 했는가?

근대성의 병폐.[3] 카이퍼는 왜 칼뱅주의적 세계관이 서구 사회의 치유를 위해 필요한지를 보여주려 한다. 그것은 서구의 질병을 진단하는 것에서 출발한다. 카이퍼는 과학, 의학, 기술의 진보가 계속 증가하고 있음에도 불구하고 서구는 심각한 도덕적, 영적 퇴보를 겪고 있다고 주장한다. 그는 우리가 "외적 삶이 살찔수록 우리가 더 위태로운 영적 빈혈에 맞닥뜨린" 결과로 "고통스런 병폐"[4]의 상태라고 했다.[5] 서구 사회는 근육을 물질적 영역에서 너무 격렬하게 사용한 나머지 더 중요한 영적 삶의 근육이 사용되지 않고 쪼그라들었다.

카이퍼는 이러한 도덕적, 영적 퇴보가 여러 가지 방식으로 스스로를 알리는 총체적인 불만의 정신을 수반한다고 주장한다. 그것은 "궁핍화, 퇴보화 그리고 화석화"에 대한 불만을 통해 "모든 국가에서" 스스로를 드러냈다.[6] 이는 아르투어 쇼펜하우어(Arthur Schopenhauer)

---

3 Charles Taylor, *The Malaise of Modernity* (Toronto: House of Anansi Press, 1991). 여러 카이퍼주의자들이 테일러의 분석이 카이퍼 사상의 어떤 측면들을 반영하는 실제 유사성이 있다고 주장해왔다. 참고. James K. A. Smith, *How (Not) to Be Secular: Reading Charles Taylor* (Grand Rapids, MI: Eerdmans, 2014); and Robert Joustra and Alissa Wilkinson, *How to Survive the Apocalypse: Zombies, Cylons, Faith, and Politics at the End of the World* (Grand Rapids, MI: Eerdmans, 2016).

4 Kuyper, *Lectures on Calvinism*, 173. 카이퍼, 『아브라함 카이퍼의 칼빈주의 강연』, 307.

5 Kuyper, *Lectures on Calvinism*, 172. 카이퍼, 『아브라함 카이퍼의 칼빈주의 강연』, 306.

6 Kuyper, *Lectures on Calvinism*, 173. 카이퍼, 『아브라함 카이퍼의 칼빈주의

의 염세 철학과 프리드리히 니체(Friedrich Nietzsche)의 신성 모독적인 조롱을 통해 더욱 알려졌다. 그것은 "그렇게 더 오래 계속 분투하기보다는 차라리 모든 것을 깨뜨리고 파괴하는" 셀 수 없이 많은 서양인들의 무정부주의에서 가장 주목할 만하게 드러났다.[7]

현대 서구는 스스로를 바로잡는 일에 나설 수 있는가? 현재의 도덕적, 영적 타락에서 저절로 빠져나와 더 높은 단계로 발전할 수 있을까? 카이퍼는 과거에는 사회가 기독교 세계관을 토대로 교정에 열려 있었기 때문에 스스로 고칠 수 있었다고 지적한다. 그러나 현대 정신에 감염된 현대 사회는 교정에 열려 있지 않다. "사회 주도적인 계층은 증가하는 추세로 점점 더 넓은 영역에서 스스로 기독교를 **벗어났다**고 생각합니다."[8]

현대 기독교의 무력함. 카이퍼는 서구의 불안을 진단한 후, "지쳐 잠들어" "인류를 위해, 즉 우리 인류의 삶 전체를 위한 소명"을 잊은 기독교 교회에 그 책임을 묻는다.[9] 기독교 교회가 하나님께서 주신 공동선을 섬기는 임무에서 물러나자 이신론과 무신론 철학자들이 사회를 기초부터 다시 세우는 일을 스스로 취하게 되었고, 급기야 인간의

강연』, 307.

7 Kuyper, *Lectures on Calvinism*, 173. 카이퍼, 『아브라함 카이퍼의 칼빈주의 강연』, 308.

8 Kuyper, *Lectures on Calvinism*, 175 (강조는 원문). 카이퍼, 『아브라함 카이퍼의 칼빈주의 강연』, 311.

9 Kuyper, *Lectures on Calvinism*, 175. 카이퍼, 『아브라함 카이퍼의 칼빈주의 강연』, 311-12.

타락에 대한 성경의 가르침을 인간 본성이 부패하지 않았다는 가정으로 대체시켰다.[10] 이 책의 다른 곳에서 언급하듯이, 카이퍼는 포괄적 무신론적 생활 체계에 뒷받침 받아 기독교에 맞섰던 프랑스 혁명에 잘못을 돌렸다.

카이퍼는 설상가상으로 근대 기독교인들도 근대 정신에 잘못 대응했다고 주장했다. 신앙을 수정함으로써 그것을 보호하려는 잘못된 시도를 했던 것이다. 프리드리히 슐라이어마허(Friedrich Schleiermacher)와 알브레히트 리츨(Albrecht Ritschl)과 같은 신학자들이 이끄는 이 기독교인들은 역사적 기독교에서 초자연적 요소를 제거하고 오묘한 신비주의나 이타적 도덕으로 바꾸어 현대인에게 더 매력적으로 보이도록 고쳐 만들길 원했다. 그들은 그리스도를 영화롭게 하려 했으나, 사실은 기독교를 인도주의적 이데올로기로 축소함으로써 그를 욕되게 했다.

이 신개념의 기독교는 성경의 권위를 거부했고, 따라서 곧 성경의 많은 핵심 가르침도 거부했다. 카이퍼는 이 현대신학에 [대해 이렇게 말했다.]

> 사실상 거룩한 책인 성경을 파괴하는 신학은 이런 식입니다. 죄를 다름 아닌 발전되지 못한 것으로 여기고, 그리스도를 단지 종교적으로 풍성한 재능을 지닌 핵심적 천재로만 여기고, 구원을 다름 아닌 우리 생각의 전환이라고 여깁니다. 그

---

10 Kuyper, *Lectures on Calvinism*, 176. 카이퍼, 『아브라함 카이퍼의 칼빈주의 강연』, 312-13.

런 신학은 더 나아가 사상 세계와 이원론적으로 대립하는 신비주의에 함몰되고, 조류가 밀려들자마자 안쪽으로 구부러지는 댐이며, 커다란 대중을 포함하지 못하고 포함할 수도 없는 이론이며, 심지어 이리저리 흔들리는 우리의 도덕적 삶에 단지 일시적으로 자신의 상실된 확고함을 다시 주기에도 무능한 유사 종교입니다.[11]

진정으로 그리스도인들은 신앙을 신비적이고 실제적인 것으로 축소시키는 이 인본주의적 기독교 수정을 거부하고, 대신 칼뱅주의적 세계관과 인생관을 받아들여야 한다.

카이퍼는 기독교 신앙의 신비하고 실천적인 표현에는 아무런 문제가 없지만 신앙을 그러한 표현으로 **축소시키는 것**은 심각한 오류라고 주장한다. 그러한 한계에 국한될 때 기독교는 기독교이기를 완전히 그친다. 그리스도께서는 굶주린 자를 먹이시고 병든 자를 고치셨지만, 그분의 사역의 주된 요소는 자신이 하나님이며 구세주라는 것과, 그의 피로 죄 사함을 받는 것, 그리고 세상을 바로잡기 위해 재림하시리라는 사실의 선포였다.[12] 교회는 많은 순교자들에 의해 강해졌다. "우리의 거룩한 순교자들은 신비주의나 박애를 위해서가 아니라 진리를 수용하고 오류를 거부하는 확신을 위해 자신들의 피를

---

11 Kuyper, *Lectures on Calvinism*, 182-83. 카이퍼, 『아브라함 카이퍼의 칼빈주의 강연』, 324-25.

12 Kuyper, *Lectures on Calvinism*, 187-88. 카이퍼, 『아브라함 카이퍼의 칼빈주의 강연』, 333-34.

흘렸습니다."¹³ 아무도 슐라이어마허의 예수를 위해 죽지 않을 것이다. 슐라이어마허의 예수는 그들을 위해 죽지 않았기 때문이다.

칼뱅주의 기독교의 필요성. 카이퍼는 로마 가톨릭이 어느 정도 도움이 될 수 있지만, 정말 진정 필요한 것은 교리적 형태와 세계관적 표현들 모두에서 칼뱅주의로 돌아가는 것이라고 주장한다. 실제로, 성경과 그것을 따르는 칼뱅주의 교리에 대해 충실하지 않으면 칼뱅주의 세계관을 가질 수 없지만, 칼뱅주의 세계관과 인생관을 지지하지 않고는 칼뱅주의 교리를 일관되게 주장할 수도 없다. 카이퍼는 다음과 같이 말했다.

> 그러므로 중도에서 멈추지 말아야 합니다. 모든 식물이 각자의 뿌리를 갖는 것이 마땅하듯, 모든 삶의 표현 아래 하나의 원리가 숨어 있습니다. 원리들은 서로 연관되어 있으며, 그들의 모종자(母種子)는 하나의 근본 원리에서 발견됩니다. 이 근본 원리에서 사실상 우리 인생관과 세계관을 결정하는 지배적 개념과 이념 전체가 논리적이고 체계적으로 발전합니다. 근대주의는 그런 하나의 원리에 확고하게 기초한 논리적 세계관과 인생관을 갖고 오늘날 기독교에 맞서 등장했는데, 여러분은 이에 대항하여 여러분의 기독교를 방어할 수 없습니다.¹⁴

---

13 Kuyper, *Lectures on Calvinism*, 189. 카이퍼, 『아브라함 카이퍼의 칼빈주의 강연』, 336.

14 Kuyper, *Lectures on Calvinism*, 189-90. 카이퍼, 『아브라함 카이퍼의 칼빈주의 강연』, 336-37.

카이퍼가 칼뱅주의 세계관을 완전히 부활시키라고 권고하면서 가장 공공연하게 신학을 사회에 적용하는 곳이 바로 이 장(章)이다. 그는 미국 칼뱅주의 추종자들에게 행동을 촉구하면서 네 가지를 제안했다.

첫 번째, 카이퍼는 이렇게 주장했다. "여러분은 현재 존재하는 칼뱅주의를 더 이상 무시할 수 없고, 칼뱅주의는 여전히 영향을 미치는 곳에서 강화되어야 합니다."[15] 특히 자신의 유산이 서구 교회와 사회의 부흥의 열쇠를 쥐고 있을 때, 그 유산을 무시하는 것은 아무리 좋게 보아도 배은망덕한 일이다. 따라서 칼뱅주의자들은 그들의 유산을 무시하지 말고 그것을 되살려 교회와 사회에서 작동하도록 해야 한다.

두 번째, 그는 청중에게 칼뱅주의 원리들에 대한 역사적 연구에 힘쓸 것을 촉구한다.[16] 칼뱅주의 기획은 칼뱅의 저작과 그의 후예들의 신학과 철학 저술들의 복구를 통해서만 온전하게 갱신될 수 있다.

세 번째, 카이퍼는 역사 연구와 밀접하게 연관해, 교회는 칼뱅주의 원리를 "학문의 모든 분야에 대한 출발점으로 선택함으로써 삶의 모든 영역에 원리적으로 칼뱅주의를 적용"[17]하여 발전시켜야 한다고 주장한다. 다시 말해서, 역사적으로 그리고 성경적으로 단단히 정착

---

15 Kuyper, *Lectures on Calvinism*, 192. 카이퍼, 『아브라함 카이퍼의 칼빈주의 강연』, 341.

16 Kuyper, *Lectures on Calvinism*, 193. 카이퍼, 『아브라함 카이퍼의 칼빈주의 강연』, 343.

17 Kuyper, *Lectures on Calvinism*, 194. 카이퍼, 『아브라함 카이퍼의 칼빈주의 강연』, 344.

된 칼뱅주의가 자신을 현대의 독특한 도전에 대응하여 새롭게 해야 한다.

마지막으로, 그는 칼뱅주의자들이 그들의 칼뱅주의 원칙과 유산을 "부끄러워하지 말라"고 촉구한다.[18] 실제로, 미국에서든 캐나다 또는 네덜란드에서든 개혁교회가 현대 세계관의 파괴적인 영향과 성공적으로 싸울 수 있으려면 그들은 그렇게 할 수 있게 해줄 고백적 신념들을 자랑스럽고 행복하게 받아들여야 한다.

피터 헤슬람(Peter Heslam)이 지적했듯이, 카이퍼의 네 가지 권고는 카이퍼가 그의 생애 대부분을 바쳐 이루려고 노력했던 대의를 대표한다는 점에서 그에게 일종의 "자서전적 프로그램" 역할을 한다.[19] 실제로 카이퍼는 강단에서의 설교, 자유대학교에서의 조직신학 강의, 그가 창간한 종교 주간지에 기고한 신앙적 글들을 칼뱅주의 교리에서 끌어냈다. 그는 스톤 강연의 토대가 된 영역주권이라는 사회철학을 고안할 때도 칼뱅주의 원리에 근거하여 논의를 펼쳤다. 그는 칼뱅주의 신념에서 영감을 받아 대학교를 설립하고 기독교 일간지와 종교 주간지를 창간했다. 그의 칼뱅주의적 삶의 체계는 그가 창설한 반혁명당을 형성했고, 처음에는 의원으로, 나중에는 네덜란드 총리로서의 그의 지도력을 이끌었다.

---

18 Kuyper, *Lectures on Calvinism*, 194. 카이퍼, 『아브라함 카이퍼의 칼빈주의 강연』, 345.

19 Peter Heslam, *Creating a Christian Worldview: Abraham Kuyper's Lectures on Calvinism* (Grand Rapids, MI: Eerdmans, 1998), 243.

성공의 전망. 카이퍼는 끝맺는 말에서 칼뱅주의적 세계관과 인생관을 고수하는 것과, 사회를 위한 칼뱅주의적 활동이 성공할 수 있는지 살핀다. 흥미롭게도 그는 "그 차이들은 어디에서 옵니까?"라는 질문으로 시작한다.[20] 즉, 무엇이 개인과 문화들에서 나타나는 창조의 다양성을 설명해 주는가? 카이퍼에게 이 질문은 칼뱅주의와 근대성 비전의 차이를 해명해 준다. 카이퍼가 반대하는 근대성은 다윈의 "선택" 개념에 호소하여 질문에 답한다. 반면에 칼뱅주의는 하나님의 "선택"에 호소하여 대답한다. 따라서 칼뱅주의자들은 모든 것이 그 존재의 이유를 하나님과 그의 주권적 의지에 의지한다고 믿는다.[21]

하나님의 주권적 선택에 대한 카이퍼의 호소는 미래에 대한 그의 정서를 드러낸다. 칼뱅주의 프로그램의 성공은 궁극적으로 우리의 손에 달려 있는 것이 아니라 하나님의 손에 달려 있다고 카이퍼는 말한다. 칼뱅주의자들은 칼뱅주의 세계관과 개혁주의 신앙고백에 따라 **행동해야** 한다. 그러나 그들은 행동할 때 성공은 오직 하나님에 의해 결정된다는 것을 기억해야 한다. "삶을 소생시키는 것은 사람에게서 나오지 않습니다. 그것은 하나님의 특권입니다."[22]

카이퍼는 바람이 통과할 때 음악을 만들어내는 현악기인 아이올

---

20 Kuyper, *Lectures on Calvinism*, 195. 카이퍼, 『아브라함 카이퍼의 칼빈주의 강연』, 346.

21 Kuyper, *Lectures on Calvinism*, 197. 카이퍼, 『아브라함 카이퍼의 칼빈주의 강연』, 350.

22 Kuyper, *Lectures on Calvinism*, 199. 카이퍼, 『아브라함 카이퍼의 칼빈주의 강연』, 353.

리스 하프(Aeolian Harp)의 비유로 결론을 맺는다. 이 비유에서, 사람들은 바람이 불어 하프에 생명을 불어넣을 수 있기를 바라면서, 하프를 예를 들면 현관에 둔다. 하지만 하프는 바람이 불 때까지 침묵한다. 마찬가지로 카이퍼는 다음과 같이 주장한다.

> 칼뱅주의가 다름 아닌 그런 아이올리스 하프라고 칩시다. 칼뱅주의 역시 주의 성령 없이는 전적으로 무력하다는 것을 고백합시다. 바로 여기에서 우리를 위한 이중적 소명이 흘러나옵니다. 한편으로 우리는 성령의 바람이 불도록 우리 조상들의 하나님께 기도해야 합니다. 다른 한편으로 우리는, 그동안 우리의 하프가 완벽하게 조율되고, 하나님의 거룩한 시온의 창가에 구비되어, 성령의 바람이 다시 불기를 기다려야 합니다.[23]

따라서 행동을 촉구하는 것처럼 강렬했던 카이퍼의 강의는 승리에 대한 확신이 아니라 미래의 전투에 대한 솔직한 준비로 끝난다. 그의 행동주의에도 불구하고, 카이퍼는 근대성의 만연한 독성에 대응할 수 있는 교회의 능력을 고려할 때 승리주의적이거나 심지어 낙관적인 것처럼 보이지도 않는다.[24] 하나님의 바람은 지금도 불 수 있지만 그러한 현상은 우리가 통제할 수 없다.

---

23 Kuyper, *Lectures on Calvinism*, 199. 카이퍼, 『아브라함 카이퍼의 칼빈주의 강연』, 353.

24 참고. Heslam, *Creating a Christian Worldview*, 243-49. 카이퍼의 비관적인 역사에 대한 간략한 요약은 이 강연뿐만 아니라 『일반 은혜』(*Common Grace*)와 다른 저작물에도 끌어온다.

카이퍼주의자들은 무엇을 했는가?

제임스 스킬런(James Skillen)은 스톤 강연 100주년 기념으로 출판된 책에 다음과 같이 썼다. "[카이퍼]는 여러 면에서 그의 시대의 산물이었지만, 그는 그 이상이었다. 그의 삶과 저술이 대단한 영향력을 발휘하고 창의성을 보여주기에 100년이 지난 후에도 우리는 여전히 그의 작품을 가치 있게 발굴하고 있다."[25] 카이퍼의 유산이 〈칼뱅주의와 미래〉에 대한 강연에서 제시한 광범위한 프로그램을 담은 의제들보다 더 풍성한 곳이 없다.

다음의 영역들은 카이퍼주의 운동이 수용해 왔고, 또 그 운동에 활력을 불어넣은 카이퍼의 작업의 가장 중요한 강점을 대표한다. 첫 번째는 근대성이 낳은 이데올로기는 서구 사회와 문화에 큰 피해를 입히고 기독교 진리라는 중요한 유산을 소중히 여기지 않고 유산(流産)시킬 것이라는 그의 주장이다. 두 번째는 이러한 이데올로기가 단순히 철학적일 뿐만 아니라 본질적으로 우상숭배적이며 따라서 진지하게 종교적이라는 그의 인식이다. 마지막으로 현대신학의 본질적인 약점에 대한 통찰력과 칼뱅주의적 세계관이 현대의 불신앙의 물결을 막을 뿐만 아니라 근대 사회를 쇄신하고 그 문화의 기구들을 개혁하는 데 도움이 될 만큼 충분히 견고했다는 그의 주장이다.

---

25 James Skillen, "Why Kuyper Now?," in *Religion, Pluralism, and Public Life: Abraham Kuyper's Legacy for the Twenty-First Century*, ed. Luis E. Lugo (Grand Rapids, MI: Eerdmans, 2000), 365.

계속되는 현대의 불안. 카이퍼는 그의 멘토인 기욤 흐룬 반 프린스터러(Guillaume Groen van Prinsterer)가 물려준 유산을 바탕으로 현대성의 유해한 유산을 항상 인식하고 있었다.[26] 흐룬은 프랑스 혁명의 불신앙 이데올로기에 거의 한정적으로 초점을 맞추었지만, 카이퍼는 범위를 넓혀 프랑스 혁명뿐만 아니라 독일 범신론과 영국 다원주의까지 살폈다. 하나님의 은혜로 서구 사회가 그들의 썩은 열매를 인식하여 그것들을 뿌리부터 공격하지 않는 한, 이 불신앙적 이데올로기는 함께 서구를 계속 경련에 빠뜨릴 것이다. 카이퍼의『칼빈주의 강연』은 독일의 국가 사회주의(나치주의)와 소련의 공산 사회주의와 같은 주요 혁명 운동의 부상과 서방에서의 불신앙적 이데올로기의 등장 이후로 겪어온 더 작은 사회적, 정치적 경련들에 앞섰다는 점에서 예언적이었다.

이러한 불신앙 이데올로기는 많은 지성 역사가들에 의해 자세히 설명되었지만, 특히 사회학자 필립 리프(Philip Rieff)와 철학자 찰스 테일러(Charles Taylor)의 방식이 특히 도움이 된다. 리프와 테일러는 모두 서구 사회와 문화가 유대-기독교의 종교와 도덕에 뿌리를 두는 것을 단절했을 때 발생하는 위험한 결과를 인식하고 있다. 그들은

---

26 해리 반다이크(Harry Van Dyke)가 흐룬의 대표작인『불신앙과 혁명』(*Unbelief and Revolution*)의 서문에서 언급했듯이, 카이퍼는 흐룬에게 인격적 영향만 깊게 받은 것이 아니다. 카이퍼는 사상적으로도『불신앙과 혁명』의 내용에 영향을 받았다. 그뿐만 아니라 "카이퍼는 자신의 공적 경력 전체를 그의 멘토가 정의한 '혁명'과의 싸움으로 형성할 참이었다." Groen van Prinsterer, *Unbelief and Revolution*, trans. Harry Van Dyke (Bellingham, WA: Lexham Press, 2018), xxii.

각기 다른 방식으로 서구가 미래에 번영하려면 하나님과 도덕법에 대한 믿음을 되찾아야 한다고 주장했다.

리프는 서구가 사회 질서를 신성한 질서에서 단절하려는 역사적으로 전례가 없는 운동의 한가운데에 있다고 주장한다.[27] 역사적으로 모든 문명은 사회 질서를 형성하기 위한 신성한 질서가 필요하다는 것을 알고 있었다.[28] 리프는 신성한 질서가 문화 기구들과 산물들을 형성했으며, 그것들이 그다음으로 사회를 형성했다고 주장한다. 하지만 서구에서는, 그의 주장에 따르면, 우리의 문화 엘리트들은 사회질서를 신성한 질서에서 단절하여 사회질서가 멋대로 표류하도록 만들려는 음모를 공모했다. 종교가 이렇게 무력화되면 문화 기구들과 산물들은 원래 의도된 삶의 매개체가 아니라 사회적 부패를 제공하는 "죽음의 도구들"이 된다고 리프는 주장한다. 그의 견해에 따르면, 서구 사회가 유대-기독교의 "해야 할 것"과 "하지 말아야 할 것"의 필요성과 아름다움을 회복하는 일을 해내지 않는 한 또는 그때까지 사회적 쇠퇴는 계속될 것이다.[29]

마찬가지로 철학자 찰스 테일러는 서구 문명의 현시대는 기독교

---

27 Philip Rieff, *My Life Among the Deathworks: Illustrations of the Aesthetics of Authority*, vol. 1 of *Sacred Order/Social Order*, ed. Kenneth S. Piver (Charlottesville: University of Virginia Press, 2006).

28 Rieff, *My Life Among the Deathworks*, 13.

29 Philip Rieff, *The Crisis of the Officer Class: The Decline of the Tragic Sensibility*, ed. Alan Woolfolk, vol. 2 of *Sacred Order/Social Order*, ed. Kenneth S. Piver (Charlottesville: University of Virginia Press, 2007), 6-7, 166-70.

가 기본 위치에서 옮겨진 시대라고 주장한다. "내재적 참조의 틀" 속에서 살아가는 서구인들은 역사적이고 성경적인 기독교를 믿을 수 없고 상상도 할 수 없는 것으로 간주한다.[30] 기독교가 이처럼 중심을 잃고 믿을 수 없는 것으로 여겨지면서, 그 진공을 채우기 위해 이데올로기의 선택지들의 폭발이 일어났다. 수많은 경쟁 선택지로 기독교를 대체한 치명적인 결과 중 하나는 서구인들이 끊임없는 지적, 영적 불안 상태에서 혼란을 겪으며 방향 감각을 상실한다는 것이다. 더욱이 서구 사회는 도덕성을 자가 인증으로 축소시켰다.[31] 이는 서구인들이 보편적 자유, 평등, 정의에 대해 점점 더 관심을 가지게 됨과 동시에 그것을 정당화할 수 있는 능력이 감소하는 아이러니한 상황을 초래한다. 이는 공공 정책 결정뿐만 아니라 공적 담론에서도 문제를 야기한다. 시민들은 자신에게 동의하지 않는 사람이 자신의 도덕률을 준수해야 하는 이유를 명확하게 설명할 수 없기 때문이다.[32] 이런 상황에서 우리가 할 수 있는 일은 서로 소리를 지르는 것뿐이다. 우리는 이 짓을 열정을 높이되 예의는 줄이면서 행한다.

따라서 카이퍼의 모더니즘에 대한 예언적이고 급진적인 비판은 20세기 혁명들뿐만 아니라 현시대의 사회·문화적 쇠퇴로도 확인된다. 이러한 현실에 대응하여, 불신앙 이데올로기가 우리 사회를 혼란

---

30 Charles Taylor, *A Secular Age* (Cambridge, MA: The Belknap Press of Harvard University Press, 2007), 83.
31 Taylor, *A Secular Age*, 580-89.
32 Taylor, *Malaise of Modernity*, 18.

스럽게 하고 우리 문화 기관을 부패하게 만드는 방식을 계속해서 확인하고 반대하는 것은 카이퍼주의 그리스도인들의 의무이다. 이것이 앨빈 플랜팅가(Alvin Plantinga)와 니콜라스 월터스토프(Nicholas Wolterstorff), 그리고 개혁파 인식론자들이 철학 분야와 교육 분야를 위해 하려고 한 것이다. 한스 로크마커와 캘빈 시어벨트 같은 이들이 예술의 영역에서 달성하고자 했던 일도 그것이다. 이것이 제임스 스킬런과 공적 정의 센터가 정치 영역에서 하고자 하는 것이다. 우리는 불신앙 이데올로기를 "허세라고 부름"으로써 현실을 설명하지도, 인간의 번영을 일으키지도 못하는 그들의 무능력을 드러냄으로써 건설적인 대안인 신칼뱅주의 기독교의 주장을 제시하는 일을 돕는다.

불신앙적 근대성의 본질적인 종교적 성격. 카이퍼는 또한 불신앙적 근대성의 본질적인 종교적 성격을 인식하는 점에서 옳았다. 카이퍼는 모든 인류가 종교적이라고 보았다. 우리는 하나님이나 우상을 마음으로 섬기는 예배자들이며, 마음에서 우러나오는 우리의 예배는 자연스럽게 우리의 사회, 문화, 정치 생활을 통해 외부로 발산된다. 네덜란드의 경제학자이자 정치가인 밥 하웃츠바르트(Bob Goudzwaard)는 카이퍼 사상의 이 측면을 자세히 설명하면서 세 가지 기본 원칙이 종교와 사회의 관계를 이해하는 데 도움이 된다고 주장했다. 첫째, 각 사람은 모종의 신을 섬기고 있다. 둘째, 각 사람은 자기가 선택한 신의 형상으로 변화된다. 셋째, 각 사회는 지배적인 신

의 형상으로 변화된다.³³

카이퍼의 견해는 현대에 성경의 가르침뿐만 아니라 우상숭배 이데올로기의 분명한 폭발에 의해 더욱 입증되었다. 예를 들어, 고전적 자유주의, 보수주의, 민족주의, 민주주의, 사회주의의 우상숭배적 본성을 드러내는 카이퍼주의 정치학자 데이비드 코이지스(David Koyzis)의 작업을 생각해 보라.³⁴ 이 각각의 이데올로기는 창조 세계의 한 측면을 절대적이고 의문의 여지가 없는 힘의 수준으로 끌어 올린다. 그런 절대화에 대한 성경적 용어는 우상숭배이며, 그 결과는 성경에서 그랬던 것처럼 오늘날에도 해롭다. 이러한 이데올로기를 따르는 자들은 개인의 자율성(고전적 자유주의), 문화 유산(보수주의), 명목상의 종족 단체(민족주의), 사람들의 목소리(민주주의) 또는 물질적 평등(사회주의)을 절대화함으로써 창조의 한 측면, 즉 절대화된 측면이 일종의 곤봉이 되어 하나님의 선한 창조의 다른 측면을 무너뜨리는 것을 가능하게 한다.³⁵

현대신학의 본질적인 약점. 카이퍼가 현대신학을 정통이 아니고

---

33 Bob Goudzwaard, *Aid for the Overdeveloped West* (Toronto: Wedge, 1975), 14-15. 제임스 스미스(James K. A. Smith)는 *Desiring the Kingdom: Worship, Worldview, and Cultural Formation, Cultural Liturgies 1* (Grand Rapids, MI: Baker Academic, 2009)에서 바로 이 예배와 사회, 그리고 문화 사이의 연결을 지우고 있다. 제임스 스미스, 『하나님 나라를 욕망하라』, 박세혁 옮김 (서울: IVP, 2016).

34 David Koyzis, *Political Visions & Illusions: A Survey & Critique of Contemporary Ideologies*, 2nd ed. (Downers Grove, IL: IVP Academic, 2019).

35 Koyzis, *Political Visions & Illusions*, 27-62.

이단적이라는 이유로 거부하는 것이 옳았다. 자유주의 신학은 그 역사적 상류인 슐라이어마허(Schleiermacher)와 오늘의 "하류"인 현대 복사판들 모두에서 교회를 뒷받침하기에 너무나 약하다. 카이퍼는 "모더니즘: 기독교 영역의 파타 모르가나(Fata Morgana, 이탈리아어로 신기루라는 뜻—편집자 주)"에서 현대신학은 현실에 대한 피상적인 이해와 기독교 신앙에 대한 왜곡된 이해에 기초한 시대 정신과의 유해한 타협을 대표한다고 주장했다.[36] 돌이켜보면 카이퍼의 비판은 선견지명이 있고 예언적임이 입증되었다. 카이퍼 시대에 자유주의 교파는 엄청난 성장을 경험했지만 불과 수십 년 만에 유럽과 미국 전역에서 급격히 쇠퇴하기 시작했다.

이러한 쇠퇴의 원인을 식별하기 어렵지 않다. 20세기 말까지 서구의 많은 신학교와 신학대학교들은 기독교의 정경을 해체하고 성경의 그리스도를 역사비평의 산성(酸性) 욕조 속에 녹이는 일에 분주했다. 그 결과, 이 학교의 졸업생들은 새로 획득한 자유주의를 미국의 강단으로 가져와, 성경적 신학을 먹으며 크고 강하게 성장한 교회와 교단이 점점 죽어가는 결과를 초래했다.[37]

---

36 Abraham Kuyper, "Modernism: A Fata Morgana in the Christian Domain," in *Abraham Kuyper: A Centennial Reader*, ed. James D. Bratt (Grand Rapids, MI: Eerdmans, 1998), 87-124.

37 일례로 Kevin Flatt, *After Evangelicalism: The Sixties and the United Church of Canada* (Montreal: McGill-Queen's University Press, 2013)을 참고하라. 플랫은 캐나다 연합교회가 복음주의적 과거를 갑자기 단호하게 거부함으로써 초래된 급격한 수적, 영적 손실을 보여준다. 또한 Thom S. Rainer, "A Resurgence Not Yet Realized: Evangelistic Effectiveness in the Southern Baptist Convention Since 1979," *Southern Baptist Journal of Theology* 9, no.

그에 대한 대응으로 우리는 "애처롭게 흔들리는 우리의 도덕적 삶을 일시적인 토대로도 회복하는 데 철저히 무력한" "유사 종교"38에 저항해야 한다. 우리 교회와 교단들이 주님이신 그리스도를 진정으로 따르고 싶다면 예수님께서 권위 있는 것으로 여기신 동일한 성경(마 5:18)에서 인도를 구해야 한다. 우리는 그리스도께서 가지고 계신 높은 견해와 명백히 모순되는 성경에 대한 낮은 견해를 가지고 있어서는 안 된다.

칼뱅주의 세계관의 본질적 능력. "현대적" 기독교는 불신앙의 물결을 막을 수 없는 유사 종교다. 반면에 신칼뱅주의 기독교는 불신앙의 물결을 막을 수 있을 뿐만 아니라 사회를 쇄신하고 문화 제도를 하나님 안에서 진정한 목적을 향해 방향을 바꿀 수 있는 참 종교다. 기독교는 단순히 구원에 이르는 길이나 교리 체계가 아니라 사회 전체를 포괄하는 철학에서 나오는 세계관이다. 크레이그 바르톨로뮤(Craig Bartholomew)가 아주 적절하게 말한 것처럼 21세기 신칼뱅주의자들이 직면한 도전은 "온전히 성경적인 기독교 세계관을 발전시켜, 그 관점으로부터 우리의 구체적 맥락 안에서 삶을 창조적이며 타당성 있게 [살아]감으로써 카이퍼의 예를 따르는 것이다."39

---

1 (Spring 2005): 54-69도 참고하라.

38 Kuyper, *Lectures on Calvinism*, 182-83. 카이퍼, 『아브라함 카이퍼의 칼빈주의 강연』, 325.

39 Craig Bartholomew, *Contours of the Kuyperian Tradition: A Systematic Introduction* (Downers Grove, IL: InterVarsity Press, 2017), 9. 바르톨로뮤, 『아브라함 카이퍼 전통과 삶의 체계로서의 기독교 신앙』, 33.

신칼뱅주의적 세계관은 카이퍼가 "현대적" 기독교라고 지칭한 것과 달리 성경에서 비롯되기에 불신의 이데올로기에 대항할 수 있는 힘과 생명력을 갖고 있다. 신칼뱅주의는 은혜가 자연을 회복하며, 하나님의 구원의 역사와 말씀이 문화의 모든 영역과 관련이 있음을 인정한다.[40] 이 세계관은 또한 카이퍼의 『칼빈주의 강연』이 보여주듯이 하나님의 말씀을 매개로 문화의 각 영역을 그분의 주권적 통치 아래 두어 각각의 고유성과 완전성을 확보하는 사회철학에서 작동한다. 이 사회철학은 카이퍼의 가장 두드러진 공헌이자 21세기 기독교인들이 가장 큰 혜택을 본다.

이 사회철학은 우리 시대에 되풀이된 혁명적 이데올로기들에 대한 방어벽 역할을 할 수 있다. 코이지스가 현대 정치 이데올로기의 우상숭배 토대에 관해 발굴해낸 내용들을 기초 삼아, 자유주의, 사회주의, 진보주의와 같은 이데올로기들 사이에 일종의 연결 조직 역할을 하는 "혁명적" 불신앙을 조사하기 위해서는 해야 할 일이 참 많다. 프랑스 정치학자 피에르 마낭(Pierre Manent)과 미국의 정치철학자 다니엘 마호니(Daniel Mahony)의 주장처럼, 이 혁명적 이데올로기는 "인도주의 종교"나 "인류의 종교"로 묘사되며, 기독교와 정면으로 충돌한다. 따라서 반드시 격퇴해야 한다.

이 "인도주의적 종교"는 인류를 본질적으로 선하고 평화로우며 단

---

[40] Bruce Riley Ashford, "What Hath Nature to Do with Grace? A Theological Vision for Higher Education," *Southeastern Theological Review* 7, no. 1 (Summer 2016): 3-22.

합된 것으로 상상한다.[41] 그와 동시에 우리의 본래적 선함이 민족국가의 출현과 발전으로 인해 부패되었다고 주장한다. 민족 국가는 전쟁 선동, 종교 분열, 경제적 격차 등의 악을 조장한다. 따라서 인도주의자들은 민족 국가를 최소화하거나 말살하고, 국경을 약화시키거나 없애고, 전 세계 인류 사이에서 문명에 의해 타락하지 않았더라면 느꼈을 동지애를 조성함으로써 세계에 평화와 화합을 가져와야 한다고 주장한다. 이마누엘 칸트(Immanuel Kant)의 『영구 평화론』(*Perpetual Peace*)에서 원초적 형태로 등장한 이 인간성에 대한 비전은 오늘날 유럽 연합(EU), 미국과 유엔의 엘리트 행동가들 사이에서 지지자를 얻고 있다. 그러나 그 인기에도 불구하고 인간에 대한 이 비전은 성경은 물론 현실과도 일치하지 않는다. 그것은 본질적으로 무신론적 삶의 관점이며 거짓 인류학, 이단적이고 유토피아적 종말론을 제공한다.[42]

나아가 신칼뱅주의적 세계관은 종교 공동체의 권리를 보장하고,

---

41 Daniel J. Mahoney, *The Idol of Our Age: How the Religion of Humanity Subverts Christianity* (New York: Encounter Books, 2018); Pierre Manent, "La tentation de l'humanitaire," *Geopolitique*, no. 68 (2000): 8.

42 제임스 스킬런(James Skillen)이 지적했듯이, 카이퍼의 저술들은 발전된 국제 관계 이론을 남기지는 않았다. 그러나 카이퍼는 두 가지 유형의 세계화를 구상했었다. 첫 번째 유형은 일종의 정의롭지 않은 전지구적 통제이고, 두 번째 유형은 정의를 특징으로 하는, 그리스도의 주되심 아래 일반 은총에 의해 육성되는 더 유기적인 삶의 통합이다. 스킬런의 해석에 따르면 "카이퍼에게 있어 모든 종류의 전세계적인 발전은 사회생활의 다양한 영역과 다양한 국가와 모든 피조물에 정의가 행해졌는지의 여부에 따라 평가되어야 한다." Skillen, "Why Kuyper Now?," 372.

교회와 국가를 억제하는 다원주의에 대한 설명을 제공한다. 카이퍼가 『칼빈주의 강연』에서 주장하듯이 "주권"은 기독교 사회철학의 핵심 사안이다. 하나님께서는 주권자로서 자신의 권위를 인간에게 위임하셨다. 그분은 삶을 독립된 영역들로 분리하셨고, 각 영역에 고유한 존재 이유와 관할권을 부여해, 우리의 문화적 행위가 각 영역에 대한 그의 뜻을 따르게 하도록 우리를 부르셨다. 따라서 우리는 다양한 권위로 구성된 창조의 규범적 질서에 순종하여, 전체화를 향한 인간의 영원한 욕망을 물리쳐야 한다.

실제로, 신칼뱅주의적 세계관은 자유사회의 전체주의 유혹에 저항하기 위해 맞춤 제작되었다. 우리는 공산주의와 국가사회주의의 부상에서 얻은 교훈으로, 서구 사회가 취약한 더 부드러운 형태의 폭정에 저항해야 한다. 서구의 풍경을 지배하는 인도주의 종교는 그 안에 인간의 본성과 미래를 불합리하게 낙관적으로 보는 잘못된 인류학을 가지고 있다. 인류가 종교의 지배력을 약화시키고 민족국가를 최소화하거나 제거할 수만 있다면, 우리는 보편적 번영과 화합의 시대를 열 수 있다고 주장한다. 이 시대를 열어 가기 위한 변화의 기제는 당연히 정치다. 그리고 문화의 모든 영역에서 불의와 불평등이 발견될 수 있으므로 모든 것이 정치화되어야 한다. 따라서 이 새로운 시대는 그것에 반대할 가능성이 가장 큰 중재 기구들(종교 및 가족)을 약화시키고 국가를 강화함으로써만 효과적으로 도입될 수 있다.[43] 신칼

---

43 이것은 여러 신진 사회철학과 정치철학자들이 강조한 통찰이며, 폴란드 정치철학자 리샤르트 레구트코(Ryszard Legutko)가 가장 분명하게 제시한

뱅주의자들은 그런 전체주의 유혹에 대항해 카이퍼가 옹호한 일종의 사회적 다원주의를 강력히 주장해야 한다.

마지막 적용 하나를 언급한다. 카이퍼주의 사회철학은 기본적인 이슬람 원칙을 손상시키지 않는 민주주의 형태를 만들어 보려는 이슬람 사회들을 위한 잠재적으로 풍요로운 자원이 될 수 있다.[44] 국제 연구 학계에는 두 사상적 흐름 사이에 날카로운 대립이 있다. 논쟁 한편에는 국가가 문화적으로 적합하지 않으면 민주주의를 성공적으로 채택할 수 없다고 주장하는 사상가들이 있다. 다른 한편에는 바로 민

것이다. 공산주의적 전체주의 아래에서 태어났지만 최근에는 유럽연합의 회 의원을 지낸 레구코는 20세기 소비에트 사회와 21세기 서구 사회가 전체주의 유혹에 너무 개방적인 점에서 매우 비슷하다고 주장한다. 그는 이렇게 썼다. "옛 공산주의자들이 오늘의 세계를 볼 수 있을 만큼 오래 살았다면, 종교와의 전쟁에서 그들이 달성한 것이 거의 없는 반면에 자유 민주주의자들이 얼마나 성공적이었는지 비교 앞에 망연자실하게 될 것이다. 공산주의자들이 그들을 위해 설정하고 잔혹하게 추구했던 모든 목표는 거의 아무런 노력도 들이지 않고 단순히 사람들을 현대의 흐름에 따라 흘러가게 함으로써, 교회를 박물관과 식당과 공공 건물로 바꾸는 데 성공하고, 사회 전체를 세속화하고, 세속주의를 호전적인 이데올로기로 만들어, 종교를 옆으로 밀어내고, 성직자를 순하게 길들이고, 그 속에서는 사제가 교회를 자유주의적으로 도전하거나 아니면 역겨운 악당이어야 만 하는 지극히 반종교적 편견을 가진 강력한 대중 문화를 고취시킨 자유 민주주의자들에 의해 달성되었다." Ryszard Legutko, *The Demon in Democracy: Totalitarian Temptations in Free Societies* (New York: Encounter Books, 2016), 167.

44 정치학자 샤디 하미드(Shadi Hamid)가 카이퍼의 공공신학을 종교, 정치, 공적 생활의 적절한 관계에 대한 자신의 이슬람 견해를 보완하고 보충한 것으로 받아들인 것은 최근의 흥미로운 발전이다. 예를 들어 로버트 니콜슨(Robert Nicholson)과 하미드의 인터뷰를 참조하라. Robert Nicholson, "Is the Struggle with Islam Reshaping the Modern World? An Interview with Shadi Hamid," Providence, September 25, 2018, https://providencemag.com/2018/09/struggle-islam-reshaping-modern-world-interview-shadi-hamid/.

주주의가 국가를 문화적으로 적합하게 만드는 요소라고 주장하는 사상가들이 있다. 어떤 입장을 취하든 그 국가의 종교와 문화에 공명하기 위해서는 어떤 유형의 민주주의가 만들어질 수 있는지에 대한 질문이 제기된다. 여러 이슬람 사회가 신정정치를 거부하기 원하지만 이슬람의 가르침에 반대되는 서구 자유주의와 개인주의 인류학에 뿌리를 둔 "국가 주권" 또는 "대중 주권"의 개념을 받아들이는 것을 당연히 주저하고 있다. 따라서 존 히엠스트라(John L. Hiemstra)가 주장한 것처럼 카이퍼의 영역주권은 이슬람 사회에 신정을 거부하고 기본적 자유를 증진하는 동시에 신성한 주권을 확증하는 방법에 대한 청사진을 제공할 수 있다.[45]

우리는 무엇을 해야 하는가?

아이작 뉴턴(Isaac Newton) 경이 언젠가 이렇게 말했다. "내가 더 멀리 본다면 그것은 거인의 어깨 위에 서있기 때문이다."[46] 실제로 하나님께서 그의 백성에게 주신 위대한 선물 중 하나는 우리보다 먼저 온 "거인"의 존재이다. 그들의 어깨 위에 우리가 설 수 있다. 이 거인

---

45 John L. Hiemstra, "A Calvinist Case for Tolerant Public Pluralism: The Religious Sources of Abraham Kuyper's Public Philosophy," *Religious Studies and Theology* 34, no. 1 (2015): 53-83.

46 Herbert Westren Turnbull, ed., *The Correspondence of Isaac Newton*: 1661-1675, vol. 1 (Cambridge: Cambridge University Press for the Royal Society, 1959), 416.

들은 성자들이 아니다. 오히려 우리와 똑같이 결함이 있는 성도들이다. 그들의 어깨에 확고히 서기 위해 그들 마음속에 담겼던 모든 것을 칭찬할 필요는 없다.

아브라함 카이퍼는 이 시대에 사안을 더 명확하게 보려고 하는 21세기 그리스도인들에게 바로 그런 거인이다. 더욱이 그의 신칼뱅주의 세계관과 사회철학은 전통적 네덜란드 개혁파 진영뿐만 아니라 다른 교회 전통과 다른 국가의 맥락에서도 유익한 자원이다. 나의 남침례교회의 배경에서 나 자신과 다른 학자들 또한 카이퍼의 공공신학의 틀이 우리 전통과 잘 맞고 또 교훈적임을 알게 되었다. 마찬가지로, 카이퍼의 작업은 공산주의 중국의 교회와 기독교 지도자들에 의해 수용되었다. 가장 유명한 카이퍼주의자 중 하나인 왕이(Wang Yi) 목사는 낙태와 천안문 광장 학살과 시진핑의 독재 정책과 행동이 포함된 광범위한 문제에 대해 정부를 비판한 혐의로 최근 체포되어 9년형을 선고받았다.[47] 나아가, 카이퍼의 공공신학은 남아프리카, 영국, 한국, 브라질, 캐나다와 같은 다양한 맥락에서 학자, 지도자, 기관들에 의해 채택되었다.

그러나 신칼뱅주의 세계관을 현대적 맥락에서 창의적이고 설득력 있는 방식으로 적용하기 위해서는 해야 할 일이 아직 많이 남아 있다. 상상력이 풍부한 카이퍼의 사회철학은 오늘날 서구에서 확산되

---

47 Paul Mozur and Ian Johnson, "China Sentences Wang Yi, Christian Pastor, to 9 Years in Prison," *New York Times*, January 2, 2020, www.nytimes.com/2019/12/30/world/asia/china-wang-yi-christian-sentence.html.

고 있는 인도주의 종교 같은 불신 이데올로기에 대항하는 예언적 목소리와 방벽 역할을 할 수 있고 또 그래야 한다. 그것은 종교 공동체들의 자유를 보장하고, 전체화하려는 유혹에 저항함으로써 교회와 국가를 견제하기 위해 사용되어야 한다.

더 나아가, 창조의 선함과 그 규범적 질서에 대한 신칼뱅주의 인식은 환경 오염, 트랜스젠더주의, 트랜스휴머니즘과 같은 물리적인 물질 세계에 관한 논쟁의 여지가 있는 문제에도 관여해야 한다. 그것은 펠라기우스의 인류학과 서구 사상가들이 마르크스로부터 차용해 비판적인 젠더, 인종, 성(性) 이론에 적용시킨 역사적 결정론에 대항하는 데 사용되어야 한다. 그것은 또한 특정 민족 그룹의 구성원에게 다른 이들보다 특권을 부여하고, 종종 타 지역 공동체들의 종교적 정체성을 억압하는 등의 부당한 대우를 조장하는 민족 중심적 민족주의의 부활에 맞서기 위해서도 활용되어야 한다. 이 마지막 사례에서 우리는 민족 중심주의로 인해 자신의 귀중한 공헌, 특히 영역주권 개념을 훼손한 카이퍼 자신보다 더 일관되게 카이퍼주의자가 될 수 있다.

카이퍼의 『칼빈주의 강연』이 출판된 지 한 세기가 넘은 지금, 그의 이른바 **신칼뱅주의**는 1898년에서처럼 그렇게 새롭지 않다. 그러나 카이퍼는 우리 중 누구도 태어나기 전에 우리가 살아가는 현시대의 불안을 보았다. 그런 예언적인 음성에 우리의 귀를 열어야 한다. 신칼뱅주의 세계관의 구현을 위한 카이퍼의 포괄적 비전이 그 어느 때보다 지금 우리에게 필요하다. 카이퍼가 본래 창조에 담긴 선과 질서, 만물에 대한 그리스도의 근본적인 주권, 모든 세계관 또는 전체화 원리의 본질적인 종교적 성격에 대한 선언을 통해 제공하는 바는 후기 현대의 도전에 매우 적합한 견고한 기독교다.

카이퍼의 칼뱅주의 하프는 연주될 채비를 갖추었다. 물론 오직 하나님만이 성령의 소생시키는 바람을 불게 하실 수 있다. 우리는 단지 그 하프를 "바른 방향으로" 돌릴 수 있고, 하나님께서 은혜를 베푸실 때 그 능력을 받을 준비를 할 수 있다.

> 우리가 매일 이 하프를 돌보는 자들이 되게 하소서. 그리고 우리가, 이 하프가 계속해서 생명을 얻을 수 있도록 성령의 산들바람을 보내고 또 보내 주시기를 주님께 간구함에 결코 지치지 않는 자들이 되게 하소서.

브루스 라일리 애쉬포드(Bruce Riley Ashford, PhD, Southeastern Baptist Theological Seminary)

교수이며, 강사, 칼럼니스트이고 연설문 작성자이자 정치 컨설턴트다. 커비 랭 공공신학센터의 시니어 펠로우이다.
퍼스트 팅스 잡지의 칼럼니스트이며 다음의 책을 포함해 9권의 책을 저술하거나 공저했다.

The Doctrine of Creation

The Gospel of Our King, Letters to an American Christian

One Nation Under God: A Christian Hope for American Politics.

Every Square Inch: An Introduction to Cultural Engagement for Christians

⟨발전을 위해 더 읽을거리들⟩

Ashford, Bruce Riley. *Letters to an American Christian*. (Nashville: B&H Publishing, 2018)

Bailey, Justin. *Reimagining Apologetics*. (Downers Grove, IL: IVP Academic, forthcoming)

Ballor, Jordan J., and Robert Joustra, eds. *The Church's Social Responsibility: Reflections on Evangelicalism and Social Justice*. (Grand Rapids, MI: Acton Institute, 2015)

Bennett, Kyle D. *Practices of Love: Spiritual Disciplines for the Life of the World*. (Grand Rapids, MI: Brazos Press, 2017)

De Jong, Marinus. "The Church Is the Means, the World Is the End: Klaas Schilder's Thought on the Relationship Between Church and World." PhD diss., (Theologische Universiteit Kampen, 2019)

Goudzwaard, Bob, and Craig G. Bartholomew. *Beyond the Modern Age: An Archaeology of Contemporary Culture*. (Downers Grove, IL: IVP Academic, 2017)

Joustra, Robert, and Alissa Wilkinson. *How to Survive the Apocalypse: Zombies, Cylons, Faith, and Politics at the End of the World*. (Grand Rapids, MI: Eerdmans, 2016)

Kaemingk, Matthew. *Christian Hospitality and Muslim Immigration in an Age of Fear*. (Grand Rapids, MI: Eerdmans, 2018)

Monsma, Steve. *Healing for a Broken World: Christian Perspectives on Public Policy*. (Wheaton, IL: Crossway, 2008)

Mouw, Richard J. *Uncommon Decency: Christian Civility in an Uncivil World*. (Downers Grove, IL: InterVarsity Press, 1992)

Pinson, J. Matthew, Matthew Steven Bracey, Matthew McAffee, and Michael A. Oliver. *Sexuality, Gender, and the Church*. (Nashville: Welch College Press, 2016)

Schuurman, Derek. *Shaping a Digital World: Faith, Culture and Computer Technology*. (Downers Grove, IL: IVP Academic, 2013)

7. 카이퍼와 인종
- 빈센트 베이코트

7. 카이퍼와 인종

빈센트 베이코트

아브라함 카이퍼는 우리가 이 책의 여러 글들을 통해 줄곧 본 바와 같이, 많은 재능과 강력한 지성의 소유자였다. 그는 정말 대단한 인물이었다. 그의 경력을 살펴보면 그의 뛰어난 지성, 조직력의 은사, 엄청난 수의 출판 기록, 그리고 사적인 덕과 공적인 덕의 이중 경건을 갖춘 기독교를 위한 비전을 부정할 수 없다. 그의 유산에는 반성하고 기리며 더 개발해야 할 가치가 있는 것들이 많다. 그러나 인간이 타락 이후 부패했다는 진리를 믿을 때 예상해야 하는 바처럼, 위대한 사람이라도 흙으로 만들어진 발을 가졌다는 것은 분명한 진리이다. 카이퍼는 결점 없는 사람이 아니었다. 이 짧은 모음집에서도 그의 인격과 글, 특히 인종에 대한 그의 언어상의 심각한 결함에 대한 언급들을 봐

왔다.[1] 스톤 강연에 대해 검토하면서 카이퍼의 중요한 신학적, 문화적 통찰력을 올바르게 칭찬해야 하지만, 이러한 심각한 결함 또한 심각하게 받아들여야 한다.

이러한 결함을 고려할 때 중요한 질문이 생긴다. 아프리카인에 대한 노골적인 인종 차별을 무심코 드러내는 발언을 어떻게 이해해야 하는가? 어떤 이들은 그런 감정, 특히 카이퍼의 인종 차별적 언어와 아파르트헤이트(apartheid)라는 인종 차별 정책을 펼쳤던 남아프리카 공화국에서 카이퍼 신학이 한 역할의 논리적 결론은 카이퍼의 신학이 구제불능으로 완전히 식민주의 및 인종주의와 얽혀 있다고 주장한다. 다른 이들은 카이퍼가 단순히 당시의 일반적인 감정을 표현하는 "그 시대 사람"일 뿐이라고 주장했다. 후자의 접근 방식은 그의 언어에 대한 카이퍼의 잘못을 경시하고 그의 단어 선택을 무지로 치부하거나 카이퍼가 살았던 사회에 책임을 돌리는 것이다. 하지만 이러한 접근 방식 중 어느 것도 만족스럽지 않다. 대신, 이 장에서는 우리가 카이퍼의 결점을 경시하거나 총체화할 수 없다고 주장할 것이다. 그는 순전한 영웅도, 순전한 악당도 아니다. 오히려 그는 비판적으로 씨름해야 하는 진흙 발을 가진 사람이다. 카이퍼의 유산에는 인종에 대한 이런 문제되는 심히 골치 아픈 발언이 피할 수 없게 포함되

---

1 그의 스톤 강연에서 가장 두드러지게 문제가 되는 것이 인종에 대한 카이퍼의 언급이기 때문에 여기에 포함했다. 그러나 인종에 대한 논평만을 이 책에 포함했다고 해서 이것이 고려할 만한 카이퍼의 유일한 신학적 결함이라고 암시하려는 것은 아니다.

어 있다. 그렇다면 카이퍼의 죄를 한탄하는 한편, 그가 제공하는 좋은 선물을 전하면서 그의 완전한 유산을 진지하게 받아들이는 것은 어떤 모습일까?

계속하기 전에 공정한 진행을 위해 출발선을 바르게 설정하는 것이 중요하다. 이를 위해서는 이 책의 첫 부분에서 언급한 것처럼 카이퍼가 그 내용들을 제시했던 정황을 기억해야 한다. 매우 실제적인 면에서 그는 우리 모두가 그러하듯이 그 시대의 사람이다. 이것이 그의 언어를 변명할 수는 없지만, 이 강연들이 특정 시간과 장소와 상황 속에서 행해졌다는 것을 기억하는 것은 중요하다. 이것은 우리가 지금 알고 있는 모든 것을 카이퍼가 알았어야 하는 것처럼 우리가 읽는 내용을 즉각적으로 평가하는 것을 자제하는 데 도움이 되기 때문이다. 이를 염두에 두고 우리는 그 내용이 말하는 것뿐만 아니라 그것이 스톤 강연에서 카이퍼의 더 큰 열망, 즉 근대성의 도전에 대한 응답으로 칼뱅주의라는 "삶의 체계"를 제시하려는 목표에 어떻게 부합하는지 살펴볼 필요가 있다. 또한, 거만한 반응과 더 온건한 반응의 목소리를 포함하여 비판을 제시할 때에도 카이퍼가 제공하는 것을 최대한 활용할 수 있도록 카이퍼를 평가하는 것이 중요하다. 마지막으로, 이를 살펴보면서 우리도 카이퍼에게 하듯이 진리의 탐조등을 우리 자신에게 기꺼이 비출 필요가 있다.

카이퍼는 무슨 이야기를 했는가?

나는 결코 잊지 못할 추억의 길로 여행을 떠나면서 이 장을 시작한다. 문화와 정치를 아우르는 신학에 관심이 많은 신학생 시절, 나는 큰 기대를 가지고 카이퍼의 스톤 강연을 읽었다. 이 강연 속에서 나는 그리스도인이 공적 생활에 참여하는 데 매우 유용한 신학적 근거를 발견했다. 실제로, 카이퍼는 나에게 직관에 불과했던 단어와 개념들을 제공했다. 문화 신학에 대한 그의 연구를 접하는 것이 내가 일전에 썼던 것처럼 "매우 필요했던 산소"였다.[2] **처음에는** 카이퍼의 사상이 매우 이상적인 신학의 본향처럼 보였다. 그러나 아래에서 보게 되겠지만, 나는 그곳이 특히 인종과 관련된 심각한 합병증과 기능 장애가 있는 주거지임을 발견했다. 이것이 내게 중대한 위기를 일으켰다고 말한다 해도 절대로 과장이 아닐 정도였다. 나는 이 말들에 부딪쳤을 때 내가 어디에 있었고 마음속에 어떤 생각이 들었는지 결코 잊지 못할 것이다.[3] 한편으로 하나님의 다원적 창조의 경이로움을 분명히

---

2 "문화신학에 대한 카이퍼의 글을 읽는 것은 많이 필요했던 산소를 마시는 것과 같았다." Vincent Bacote, *The Spirit in Public Theology: Appropriating the Legacy of Abraham Kuyper* (Grand Rapids, MI Baker: Academic, 2005), 7.

3 리차드 마우(Richard Mouw)는 카이퍼에 대한 짧은 입문서에서 카이퍼 사상에 담긴 인종 차별적 요소를 직면하려 애쓰면서 이 도전에 대해 숙고한 바 있다. 참고. Richard Mouw, "Race: Adding Another 'Neo,'" in *Abraham Kuyper: A Short and Personal Introduction* (Grand Rapids, MI Eerdmans, 2011), 80-85. 다른 카이퍼 학자들과 신칼뱅주의 학자들도 이 도전에 대해 연구했다. 2016년 연례 카이퍼 컨퍼런스(당시엔 프린스턴신학교가 주최했고, 현재는 칼빈대학교가 주최하는)에서 카이퍼가 인종을 다루는 면모들을

표현하는 데 그토록 헌신된 사람이, 어떻게 열등함과 협박 주장으로 이어지는 **인종적** 다양성에 대해 그토록 강하게 이야기할 수 있었을까? 이 글의 마지막 부분에서 어떻게 내가 이 분야에서 카이퍼의 실패에 관한 진실을 직시하면서도, 그에 대해 분노 가득한 거부나 고통스러운 현실을 피하려는 자비로운 수용도 아닌 길을 갈 수 있다고 생각하는지를 나눌 것이다. 그러나 먼저 그가 쓴 내용을 살펴봐야 한다.

스톤 강연에서 인종에 대한 카이퍼 자신의 진술을 자세히 살펴보려 할 때, 간략한 설명이 필요하다. 검토할 각 인용은 카이퍼가 제기하는 주장의 맥락에서 이해해야 한다. 이는 이 책 전체에서 줄곧 유용하게 펼쳐진 주장이기도 하다. 하지만 카이퍼의 이런 진술은 더 넓은 주장의 맥락 속에 넣어 살핀다 해도 그 어휘들이 부드럽게 도달하는 데 거의 도움이 되지 않는다. 어떤 인용은 길 것이다. 그러나 카이퍼가 자신의 견해를 표현하는 상황을 이해하는 데 그 길이가 중요하다. 직접 보게 되겠지만, 이 인용은 심각한 문제가 있고, 변명의 여지도 없으며, 타락한 세계의 죄악성을 드러내 보여준다. 그러나 그것들 위에 진리의 빛을 비추기 위해서는 있는 그대로 읽어야 한다. 결국 새로운 세기에 카이퍼의 통찰력을 배워 적용하고자 하는 우리가 할 일은 "무비판적인 팬(들)"이 되는 것이 아니라, 카이퍼가 우리에게 제공한 것을 취하되 복음의 빛에 비추어 선하고 참된 것은 창의적으로 적

중심으로 해서 카이퍼와 인종이라는 주제를 탐구했다. 이 학술대회에서 선정된 논문은 학술지에 게재되었다. *Journal of Reformed Theology* 11, no. 1-2 (January 2017).

용하고, 그렇지 않은 것에 대해 필요한 교정과 비판을 제시하는 것이다. 내가 다른 곳에서 주장한 것처럼 우리는 "카이퍼 시대로부터 무엇을 가져올지, 무엇을 과거에 남겨둘지 결정"해야 한다.[4]

첫 번째 스톤 강연 〈삶의 체계로서의 칼뱅주의〉에 나오는 카이퍼의 인종 견해. 카이퍼는 이 첫째 강의에 다음과 같이 말했다.

> 중국에서 유교가 자신의 영역에서 삶의 체계를 제공했다고 주장할 수 있고, 물론 황인종에게도 고유한 이론에 근거한 삶의 체계가 있다고 주장할 수 있습니다. 하지만 중국이 삶을 위해, 우리 인류의 꾸준한 발전을 위해 무엇을 했습니까! 자신의 삶의 물결이 여전히 맑았던 시기에도 자신 안에 갇힌 호수 외에 무엇을 형성했다고 할 수 있습니까? 인도가 한때 이르렀던 높은 발전에 대해서도 거의 똑같이 말할 수 있습니다. 몬테주마와 잉카 시대에 멕시코와 페루에서 빛났던 것에 대해서도 동일한 평가가 이어집니다. 이 모든 지역에 거주했던 민족은 적지 않은 발전을 이루었지만, 이 발전은 고립된 상태로 머물러 인류의 발전을 더 이루지 못했습니다. 아프리카의 해안과 내지에서 흑인종이 고안하고 수립한 것에 대해서도 당연히 더욱 분명히 언급할 수 있습니다. 훨씬 더 낮은 삶의 형태였기에 호수라기보다는 저수지나 습지라고 할 수 있겠습니다.[5]

카이퍼는 칼뱅주의가 세계관으로써 사회의 긍정적인 발전을 제공한

---

4 Bacote, *Spirit in Public Theology*, 155. 내가 여기에 쓴 것처럼 이점은 인종에 확실히 적용할 수 있지만 카이퍼 사상에 더 넓게 적용된다.

5 Abraham Kuyper, *Lectures on Calvinism* (1931; repr., Grand Rapids, MI: Eerdmans, 1999), 32. 카이퍼, 『아브라함 카이퍼의 칼빈주의 강연』, 65.

다는 주장의 한 부분으로 문명의 발전 이론을 제시하면서 이러한 소견을 개진한다. 아프리카 사회의 열등함에 대한 이 진술은 다른 여러 진술들 가운데 한 견해로 제시되었다.

다른 인종 집단의 열등함에 대한 카이퍼의 주장은 이 강의에서 문명의 발전에 대한 그의 이해에서 이어진다. 그는 다음과 같이 썼다.

> 이 그룹들은 차례대로 부족들로 나뉘어졌고 이 부족들은 나라들과 민족들로 나뉘어졌으며, 노아의 예언적 축복에 전적으로 일치하여 오로지 셈과 야벳의 자손만이 우리 인류 발전을 담당했습니다. 세 번째 주요 그룹에서는 더 고상한 삶의 욕구는 나오지 않았습니다.[6]

여기서 카이퍼는 문명이 창세기 9장의 셈과 야벳의 축복과 이른바 "함의 저주"(실제로 저주받은 것은 가나안이었다)에 따라 발전했다는 것을 일견 사실로 여기는 방식으로 이야기하고 있다.[7] 이 진술은 카이퍼가 문명이 인종간 통혼의 결과로 발전한다고 주장하기 시작할 때 나온다(이에 대한 카이퍼의 용어는 "혼혈"이다).[8] 그러한 주장은 마찬가지

---

6 Kuyper, *Lectures on Calvinism*, 35. 카이퍼, 『아브라함 카이퍼의 칼빈주의 강연』, 69.

7 조지 하링크(George Harinck)가 "구분선 지우기"(Wipe Out Lines of Division)에서 언급했듯이 "함의 저주" 개념은 이미 "[카이퍼] 시대의 학계에서 진부한 것으로 선언된 바였다." George Harinck, "Wipe Out Lines of Division (Not Distinctions)," *Journal of Reformed Theology* 11, no. 1-2 (January 2017): 83.

8 카이퍼가 "남아프리카 공화국의 위기"를 썼을 때 종족간 결혼에 대한 다른 견해를 밝힌 것은 하나의 아이러니다. "보어인들은 감상적이지 않고 실용적

로 카이퍼의 인종적 우월의식과 열등감과 배치된다. "식물학자들이 식물세계에서 동일한 생명 규칙(교배)"을 통해 "자신들의 유익을 도모"하는 것처럼, "혼혈"은 인류가 계속 발전하는 수단이라고 했던 것 말이다.[9]

세 번째 스톤 강연 〈칼뱅주의와 정치〉에 나오는 카이퍼의 인종 견해. 이런 진술은 단지 카이퍼의 첫 번째 스톤 강연에서만 볼 수 있는 것이 아니다. 인종적 우월감을 드러내는 이런 문제적이고 인종 차별적인 발언은 그의 스톤 강연 내내 계속된다. 그는 세 번째 강연에서 다음과 같이 말했다.

> 그래서 한 민족의 역사적 전개는 권위가 다른 어떤 방식으로 수여되었는지 자연스럽게 지시합니다. … 간단히 말해 그것은 온갖 형태를 취할 수 있는데, 왜냐하면 민족들의 발전 정도는 끝없이 차이나기 때문입니다. 미국과 같은 정부 형태는 중국에서 단 하루도 존재할 수 없을 것입니다. 러시아 국민은 심지어 모든 헌법적 정부 형태에도 아직 적합하지 않습니

인 천재성을 지녔다. 그들은 호텐토드족과 반투족이 열등한 인종이며 가족과 사회와 정치에서 백인과 동등한 위치에 서는 것은 순전히 어리석은 일임을 이해했다. 더 나아가 그들은 혼혈 관계의 위험을 이해했으며, 자신의 아들들을 이 재앙에서 구하기 위해 카피르 여성과의 육체적 성교는 근친상간이라는 생각을 주입시켰다. 한편 그들은 노예를 좋은 자녀처럼 대해 왔다. 그들은 노예를 일하도록 길들이고 태도를 부드럽게 했다. 남아프리카에서는 원로 보어인보다 원주민을 대하는 데 능숙한 사람을 찾을 수 없다." Abraham Kuyper, "The South African Crisis," in *Abraham Kuyper: A Centennial Reader*, ed. James D. Bratt (Grand Rapids, MI: Eerdmans, 1998), 339를 보라.

9 Kuyper, *Lectures on Calvinism*, 35-36. 카이퍼, 『아브라함 카이퍼의 칼빈주의 강연』, 71.

다. 아프리카의 카페르족과 호텐토트족 가운데 심지어 러시아에 존재하는 것과 같은 정권은 상상할 수 없을 것입니다.[10]

이 진술은 카이퍼가 (칼뱅을 따라) 공화정 정부 형태를 주장하는 맥락에서 나온다. 인용에서 알 수 있듯이 이런 형태의 정부는 사람들이 하나의 사회로 충분히 발전한 상황에서 하나님께서 부여하신 것이다. 카이퍼가 보기에 아프리카인(적어도 남아공 사람들)과 다른 이들은 그렇지 않은데, 이는 신적 섭리에 따른 것이다.

여섯 번째 스톤 강연 <칼뱅주의와 미래>에 나오는 카이퍼의 인종 견해. 우리는 이 장에서 스톤 강연 전체에 걸친 몇몇 진술을 확인했으며, 카이퍼의 마지막 강연에 나오는 한 진술로 결론을 맺을 것이다. 그것은 그의 인종적 우월의식과 열등감을 강조할 뿐만 아니라 이제는 다양한 종족 그룹에 대해 경멸적인 것으로 여겨지는 언어를 사용한다. 카이퍼는 이 강연에 다음과 같이 썼다.

> 결국 각각의 다른 문제는 이 하나의 문제로 귀착한다는 것입니다. **차이들은 어디서 옵니까?** 차이가 어디서 오며, 다른 종류의 존재, 생성, 의식은 어디서 옵니까? 이것을 구체적으로 표현하면, 여러분이 꽃이라면, 여러분은 버섯보다는 장미이기를 바라고, 곤충이라면 거미보다는 날벌레이기를 바라고, 새라면 부엉이보다는 독수리이기를 바라고, 동물이라면 하이에나보다는 사자이기를 바라고, 이와 같이 인간으로서 여

---

10 Kuyper, *Lectures on Calvinism*, 84. 카이퍼, 『아브라함 카이퍼의 칼빈주의 강연』, 149-50.

러분은 가난하기보다는 부요하기를 바라고, 미련하기보다는 재능이 뛰어나기를 바라고, 호텐토트나 카페르보다는 아리안 족이 되기를 바랄 것입니다. 이 모든 것에서 차이는 천지 차이입니다.[11]

카이퍼는 [하나님의] 선택을 자연 선택에 의한 진화와 대조하면서 이런 진술을 하고 있다. 그는 계속해서 역사적으로 선택 교리가 "수 세기에 걸쳐 진실로 만족과 화해를 제공"했다고 결론지었다.[12] 그것은 아마도 그 교리가 세상에 다양한 종류의 차이점이 있는 이유를 맹목적인 자연의 힘의 손보다 더 나은 설명을 제시하기 때문일 것이다.

나는 스톤 강연의 카이퍼의 인종에 대한 진술에 대한 이 간단한 검토를 마치면서, 이 장의 시작 부분에서 내가 말했던 바, 영화의 제4의 벽을 깨는 듯한 문학적 표현으로 돌아가려 한다. 나는 인종에 대한 카이퍼의 말을 읽던 것을 생생하게 기억한다. 이 글들을 읽었을 때 내가 어디에 있었고, 얼마나 당황했는지 결코 잊지 못할 것이다. 카이퍼는 차이점의 유형을 어떻게 생각해야 할지에 대한 큰 논의의 일부로 아프리카인의 열등함을 사실적인 방식으로 이러한 진술을 했다고 하지만, 여전히 그 말은 나와 다른 이들에게 낯설었다.

---

11 Kuyper, *Lectures on Calvinism*, 195-96. 카이퍼, 『아브라함 카이퍼의 칼빈주의 강연』, 347.

12 Kuyper, *Lectures on Calvinism*, 197. 카이퍼, 『아브라함 카이퍼의 칼빈주의 강연』, 348.

카이퍼주의자들은 무엇을 했는가?

스톤 강연에 나오는 카이퍼와 인종에 관한 글이 몇 있긴 하지만, 카이퍼와 인종 논의의 대부분이 남아프리카 공화국과 아파르트헤이트 문제와 관련되어 있다는 점을 주목하는 것이 중요하다.[13] 인종과 민족의 범주가 영역주권에 대한 카이퍼의 언어에 존재하지 않으나 카이퍼의 이 두드러진 개념의 역기능적 발전과 채용이 아파르트헤이트의 기초의 일부였으며, 많은 이들이 (내 생각에는 오해로) 그를 아파르트헤이트의 아버지로 간주한다. 카이퍼의 사상이 아파르트헤이트의 신학적 근거의 일부로 사용된 것은 사실이지만, 그것이 곧 카이퍼

---

13 남아프리카와 아파르트헤이트에 관련해 카이퍼를 언급한 책과 기사 중에 다음을 참고하라. Allan Boesak, *Black and Reformed: Apartheid, Liberation, and the Calvinist Tradition* (New York: Orbis Press, 1984); H. Russel Botman, "Is Blood Thicker Than Justice? The Legacy of Abraham Kuyper for South Africa," in *Religion, Pluralism, and Public Life: Abraham Kuyper's Legacy for the Twenty-First Century*, ed. Luis E. Lugo (Grand Rapids, MI: Eerdmans, 2000), 342-61; P. J. Strauss, "Abraham Kuyper and Pro-apartheid Theologians in South Africa: Was the Former Misused by the Latter?," in *Kuyper Reconsidered: Aspects of His Life and Work*, ed. Cornelis van der Kooi and Jan de Bruijn (Amsterdam: VU Uitgeverij, 1999), 218-27; J. C. Adonis, "The Role of Abraham Kuyper in South Africa: A Critical Historical Evaluation," in Van der Kooi and De Bruijn, *Kuyper Reconsidered*, 259-72; George Harinck, "Abraham Kuyper, South Africa, and Apartheid," speech at the opening ceremony of the Abraham Kuyper Institute for Public Theology at Princeton Theological Seminary, *The Princeton Seminary Bulletin* 23, no. 2 (Spring 2002): 184-87; Craig Bartholomew, *Contours of the Kuyperian Tradition: A Systematic Introduction* (Downers Grove, IL: IVP Academic, 2017), 152-57. 바르톨로뮤, 『아브라함 카이퍼 전통과 삶의 체계로서의 기독교 신앙』, 244.

자신이 사회의 엄격한 인종적 분리를 주장했다는 의미는 아니다. 우리는 아파르트헤이트를 구축하는 일환으로 카이퍼의 개념을 사용하는 것이 그가 가르친 내용을 명백히 발전시킨 것인지 아니면 인종 차별적 사회를 건설하기 위해 그의 언어와 개념을 편리하게 왜곡하고 선택적으로 사용하는 것인지 물어야 한다. 내 판단에 기껏해야 카이퍼에게는 부분적인 책임이 있다고 말할 수 있다. 그것이 크레이그 바르톨로뮤(Craig Bartholomew)의 판단이기도 하다.[14] 그 외에도 우리는 스톤 강연에 나오는 내용을 평가해야 한다. 하지만 그럼에도 질문은 여전히 남아 있다. 위에서 살펴본 카이퍼의 말은 어떠한가? 우리는 그러한 인종 차별적 발언과 그 발언을 한 사람에게 어떻게 대응해야 하는가?

학자들은 카이퍼와 씨름하면서 다양한 방식으로 대응했다. 비판과 거부, 역사를 감안한 비판, 그리고 신학적 주제와 관련된 비판이다. 모든 접근 방식은 카이퍼의 인종 차별적 발언을 거부하는 것이 분명하지만, 각기 카이퍼와 카이퍼의 사상 전체에 대한 접근 방식이 다르다.

비판과 거부. 피터 패리스(Peter Paris)는 훗날 논문으로 출판된 한 연설에서 인류 발전에 대한 카이퍼의 언어에 관해 씨름한 결과로 다음과 같은 비판을 제시한다.

---

14 Bartholomew, *Contours of the Kuyperian Tradition*, 152. 바르톨로뮤, 『아브라함 카이퍼 전통과 삶의 체계로서의 기독교 신앙』, 244.

> 내 판단에 카이퍼는 유럽의 문화적, 인종적 우월성 신화를 보존하고 촉진하는데 몰두한 전형적인 19세기 신학적 학문의 표본이다. 그가 뻔뻔하고 오만하게 아프리카 사람들이 인간 문명에 거의 기여하지 않았다고 주장했다는 것이 가장 중요하다. 셀 수 없이 많은 유럽인들이 같은 신화를 유사하게 선전해, 아프리카와 그들 각각의 제국들 전역에서 인간사 모든 영역에 대한 그들의 독재 프로그램을 엄청나게 증진시켰다. … 만일 카이퍼가 19세기 최고의 칼뱅주의 신학자 중 한 명으로 꼽히려면, 그의 관점은 역사의 쓰레기통에 처박혀야만 한다.[15]

패리스는 "역사의 쓰레기통"이라는 강렬한 이미지로 끝맺으면서, 결국 카이퍼의 인종 차별적 발언을 진지하게 받아들이고 그러한 발언을 거부하려면 카이퍼의 통찰 전부를 거부해야 한다고 주장한다. 그의 저작 전체가 "유럽의 문화적, 인종적 우월성 신화"로 가득 차 있고, 카이퍼 시대의 많은 사람들처럼 인종차별이 구제불능으로 넘쳐난다는 것이다.

역사를 감안한 비판. 제임스 브랫(James Bratt)도 카이퍼의 인종에 관한 견해에 대해 (스톤 강연과 남아프리카 보어인들에 대한 카이퍼의 지지를 함께 염두에 두고) 유사한 주장을 편다.

> 카이퍼는 "혼혈"을 미국과 그의 모국의 사회 진보와 문화적

---

15 Peter J. Paris, "The African and African-American Understanding of Our Common Humanity: A Critique of Abraham Kuyper's Anthropology," in Lugo, *Religion, Pluralism, and Public Life*, 271-72.

활력의 원천으로 칭송했다. 그러나 남아프리카 공화국에서 보어인들이 ("근친상간"으로 간주한) "인종" 혼합을 절대 금지시킨 것을 그들의 도덕성의 최고 표시이자 미래에 대한 유일한 희망이라고 칭찬했다.

그런 반전에 대한 유일한 설명은 카이퍼가 당시 유럽의 인종 이론을 전적으로 찬동하면서, 거기에 성경의 이미지를 약간 덧붙였다고 보는 것이다. 이 이론은 우선 "아리안 인종"이 꼭 대기에 있고 "니그로"가 맨 아래에 놓인 완전히 고착된 질적 계층 구조를 가정했다. 아울러 역사를 통일된 진화적 발전으로 해석했다. 카이퍼는 프린스턴에서 이를 되뇌었던 것이다. … 카이퍼가 인용한 성구는 "노아의 예언적 축복"이었다. … 이는 누군가의 지적처럼, 마치 카이퍼가 "이상주의 택정 이론을 가지고 … 유물론적 선택이론을 넘어서" 사회적 다윈주의를 거부하고 멘델 유전학의 사회적 버전을 취한 셈이다.[16]

패리스와 브랫은 그들의 비평에서 카이퍼가 아프리카 출신들을 열등하다고 여기는 지배적인 인종관의 지배를 받았다는 점을 밝혔다. 진지하게 카이퍼를 바라보려면 인종에 대한 그의 진술에 이런 영향력이 존재함을 인정해야 한다. 그러나 이들은 카이퍼의 글에 나오는 그런 견해가 존재함에도 우리가 그의 작품을 활용할 때 어떻게 여겨야 할지에 대해서는 의견이 갈린다. 패리스는 거절을 요구한다. 반면에,

---

[16] James D. Bratt, *Abraham Kuyper: Modern Calvinist, Christian Democrat* (Grand Rapids, MI: Eerdmans, 2013), 293-94. 브랫은 이 인용에서 카이퍼가 인종에 관해 비슷한 말을 한 글을 언급하며, 그가 보어인을 지지하려는 열망과 하나님께서 세상에서 행하심과 역사 발전에 대한 그의 생각 때문에 생각의 긴장을 성공적으로 다루지 못했다고 결론지었다. Dirk Th. Kuiper, "Groen and Kuyper on the Racial Issue," in Van der Kooi and De Bruijn, *Kuyper Reconsidered*, 69-81를 보라.

브랫은 단호한 비판을 하면서도 같은 약식 판결은 내리지 않는다.

신학적 주제와 관련된 비판. 이 두 가지 접근 방식이 카이퍼와 인종에 대한 그의 진술을 다루는 주된 방안을 포괄한다. 그러나 세 번째 접근 방식이 최근에 등장했다. 다니엘 카마초(Daniel Camacho)도 카이퍼와 인종에 대해 우리의 관심을 끌 만한 흥미로운 글을 썼다. 카마초는 일반 은총의 교리와 인종에 대한 카이퍼의 견해 사이의 관계를 고려한다. 그의 다소 긴 두 진술과 논의는 다음과 같다.

> 카이퍼의 신학적 인류학, 즉 하나님께서 인류를 어떻게 조성하셨는지에 대한 그의 비전은 일반 은총이 주로 인류의 황금빛 또는 흰색의 흐름에 집중되어 있다고 가정한다. 일반 은총이 세계를 덮고 있긴 하지만, 카이퍼의 눈에는 그것이 특정 노선의 사회 발전과 문명 건설을 따라 분포되어 있는 것으로 보였다. 이 모두는 다른 민족들 속의 일반 은총을 배제하지 않지만 그들에게서는 낮은 형태로 존재한다. 검은 토착민들은 영적, 문화적 침체와 미성숙을 특징으로 한다. 그러나 하등 민족은 여전히 칼뱅주의, 유럽, 그리고 현재 미국이 인류의 번영에 기여한 발전으로부터 혜택을 받고 성장할 수 있는 것이다. 이 모두가 카이퍼의 신학적 비전의 일부이다. 이 모두가 우리의 최선의 바람에도 불구하고 카이퍼 유산의 일부다. …
>
> 카이퍼가 자신의 비전을 신조처럼 고백하기에, 그것의 전개와 영향력은 훨씬 넓은 미학적이며 제도적 차원에서 느껴졌다. 인종은 단순히 명제가 아니기 때문이다. 그것은 단지 "세계관"의 차원에서 작동하지 않는다. 인종 편견은 우리의 상상과 욕망에 깊숙이 스며들어있다. 인종 차별의 학교와 교회는

더 나아가 관습을 통해 인종을 하나의 **습성**으로 가르쳤다.[17]

카마초는 창조에 대한 하나님의 관대하심을 강조하고 그리스도인의 사회 참여로 가는 길을 열어주는 교리인 일반 은총이 카이퍼의 인종적 위계에 대한 진술과 연결되는지의 여부를 묻는다. 카마초가 주장하는 긴밀한 연결에 대해 (나처럼) 논쟁을 벌일 수도 있을 것이다. 하지만 발달과 관련된 교리인 일반 은총이 상이한 그룹들의 발전 수준들과 아프리카 혈통에 대한 (최소한) 암시적이거나 (최대한) 주장된 가치 판단에 대해 마치 사실인 양 제시된 카이퍼의 관찰 옆에 놓이는 경우, 둘 사이의 잠재적 연결을 보는 것은 어렵지 않다. 우리는 더 나아가 일반 은총이 인종차별에 어느 정도 영향을 미치는지 고려하도록 초대받는다 (여기서는 아파르트헤이트보다 그 이상을 염두에 두고 있는 듯하다).

이러한 각 접근 방식은 카이퍼의 인종 차별적 발언과 진지하게 씨름하며 이에 대해 전면적인 거부를 보여준다. 그러나 그것들은 그런 진술에 대한 **해석**이 다 다르다. (카이퍼의 진술은 19세기 사상의 일반적 분위기를 반영한 것이었을까? 아니면 이런 진술이 그의 글의 핵심적인 신학 개념에서 바로 나오는 것일까?) 그러나 이런 카이퍼와의 씨름이 우리에게 제공하는 모든 것에도 불구하고, 그것들은 여전히 우리에게 이 주

---

17 Daniel José Camacho, "Common Grace and Race," The Twelve Blog by Reformed Journal, March 26, 2014, https://blog.reformedjournal.com/2014/03/26/common-grace-and-race-2/ (강조는 원문).

제에 대해 카이퍼를 **비판적으로** 씨름할 수 있는 방법을 제공하지 않는다. 여기서 우리는 더 건설적 접근으로 결론을 내리는 비판들이 있는지 물을 수 있다. 스톤 강연에 관한 글들을 살펴보면 답은 "별로 그렇지 않다"이다. 위에서 언급한 것처럼 크레이그 바르톨로뮤(Craig Bartholomew)와 러셀 보트만(H. Russel Botman)은 남아프리카에서 카이퍼의 유산과 관련된 건설적인 비평을 썼지만 스톤 강연과는 직접적 관련이 없다. 그러나 나는 카이퍼를 읽을 때 그러한 접근이 필요하다고 믿는다. 그의 결점을 경시하지 않고 앞으로 나아갈 길을 제공하는 비판적이면서도 건설적인 참여의 필요가 다시 한번 나의 "카이퍼 위기 경험"의 이야기로 돌아갈 수 있는 무대를 제공한다.

우리는 무엇을 해야 하는가?

나는 인종에 관한 카이퍼의 언어에 부딪쳐, 혼란의 소용돌이에 휩싸였다. 독자들의 이해를 위해 설명하자면, 나는 카이퍼에게서 오랫동안 찾던 공적 참여 신학을 가진 사람을 마침내 발견했었다. 참기 힘든 내면의 고뇌였다. 누군가 당신의 음악을 연주하는데, 그에게서 불협화음보다 더 나쁜 곡조가 들려오면 어찌해야 하는가? 그 사람이 당신의 박사학위 논문 연구의 중심이 되기를 바랐는데, "왜 그런 인종차별주의자의 업적에 관심을 기울이는가?"라면서, 의아해하는 이들에게서 심문을 당하는 것을 상상할 때 어떻게 하겠는가? (모두 공개함: 나는 때때로 이 질문을 받았다.) 이 답답함에 대한 나의 해결은 비판적 사고방식이 생겨나는 과정에서 나타났다.¹⁸ 이 장의 시작 부분에서 언급했듯이 이는 선과 최악의 진실을 모두 말하는 것을 의미한다. 우리가 정직하게 전진하려면 이것이 필요하다.

우리는 먼저 아브라함 카이퍼가 인종에 관해 그 시대의 사람이었다는 점을 염두에 두어야 한다. (아마도 그는 이 점에서 근대 시대에 충실했다.) 이는 변명하기 위해서가 아니라 그의 시간과 장소에 대해 정직하기 위해서다. 앞으로 나아가는 가장 좋은 방법 중 하나는 특히 다음의 리처드 마우(Richard Mouw)의 말에 주의를 기울이면서 카이퍼를 자신과 대화하도록 하는 것이다.

> 인종에 대한 주제는 우리가 단지 약간 현대화(agiornamento, 이탈리아어로 현대화, 쇄신, 개혁, 시대에 발맞춤을 의미한다—편집자 주)하기 보다 훨씬 더한 것을 해야 하는 주제다. 이 주제에 대한 카이퍼의 생각 대부분은 진솔한 부정이 필요하다. 이를 특히 분명히 하는 것이 중요하다. 카이퍼에 대한 지식이 남아공의 백인 네덜란드 개혁파 문화를 오랫동안 특징지어온 아프리카너(Afrikaner)의 **아파르트헤이트** 사상에 끼친 영향 중 하나라는 그의 평판에만 국한된 이들이 있기 때문이다.¹⁹

---

18 직접적인 예 하나를 보려면 다음을 참고하라. Vincent Bacote, "Critical Thinking Is Obeying the Commandment of Loving Your Neighbor as Yourself," interview by Bart Noort, *Theological University Kampen Magazine*, December 2014.

19 Mouw, *Kuyper: A Short and Personal Introduction*, 81.

좋은 출발점은 카이퍼 자신이 칼뱅주의에 접근한 방식으로 다가가는 것이다. 카이퍼는 그의 마지막 강의에서 다음과 같이 말했다.

> 옛 네덜란드 칼뱅주의자와 청교도 조상의 후손들이 해야 할 일은 칼뱅주의가 화석인 양 과거를 베끼는 것이 아니라, 칼뱅주의 식물의 살아 있는 뿌리로 돌아가 그것을 깨끗하게 정화하고, 물을 주어 다시 한번 싹이 트고 꽃을 피우도록 하는 것이다. 이제 현대의 실생활과 미래의 요구에 완전히 부합하게끔 말이다.[20]

같은 강의 뒷부분에서, 그는 이렇게 계속한다.

> 저는 누구보다도 복고를 싫어합니다. 하지만 기독교를 옹호하기 위해 원리에 원리를, 그리고 세계관에 세계관을 대립시키는 것은 철저한 개신교 신자에게 건축할 수 있는 신뢰할 만한 기초로서 오직 칼뱅주의적 토대에서만 가능합니다.[21]

위인들은 흔히 자신의 사상을 보존해 전수하는 일에 헌신하는 것이 자신을 가장 잘 존중하는 길이라는 식으로 소개되곤 한다. 카이퍼는 자신의 견해가 이런 식으로 취급되어야 한다고 제안할 법한 성품의 소유자였다. 하지만 그의 견해들은 받아들이되, 그가 칼뱅주의를 취

---

20 Kuyper, *Lectures on Calvinism*, 171. 카이퍼, 『아브라함 카이퍼의 칼빈주의 강연』, 304.

21 Kuyper, *Lectures on Calvinism*, 191. 카이퍼, 『아브라함 카이퍼의 칼빈주의 강연』, 339.

급하려고 했던 방식으로 다루는 것이 훨씬 낫다. 이런 접근 방식을 취하면, 우리의 다양한 감정적 반응으로 인해 패리스가 제안하는 것처럼 카이퍼를 재빨리 쓰레기통에 처넣어 버리려는 유혹을 누르게 된다. 분명히 인종에 대한 카이퍼의 골치 아픈 견해를 그의 유산에서 제하고, 그 유산을 내부에서 새롭게 꽃피울 방법과 이 살아있는 전통을 최신화하고 발전시키는 방법을 고심해야 한다.

우리는 카이퍼의 작품 속에서 인종에 대한 부정적인 믿음과 관습에 반대하는 궤적을 더 자세히 살펴볼 수 있다. 젠더 차이에 관한 인용에서 평등에 대한 카이퍼의 주장을 보게 된다.

> 칼뱅주의가 우리 모든 인생을 곧장 하나님 앞에 둔다면, 그 앞에서는 남자든 여자든, 부자든 가난한 자든, 강한 자든 약한 자든, 재능이 많은 자든 적은 자든 모두 하나님의 피조물로서, 길 잃은 죄인으로서, 서로를 주장할 수 있는 것이 전혀 없습니다. 우리는 하나님 앞에 서 있기 때문에 서로에 대해 동등하게 서게 됩니다.[22]

카이퍼는 문맥 안의 다음 문장들에서 (그리고 강연 전반에 걸쳐 비슷한 개념이 담긴 다른 문장들에서도) 평등에 대한 이런 견해를 정당화했다. 거기서 카이퍼는 인간 사이의 모든 위계가 하나님의 손길의 섭리의 관대함에서 나온다고 주장한다. 카이퍼는 높은 지위에 있는 이들이

---

22 Kuyper, *Lectures on Calvinism*, 27. 카이퍼, 『아브라함 카이퍼의 칼빈주의 강연』, 55.

다른 사람을 섬기는 것이라고 했다. 하지만 슬프게도 역사는 종종 매우 다른 이야기를 드러내는 경우가 많다.

개선된 유산은 역사에 나타난 하나님의 섭리의 손길이나 사람들 사이의 다양한 종류의 차이를 인정하는 것을 부인하지 않을 것이다. 그러나 그것은 하나님의 형상을 지닌 동료 인간의 번영을 방해하는 다양한 사회적·문화적·정치적 역기능을 신학적으로 수용하는 일은 피하려고 할 것이다. 카마초는 이와 관련하여 다음과 같이 말했다.

> 일반 은총을 백인 우월주의 유산에서 분리하기 시작한다는 것은 무엇을 의미할까? 그 시작은 소외된 목소리에 귀를 기울이고 대화를 나누는 것이 될 것이다. 또한 그것은 기독교 제자도의 문화적 상황화를 인식함을 의미할 것이다. …
> 카이퍼의 전통은 인종과 문화 문제에 있어 전진할 기회를 제공한다고 생각한다. 정말로 이 세상이 **은총을 받으려면** 아마도 나는 죄에도 불구하고 내 피부색, 머리카락 질감, 켄드릭 라마(Kendrick Lamar, 사회적 이슈를 주로 다룬 미국 흑인 힙합 음악가—역자 주)의 시와 내 민족의 춤에서 선함을 볼 수 있을 것이다. (카이퍼는 춤에 대해 서툴렀지만 말이다). 이 모든 것이 하나님께 중요하다. 이 모든 것이 신학적으로 중요하다.[23]

일반 은총이 백인 우월주의와 연결되어 있다는 데 동의하지 않더라도 개혁파 기독교 내부와 그 너머에서 (아파르트헤이트 외에도) 인종과

---

23 Camacho, "Common Grace and Race."

관련된 도전은 분명히 많았다. 카마초는 비판만 하는 것이 아니라 인류의 모든 구성원의 선함을 적극적으로 긍정하고 문화의 청지기로서 그들이 맺은 열매를 기꺼이 받아들임을 통해 일반 은총을 최대한 활용하도록 초청한다. 이는 하나님께 영광을 돌리기 위해 소홀히 여겼던 궤적을 추적함으로써 카이퍼의 유산을 더 풍성하게 만드는 한 가지 방법이다. 그의 유산을 개선하여 발전시키는 길을 열어주는 카이퍼 사상의 또 다른 차원은 스톤 강연에 나오는 교회에 대한 다음의 주장에서 비롯된다.

> 교회들이 신앙을 고백하는 이들의 하나 됨으로 이루어지고, 오직 연합의 방식으로만 하나가 된다면 기후와 민족, 과거 역사와 마음의 성향의 차이가 교회 문제에 있어서 광범위한 영향력과 다양성을 발휘하게 하는 결과가 있어야 한다. 그것이 매우 광범위한 중요성을 지닌 결과인 이유가 있다. 그것이 모든 가시적 교회의 절대적 성격을 없애고, 그것들을 나란히 배치하여, 순수함의 정도는 다르지만 항상 어떤 방식으로 건 천국에 있는 거룩하고 보편적인 그리스도의 교회의 한 표현으로 남아 있게 하기 때문이다.[24]

카이퍼는 이 진술과 다른 진술에서 일종의 관점주의를 인정한다. 여기에서 그가 교회론적 표현과 신학적 반성의 관점에서 다양성에 대해 이야기하고 있지만, 원칙 자체는 모든 실재에 대한 이해에 적용된

---

[24] Kuyper, *Lectures on Calvinism*, 63-64. 카이퍼, 『아브라함 카이퍼의 칼빈주의 강연』, 115-18.

다. 카이퍼는 진리가 복잡하다는 것과 자신의 전통 외에도 여러 곳에도 진리에 대한 기여가 있을 수 있음을 알고 있다.

그는 상이한 문화가 서로 다르지만 옳은 관점들을 가질 수 있다는 점을 인정한다. 가장 높은 형태의 문화와 발전이 유럽과 미국에 있다는 것이 그의 견해였지만, 이 원칙 안에는 다른 문화의 다른 목소리가 정당한 관점을 가질 수 있다는 인식이 있다. 이것은 오늘날 우리에게 우리가 이런 다른 목소리에 귀를 기울여야 한다는 것을 시사한다. 왜냐하면 그들이 우리가 보지 못하는 실재와 삶의 관습을 더 낫게 이해하기 위해서 필요한 진리의 측면들을 알아차렸을 가능성이 높기 때문이다. 이는 우리가 신학과 실제로 모든 지식 영역 같은 문제들에 대해 공동의 접근 방식을 취해야 한다는 것을 의미한다. 더욱이 그것은 우리가 명시적이든 암묵적이든 문화적으로 우리보다 못하다고 간주할 수 있는 다른 사람들을 인류 공동체와 지상의 기독교 공동체로서 우리 삶에 중요한 기여를 하는 그리스도의 몸의 소중한 구성원으로 여기는 법을 배운다는 것을 의미한다.

특히 인종에 대한 카이퍼의 견해는 아프리카인의 후손이 사회에 주목할 만한 공헌자가 될 날을 거의 상상할 수 없다고 암시하고 있으나, 이 원칙은 최선의 경우 우리가 인간으로서 가능한 한 진리를 온전히 이해하려면 사회 전반으로부터의 기여가 필요하다는 인식을 표현한 것이라고 할 수 있다. 이러한 종류의 신-카이퍼 관점주의는 교회와 세계에 큰 이익이 될 수 있다.

우리는 여기서 어디로 가야 하는가? 카이퍼를 자신과 대화하게 만들 때, 우리는 맑은 눈으로 카이퍼의 탁월함과 연약함을 모두 보게 된다. 그리고 눈에 띄는 불완전함 때문에 신칼뱅주의 전통에서 발길을 돌리지 말고 그 안에 이미 존재하는 긍정적인 것을 바라보고 감히 이 믿음과 세계관의 더 나은 버전을 상상하자. 이것이 바로 내가 "카이퍼를 가지고 무엇을 할까?"라는 생각이 들었을 때 선택한 것이다. 나는 그가 골칫거리인 동시에 도움이 됨을 보았다. 나는 그의 업적이 문제있고 때로는 끔찍한 차원뿐만 아니라 가치 있는 기여를 제공하는 방식에 대해 정직할 수 있다고 결론 내렸다. 내가 보기에 기독교적 진실함은 도움이 되고 유용한 것에 대해 정직함과 더불어 카이퍼의 결점들에 대한 실망도 인정할 것을 나에게 요구한다. 그런 다음 나는 평가로부터 그의 유산에 대한 청지기 직으로 이동해 좋은 것을 제시한다. 이것은 현재를 바라보고 전통을 상황화하는 방법을 고려하며, 카이퍼의 약점을 인식하면서 "인종이나 다른 중요한 문제에서 놓치고 있는 것이 무엇인가?"라고 빠르게 묻는 접근 방식이다. 이것이 카이퍼를 비판적으로 평가하면서, 창조 질서 안에서 하나님을 영화롭게 하고 그를 겸손하게 섬기기를 힘쓰는 신칼뱅주의다. 스톤 강연의 모든 독자가 이 소명과 기회의 일부가 될 수 있다.

빈센트 베이코트(Vincent Bacote, PhD, Drew University)

휘튼대학교의 신학교수이며, 기독교실천신학센터의 소장이다. 대표 저서는 다음과 같다.

The Spirit in Public Theology: Appropriating the Legacy of Abraham Kuyper

Reckoning with Race and Performing the Good News: In Search of a Better Evangelical Theology

〈발전을 위해 더 읽을거리들〉

Adonis, J. C. "The Role of Abraham Kuyper in South Africa: A Critical Historical Evaluation." In *Kuyper Reconsidered: Aspects of His Life and Work*. Edited by Cornelis van der Kooi and Jan de Bruijn. (Amsterdam: VU Uitgeverij, 1999)

Boesak, Allan. *Black and Reformed: Apartheid, Liberation, and the Calvinist Tradition*. (New York: Orbis Press, 1984)

Botman, H. Russel. "Is Blood Thicker Than Justice? The Legacy of Abraham Kuyper for South Africa." In *Religion, Pluralism, and Public Life: Abraham Kuyper's Legacy for the Twenty-First Century*. Edited by Luis E. Lugo. (Grand Rapids, MI: Eerdmans, 2000)

Eglinton, James. "Varia Americana and Race." *Journal of Reformed Theology* 11, no. 1-2 (January 2017): 65-80.

Harinck, George. "Wipe Out Lines of Division (Not Distinctions)." *Journal of Reformed Theology* 11, no. 1-2 (January 2017): 81-98.

Journal of Reformed Theology: Special Issue on Neo-Calvinism and Race 11, no. 1-2 (2017).

Joustra, Jessica. "An Embodied Imago Dei." *Journal of Reformed Theology* 11, no. 1-2 (January 2017): 9-23.

Kuiper, Dirk Th. "Groen and Kuyper on the Racial Issue." In *Kuyper Reconsidered: Aspects of His Life and Work*. Edited by Cornelis van der Kooi and Jan de Bruijn. (Amsterdam: VU Uitgeverij, 1999)

Liou, Jeff. "Taking Up #blacklivesmatter." *Journal of Reformed Theology* 11, no. 1-2 (January 2017): 99-120.

Liou, Jeff, and David Robinson. "Our Racist Inheritance: A Conversation Kuyperians Need to Have." *Comment Magazine*. May 14, 2015. www.cardus.ca/comment/article/our-racist-inheritance-a-conversation-Kuyperians-need-to-have/.

Mouw, Richard. "Race: Adding Another 'Neo.'" In *Abraham Kuyper: A Short and Personal Introduction*. (Grand Rapids, MI: Eerdmans, 2011)

Strauss, P. J. "Abraham Kuyper and Pro-apartheid Theologians in South Africa: Was the Former Misused by the Latter?" In *Kuyper Reconsidered: Aspects of His Life and Work*. Edited by Cornelis van der Kooi and Jan de Bruijn. (Amsterdam: VU Uitgeverij, 1999)

8. 번역으로 인한 손상: 스톤 강연의 초고

- 조지 하링크

8. 번역으로 인한 손상: 스톤 강연의 초고

조지 하링크

서론

아브라함 카이퍼는 1880년 10월 20일 암스테르담의 신교회에서 열린 자유대학교 개교식에서 **영역주권**에 관한 취임 연설을 통해 이 새로운 대학이 품은 국가적, 학문적, 개혁파적 열망을 개관했다. 자유대학교는 국법에 준해 운영되는 네덜란드어를 사용하는 대학이었다. 그러나 카이퍼는 연설의 끝부분에서 자유대학교의 국제적 의의를 또한 지적했다. 독일, 이탈리아, 스코틀랜드, 스위스, 미국으로부터 지지 표시가 답지한 바 있었다.[1] 그 사실은 카이퍼에게 1618-19년 도르트 총

---

* 나는 이 글의 이전 버전에 대해 논평해 준 편집자들과 깜픈신학교의 신칼뱅주의 연구소 연구 그룹 구성원들과 암스테르담 자유대학교의 개혁파 신학과

회의 국제적 성격을 상기시켰으며, 바로 그에 비교하여 학문과 개혁파 신앙고백에는 국경이 없다고 했다.[2]

불행히도 네덜란드어가 자유대학교의 국제적 확장성과 관련성을 저해했다. 1900년까지 남아프리카의 보어 공화국에서 온 12명의 학생과 네덜란드계 미국인 가정의 아들들만 등록했다. 그들은 모두 네덜란드어를 말하거나 이해했다. 대학의 학문적 특성과 개혁파적 성격은 매력적이었지만, 네덜란드어는 그렇지 않았다. 오늘날 이것은 역사적 한계로 여겨지지만, 자유대학교의 첫 10년 동안엔 불리한 조건으로 여겨지지 않았다. 대학의 초점은 국내에 있었다. 1890년 이전에는 카이퍼나 다른 교수 중 한 명이 출판한 단 하나의 출판물이 독일어로 번역된 것으로 알려져 있다.

흥미롭게도 카이퍼의 가장 유명한 텍스트인 칼뱅주의에 관한 스톤 강연은 1898년에 영어로 행해졌다. 카이퍼가 작성한 거의 모든 원고는 먼저 네덜란드어로 출판된 다음 전체 또는 부분적으로 다른 언어로 번역되었다. 그러나 이 원고는 **본래** 영어로 작성되었다. 이 강연 원고의 역사가 이 장의 주제다. 현재 역사 기록은 스톤 강연의 원고

복음주의 신학을 위한 헤르만 바빙크 센터의 구성원들에게 감사드린다.

1 참고. *De Heraut*, October 24, 1880.
2 Abraham Kuyper, *Souvereiniteit in eigen kring: Rede ter inwijding van de Vrije Universiteit, den 20sten October 1880 gehouden, in het koor der Nieuwe Kerk te Amsterdam* (Amsterdam: J. H. Kruyt, 1880), 41. 카이퍼의 이 발언이 포함된 인쇄된 출판물의 전체 텍스트에 대한 영어 번역본은 없다. 카이퍼, 『아브라함 카이퍼의 영역주권』, 박태현 옮김 (군포: 다함, 2020), 81-82.

작성에 카이퍼가 부정적인 역할을 했고, 그로 인해 강연 원고가 부실한 영어판의 발행으로 이어졌다는 우연한 과정을 제시한다. 나는 이 진술이 정확하지 않다고 생각한다. 나는 그 기록을 바로잡기 위해 이 장에서 카이퍼가 이전 번역 프로젝트의 어려움을 통해 깨달은 바 있어, 미국 동역자들에게 압력을 가하지 않으면서도 어떻게 그의 높은 기준에 맞는 번역을 얻는 데 성공했는지 보여주는 대안적 역사를 제시하려고 한다.

번역의 기술

카이퍼의 출판물은 네덜란드 청중을 대상으로 했다. 하지만 1860년대에 (네덜란드어와 라틴어로) 쓴 교회사 주제에 관한 출판물 이후, 첫 학술 저서인 신학백과사전(*encyclopedia of theology*)을 1889년 가을에 쓰기 시작했을 때, 카이퍼는 『영역주권』에서 했던 자신의 발언을 기억하고 현대 언어의 장벽을 넘기로 결정했던 것으로 보인다. 그는 처음부터 자신의 백과사전을 네덜란드와 미국에서 동시에 출판하려고 계획했다. 그는 미국의 종교적 자유와 민주주의적 성격을 높이 평가했다. 그는 미국에 대해 언론과, 1886년 대서양을 건너간 아들 프리드리히를 비롯한 네덜란드 이민자들로부터 얻는 직접적인 정보를 통해 배웠다. 이 이민자들은 여전히 네덜란드어를 읽는 터라 카이퍼의 출판물을 수입했다.³ 그들의 관심은 미국에 관여하려는 카이퍼의 욕구를 부추겼다.

카이퍼는 영어를 꽤 잘했지만 영어로 글을 쓴 경험은 없었다. 그래서 그는 자신의 백과사전 미국판을 위해 번역가와 출판사를 찾아야 했다. 카이퍼의 요청에 따라 그의 암스테르담 (J. A. Wormser) 출판사는 카이퍼의 계획에 관해 미국에 사는 젊은 네덜란드인 신학자 게르할더스 보스(Geerhardus Vos)를 접촉했다. 보스는 1886년에 자유대학교로부터 교수직을 제안받았지만 거절하고, 대신 그랜드 래피즈에 있는 기독교 개혁교회의 신학교에서 교수직을 맡게 되었다.⁴ 그는 네덜란드어와 영어에 모두 능통했으며 신칼뱅주의 신학과 세계관에 매료되었다. 보스는 그 자신이 미국 출판계에 대해 잘 알지 못했기 때문에 프린스턴신학교 교수인 벤자민 워필드(B. B. Warfield)에게 이 책을 영어로 출판하는 것이 유익할지에 대한 조언을 청했다.

> 네덜란드어는 그 언어가 사용되는 작은 나라 밖에서 거의 읽히지 않지만 영어책은 신세계뿐만 아니라 구세계의 많은 부

---

3 네덜란드계 미국인들의 독서 문화에 관해서는 다음을 참고하라. George Harinck, "D. J. Doornink and the Early Years of the Dutch-American Book Selling Trade (1860 to 1880)," in *Across Borders: Dutch Migration to North America and Australia*, ed. Jacob E. Nyenhuis, Suzanne M. Sinke, and Robert P. Swierenga (Holland: Van Raalte Press, 2010), 113-34.

4 George Harinck, "Geerhardus Vos as Introducer of Kuyper in America," *in The Dutch-American Experience: Essays in Honor of Robert P. Swierenga*, ed. Hans Krabbendam and Larry J. Wagenaar (Amsterdam: VU Uitgeverij, 2000), 242-62.

분에도 열려 있으며, 영어는 모든 곳에서 읽히고 있습니다.
그래서 저에게 제시된 질문은 출판 부수를 대략 짐작할 수
있느냐는 것입니다. 둘째로는 여기서 책을 출판할 의향이 있
는 신뢰할 수 있는 회사에 대한 정보를 요청하는 바입니다.
마지막으로, 그 책이 영어로 출판된다면 제가 번역을 맡아야
할 것인지에 관한 질문입니다.[5]

워필드는 카이퍼의 이름과 업적을 알고 있었고 「프레스바이테리언
리뷰」(장로교 논총, *Presbyterian Review*) 1889년 4월호에서 그를 "찰스
하지([Charles] Hodge)와 에드와드 뵐([Eduard] Böhl)에 버금가는, 19세
기에 개혁파 신학에 관해 진정 표준이 되는 작품을 쓴 거의 유일한 인
물"이라고 언급한 바 있었다.[6] 보스는 그의 편지에서 카이퍼가 염두
에 두었던 책이 미국 시장에 출시될 수 있을지에 대해 의구심을 표하
는 동시에 의도된 출판물의 중요성도 강조했다.

> 제가 아는 한 그것은 개혁파-칼뱅주의 관점에서 신학백과
> 사전을 쓰려는 최초의 현대적 시도가 될 것입니다. 저는 저
> 자가 그 일을 완벽하게 해낼 탁월한 자질을 갖추고 있음에
> 대해 전혀 의심하지 않습니다. 그는 네덜란드에서 옛 정통주
> 의와 옛 정통신학의 부흥을 위해 누구보다 많은 일을 했으며
> 잘 훈련된 조직적인 정신을 갖추어 종교운동의 지도자가 가

---

5 G. Vos to B. B. Warfield, 22 October 1889, Benjamin B. Warfield Papers, Special Collections, Princeton Theological Seminary Libraries, Princeton, NJ.

6 "Reviews of Recent Theological Literature," *The Presbyterian Review* 10 (April 1889): 336.

진 실천적 은사들을 훌륭한 방식으로 통합하고 있습니다.[7]

1890년 2월 보스는 워필드의 조언에 따라 번역을 맡겠다고 카이퍼에게 편지를 썼다. 보스는 번역에 2년이 걸릴 것이라고 추측했지만, 네덜란드어 판의 백과사전을 저술하는 데 4년이 걸릴 것이라고 계산한 카이퍼에게는 문제가 되지 않았다.[8] 백과사전은 진행 중인 작업이었고, 이는 보스가 책의 교정쇄를 즉시 받지 못했음을 의미했다. 그 와중에 보스는 "칼뱅주의와 신앙고백 개정"(Calvinism and Confessional Revision)이라는 제목의 카이퍼의 다소 긴 텍스트를 번역했다.[9] 그러나 시기가 여전히 골칫거리였다. 그는 1891년 워필드에게 다음과 같이 썼다. "제가 정규적으로 하는 일이 너무 많아 약간의 여유 시간을 뺄 수 있을 뿐입니다." 보스의 또 다른 어려움은 카이퍼의 문체였다. "몇 가지 점에 대해 의구심이 있지만, 전반적으로는 문체를 영어로 바

---

7 Vos to Warfield, 22 October 1889, Warfield Papers. 이 인용문은 알 수 없는 이유로 제임스 데니슨이 편찬한 James T. Dennison Jr., ed., *The Letters of Geerhardus Vos* (Phillipsburg, NJ: P&R Publishing, 2005), 129-30쪽에 게재된 이 편지 내용에 포함되지 않았다.

8 Vos to A. Kuyper, 1 February 1890. Dennison, *Letters of Geerhardus Vos*, 134.

9 Abraham Kuyper, "Calvinism and Confessional Revision," trans. Geerhardus Vos, *The Presbyterian and Reformed Review* 2, no. 7 (July 1891): 369-99. (카이퍼는 이 글에서 미국 장로교회 총회에서 웨스트민스터 신앙고백서를 개정하려는 움직임에 대해 우려하며 그런 일이 네덜란드에서 일어난다면 이를 적극적으로 막아야 할 의무감을 느낀다고 썼다. 총회는 1903년에 개정을 완료했다.―역자 주)

꾸기가 난감합니다."¹⁰

보스는 또한 워필드의 요청에 따라 깜픈에 있는 신학교 교수인 헤르만 바빙크(Herman Bavinck)의 네덜란드 신학 발전에 관한 기사를 번역했다. 1892년에 출판된 "네덜란드의 최근 교의 사상"(Recent Dogmatic Thought in the Netherlands)이라는 제목의 이 논문은 미국 학계 독자들에게 카이퍼의 활동을 처음 소개한 것이다. 그리고 그 소개는 긍정적인 것이었다. 바빙크는 카이퍼가 "새로운 신학을 만들어 낸 것이 아니라, 오래된 신학을 독립적으로, 때로는 자유로운 방식으로 다시 만들었다"라고 했다. "그에게 다양한 개혁과 교리는 느슨하게 연결된 **총론**(loci communes, 직역하면 '공통의 장소들'(common places)이라는 의미로 신론, 기독론 같은 여러 장들을 하나로 묶는 일을 의미하는 것으로 종교개혁 시대 전후까지 신학 총론의 서명으로 자주 쓰였다—역자 주)이 아니라 가장 치밀하게 연결된 엄밀한 일관성을 갖춘 체계로 하나의 사상 세계를 형성한다."¹¹ 카이퍼의 작업에 대한 비슷한 긍정적 판단은 1891년에 출판된 신앙고백 수정에 관한 그의 글 논평에도 나왔다. 그 글에서 카이퍼의 글을 "명료한 이성의 빛으로 문제를 바라보는 … 개혁교회의 투사의 성숙한 판단"이라고 했다.¹² 그 후 1892년과 1893년에 카이퍼의 총장 연설 두 편이 암

---

10 Vos to Warfield, 12 February 1891, Warfield Papers.

11 H. Bavinck, "Recent Dogmatic Thought in the Netherlands," *The Presbyterian and Reformed Review* 3, no. 10 (1892): 226.

12 익명으로 된 논평, Unsigned review of "Calvinism and Confessional Revision," by Abraham Kuyper, *The Christian Intelligencer*, July 29, 1891.

스테르담 출신인 용커스의 장로교회 목사 존 H. 드 브리스(John H. De Vries of Yonkers)에 의해 번역되었다.[13] 카이퍼를 미국 청중에게 소개하는 일은 네덜란드 출신이 아니지만 필그림 파더스 기념 위원회 위원이었던 미국 회중교회 목사이자 작가인 윌리엄 엘리엇 그리피스(William Elliot Griffis)의 영향력을 통해 계속 확장되었다. 그리피스는 한 미국 잡지에 1891년 네덜란드를 방문하여 암스테르담에 있는 카이퍼의 집에서 보낸 저녁에 대한 글을 실었다.[14] 개혁파 네덜란드계 미국인들은 1880년대부터 카이퍼를 알았지만 이제 그의 이름은 더 넓은 범위에서 알려지게 되었다. 카이퍼는 이러한 시도들을 환영했고 1891년 11월 29일 그의 주간지인 「드 헤라우트」(De Heraut)에 일부 번역물을 나열하면서 "칼뱅주의 옹호에 관한 한 미국에서 오는 소식은 불리하지 않다"라고 결론지었다.[15]

불행하게도 보스는 카이퍼의 백과사전 네덜란드어 교정쇄가 1893년에 도착했을 때, 번역할 시간을 낼 수 없었다.[16] 따라서 『신학

---

13 Abraham Kuyper, "Calvinism and Art," trans. John H. De Vries, *Christian Thought: Lectures and Papers on Philosophy, Christian Evidence, Biblical Elucidation* 9 (February 1892): 259-82, (June 1892): 447-59; Abraham Kuyper, "Pantheism's Destruction of Boundaries," trans. John H. De Vries, *The Methodist Review* 75, no. 4 (July/August 1893): 520-37, no. 5 (September/October 1893): 762-78.

14 William E. Griffis, "An Evening with Dr. Kuyper," *The Christian Intelligencer*, August 31, 1892.

15 "De berichten uit Amerika, in zooverre het de verdediging van het Calvinisme geldt, luiden niet ongunstig."

16 그해 여름 보스는 프린스턴신학교로 옮겨 워필드의 동료가 되었다.

백과사전』(Encyclopædie der heilige godgeleerdheid)은 1894년에 암스테르담에서 네덜란드어로 출판되었지만, 영어 번역은 당시의 상태 그대로 남아 있었다. 그리피스는 1893년 2월 8일에 카이퍼에게 드 브리스를 "매우 유능한 번역가"로 추천했을 때 이 번역 프로젝트에 대해 알지 못했다.[17] 한 달 후, 카이퍼의『도르트 총회에서 피력된 소망에 동의하며』(E voto Dordraceno, 하이델베르크 교리문답에 대한 4부로 된 해설—역자 주)의 번역을 시작했던 드 브리스는 자신을 그의 권위 있는 번역가로 임명해주기를 요청했다.[18] 카이퍼는 그리피스의 추천에 따라 드 브리스에게 백과사전을 번역할 것을 제안했다.[19] 드 브리스는 카이퍼에게 기꺼이 번역할 의사가 있다고 편지를 썼고, 카이퍼는 보스에게 드 브리스가 프로젝트의 좋은 후임자가 될 것인지 물었다. 보스는 그렇지 못할 수 있다고 의심했다. 그는 드 브리스가 한 〈칼뱅주의와 예술〉의 번역을 읽었는데 때로는 매우 허술하고 자주 너무 문자적임을 발견했다. "이렇게 중요한 작품이 불완전한 형태로 이곳에 소개된다면 유감입니다."[20]

드 브리스는 경험이 많음에도 불구하고 올바른 번역가가 아닌 것 같았다. 그래서 카이퍼는 1893년부터 1895년까지 다른 두 번역가인

---

17 W. E. Griffis to J. H. De Vries, 8 February 1893, Abraham Kuyper Papers, Historical Documentation Center for Dutch Protestantism, Vrije Universiteit Amsterdam.

18 J. H. De Vries to A. Kuyper, 7 March 1893, Kuyper Papers.

19 J. H. De Vries to Kuyper, 3 April 1893, Kuyper Papers를 보라.

20 Vos to Kuyper, 11 May 1893, in Dennison, Letters of Geerhardus Vos, 173.

네덜란드계 미국인 아벨 하이징가(Abel H. Huizinga)와 제이 포펜(J. Poppen)과 함께 작업했으나 두 사람 모두 작업의 절반만 진행했다.

카이퍼는 1896년에 다시 드 브리스에게 작품 번역을 요청했고 그는 일을 수락했다. 그는 번역을 새로 시작했다. "저는 일주일에 16페이지 분량으로 2권을 번역하고 있습니다. 55페이지를 마쳤고요"라고 카이퍼에게 썼다.[21] 드 브리스는 1897년 여름에 『신학백과사전』 2권 번역을 마쳤다. 드 브리스는 (워필드의 지지를 받아) 현재 1권에 있는 역사적인 내용의 장들이 아니라 1권에 대한 소개가 추가되어야 한다고 주장했다. 드 브리스는 미국인들은 그것에 관심이 없다고 했다. 그리고 한 권의 책으로 출판되어야 한다고 했다. 카이퍼는 마지못해 받아들였다. 1897년 9월, 뉴욕의 스크리브너 출판사는 『신학백과사전: 원리들』(*Encyclopedia of Sacred Theology: Its Principles*)을 출판하는 데 동의했다.

번역과 관련된 카이퍼의 씨름은 그가 영어로 글을 잘 쓸 수 없다는 사실에 상처를 받았음을 분명히 보여준다. 이를 감안할 때 카이퍼는 번역 작업을 완료하지 못했거나 번역에 어려움을 겪은, 또는 번역을 제대로 해내지 못한 번역가들에게 의존해야 했다. 번역 작업에 시간이 많이 소요된다는 것 또한 그의 계획을 더욱 꼬이게 만들었다. 카이퍼는 미국 시장을 위해 자신의 작업을 번역하는 것이 복잡한 작업이라는 것을 깨닫게 되었던 것이다.

---

21 J. H. De Vries to Kuyper, 16 March 1896, Kuyper Papers.

강연 시리즈

카이퍼는 1896년에 게르할더스 보스의 주도로 프린스턴신학교의 초청을 받아 총 6회의 1897-98년도 스톤 강연을 하게 되었다. 카이퍼는 다음 해에나 갈 것이었다. 카이퍼는 1897년 1월 네덜란드 신문과의 인터뷰에서 자신이 이미 강연 주제로 칼뱅주의를 선택했다고 말했다.[22] 그러나 또다시 네덜란드어와 영어, 그리고 네덜란드와 미국 청중 사이를 헤쳐 나가야 하는 경험은 예상보다 훨씬 간단치 않았다.

보스는 1897년 가을 카이퍼가 아직 강연 원고 작성을 시작하지 않았다는 사실을 알고는 초조해지기 시작했다. 카이퍼는 다음 해 10월에 6개의 강연을 진행해야 했으며, 보스는 번역에 시간이 많이 걸리고 예상치 못한 문제가 발생한다는 것을 알고 있었다. 그래서 그는 카이퍼에게 번역의 긴급성을 힘주어 강조했으며, 누구에게 그 일을 맡겼는지 물었고, 넌지시 강연을 연기할 수도 있다고 제안했다. "지금부터 1898-99년 사이의 시간도 번역하기에는 다소 짧을 수 있습니다." 보스는 이렇게 썼다. "네덜란드어 원고를 언제 주실 수 있으실지요?"[23]

카이퍼는 다음 몇 달 동안 자신의 강연 원고를 네덜란드어로 썼는데, 한 역사적 증인에 따르면 직접 번역하지 않고 미국 친구들에게

---

22 "Dr. Kuyper naar Amerika," *Algemeen Handelsblad*, January 16, 1897.
23 Vos to Kuyper, 11 October 1897, Kuyper Papers: "Misschien is de tijd tusschen nu en 1898-1899 ook rijkelijk kort voor de vertaling." Dennison, *Letters of Geerhardus Vos*, 200, 보스는 "rijkelijk kort"를 "매우 짧음"이 아니라 "대체로 짧음"으로 잘못 번역했다.

번역을 요청했다.[24] 하지만 카이퍼가 이를 요청했다는 직접적인 증거는 없다. 1898년 봄, 그는 영국에서 온 20세의 에텔 애쉬튼(Ethel Ashton)을 고용했다. 그녀는 암스테르담에서 카이퍼 가족과 반 년 동안 살면서 카이퍼의 세 딸과 카이퍼에게 회화 수업을 했다. 식사 시간에는 영어만 썼기에 카이퍼의 영어 실력도 향상됐다. 애쉬튼은 이미 시집과 동화책을 출판한 적이 있을 정도로 회화와 문학 모두에 재능이 있었다.[25] 그녀는 4반세기 후인 1921년에 암스테르담 프린스 헨드릭카데(카이퍼의 집이 있던 암스테르담 중심가의 주요도로—역자 주)에서 그 가족과 함께 보낸 시간에 대해 썼다.[26]

1898년 4월 어느 날, 우울한 카이퍼가 가족과 함께 커피 타임을 가

---

24 Johannes Stellingwerff, *Dr. Abraham Kuyper en de Vrije Universiteit* (Kampen: Kok, 1987), 232-33, 카이퍼 자신이 강연을 번역했다고 하지만, 나는 그 증거를 발견하지 못했다. Ethel Ashton, "Een herinnering aan den zomer van 1898," in *Herinneringen van de oude garde aan den persoon en levensarbeid van Dr. A. Kuyper*, ed. Henrietta Sophia Susanna Kuyper and Johanna Hendrika Kuyper (Amsterdam, 1922), 173에 따르면 그 강연은 카이퍼를 위해 영어로 번역되었다.

25 그녀는 1897년에 *The Gentlewoman: An Illustrated Weekly Journal for Gentlewomen*에 글을 썼다. 네덜란드에서는 "암스테르담의 찬가"라는 시를 발표했다. "In Praise of Amsterdam" in *Onder Neerlands vlag: Album ter herdenking van het vijf en twintig jarig bestaan van den Nederlandschen militairen bond, 1874–1899* (Amsterdam: Van Holkema & Warendorf, 1899), 182-83. 카이퍼의 사망에 즈음해서는 "아브라함 카이퍼 박사"라는 시를 발표했다. "Dr. Abraham Kuyper," in *The American Daily Standard*, January 10, 1921, and in *Gedenkboek ter herinnering aan het overlijden van Dr. A. Kuyper en de sprake die daarbij uit de pers voortkwam* (Amsterdam: W. ten Have, 1921), 289-90; 그 시는 "초상화"라는 제목으로도 발표되었다. "A Portrait" in Ashton, "Een herinnering," 178-79.

26 Ashton, "Een herinnering," 173-80.

졌다. 그는 미국에서 자신의 첫 번째 강연의 번역을 받았는데 만족스럽지 못했다. 번역은 그가 의미한 바가 무엇인지, 그가 의미한 바를 어떻게 말하고 싶은지 명확하게 설명하지 못했다. 지나치게 문자적이었다.[27] 그래서 카이퍼는 계획을 바꿨다. 그는 원어민의 도움을 받아 번역을 직접 개선하기로 결정했다. 그의 딸 헨리에테(Henriette)의 제안으로 애쉬튼에게 그 일을 해주기를 요청했고, 그녀는 4개월 동안 그에게 "언어 지도"를 해주었다. 애쉬튼은 이렇게 기록했다. "그는 영어로 된 강연이 가능한 한 순수하고 정확하게 이루어지기를 원했어요." "그가 의도한 의미에 대한 가장 미세한 뉘앙스도 이해했어야 했어요."[28] 카이퍼는 애쉬튼과 함께 자신이 직접 번역을 미세 조정함으로써 번역가가 자신의 텍스트를 왜곡하는 단점을 극복했다. 미국으로부터 강의안의 문자적 번역본이 도착한 것은 그 해 봄이었다. 7월 말에 그는 아이오와주 더뷰크로부터 니콜라우스 스테펜스(Nicolaus M. Steffens)의 네 번째 강연 번역본을 받았다. 번역과 함께 온 편지에서 스테펜스는 번역이 얼마나 어렵고 시간이 많이 소요되었는지, 그리고 카이퍼의 말을 포착하기 위해 자신이 기울인 세심한 노력에 대해 설명했다.

> 제 번역과 관련해 말씀드리자면, 어떤 구절에서는 번역 작업이 조금 어려웠습니다. "**스타일은 그 사람 자체다**"라는 부

27　Ashton, "Een herinnering," 175-76.
28　Ashton, "Een herinnering," 177.

폰(Buffon)의 말이 얼마나 사실인지요. 이렇게 말씀드림을 용납해주시기 바랍니다. 당신은 매우 독창적이고 개성이 아주 뚜렷하십니다. 저는 미국 대중에게 영어로 카이퍼 박사님을 소개하기 위해 제가 할 수 있는 최선을 다했습니다. 제가 임무를 수행한 방법은 이렇습니다. 먼저 원본을 여러 번 읽었습니다. 그 다음에 직역했습니다. 그리고 번역에서 네덜란드어 관용구를 제거하려고 했습니다. 최종 원고에서 원본에 충실하고, 당신의 생각을 명확하게 전달하려고 애썼습니다. 끝으로 어법과 문체상 가능한 한 좋은 영어를 만들려고 노력했습니다. 그 후 원고를 제 친구 러스튼 박사(Dr. W. O. Ruston)에게 넘겼습니다. 원숙한 미국 설교자인 러스튼 박사가 논평과 함께 그것을 저에게 돌려주면, 그 번역을 통합해, 마지막으로 번역이 청중에게 좋게 받아들여질지의 여부를 결정하기 위해 저명한 문필가인 독일계 미국인 목사 픽([H.] Ficke)과 그의 동료인 매클렐런드 박사(Dr. [A.] McClelland)에게 읽어주었는데, 두 사람 모두 저의 작업을 좋게 평가했습니다.[29]

나는 스테펜스의 고된 작업에도 불구하고, 카이퍼와 애쉬튼이 다른 5개의 강의와 마찬가지로 스타일을 유사하게 만들기 위해 번역을 다시 손보았을 것이라고 추정한다. 스톤 강연에 관한 논문을 쓴 영국 작가 피터 헤슬람(Peter Heslam)은 내가 이 장에서 카이퍼-애쉬튼 원고

---

29 N. M. Steffens to Kuyper, 30 June 1898 [translation by the author], in George Harinck, *"We live presently under a waning moon"*: *Nicolaus Martin Steffens as Leader of the Reformed Church in America in the West in Years of Transition* (1878-1895) (Holland: Van Raalte Press, 2013), 178. Peter S. Heslam, *Creating a Christian Worldview: Abraham Kuyper's Lectures on Calvinism* (Grand Rapids, MI: Eerdmans, 1998), 59, 이 편지의 날짜를 January 30, 1898로 잘못 표기했다.

라고 부르는 "『칼빈주의 강연』의 실제 원고"의 문체와 표현에 일관성이 있다는 사실에 놀라워한다.[30] 카이퍼와 애쉬튼이 함께 여러 강연 원고를 정교하게 만든 것을 감안하면 사실 이는 놀라운 일이 아니다.

1898년 7월에 강연 원고가 완성되었다. 카이퍼-애쉬튼 원고의 사본 10부를 조판하여 종이 한쪽 면에만 인쇄한 다음, 암스테르담의 제본가인 반 바르덴(J. A. van Waarden)이 전체를 천으로 감싸고 베이지색 인조 가죽을 씌운 두꺼운 책 표지와 책등과 모서리를 붉은색으로 감싸는 방식으로 제본했다.[31] 카이퍼는 8월 11일에 미국으로 떠날 예정이었다. 그는 그 전날 애쉬튼이 설명한 바처럼 "애쉬튼 양에게, 그대의 언어 지도에 대한 감사를 기억하며 드립니다"라는 헌사가 적힌 "큰 빨간 책" 10부 중 하나를 선물했다.[32]

얼마 지나지 않아 그리피스는 9월 6일 외신 기자로서 빌헬미나 여왕의 취임식을 위해 암스테르담에 있었다. 그는 카이퍼가 떠난 몇 주 후에 카이퍼의 집을 방문해 책 한 권을 얻었는데, 그 책은 카이퍼의

---

30 Heslam, *Creating a Christian Worldview*, 62.
31 동일한 조판의 사본 7부가 현존한다. 프린스턴신학교 도서관 특별 컬렉션이 4부, 암스테르담 자유대학교 역사 문서 센터가 1부를 가지고 있다. 카이퍼스(Tj Kuipers)와 에르멜로(Ermelo)가 1부, 그리고 조지 하링크(George Harinck)가 각기 1부를 개인적으로 소장하고 있다. 다른 사본 3개는 찾지 못했지만 애쉬톤과 헤르만 바빙크가 모두 카이퍼로부터 사본을 받았다. 참고. H. Bavinck to Kuyper, 1899년 4월 17일, Kuyper Papers; 이 편지의 인용문과 페이지 번호에 대한 바빙크의 언급은 그가 동일한 판본을 받았다는 증거다.
32 Ashton, "Een herinnering," 177.

딸 중 한 명에게 빌린 카이퍼-애쉬튼 원고 중 하나였다.³³

워필드의 메모

지금까지 우리는 카이퍼의 스톤 강연 원고 작성에 대한 일관된 그림을 제시했다. 그러나 이 원고의 이야기를 파고 들어가면 문제가 발생한다. 스톤 강연 작성에 관한 문헌에서, 워필드가 자신의 카이퍼-애쉬튼 원고 사본에 삽입한 메모는 이 강연 원고 작성에 대한 또 다른, 전혀 다른 역사적 재구성의 초석이 되었기 때문이다. 그 메모 노트의 의미와 카이퍼-애쉬튼 원고의 관계를 연구하기 위해 먼저 워필드의 메모 전체를 인용하려 한다.

노트: 암스테르담 자유대학교의 A. 카이퍼 박사가 프린스턴 신학교의 "스톤 강연"을 1898년 가을에 진행했다. 강의가 시작되기 약 10일 전에 카이퍼 박사가 네덜란드어 원고를 보내왔다. 그리고 자신이 사용할 수 있도록 번역해 달라고 요청했다. 남은 시간이 별로 없기에 한 명 이상의 손이 작업에 참여해야만 할 것처럼 보였으며 친절하게도 다음에 거명된 분들이 여러 강의를 영어로 번역하는 일을 맡아주었다. 즉, 강연 I 및 V를 번역한 프린스턴의 제2장로교회(Second Presbyterian Church)의 J. H. 드 브리스목사, 강연 II를 맡아

---

33 W. E. Griffis, diary, 16 September 1898: "Read Dr. Abraham Kuyper's (Princeton, Stone) Lectures on Calvinism (printed, not published, copy loaned by his daughter)." William Elliot Griffis Collection, Special Collections, Alexander Library, Rutgers University, New Brunswick, NJ.

준 뉴욕주 피시키르크의 목사인 A. H. 하이징가 박사, 강연 III를 번역한 미시간주 홀랜드의 목사요 교수인 헨리 도스커 박사, 강연 IV를 옮긴 아이오와주 더뷰크의 목사인 N. M. 스테펜스 교수가, 그리고 강연 VI를 번역한 프린스턴의 보스 목사(박사)이자 교수가 그들이다.

그런 다음 번역된 원고는 프린스턴에서 활자로 조판되어 인쇄된 원고가 연단에서 사용되기 위해 카이퍼 박사에게 제공되었다. 단 12개의 사본만 인쇄되었으며 다음이 그중 하나다. 강의가 [레벨스 출판사에 의해] 영어로 출판되어 대중에게 알려지기에 앞서, 원고가 카이퍼 박사 자신에 의해 영어를 향상시키기 위해 많이 변경되었는데 슬프게도 약화되는 결과를 낳았다. 권위 있는 원고는 한 계절 동안 암스테르담에 있었던 네덜란드어 텍스트여야 한다. 두 개의 영어 원고 가운데서는 레벨스 출판사에서 발행한 것은 카이퍼 박사 본인의 출판 허가를 얻기는 했으나, 비록 서둘러 마련한 원고이긴 해도 이 판이 담고 있는 내용이 더 좋다.

그러므로 이 인쇄본은 그 자체로 보존할 가치가 있다. 또한 흥미로운 행사의 **기념품**으로, 그리고 서둘러 강사께서 연단에서 사용하기 위해 강의를 번역하는 일을 맡도록 허락해주신 분들의 사랑의 수고를 전달하는 수단으로도 가치가 있다.

B. B. 워필드.[34]

---

34 이 메모는 1987년에 다음 문헌에 처음 출판되었다. Johannes Stellingwerff, ed., *Geboekt in eigen huis: Bevattende een opsomming van de werken van Abraham Kuyper zoals vermeld in de catalogus van de bibliotheek van de Vrije Universiteit, een essay van J. Stellingwerff benevens twee herdrukte redes van Abraham Kuyper* (Amsterdam: VU Uitgeverij, 1987), 33, and again in

이 메모는 강연의 영어 원고가 카이퍼와 애쉬튼에 의해 매우 신중하게 구성되었음을 기록한 앞 섹션에서 제시된 역사의 여러 측면과 모순된다. 이전 설명에 비추어 볼 때 영어 원고의 일관성에 대한 헤슬람의 칭찬은 이해할 수 있지만, 그는 워필드의 메모도 읽은 탓에 다음과 같이 썼다.

> 혼합된 영어 원고의 기원과 그것이 준비된 속도에도 불구하고 표현과 스타일이 전체적으로 정확하고 일관성이 있다는 것은 번역가들의 솜씨에 대한 찬사라고 할 수 있다. 강의 자체에는 여러 번역가에 기인한 문체상 차이가 없다.[35]

지난 몇 년 간 미국 번역가들이 카이퍼의 텍스트를 접하면서 겪었던 어려움과 번역의 질에 대한 우리의 논의를 고려할 때, 다섯 명의 다른 사람들이 한 번역에 문체의 차이가 없었다고 믿기 어렵다.

그러면 우리는 워필드의 책에 끼어 있던 이 메모 노트와 그에 따른 모순을 어떻게 이해해야 하는가? 우리는 1898년 4월부터 7월까지 만들어지고 8월에 암스테르담에서 인쇄된 카이퍼-애쉬튼 원고에 대해 이야기하고 있고, 워필드도 동일한 원고에 대해 이야기를 하지만 미국에서 만들어지고 1898년 10월 프린스턴에서 인쇄되었던 원고를

1998 in Heslam, *Creating a Christian Worldview*, 62. 헤슬람도 워필드의 메모의 일부를 출판했는데, 그의 텍스트는 스텔링워프의 것과 약간 다르다. 나는 그들이 옮긴 텍스트를 원본과 비교해 여기에 제시한 단락과 괄호를 포함한 있는 그대로의 온전한 텍스트를 확립했다.

35 Heslam, *Creating a Christian Worldview*, 62.

말했다. 이 모순의 핵심에 도달하려면 워필드의 메모를 자세히 살펴보아야 한다. 워필드는 그의 메모에서 10월 1일경, 즉 카이퍼가 프린스턴에서 첫 번째 강연을 하기 10일 전에 자신이 카이퍼가 손으로 쓴 네덜란드어 원고를 받았고, 그것을 자신이 사용할 수 있게 카이퍼에게 번역해 달라고 부탁했다고 썼다. 이것은 적어도 세 가지 중요한 질문을 제기한다. 첫 번째, 카이퍼는 왜 워필드에게 편지를 썼을까? 그는 아직 그를 만난 적이 없었고, 프린스턴의 연락 당사자도 아니었다. 보스가 카이퍼와 연락을 유지하는 프린스턴의 담당자였고 네덜란드어 원고를 번역하고 번역과 번역가에 대해 조언했었다.

이것은 우리를 두 번째 질문으로 인도한다. 왜 카이퍼는 손으로 쓴 원고 대신에 카이퍼-애쉬튼 원고가 담긴 책을 보내지 않았을까? 카이퍼는 네덜란드에서 카이퍼-애쉬튼 원고의 사본을 가지고 왔다. 그는 8월에 뉴욕 5번가에 있는 스크리브너 출판사에 사본을 남겨두었다. 그 출판사가 책을 출판하기를 기대했던 것이다. 하지만 출판사는 그렇게 하지 않았고 10월 17일에 "그 책"을 카이퍼에게 돌려주었다.[36]

세 번째, 왜 카이퍼가 워필드에게 그 원고를 보냈을까? 카이퍼는

---

36 Charles Scribner's Sons to Kuyper, 17 October 1898, Kuyper Papers; Frances L. Patton to Kuyper, 26 November 1898, Kuyper Papers: "저 [Frances L. Patton]는 당신의 강의를 출판하는 것에 관해 스크리브너씨 (Mr. Scribner)에게 편지를 써서 그 강의에 대한 나의 관심과 그것이 인쇄되는 것을 보고 싶다는 희망을 피력했습니다. 스크리브너씨는 매우 기분 좋은 답장을 보냈습니다. 그러나 강의의 출판을 맡을 가능성에 관해서는 실망스러웠습니다. 그는 분명히 이 건에 약간의 금전적 위험이 있을 것을 두려워했습니다. 현재 이 나라엔 칼뱅주의 문헌에 대한 수요는 그다지 크지 않습니다. 죄송합니다. 하지만 저는 최선을 다했습니다."

첫 번째 강연를 하기로 한 10월 10일에서 약 10일 또는 2주 전에 킨 밸리에서 하이킹을 했고 엘리자베스타운과 보스턴, 하트포드를 거쳐 뉴욕으로 여행을 하고 있었다. 그는 10월 1일 매디슨 스퀘어 5번가 호텔에 도착했다. 10월 3일과 4일에는 계획대로 프린스턴을 방문했고 워필드를 처음 만났다. 그는 아내에게 보낸 편지에서 "월요일과 화요일에 프린스턴에 갔는데 그곳이 마음에 들었소. 드 브리스와 그의 아내, 보스와 그의 아내는 정말 친절했고 워필드 박사는 매우 정중했어요."[37] 그는 강의 원고를 킨 밸리나 다른 곳에서 보내는 대신에, 이 만남에서 워필드가 언급한 5명의 번역가 중 2명을 만났을 때 전달할 수 있었을 것이다.

카이퍼가 자신의 강연이 제때 번역되지 못할 것을 걱정했다는 것이 원고를 보낸 것에 대한 하나의 설명일 수 있다. 그래서 킨 벨리에서 편집이 끝나는 순간 원고를 보냈다. 그러나 카이퍼는 이전 번역가들과의 경험을 통해 번역에 얼마나 많은 시간이 소요되는지 알고 있었기 때문에 그들이 2주 만에 작업을 완료할 수 있을지 확신할 수 없었을 것이다.

이 세 가지 질문은 우리를 궁금하게 만든다. 카이퍼는 미국에 도착한 후 카이퍼-애쉬튼 원고를 어떻게 했을까? 카이퍼는 9월 17일, 애디론댁 산맥의 킨 하이츠에 있는 호텔에서 아내에게 편지를 썼다. 그

---

37 Kuyper to J. H. Kuyper-Schaay, 8 October 1898, in *Kuyper in America: "This Is Where I Was Meant to Be,"* ed. George Harinck (Sioux Center, IA: Dordt College Press, 2012), 32-33.

는 미국에서 지낸 모든 주간 내내 집으로부터 우편물을 전혀 받지 못했기 때문에 안절부절못했다. 그래도 그는 **강연**을 언급하면서 다음과 같이 이어갔다. "이번 주에는 강연을 [하루]에 하나씩 줄이는 일에 착수했는데, 지금은 모두 34페이지로 축소되었소. 나는 그 일을 열심히 해야만 했소. 때로는 9시에서 4시까지 말이요. 그러나 이제 나는 일을 마쳤고, 적어도 그것은 나에게 평화를 주는구려."[38] 이 편지에서 카이퍼가 **페이지**라는 단어를 사용한 것은 그가 영어판 카이퍼-애쉬튼 원고가 담긴 책을 가지고 작업을 했음을 암시한다. 또한, 각 강의를 34페이지로 축소한 그의 언급은 이 책(영어판을 의미한다—편집자 주)의 페이지 수와 일치한다. 여섯 번째 강의는 34페이지였지만 다른 강의들은 모두 길어서 최대 43페이지였다.[39] 아내에게 보낸 카이퍼의 편지는 강연 원고가 발표할 준비가 되었다는 인상을 주기도 한다. 다음 단계로 네덜란드 필사본을 급히 번역해야 한다는 그 어떤 암시도 없다.

카이퍼는 9월 17일까지 강연에 관한 한 평화로웠다. 그가 첫 번째 스톤 강의 날짜인 10월 10일 이전에 영어로 번역되어야 했던 네덜란드어 원고를 완성했다면, 왜 거의 2주를 기다렸다가 10월 1일쯤에 원고를 받았다고 메모에 기록한 워필드에게 보냈을까? 그리고 우편과

---

38 Kuyper to Kuyper-Schaay, 17 September 1898, in Harinck, *Kuyper in America*, 22.
39 Kuyper-Ashton 원고가 들어 있는 책에 실린 강연들의 길이는 동일하지 않다. 강연 1, 37페이지; 강연 2, 43페이지; 강연 3, 38페이지; 강연 4, 38페이지; 강연 5, 35페이지; 강연 6, 34페이지.

시간에 관련하여 또 다른 어려움이 떠오른다. 번역은 시간이 많이 걸리는 작업이다. J. H. 드 브리스는 일주일에 백과사전 16페이지를 번역했다고 했는데 스톤 강의는 하나가 백과사전의 두 배나 길다. 또 다른 네덜란드계 미국인 카이퍼 번역가이자 J. H. 드 브리스의 형제인 헨리 드 브리스(Henri De Vries)는 일을 빠르게 했다. 그는 하루에 카이퍼의 원고 3페이지를 번역할 수 있었다.[40] 그렇다면 도스커, 하이징가, 스테펜스, 보스와 (두 강의를 번역해야 했던) J. H. 드 브리스는 어떻게 10일 이내에 강의를 번역할 수 있었을까? 설교와 가르침의 새로운 절기를 막 시작한 이 다섯 명의 목사와 학자들이 (거의 그럴 가능성이 없지만) 그들의 모든 일상 업무를 기꺼이 제쳐 두고 헨리 드 브리스처럼 빨리 번역했다 쳐도, 작업을 완료하는 데 며칠이 걸릴 판이었다. 드 브리스와 보스는 프린스턴에 있었기에 이론적으로는 원고가 워필드의 우편함에 도착한 날부터 작업을 시작할 수 있었지만 도스커는 미시간, 스테펜스는 아이오와, 하이징가는 뉴욕에 거주했다.[41] 우편을 주고받으려면 적어도 이틀이 걸리고, 조판과 인쇄에는 하루가 더 소요될 것이다. 비록 10월 10일에는 첫 번째 강연만 준비되면 되었기에 인쇄소에서 강의들을 개별적으로 찍었을 수는 있었겠지만 말이

---

40 H. De Vries to Kuyper, 1 October 1896, Kuyper Papers.
41 하이징가는 이 결정적인 열흘 사이에 카이퍼에게 편지를 보내, 그를 뉴욕주 피시킬에 있는 자신의 집으로 초대했다. 그는 건강 문제와 스톤 강연에 대해 썼다. 그리고 자신이 강연에 참석할 수 없지만, 그 강연이 미국에서 어떻게 받아들여질지에 대해 이야기했다. 하이징가는 당시 그가 밤낮으로 몰두했어야 하는 작업인 둘째 강의 번역에 대해서는 전혀 언급하지 않았다.
Abel H. Huizinga to Kuyper, 8 October 1898, Kuyper Papers.

다. 어느 쪽이든 번역 작업을 위한 이 시간적 기간은 현실적이지 않아 보인다. 이 증거와 더불어, 봄에 네 번째 강연을 번역하면서 자신의 세심한 작업에 대해 7월에 카이퍼에게 편지를 썼던 스테펜스의 경우도 떠올려야 한다. 스테펜스는 봄에 했던 자신의 작업이 무의미했음을 말하면서, 정확히 같은 주제의 네덜란드어 원고를 가을에 새롭게 번역하기 시작했을까?

5명의 다른 저자가 10일 이내에 이 강연를 번역한 방식에 대한 워필드의 설명은 번역의 복잡성에 대한 카이퍼의 경험이나 텍스트 문체의 일관성에 대한 헤슬람의 칭찬과도 일치하지 않는다. 헤슬람이 언급한 문체의 일관성은 텍스트가 진지하게 편집된 후에만 가능한데, 워필드의 설명에 따르면 그럴 시간이 없었다.

요컨대, 원고의 역사에 대한 워필드의 설명은 설득력이 거의 없다. 혹시 그가 1898년으로부터 수십 년이 지난 후 메모를 썼을 때 실수한 것은 아닐까? 만약 그의 설명이 카이퍼가 그에게 원고를 보낸 더 이른 날짜, 예를 들어 1897년 12월 또는 1898년 1월을 가리키는 경우엔 그것이 우리가 가지고 있는 다른 모든 기록과 원고에 대한 정보와 더 잘 맞을 것이다. 이 경우 정말 워필드가 중개자로서 카이퍼의 강의를 이 번역가들에게 보냈을 수도 있다.[42] 그렇다 쳐도 카이퍼는 초기

---

42 스테펜스는 1898년 6월 30일 카이퍼에게 보낸 편지에서 카이퍼가 아닌 다른 누군가가 그에게 번역을 요청했으며 더 많은 번역가가 있음을 암시한다. ("Ingesloten vindt gij s.v.p. de vertaling van uwe vierde lezing, die mij toevertrouwd [was]"). Steffens to Kuyper, 30 June 1898, in Harinck, "We live presently under a waning moon," 175, 177.

번역 프로젝트에서 이 모든 사람을 개인적으로 알고 있었고, 10일이라는 짧은 기간이 워필드의 이야기의 연결 부분이긴 하다. 그러나 다시 애쉬튼의 충돌하는 설명을 제쳐 두고라도 그의 메모를 문제의 출처로 만드는 것은 바로 이 시간대이다. 카이퍼가 10월 1일경에 그에게 원고를 보냈다는 워필드의 말이 맞다면 애쉬튼의 설명, 번역에 관한 스테펜스의 편지, 반 바르덴의 제본, "책"에 대한 언급들, 그리고 아내에게 보낸 카이퍼의 편지는 어떻게 해야 하는가?

해법

워필드의 메모의 날짜를 수정한다 해도 그의 설명에는 문제가 남는다. 워필드는 10월 19일 카이퍼의 스톤 강연에 대한 언급에서 카이퍼의 네 번째 강연에 참석하지 못한 것에 대한 아쉬움을 토로하면서 그에게 이렇게 썼다. "유일한 위안은 강연 교정본을 가지고 있기에, 그것을 내 서재에서 읽을 수 있다는 것입니다."[43] 그러나 워필드의 "강연 교정본"은 무엇을 가리키는가? 그는 카이퍼-애쉬튼 원고가 담긴 그 책을 언급한 것인가? 그렇다면 워필드는 왜 그 책을 "교정본"이라고 불렀을까? 그것은 아마도 낱장의 한 면에만 인쇄되었기 때문일 수 있다. 그리피스도 제본된 카이퍼-애쉬튼 원고를 제대로 된 책으로 받아들이지 않았다. 그는 그것을 "출판되지 않은 인쇄본"이라고 불렀

---

43 Warfield to Kuyper, 19 October 1898, Kuyper Papers.

다.⁴⁴ 아니면 워필드는 정말로 낱장들의 인쇄본을 언급하고 있었던 것인가? 카이퍼-애쉬튼 원고 사본에 있는 그의 메모에서 그렇게 보이는 것처럼 말이다. 그리고 그의 메모가 다른 책에 있었던 것이 아닌가?⁴⁵ 이 가능성은 추정된 이 낱장들이 남아있지 않기 때문에 확인이 불가능하다.⁴⁶

다른 카이퍼 학자인 요한 스텔링워프(Johan Stellingwerff)와 피터 헤슬람도 상충하는 자료 문제를 다루었다. 그들은 보고서에서 몇 가지 출처만을 언급했으며, 내가 발견한 편지나 카이퍼-애쉬튼 원고를 담고 있는 책의 다른 사본들을 보지 못했다. 그렇지만 그들도 애쉬튼의 설명과 워필드의 메모 사이의 긴장을 깨달았다. 스텔링워프의 해법과 그의 발자취를 따른 헤슬람의 해답은 워필드의 메모를 참조점으로 삼고 애쉬튼의 이야기를 거기에 맞게 조정하여 긴장을 해결했다. 그들의 책에는 내가 카이퍼-애쉬튼 원고라고 부르는 것이 1898년 10월에 작성된 번역인 것으로 되어있다.

스텔링워프의 설명은 카이퍼가 강연 원고를 다시 쓴 두 가지 이유를 제시함으로써 두 이야기 사이의 긴장을 해결한다. 첫 번째 이유는

44　Griffis, diary, 16 September 1898, Griffis Collection: "Read Dr. Abraham Kuyper's (Princeton, Stone) Lectures on Calvinism (printed, not published, copy loaned by his daughter)."

45　워필드는 그의 메모에서 "낱장들"(sheets)라고 썼지만 카이퍼-애쉬튼 원고는 제본된 책이다. 그는 메모 뒷부분에서 그 책을 다시 "이 낱장들"(these sheets)이라고 언급했다.

46　워필드의 "[네 번째] 강연의 교정본을 가지고 있다"라는 구절이 이 번역 역사에 대한 나의 해석에서 여전히 나를 주저하게 만드는 유일한 요인이다.

그리피스가 네덜란드를 방문하는 중에 한 언급으로 인해 카이퍼가 강연 원고를 다시 쓰게 되었다는 것이다. 그리피스는 1898년 9월 21일자 「크리스천 인텔리젠서」(The Christian Intelligencer)에 "빌헬미나 여왕의 즉위식"이라는 제목의 기사를 게재했다. 그는 외신기자로 9월 6일 이 행사에 참석했고, 이 출장에서 카이퍼의 집도 방문했다. 그리피스는 8월 4일 카이퍼, 그의 아내, 에텔 애쉬튼과 함께 저녁 식사를 했다.[47] 그는 "1898년 9월 7일 암스테르담"이라 날짜가 붙은 "빌헬미나 여왕의 즉위식"이라는 그의 기사에서 "강력히 역사적 기독교의 편에 서있는"[48] 빌헬미나 치하의 새 시대에 칼뱅주의가 다시 한번 지배적이 될 것인지를 알고 싶어했다. 그는 특히 미국 독자들에게 이 사태 발전에 대한 카이퍼의 열의를 지적했고, "그가" 칼뱅주의를 "옹호하고, 방어하고, 조명할" 프린스턴에서의 스톤 강연에 대해 언급했다.[49] 9월 15일 네덜란드를 떠날 때, 그가 배에서 가장 먼저 한 일은 카이퍼의 딸 중 한 명에게서 빌린 카이퍼-애쉬튼 원고("출판되지 않은 인쇄본")

---

47 Griffis, diary, 4 August 1898, Griffis Collection. "A. 카이퍼 박사, 부인과 두 딸, 아들, 힐버숨(Hilversum)양, 영국 숙녀 [Ashton], 영국 신사 특파원과의 저녁 식사." 참고. Stellingwerff, *Kuyper en de Vrije Universiteit*, 233; and William Elliot Griffis, *The American in Holland: Sentimental Rambles in the Eleven Provinces of the Netherlands* (Boston: Houghton Mifflin, 1899), 372. "나는 프린스 헨드릭 카데(Prinz Hendrik Kade)에 있는 한 네덜란드 학자 집에서 식사를 했다. 즐거운 일행과 함께였다. 그의 부인과 두 딸, 큰 아들과 그의 약혼자, 영국에서 온 교장의 딸이 아주 특별한 시간을 만들어주었다. 그런 다음 정원에서 식후 차가 제공되었다."

48 William Elliot Griffis, "The Inauguration of Queen Wilhelmina," *The Christian Intelligencer*, September 21, 1898.

49 Griffis, "The Inauguration."

가 담긴 책을 읽는 것이었다.⁵⁰

스텔링워프에 따르면 카이퍼는 그리피스의 기사에 있는 다음과 같은 글귀 때문에 긴장했을 수 있다. 그리피스는 "그가 모국어처럼 영어로 펜을 휘두를 수 있다면, 나는 (스톤 강연으로부터 반드시 출판될) 이 책이 사려 깊은 이들 사이에서 따뜻한 환영을 받을 것임을 예언한다"라고 썼다.⁵¹ 스텔링워프는 그리피스가 카이퍼의 스톤 강연을 읽었다고 부당하게 가정했으며,⁵² 이 글귀가 카이퍼로 하여금 그의 강의 네덜란드 원고를 워필드에 보내어 적절한 영어로 번역해 줄 것을 요청하기로 결정했다는 가정을 만들어냈다. 그러나 스텔링워프의 가정이 타임라인에 잘 맞는다고 해도 카이퍼가 그 기사를 읽었는지의 여부는 알 수 없다. 그리피스의 기사는 9월 21일에 게재되었고, 워필드의 메모에 따르면 카이퍼는 일주일 후 원고를 프린스턴에 보냈다. 더욱이 그리피스는 이전에 여러 번 번역에 대해 카이퍼에게 조언했고 J. H. 드 브리스를 그에게 추천했다.

그러나 그리피스의 기사가 출판되기 일주일 전에 카이퍼는 킨 밸리에서 꼼꼼하게 편집된 스톤 강연의 카이퍼-애쉬튼 원고에 마무리 작업을 하고 만족한 상태였다. 미래의 출판물에 대한 모호한 언급 한

---

50 Griffis, diary, 16 September 1898, Griffis Collection.

51 Griffis, "The Inauguration." 이 마지막 구절이 Stellingwerff, *Kuyper en de Vrije Universiteit*, 238에 인용되었다.

52 Stellingwerff, *Kuyper en de Vrije Universiteit*, 237: "Intussen verscheen de eerste beoordeling van de Stone-lectures in the *Christian Intelligencer* van 21 september" (그 사이에 스톤 강연의 첫 번째 평론이 출판되었다. …).

마디가 그와 애쉬튼의 세심한 노력을 모두 의심하게 만들었을까? 그리피스의 언급이 카이퍼를 긴장하게 만들었을 수도 있지만, 별로 그럴듯하지는 않다.

두 번째, 스텔링워프(그리고 나중에 헤슬람)는 카이퍼가 8월에 리버풀에서 뉴욕으로 가는 여객선 RMS **루카니아**의 도서관과 뉴욕 공공 도서관에서 강연에 관련된 새로운 정보를 발견했다고 주장한다.[53] 카이퍼는 9월에 이 도서관들을 이용했고, 강연의 네덜란드어 원고를 수정했으며 (카이퍼는 "발견한 정보를 강의에 넣었다"[54]), 그것을 카이퍼-애쉬튼 원고가 담긴 책과 더불어 가져간 것으로 추정하는 것이다. 스텔링워프와 헤슬람은 카이퍼가 조지 밴크로프트(George Bancroft)와 헨리 캐벗 로지(Henry Cabot Lodge) 그리고 프랭클린 B. 허프(Franklin B. Hough)의 출판물에 대해 쓴 메모를 기반으로 이 해법을 제시한다. 이 메모는 카이퍼의 문서보관소에 있다.[55] 스텔링워프는 이렇게 물었다. "[카이퍼가 첫 번째 강연을 하기 10일 전에 프린스턴의 워필드 교수에게 번역해 달라는 요청과 함께 네덜란드어 텍스트를 보내게 만든 것은 「크리스천 인텔리젠서」에서 언급된 그리피스

---

53 Stellingwerff, *Kuyper en de Vrije Universiteit*, 235. 카이퍼가 공공 도서관을 방문했다는 사실을 스텔링워프가 어떻게 알았는지 분명치 않다. 헤슬람은 이 정보를 스텔링워프에게서 그대로 옮겼다.

54 Stellingwerff, *Kuyper en de Vrije Universiteit*, 235: Kuyper "verwerkte het gevonden materiaal nog in zijn lectures."

55 Inv.nr. 318, nr. 48, 52, Kuyper Papers.

의 말이었을까?"⁵⁶ 헤슬람은 다음과 같이 썼다.

이제 막 그의 강연 원고에 몇 가지 수정을 가한 카이퍼는 수정된 [**원문 그대로**] 원고를 프린스턴의 워필드에게 보내면서 신속히 영어로 번역해 줄 것을 요청했다. 에텔 애쉬튼의 공든 노력에도 불구하고, 개정한 내용들 때문에, 이제 강의 텍스트 전체가 다시 한번 번역되어야 한다고 요청했던 것이다.⁵⁷

이 두 번째 해법에는 두 가지 약점이 있다. 하나는 카이퍼가 이 메모들을 작성한 날짜다. 1891년 판 뱅크로프트의 『미국의 역사』(History of the United States)에 대한 카이퍼의 메모는 **루카니아** 의 레터헤드 종이에 쓰여졌기에 8월에 대서양을 건널 때나 그 이후에 기록된 것이다. 카이퍼-애쉬튼 원고(스텔링워프와 헤슬람이 말하는 10월 번역)에서 뱅크로프트는 정치에 관한 세 번째 강의에서 단 한 번 인용되었다. 이 인용문은 카이퍼의 **루카니아** 노트에 없으나, 카이퍼가 이미 1874년에 사용한 오래된 인용문이며⁵⁸ 뱅크로프트의 1853년판 『미국의 역사』에

---

56 Stellingwerff, *Kuyper en de Vrije Universiteit*, 238: "Was het deze opmerking die hem bewoog om tien dagen voor de eerste lecture zou worden gehouden, de nederlandse teksten naar prof. Warfield te Princeton zenden met het verzoek ze voor hem te doen vertalen?"

57 Heslam, *Creating a Christian Worldview*, 61. 그리하여 워필드는 그의 메모에 다음과 같이 썼다는 것이다. "He now required that the entire text of his lectures should be translated."

58 Abraham Kuyper, *Het calvinisme, oorsprong en waarborg onzer constitutioneele vrijheden* (Amsterdam: B. van der Land, 1874), 69.

서 따온 것이다.[59] 카이퍼는 미국에서 돌아온 후 암스테르담에서 작성된 1899년 영어판 스톤 강연에서 밴크로프트 책의 두 판을 모두 언급했다.

캐벗 로지의 책에 관한 메모는 빈 종이에 쓰였다. 그것들 또한 카이퍼가 항해 중에나 후에 기록되었을 수도 있지만, 어떤 쪽으로든 그에 대한 증거는 없다. 카이퍼-애쉬튼 원고(또는 10월 번역본)에는 캐벗 로지가 없다. 정치에 관한 세 번째 스톤 강연의 1899년 영어판은 각주에 해밀턴(Hamilton)에 관해 캐벗 로지의 책에서 인용한 구절이 있으며 그중 하나가 카이퍼의 메모에 있다. 이처럼 스텔링워프와 헤슬람이 언급한 3명의 저자 중 2명에 대한 메모는 카이퍼-애쉬튼 원고(또는 10월 번역)에 보이지 않는다.

이 판에는 허프(Hough)의 『미국 헌법』(*American Constitutions*)에서 따온 7개의 인용이 포함되어 있다.[60] 스텔링워프는 이 메모가 뉴욕 공공 도서관에 있는 허프의 책에서 가져온 것이라고 밝혔다.[61] 헤

---

59 George Bancroft, *History of the United States from the Discovery of the American Continent to the Declaration of Independence*, 15th ed. (Boston: Little, Brown, 1853).

60 Franklin B. Hough, *American Constitutions: Comprising the Constitution of Each State in the Union, and of the United States, with the Declaration of Independence and Articles of Confederation* [. . .], 2 vols. (Albany: Weed, Parsons & Co., 1871-1872). 카이퍼는 실수로 허프(Hough)가 아니라 휴(Hugh)라고 썼다. Abraham Kuyper, *Antirevolutionaire staatkunde*, vol. 1 (Kampen: Kok, 1916), 457에서도 그는 같은 잘못된 철자법을 사용해 허프(Hough)를 다시 인용했다.

61 Stellingwerff, *Kuyper en de Vrije Universiteit*, 235.

슬람은 "맨해튼 중심부에 있는"을 덧붙였다.[62] 나는 현재 5번가 상에 웨스트 40번가와 웨스트 42번가 사이의 두 블록 구역에 걸쳐 있는 공공 도서관이 1898년엔 뉴욕에 존재하지 않았다는 사실은 접어 두고, 날짜에만 초점을 맞춘다. 허프의 책에 있는 메모는 백지에 쓰였다. 이 메모는 뉴욕이 아니라 카이퍼가 미국으로 떠나기 전 암스테르담에서 기록되었을 가능성이 있다.[63] 암스테르담을 지지하는 한 논거는 그 손 글씨가 카이퍼가 아닌 다른 사람이 허프의 책에서 메모한 것임을 암시한다는 것이다.[64] 필사자가 네덜란드인임은 메모에서 분명해진다. 필사본에 **페이지**(page)라는 단어가 "bl." 또는 "pag."으로 축약되었다.[65] 미국인이라면 **페이지**를 "p."라고 썼을 것이다. 그 메모가 뉴욕에서 기록되었다는 가정의 유일한 근거는 허프의 책이 1898년 네덜란드의 한 대학 도서관에서 구할 수 없었기 때문일 수 있다. 그러나 인용문이 담긴 다른 인쇄본 낱장들이 분실되었을 수 있다고 말할 수 있기는 하지만, 스톤 강연에 나오는 이 세 저자의 인용은 애쉬튼의 기억과 워필드의 메모 사이의 간격을 메울 수 없다.

이 해법의 또 다른 약점은 카이퍼의 메모에 언급된 미국 저자들이

---

62 Heslam, *Creating a Christian Worldview*, 61.

63 Transcript of pages I, 5-9, and II, 544-51, 564-67, and 573-76 of Hough, *American Constitutions*, inv.nr. 318, Dossier betreffende de reis naar Amerika, nr. 58 and 59, Kuyper Papers; quote from Cabot Lodge, *Alexander Hamilton* (Boston, 1892), 256, inv.nr. 318, nr. 52, Kuyper Papers.

64 Stellingwerff, *Kuyper en de Vrije Universiteit*, 235.

65 네덜란드어로 bladzijde ("bl.") or pagina ("pag.").

카이퍼-애쉬튼 원고(스텔링워프 및 헤슬람의 10월 번역)의 세 번째 강의에서만 참조된다는 것이다. 카이퍼가 새로운 정보로 인해 강연을 네덜란드어로 새로 작성해야 했을 정도로 강의 하나를 그토록 근본적으로 고쳐야 했다 하더라도, 이는 다른 다섯 강의들도 반드시 변경해야 하는 것이 필수적이라는 것은 아니다. 게다가, 그가 사용한 모든 인용의 원어가 영어인데 왜 추가 인용을 위해 세 번째 강연 전체를 네덜란드어로 다시 썼을까? 스텔링워프가 언급한 책 세 권 중 유일한 인용문은 허프의 것이다. 그의 책에서 따온 7개의 인용은 세 번째 강연 한 단락에 중단없이 연속으로 나온다. 카이퍼가 그것들을 8월이나 9월에 추가했다면 간단한 삽입으로 충분했을 것이다. 새로운 번역이 필요하지 않았다.

마지막으로, 워필드가 가지고 있는 것을 포함하여 카이퍼-애쉬튼 원고가 들어있는 책 "10개"(애쉬튼)[66] 또는 "12개"(워필드) 사본 중 7개가 여전히 존재한다는 점은 주목할 만하다. 그것들이 실제로 워필드가 자신의 메모에서 언급하고, 스텔링워프와 헤슬람이 주장한 것처럼, 나중에 제본된 10월 원고의 인쇄본이었다면, 이는 스톤 강연의 10개 사본의 서로 다른 두 세트가 1898년에 만들어졌던 것임을 의미한다. 애쉬튼이 8월 10일 카이퍼로부터 받았고 1898년 9월에 그리피스에게 "카이퍼의 딸이 대여한, 인쇄되었지만 출판되지 않은 동일한 사

---

66 Ashton, "Een herinnering," 177.

본"인 사본"인 "큰 빨간 책"⁶⁷ 그리고 어떤 사본도 남아 있지 않아 모습을 알 수 없는 또 다른 세트다. 전반적으로 스텔링워프와 헤슬람이 워필드의 메모를 기반으로 하여 제시하는 스톤 강연 원고의 역사 재구성은 해결책은 없고 질문만 더 많이 불러일으킨다.

인쇄

우리가 보았듯이, 워필드의 메모를 기반으로 한 카이퍼의 스톤 강연 원고의 역사 재구성은 다른 자료들과 모순되며 우리가 세밀하게 살펴본 것과 같은 문제들을 일으킨다. 반면에 애쉬튼의 설명을 출발점으로 하는 재구성은 여러 다른 자료들의 증거와 일치하거나 적어도 증거가 설명과 모순되지 않는다.

10월 번역본이 아니라 카이퍼-애쉬튼 원고라고 불리는 우리가 알고 있는 세트를 지지하는 주장이 또 하나 있는데, 그것은 바로 이 책의 인쇄 역사에 관한 전문적인 논의다. 우리는 붉은 색과 흰색으로 된 책들이 제본업자 반 바르덴에 의해 암스테르담에서 제본되었다는 것을 안다. 그러나 워필드의 스톤 강연 사본에는 이런 제본 상의 특징이

---

67 W. E. Griffis to Kuyper, 21 October 1898, Kuyper Papers: "저의 집과 서재에서 인사와 안부를 전합니다. 저는 네덜란드에서 가장 즐거운 시간을 보냈고, 모든 것이 완전히 저희 기대에 부응했으며 일부는 훨씬 넘쳤습니다. 당신의 딸은 아주 친절하게 칼뱅주의에 관한 당신의 강의 개인 사본을 제게 빌려주어 항해 중에 매우 즐기며 읽었습니다. 그 책은 정상적인 출판 과정을 통해 강연을 책으로 받을 수 있게 되는 대로 조심스레 돌려드리겠습니다."

없다. 프린스턴 신학 도서관의 특별 컬렉션 부서 사서인 켄 헹크(Ken Henke)에 따르면 워필드 사본의 제본은 오히려 그의 도서관에 있는 다른 책 제본과 유사하다.[68] 앞표지나 책등에 제목이나 저자가 언급되지 않은 워필드의 사본은 스톤 강연의 알려진 다른 사본과 다르기 때문에 아마도 (자유대학교의 사본)과 같이 새로 제본되었을 것이며, 두 페이지로 된 메모는 그런 다음 새 제본에 포함되었을 것이다. 카이퍼의 서지 작가 테제 카이퍼스(Tjitse Kuipers)는 이 차이에 대한 해결책으로 현존하는 두 개의 서로 다른 제본 때문에 두 세트가 있을 수 있다고 제안했다. 하나는 전체가 빨간색으로 제본된 (그에 따르면 앞표지에 제목과 부제, 저자 이름이 있으며 프린스턴에서 제본된) 것이고, 다른 하나는 빨간색과 흰색으로 제본된 (앞표지와 책 등에 제목과 부제 그리고 저자 이름이 있으며 암스테르담에서 제본된) 것이다.[69] 그러나 카이퍼는 마지막 강의를 마친 다음 날인 10월 22일 프린스턴을 떠났기 때문에 그를 위해 책을 제본할 시간은 거의 없었을 것으로 보인다.

인쇄와 인쇄 역사 전문가들은 어디서 카이퍼-애쉬튼 원고 또는 10월 번역이 있는 책이 인쇄되었는지에 대한 질문에 답함으로써 상충되는 출처의 문제를 해결하려고 노력했다. 종이 종류와 활자 조판에 대한 연구 결과, 카이퍼-애쉬튼 원고가 담긴 책은 네덜란드에서 조

---

68 프린스턴신학교 도서관에 있는 워필드 사본의 청구기호는 SCF 2363이며 "도서관 내에서만 사용 가능"하다.

69 Tjitse Kuipers, *Abraham Kuyper: An Annotated Bibliography*, 1857-2010 Leiden: Brill, 2011), 291.

판되고 인쇄되었다는 결론이 나왔다. 그들은 이 결론에 대해 두 가지 기술적 이유를 제시했다. 첫째는 활판인쇄의 단위이다. 조판 너비는 정확히 24 시세로(cic.)로 1900년경 네덜란드의 활자체 크기로 한 포인트가 0.376065mm(DIN 16507)인 디도(Didot) 포인트 시스템에 기반을 둔 것이다. 한 시세로는 12포인트이다. 미국 표준국(American Bureau of Standards)에 따르면 당시 앵글로색슨 세계는 0.35146mm(또는 0.013837인치)인 파이카(pica) 포인트를 사용했다. 미국 파이카 포인트는 네덜란드의 디도 포인트보다 작다. 이 텍스트가 미국에서 조판되었다면 그것은 미국의 재료로 만들어졌을 것이 거의 확실하고, 조판 너비가 더 작은 파이카 포인트로 인해 조금 더 좁았을 것이다. 또한 글꼴 스타일은 네덜란드 출판사인 하를렘의 요하네스 엔스헤데에서 만든 전형적인 기울어진 글자이다. 따라서 카이퍼-애쉬튼 원고는 네덜란드에서 조판되고 인쇄되었다. 이는 카이퍼가 1898년 8월 11일 암스테르담을 떠나기 전이다.

네덜란드에서 카이퍼-애쉬튼 원고를 담은 책을 제작했다는 두 번째 이유는 그것이 카이퍼가 1898년 어간에 암스테르담의 헤르베커와 보름서(Höveker & Wormser) 출판사에서 펴낸 다른 두 책과 유사하기 때문이다. 1900년에 출판된 『남아프리카의 위기』(*De crisis in Zuid-Afrika*)와 1899년에 나온 스톤 강연의 네덜란드 판인 『칼뱅주의: 1898년 10월 뉴저지 프린스턴에서 행한 6개 스톤 강연』(*Het calvinisme: Zes Stone lezingen, in October 1898 te Princeton (N.J.) gehouden*)이 그것이다. 이 세 책의 조판 너비는 정확히 동일하고 『칼뱅주의』(*Het calvinisme*)의 종이 종류는 카이퍼-애쉬튼 원고를 담고 있는 책의 종이와 매우 비슷하다.[70] 이 기술적 분석 결과는 워필드의 설명을 뒷받침하지 않으며 애쉬튼의 이야기와 그 외 기록 자료들과 일치한다.

전반적인 결론은 워필드의 메모에 있는 정보가 카이퍼의 스톤 강연 원고의 역사에 대한 다른 자료들과 일치하지 않는다는 것이다. 이 다른 자료들은 다양한 특성을 가지고 있지만 서로를 지원한다. 학자로서의 워필드의 위상과 카이퍼의 프린스턴 방문에서 그의 핵심적 역할, 그리고 그가 그의 메모에서 제공하는 정보의 정확한 특성 때문에 이전 연구자들이 이 자료에 전적으로 의존한 것은 이해할 수 있다. 그들은 그의 정보를 다른 자료와 비교하지 않았기에 워필드의 메모를 의심할 이유가 없었다. 그러나 모든 자료들을 고려할 때 다른 모든 자료들과 양립할 수 없는 것은 단 하나다. 바로 워필드의 메모 기록에 의존한 것이다. 이 사실은 우리를 당혹스럽게 한다. 워필드가 1898년의 역사적 상황을 어떻게 잘못 해석할 수 있었는지 이해할 수 없기 때문이다. 하지만 증거는 우리로 하여금 카이퍼의 스톤 강연 원고의 역사를 설명할 때 그의 메모에 의존하지 않도록 몰아간다.

결론

카이퍼는 1898년 12월 말 이전에 네덜란드로 돌아왔다. 에텔 애

---

70 이 연구에 대해 (네덜란드 헤이그 왕립 도서관의) 포스트 반 데어 몰런(G. Post van der Molen)과 행크 폴크(Henk Porck)에게 감사드린다.

쉬튼도 영국으로 돌아갔고, 카이퍼는 새해에 들어서자 직접 네덜란드어와 영어 원고를 인쇄할 준비를 했다. 카이퍼가 미국 여행을 하면서 영어 어휘를 확장하고 영어 감각을 향상시켜 영어 원고를 다시 손본 것은 이해할 수 있지만, **단번에** 쓰는 것에 익숙한 그에게 원고를 수정하고 개정하는 작업은 이례적이었다. 이 책은 네덜란드어로 헤르베커와 보름서 출판사를 통해 암스테르담과 프리토리아(Pretoria, 남아공의 도시—역자 주)에서 출판되었다. 영어판은 런던의 티엔티 클락과 심프킨, 마샬, 해밀톤, 켄트 출판사와 (다른 미국판을 제본했던) 뉴욕의 레벨 출판사가 함께 만들었다.[71] 카이퍼는 자신의 백과사전을 네덜란드어와 영어로 동시에 출판하는 데 성공하지 못했지만, 스톤 강연은 성공했다. 그것은 1899년 6월에 네덜란드, 남아프리카 공화국, 영국, 그리고 미국에서 동시에 두 언어로 출판되었다. 이 대규모 번역 프로젝트 이후, 카이퍼는 미국 시장 진출에 어려움을 겪지 않았다. 그는 미국에서 더 이상 책을 출판하지 않았지만, 그의 생애 동안 많은 글들이 번역 출판되었다.

이 장의 첫 번째 부분에서 보았듯이 스톤 강연의 번역은 우연이 아니라 국제화를 위한 의도적이고 광범위한 노력의 일부였다. 에른스트 트뢸취(Ernst Troeltsch)는 신칼뱅주의의 이런 특징과 이 강의가 이런 노력에서 수행한 핵심적 역할을 인정하며 다음과 같이 썼다.

---

71 H. Revell to Kuyper, 9 December 1898, Kuyper Papers.

> 칼뱅주의의 국제적 성격이 … 영어를 사용하는 사람들의 유익을 위해 중요한 모든 것을 영어로 번역하는 적극적인 번역 활동으로 드러났다. 카이퍼의 책 자체가 이런 국제적 정신의 기념비다.[72]

이 장의 두 번째 부분은 이런 번역을 추진함에 수반된 어려움과 스톤 강연의 번역과 관련하여 벌어진 구체적인 역사적 오해에 관한 것이었다. 전반적인 목표는 기록을 바로 세우고 영어로 강의를 발표하고 출판한 일은 우연이 아니며, 카이퍼의 능력을 훨씬 넘어선 사업이 아니라 잘 조직된 것이었고, 본질적으로 신칼뱅주의의 국제적인 운동 성격과 관련이 있음을 보여주기 위함이었다. 스톤 강연이 우연히 이 전통의 가장 유명하고 가장 널리 퍼진 책이 된 것은 아니다. 주제(신칼뱅주의에 대한 일반적인 소개)와 시기(당시 카이퍼는 네덜란드 최고의 정치인이었음에도 불구하고)를 차치하고도, 그는 빌헬미나 여왕의 즉위식에 참석하는 것보다 프린스턴에서 강의하는 것을 선호했다. 카이퍼가 영어 원고를 주의 깊게 준비한 것은 강의가 처음부터 신칼뱅주의에 대한 국제적 소개를 의도했다는 사실을 강조한다.

---

72 Ernst Troeltsch, *The Social Teaching of the Christian Churches, Volume II* (London: Allen & Unwin/ New York: Macmillan, 1931), 618.

조지 하링크
(George Harinck, PhD, Free University of Amsterdam)

암스테르담 자유대학교 교수이고, 깜픈신학교의 신칼뱅주의 연구소의 소장이다.

레이든대학교에서 역사학을 공부했으며, 신칼뱅주의의 (국제적) 역사와 1800년 이후 네덜란드 개신교에 관한 많은 저술이 있다.

9. 칼뱅주의가 한국사회와 문화에 미친 영향
- 신국원

9. 칼뱅주의가 한국사회와 문화에 미친 영향

신국원

칼뱅주의는 한국교회 주류인 장로교회 신앙의 근간이다. 이 신앙 전통은 심긴 곳마다 사회-문화적 변혁을 이루어냈다. 이 땅에 칼뱅주의가 들어온 지도 한 세기가 지났지만, 삶을 바꾸는 영향력은 아직 미흡하다. 그리스도인 인구와 특히 교계에서 장로교회의 비중을 생각할 때 아쉬운 일이 아닐 수 없다. 아브라함 카이퍼가 100여 년 전에 〈스톤 강연〉에서 제시한 비전을 우리의 현실 상황에 비춰 돌아볼 이유가 거기에 있다. 그가 설파한 칼뱅주의 기독교 세계관은 한국교회가 복음으로 삶을 변화시킬 역량을 향상시키는 데 도움이 될 것이기 때문이다.

칼뱅주의의 폭 넓은 문화적 조망

칼뱅주의는 다른 개신교 전통에 비해 시야가 넓다. 가장 주목할 부분은 하나님 주권 사상이다. 그것은 이 전통의 대명사로 여기는 예정론보다 훨씬 근본적이다. 창조주요 구원자로 창세로부터 완성에 이르기까지 모든 것을 섭리하심에 대한 신앙이다. 이에 근거해 사회와 문화를 성경 전체의 역사적 조망인 창조-타락-구속의 틀을 통해 바라본다. 칼뱅은 문화 속에 나타나는 "자연적 은사"도 성령의 역사로 주어지는 하나님의 선물이라고 주장한다.[1] 우리는 이를 거부하거나 무시하지 않고 누리고 활용해야 한다고 했다. 카이퍼는 이를 심화 발전시킨 "일반 은총"을 통해 적극적인 기독교적 사회-문화 활동의 기초를 제시했다. <칼뱅주의 강연>은 그 핵심을 담은 걸작이다.

카이퍼도 교회뿐만 아니라 예술, 정치, 학문도 하나님 나라를 구현하기 위한 기구로 보았다. 타락한 세계가 하나님의 은혜로 보존되고 인간이 여전히 문화를 창조할 수 있게 된다고 했다. 문화는 타락의 결과로 부패했으나 구속을 통해 변혁되어 하나님의 영광과 인간의 행복을 위해 사용될 수 있다고 본다. 물론 현실 문화를 중립적인 것으

---

* 본 장은 이 책의 원서에 없는 번역자 신국원 교수의 특별기고문이다. 신국원 교수는 오랫동안 칼뱅주의 문화변혁주의 세계관에 입각한 기독교 세계관을 가르쳤으며 여러 관련 활동을 해오고 있어 책을 이해하는 데 유용한 고찰을 제공한다.

1 장 칼뱅, 『기독교 강요』 2, 2, 15.

로 본 것은 아니다. 무조건 가치를 인정한 것이 아니라 비판적으로 접근했다. 문화의 이중적 성격의 인식은 비관론이나 낙관론에 빠지는 것을 막았다. 문화의 성취도 하나님을 찬양할 조건이지 인간의 업적을 높여서는 안 된다고 생각한다.

칼뱅주의는 문화에 대한 비판적 접근과 변혁적 자세가 특징이다. 칼뱅의 종교개혁은 교회에 국한되지 않았다. 사회 전반에 걸친 폭 넓은 개혁이었다. 하지만 종교 갈등과 대립이 치열한 가운데서 균형을 잃지 않았다. 그가 로마 가톨릭과 루터파의 보수적 전통주의와 재세례파나 급진적 방종주의와 혁명사상 사이에서 보여준 균형감각은 신학적으로나 사회정치적으로도 탁월한 것이었다.[2]

이를 계승한 카이퍼와 19세기 네덜란드의 칼뱅주의자들은 계몽사상에 기초한 프랑스 혁명 정신에 맞서 성경적 사회-문화 비전을 제시했다. 카이퍼의 세계관의 대립, 일반 은총, 왕을 위하여(*Pro Rege*), 영역주권 사상 등은 위기 상황에서 기독교 신앙과 삶을 지키려는 지혜와 용기의 열매였다. 미국의 칼뱅주의는 주로 자유주의 신학에 맞서 정통신앙을 지키려는 근본주의 운동과 함께하며 복음적 신앙을 수호하는 일에 치중했다. 근본주의도 방어적인 보수신앙 운동만은 아니었다. 그 운동에 관한 권위자인 조지 마스던의 말처럼 그것은 복음에 입각한 삶의 비전을 미국 특유의 상식주의와 합리적 실용주의

---

2 Willem Balke, trans. William J. Heynen, *Calvin and the Anabaptist Radicals* (Grand Rapids: Eerdmans, 1981).

에 결합시킨 적극적 사회-문화운동이었다.[3]

이 두 운동은 다른 사회-문화적 상황으로 인해 초점이 달랐지만, 신본주의에 기초해 인본주의와 맞섰다는 점에 일치한다. 칼뱅주의는 시대와 장소에 따라 다양한 모습으로 발전해 왔다. 이는 살아있는 전통의 특징이다. 참된 신앙의 전통은 시대와 상황에 따라 적절한 대응 능력을 보여주기 마련이다. 따라서 칼뱅주의의 사회-문화적 기여를 살핌에 있어서도 그것의 역사적 형태들이 가진 다양성 이면에 있는 공통 요소를 주목하는 것이 중요하다. 그렇지 않을 경우 그 전통을 편협한 근본주의적 보수주의나 과격한 문화변혁론자로 잘못 이해하게 된다.

칼뱅주의가 한국 사회와 문화에 미친 영향을 평가할 때도 이 점을 주의해야 한다. 칼뱅주의는 성경적 신앙과 폭 넓은 실천적 원리에 있어서 로마 가톨릭과 개신교를 통틀어서 비교해도 지극히 우수한 전통임을 역사에서 확인할 수 있다. 칼뱅주의는 역사적 기독교 전통을 잇는 정통주의 입장에 서 있다. 이 때문에 칼뱅주의보다 아우구스티누스주의라고 불러야 한다는 주장이 있을 정도이다. 아우구스티누스를 거슬러 올라가 바울과 예수 그리스도로 이어지는 성경의 전통이라는 말이다. 이 전통이 영국과 미국의 청교도 운동을 거쳐 한국 장로교회에 자리를 잡은 것이다.

---

3 George M. Marsden, *Fundamentalism and American Culture: The Shaping of Twentieth Century Evangelicalism* 1870-1925 (Oxford: Oxford University Press, 1980), 11-21.

칼뱅주의와 한국교회

한국교회가 칼뱅주의를 접한 것은 장로교회 선교사들을 통해서다. 그중 미국 선교사들은 대부분 근본주의 신학에 뿌리를 두고 있어 보수적이었다. 여기엔 역사적 상황도 크게 작용했다. 선교사들은 일제와의 충돌을 피하고자 정교분리 원칙을 채택했다. 이는 복음전도와 영혼구원에 대한 주된 관심을 기울였던 근본주의 정신과도 맞물려 있다. 교회가 급성장하던 시기의 군사독재 상황도 사회적 활동과 특히 정치에 대한 소극적 자세가 더욱 강화되는 원인이 되었다.

동족상잔의 전쟁과 분단의 고착, 좌우 이념 대립이 계속되는 상황 속에 군사독재 아래에서 교회의 생존과 성장에 초점을 맞추다 보수적인 면이 강화되었다고 할 수 있다. 신학적으로도 1930년대 이후 보수적인 입장이 주류가 된 교회는 자유주의와 대립 구도에서 그들이 사회적 문제에 적극적일수록 이를 꺼리게 된 면도 있다. 민주화 시대인 1980년대 한국교회와 지도자들이 보여준 자세는 아쉬운 점이 많다. 특히 일관성 없이 적용된 정교분리의 원칙은 독재 정권에 대한 비판에 참여하는 일에 어려움을 주었다. 교회는 정치를 하는 기구는 아니다. 그러나 사회와 문화에 대해서 선지자적 역할을 해야 한다. 그런데 당시 한국교회는 이를 바르게 수행하지 못했다.

이런 이유로 칼뱅주의의 폭넓은 사회문화적 조망은 한국교회 내에서 간과되었다. 시민적 책임을 소홀히 해 공공성과 사회적 신뢰를 상실한 것이 치명적이다. 역량을 개교회의 성장에 쏟아부은 탓에 경쟁이 유발되어 연합정신을 잃은 점도 큰 문제로 지적된다. 사회로부터 고립되었을 뿐 아니라, 교회 간 협력과 소통도 미흡했다. 이로 인해 문화적 지체를 겪고 세계교회의 흐름에도 능동적으로 대처하지 못하고 있다. 예를 들어 1960년 이래 로마 가톨릭에까지 불어닥친 성령 운동이나 예배갱신 운동에 대해서도 깊은 반성이 없이 졸속으로 대처하는 모습을 보여왔다.

한국교회는 근래에 사회로부터 전면적인 비판과 도전에 직면해 있다. 한 교계 원로는 이 위기가 경이적 성장의 그늘이라고 진단한다. "한국교회는 성장을 멈추어서 위기가 아니라 성장했고 그래서 오만해져 사회로부터 외면당하게 된 것이 위기이다."[4] 교회는 근대화 초기 사회를 모든 분야에서 이끌었다. 이제는 그 방향이 역전되었다. 교회가 오히려 사회로부터 모든 것은 배우는 모습이다. 그것도 조심스레 신학적 검토나 반성이 없이 되고 있다. 예배갱신과 은사 운동에 의한 "부흥"에 기대를 걸고 있다. 한편, 교리와 삶이 바로 서지 못하는 틈을 타서 이단이 극성을 떨고 있다. 이는 문제의 일부일 뿐이다. 가장 심각한 것은 비전의 결여이다.

지금 한국교회는 갈림길에 서 있다. 교회를 향한 비판이 사회 각 분야에서 쏟아지고 있다. 미디어와 대중예술마저 이에 가세했다. 한국교회 일각에서는 이를 정치적 음모로 치부하는 경향마저 있다. 최근에는 보수 회기적 정치에 결탁하는 모양까지 보이고 있다. 모두가

---

4 KBS1 TV, <한국사회를 말한다: 선교 120주년 한국교회는 위기인가?>, 2004.10.2, 이광록, 강성훈 연출.

부적절한 대응이다. 그간 교회가 강조해 온 정교분리 원칙이 정치적 방편이지 않았는지를 의심받기 십상이다. 위협적 상황에서 정치와 사회적 관심을 거두었다가 민주화된 지금에서야 거침없이 발언하는 모습으로 비친다. 지난날의 부족함은 겸허히 인정하고 전향적 노력을 기울여야 한다.

이를 위해서는 한국교회에 충분히 각인되지 못한 칼뱅주의의 다른 측면을 주목할 필요가 있다. 칼뱅주의의 폭넓은 사회-문화적 교훈과 역사적 실천의 경험이 그것이다. 한국교회 내에서도 그것을 가르치고 배우려는 노력이 꾸준히 쌓여 왔다. 칼뱅주의 관점과 실천적 능력을 경험한 이들에 의해서다.[5] 지금 우리에겐 미국의 청교도 신앙과 네덜란드 칼뱅주의의 문화적 사고의 균형이 필요하다. 이들의 지혜와 용기를 이 시대에 맞게 살려내는 것이 진정한 칼뱅주의의 활성화이다.

칼뱅주의의 한국 사회-문화적 영향사

초기 한국교회는 소수였으나 영향력이 컸다. 선교사들과 교회는 한국 사회의 근대화에 크게 기여했다. 근대화된 교육과 의료 그리고 사회-문화 발전과 자유와 인권 신장에 힘썼다. 일상생활의 개혁, 술과 담배, 아편 금지, 미신 타파, 관혼상제의 변화, 여권신장과 여성 교육,

---

5 네덜란드에 유학한 박윤선, 이근삼, 차영배, 손봉호, 서철원, 정성구를 꼽을 수 있다.

봉건주의 타파 등을 통해 의식을 개혁했다. 민족주의와 독립운동에 대한 기여도 뺄 수 없다. 나라 안과 밖에서 수행된 이런 운동에 기독교인들이 지도적 역할을 했다. 그들의 신앙은 보수적이었지만 사회문화적 자세는 진보적이었다. 그것이 북미의 근본주의와의 차이점이었다. 이로 인해 당시 교회는 신앙과 삶의 통합과 균형이 건강하게 유지했다고 할 수 있다.

하지만 이런 활동에서 칼뱅주의의 사회문화적 기여를 찾는 것은 한계가 있다. 신학적 기여는 비교적 명료하다. 초기 장로교회 선교사들의 신앙은 복음적인 신앙과 청교도적 근본주의 신학을 가졌었다. 유럽과 미국에서 자유주의 신학이 우위를 점해가던 상황과 달리 한국에는 보수적이고 성경적인 신학이 주류로 자리잡았다. 여기에 한국교회 역사의 특수성이 있다. 또한 한국은 유일하게 비서구, 비기독교 국가에 의해 식민 통치를 받았던 특별한 역사를 가지고 있다. 이는 한국교회가 선교 초기에 급속 성장을 이룬 한 이유로 꼽힌다. 실제로 당시 선교사들을 독립운동의 원군으로 생각해 교회에 들어온 이들이 적지 않았다.

한국교회의 신학적 다양성은 선교 초부터 존재했다. 그 역사는 장로교회의 언더우드와 감리교회의 아펜젤러 선교사가 함께 도착한 1885년으로 거슬러 올라간다.[6] 오래 지나지 않아서 장로교회가 압도적인 다수가 된 이유가 칼뱅주의의 특징인 성경적 신앙에 기초한 바른

---

6 유동식, 『한국신학의 광맥』 (서울: 다산글방, 2000), 39, 79.

신학과 교리에 있었다는 주장은 주목할 만하다.[7] 사실 사회적인 활동에 있어서 감리교회는 결코 장로교회보다 뒤지지 않았기 때문이다. 이는 각 교단이 설립한 학교의 숫자가 대등한 것으로 잘 드러난다.

장로교회는 신학적 정통성과 통일성이 강했다. 감리교회는 자유주의에 관대했다. 하나님의 초월성보다 내재성과 윤리와 사회정의 구현에 관심을 기울였다. 교리보다는 경건생활과 복음적 신앙 실천에 강조를 두었다. 물론 장로교회도 점차 신앙과 삶 사이의 통합성을 상실한 것이 오늘날 한국교회의 위기의 한 원인이 되었다는 지적이 있다. 이는 일제 식민지 지배 정책에 소극적으로 대응하면서 시작했다는 주장이다. 특히 종교와 정치의 분리 정책이 주요 원인으로 꼽힌다.

대부분의 선교사들은 일본 식민정부와의 마찰을 우려하여 정치에 대해 거리를 두려고 했다. 미국 헌법의 정교분리 원칙을 근거로 삼았다. 미국의 정교분리는 종교의 자유를 위해서 정치적 관심을 버리는 것이기보다는 다양한 교파간 평화공존을 통해 사회를 유지하려는 것이었다. 이를 한국에 달리 적용한 셈이다. 그 이유야 어쨌든 결과는 뼈아픈 것이었다. 이 정책은 결정적으로 사회와 문화에 대해 거리를 두고 교회에만 집중하는 전통을 심었기 때문이다.

이 정교분리 정책은 해방 이후 독재 정부 치하에서 고착되어 교회가 바른 사회적 행동을 개진하는 일에 장애가 되었다. 이런 상황은 남

---

7 김의환, "구 Princeton 신학이 총신에 끼친 영향과 평가," 『100년 총신신학의 회고와 전망』 개교 100주년 기념 학술세미나 자료집 (서울: 총신대학교, 2001), 23, 26.

북 분단과 미국이 절대적인 영향을 미치는 상황에서 공산주의자와의 전쟁 그리고 대다수의 북한 기독교인이 월남하는 상황이 맞물리면서 심화되었다. 더욱이 초대 이승만 정부 시절 국가 지도자 가운데 기독교인이 많았다는 점과 기독교가 준국교의 위치에서 여러 특혜를 누린 것도 한 이유다. 예를 들어 군종제도나 성탄절이 공휴일로 제정된 것이다. 이어서 군사독재 시절에도 기독교인들은 반공 이념에 입각해서 정부를 지지하는 편에 서게 된 것도 큰 이유가 되었다.

보수신학과 진보신학의 대립

근대화 이래 한국사회는 고속 성장의 급격한 변화와 극심한 경쟁의 소용돌이에 휩싸였다. 교회는 요동치는 사회 속에서 상대적인 안정을 제공했고 그것도 성장 원인 중 하나였다. 하지만 그것이 칼뱅주의의 변혁적 전통에 충실하지 못한 이유가 되었다. 교회를 세상과 분리시키는 근본주의의 신앙 기조도 사회-문화적 책임을 도외시하는 결과를 낳았다. 선지자적 사명을 감당하는 대신 묵종을 초래했고, 이는 사회적 영향력을 약화시키는 원인이 되었다. 또한 자유주의 교회가 진보적인 사회정치 활동에 적극적이었던 까닭에 보수교회는 이를 꺼리게 된 것도 있다.

한국교회는 초기부터 여러 사상적 도전에 직면했었다. 미국, 캐나다, 호주 장로교회 선교사들은 지역 분할을 통해서 협력하며 하나의 노회를 구성하였다. 그러한 일치는 장로교회가 다른 교단보다 앞서가는 초석이 되었다. 최초의 도전은 1920년대에 들어 러시아 혁명(1917)에 고무된 사회주의에 힘입은 반기독교 운동이었다. 1930년대에는 자유주의 신학의 유입으로 장로교회 내의 대립과 분열이 시작되었다. 대립은 사회 문화적 격동의 상황과 맞물리면서 복잡한 양상으로 발전하게 된다.

대립은 민주화 운동이 고조된 1980년대에 격화되었다. 진보적인 기독교인 사이에서 민중신학 운동이 일어났다. 하지만 이 운동은 지식층에 국한되었다. 이 점에서 민중신학은 그 뿌리인 남미의 해방신학과 차이가 난다. 교계에서 저변을 확장하거나 사회에 큰 영향력을 갖지 못했다. 복음의 총체적인 구속 진리를 정치-사회적 해방의 안경을 통해 해석해 시야를 좁혀 복음의 총체성을 확보하지 못한 탓이다. 신학의 한국적 상황화와 토착화를 강조하면서도 서구 상황의 산물인 해방신학을 따르는 점도 설득력이 약해 일종의 신학적 실험에 그치고 말았다.

상황을 주목하는 것은 신학에 중요하다. 하지만 상황화가 성경 진리의 전체성을 떠날 때 시대를 지배하는 이념에 복속될 위험에 빠지기 십상이다.[8] 민중신학은 자본주의의 폐해를 비판하는 마르크스주의 이념에 경도된 것으로 비쳤다. 보수적이며 복음주의 교회들은 이

---

8 Changbok Chung, "500 Years after Calvin—Implications for Ministerial and Ecumenical Formation: Some Reflections from Korea," *News and Information*, Princeton Theological Seminary, Princeton, New Jersey, http://www.ptsem.edu/news/warcgathering/changbokchung.php.

점에 비판적이었다. 그들은 정치적인 문제에 대해서는 침묵을 유지했으며 때로 친정부적 자세를 취했기에 진보 신학 진영과의 긴장이 높아졌다.

이처럼 일제의 압제와 전쟁, 독재와 민주화 과정의 신학적 대립과 특히 근래의 진보와 보수의 이념 갈등은 교회를 분열시켜 사회적 역량을 약화시키는 주요 원인이 되었다. 신학이 대립되어 서로 멀어진 것은 교회적으로나 사회적으로 유익하지 않았다. 사회에서 벌어지는 양극화와 대립에 교회도 휘말리고 말았다. 이는 결국 한국교회가 사회-문화적으로 균형을 상실하는 일에 정교분리 정책 못지않은 부정적인 영향을 미쳤다. 신학적으로 칼뱅주의를 따르는 교회들조차 에너지를 교회 성장과 자유주의 신학과의 씨름에 소모한 결과 삶의 모든 영역에서 하나님의 주권을 실천하는 일에 미흡할 수밖에 없었던 것은 매우 안타까운 일이 아닐 수 없다.

기독교 지성 운동과 문화 변혁

교회가 복음의 능력을 사회 속에 펼치기 위해서는 문화에 관심을 기울여야 한다. 칼뱅주의는 복음 전도와 함께 문화의 변혁을 힘써야 할 사명으로 여긴다. 문화를 성경적으로 변혁한다는 것은 창조질서에 입각한 본래의 건강한 삶을 회복하기 위한 노력이다. 하나님의 나라를 현실에서 실현하는 기독교문화는 고급스럽고 화려한 것이 아니다. 세상과 구별된 거룩한 문화여야 한다. 이런 문화 변혁은 기독교적

취향을 사회 전체에 강요하는 운동이 아니다. 세계에 대한 바른 이해에 기초해 설득력 있는 비전의 제시와 이를 삶으로 보여주는 능력을 요구한다.

사도 바울은 비기독교적 사상과 이론을 격파함과 동시에 그것을 그리스도께 복종케 하는 두 과제를 함께 수행할 것을 명했다. 이를 위해서는 거룩한 삶과 함께 "기독교 신앙의 지적 함축"을 밝히려 노력이 필수적이다. 초기 교회의 테르툴리아누스, 클레멘트, 오리게네스 같은 변증가로부터 오늘까지 기독교 지도자들은 이를 힘썼다. 특히 칼뱅과 카이퍼를 이은 칼뱅주의 세계관 운동만큼 신앙과 학문의 통합에 힘써온 전통은 드물다. 반면에 복음주의 전통은 이 부분에 취약하다. 마크 놀은 이를 "복음주의 지성의 스캔들"이라고 지적했다. 미국 교회가 사회적 영향력을 상실한 중요한 이유를 지성의 결핍에서 찾았다. 칼뱅주의는 그 약점을 개선하는 데 특히 기여를 해왔다고 할 수 있다.

물론 칼뱅주의의 사회-문화적 영향력을 검토한 이들은 원리의 우수성에 대해서만큼 실제 결과에 자신감을 보이지 않는다. 칼뱅주의 역사를 면밀히 검토한 이들일수록 조심스러운 견해를 피력하고 있다. 예를 들어 뉴잉글랜드 청교도의 칼뱅주의적 문화와 사회적 영향력이 최선의 경우에 "제한적"이며 모호함을 인정한 조지 마스던의 경우가 그렇다. 그는 그 이유를 미국과 같이 새로운 문화가 개척되는 환

---

9 Mark Noll, *The Scandal of the Evangelical Mind* (Grand Rapids: Eerdmans, 1994), 마크 놀,『복음주의 지성의 스캔들』, 박세혁 옮김 (서울: IVP, 2010).

경에서조차도 칼뱅주의가 다른 많은 영향력이나 문화들과 함께 존재할 수밖에 없었다는 사실에서 찾았다. 즉 칼뱅주의의 영향력이 그와 대립되거나 경쟁적인 세계관이나 문화들에 의해 상쇄되거나 중화되는 일이 불가피했다는 것이다.[10]

우리도 이 점을 주의하며 방향을 모색해야 한다. 앞서 살펴보았듯이 오늘날 한국 사회 전반이 보수와 진보의 대립으로 인한 긴장 속에 있기 때문에 교회는 치유와 화해의 사명을 진지하게 받아들여야 한다. 무엇보다도 이념의 대립적 상황에서는 치우침이 없는 시각을 유지하는 것이 필요하다. 세계적 다원주의 추세에 맞설 수 있는 비전도 요청된다. 다원주의 사회일수록 확고한 입지를 가진 목소리가 사회적 담론과 실천에서 힘을 발휘한다. 아울러 다양한 기독교 전통과의 공조를 모색하는 것도 중요하다. 성경적이고 복음적인 원리를 고수하더라도 하나님 나라 확장을 위해 다른 기독교 공동체에 주신 특별한 은사들을 공유하는 일이 필요하기 때문이다.

카이퍼의 칼뱅주의 운동은 우리 현실과 훨씬 흡사한 유럽의 상황에서 효과를 거둔 바 있어 주목할 필요가 있다. 그의 운동은 로마 가톨릭이나 인본주의자들과 대립하는 상황 속에서 수적 열세를 "기둥화"(pillarization)를 통해 극복하는 지혜를 발휘했다.[11] 사회가 다양한

---

10 George M. Marsden, "America's 'Christian' Origins: Puritan New England as a Case Study," in Stanford Reid, ed., *John Calvin, His Influence in the Western World* (Grand Rapids: Zondervan, 1982), 241-260.

11 John L. Hiemstra, *Worldviews on the Air: The Struggle to Create a Pluralistic Broadcasting System in the Netherlands* (Lanham: University Press of

세계관의 기둥들로 되어 있음을 인정하고 사회와 문화 전체를 지배하려 하지 않았다. 대신 바른 목적의 성취를 위해서 다른 문화적 힘과 대립하거나 연대하는 유연한 전략을 구사했다. 특히 정치가 모든 것을 좌지우지하는 것을 막기 위해, 교회만이 아니라 국가, 경제, 문화, 교육, 예술 등의 다양한 영역주권을 주장해 분권화 전략도 제시했다.

카이퍼의 변혁운동은 이런 점들에 있어서 미국의 근본주의 운동보다 현실적이며 더 지혜로웠다. 특히 성경적 세계관에 입각한 교육의 기초적 중요성을 강조하며, 나아가 다양한 사회-문화적 활동을 통해서 기독교적 영향력을 총체적으로 발휘하고자 했다. 그 접근 방식이 오늘과 같은 다양한 세계관과 이념이 충돌하는 사회에서는 효과적인 것으로 평가할 수 있다.

문화전쟁과 칼뱅주의

칼뱅주의의 이런 전략은 현재 세계적인 사회와 문화적 상황과 관련해서 주목할 필요가 있다. 오늘의 세계 어느 사회나 제임스 헌터의 말처럼 "문화전쟁"(culture wars)으로 인해 분열과 대립에 시달리고 있다. 문화전쟁은 사회 전체를 둘러싼 보수와 진보가 주도권 쟁탈을 위한 전면적 충돌을 말한다. 이는 "가정, 예술, 교육, 법률, 그리고 정치"

America, 1997).

를 포함한 사회 전 영역에서 한 사회의 정체성을 결정하는 씨름이다.[12]

이제 한국 사회에도 세대 차이나 다양한 문화 간의 크고 작은 충돌이 계속 일어나고 있다. 이는 다양한 문화의 존재를 깊이 의식해야 할 때가 왔다는 의미이다. 물론 이런 사회일수록 기독교 진리와 가치에 대한 확고한 자신감에 입각해서 사회문화적 영향력을 발휘해야 한다. 문화의 영역에서 주도권을 잃는 것은 교회와 하나님 나라 확장에 결정적인 악영향을 미친다. 문화 충돌은 단지 예술, 연예, 오락에 관한 국지적인 문제가 아니라 세계관의 충돌이기 때문이다.

한국이 여전히 기독교 국가나 문화권도 아니라는 사실도 간과하면 안 된다. 우리는 5천 년의 종교 다원주의 역사를 가지고 있다. 국민의 다수가 타종교를 믿거나 불신자로 여전히 복음전도가 필요하다. 서구처럼 오랜 기독교 역사와 전통을 가지고 있지 않다. 최근에는 타 종교와 사상으로부터 견제와 비판에 직면해 있다. 특히 공직자 종교 편향이나 사학법과 같은 문제를 겪으면서 적절치 못한 정치적 처신이 얼마나 심각한 반발과 부정적인 결과를 가져오는지를 경험한 바 있다. 다원주의 상황에 양극화된 사회 정치 문화적 환경 속에서 시대정신에 동화되거나 고립을 벗어나 변혁과 샬롬의 기구 역할을 할 수 있느냐는 엄청난 도전이다.

사실 헌터의 분석처럼 다원화된 현대사회를 진보와 보수만으로 갈라 규정하는 것은 적절치 않다. 이는 근대적 이분법 사고이며 단순

---

12 James D. Hunter, *Culture Wars: The Struggle to Define America* (New York: BasicBooks, 1991).

화의 위험이 있다. 역사적으로나 지금도 사회와 문화 속에는 수많은 중도적 입장들이 존재한다. 카이퍼의 칼뱅주의 운동은 이 점에 있어서도 좋은 예다. 그 운동은 19세기 당시 네덜란드 교회를 갈라놓은 경건주의와 자유주의를 넘어서는 제3의 대안을 제시했다. 이를 통해 인본주의 급진 사상의 홍수 앞에 무력했던 교회에 활력을 불어넣었다. 역사적 칼뱅주의를 시대에 부합되는 세계관으로 되살려 삶의 총체적 비전을 제시한 사례다. 이 운동은 역사적, 사상적 배경의 유사성으로 인해 우리에게 시사하는 바가 크다.

우선 오늘날 한국사회가 겪고 있는 진보와 보수의 이념 대립적 상황에서 이데올로기 편향성은 지양되어야 한다. 칼뱅주의가 정치적 또는 이념적 보수주의와 동일시되는 상황은 바람직하지 않다. 역사상 일부 과격한 기독교인이 빠졌던 십자군 의식이나 비현실적 회피주의도 넘어서야 한다. 초기 칼뱅주의는 세상을 하나님의 주권 아래 가져오려는 열정으로 인해 때로 세계관이 다른 이들과의 극한 대립을 불사하며 작은 성공에 도취되어 승리주의(triumphalism)의 위험에 빠졌던 잘못에 대한 지적도 귀담아 들을 필요가 있다.[13] 변혁적 비전을 잃지 않으면서 동시에 평화와 정의에 기여하는 샬롬의 비전이 중요하다.

교회의 정치이념적 편향이 지혜롭지 않은 것은 사회-정치적 지

---

13 Nicholas Wolterstorff, *Until Justice and Peace Embrace* (Grand Rapids: Eerdmans, 1983), 니콜라스 월터스토프, 『정의와 평화가 입맞출 때까지』, 홍병룡 옮김 (서울: IVP, 2007), 53-56, 143-50, 124-40, 245-73.

형이 정적이지 않기 때문이기도 하다. 우리와 같이 근대화 이후 격변의 연속적 상황 속에 있는 사회에서는 더욱 그렇다. 보수와 진보는 고착된 범주가 아니다. 사회-정치적 상황에 따라 입장이 역전되는 일이 흔하다.[14] 예를 들어 초기 보수신학이 민족주의적이었던 반면에 자유주의 신학은 일제에 협력했다. 독재 치하에선 보수가 친정부적인 한편 자유주의는 비판적이었다. 신학적 경향이 사회-정치적 입장과 얽혀 교차했음을 알 수 있다. 보수와 진보는 정치 사회 영역에서만 상대적인 것이 아니다. 신학에서도 그렇다. 자유주의 비판으로 일어난 신정통주의가 한국에서 자유주의의 대명사가 된 것이 그렇다.

성경적 진리에 기초한 신앙인의 자신감은 사회-문화적 실천에 있어서 다른 세계관이나 종교적 확신을 가진 이들을 대함에 공평하고도 예의 바른 자세를 통해서 나타나야 한다.[15] 기독교의 깃발 아래 세상을 지배하려고 하기보다 성육신에서 나타난 겸손한 섬김의 정신이 필요하다. 아울러 그 섬김을 통해 죄로 인해 파괴된 부분을 치유하고 변화시키는 부활의 능력을 삶으로 증거해야 한다. 특히 분열과 대립이 있는 곳일수록 복음의 초월적 관점에 기초해 화해를 가져오는 역할을 해야 한다. 특히 다원주의 사회를 사는 그리스도인의 시민교양을 익히는 것은 변혁적 실천에 힘을 더하기 일에 매우 유익하다. 이념

---

14 김일영, "한국에서 보수와 진보의 의미 변화와 현 위상: '뉴라이트', '뉴레프트' 그리고 자유주의"『철학연구』제100집, 26.

15 Richard Mouw, *Uncommon Decency: Christian Civility in an Uncivil World* (Downers Grove: IVP, 1992), 리차드 마우,『무례한 기독교: 다원주의 사회를 사는 그리스도인의 시민 교양』, 홍병룡 옮김 (서울: IVP, 2004).

갈등과 다원주의 상황에 대한 바른 대안은, 세상이 바라는 평화와 공의를 이루는 길이 기독교 신앙임을 삶을 통해 보여주는 것이다.

한국사회를 위한 칼뱅주의 유산의 부흥

칼뱅주의 전통에 있어서 사회-정치적 현실에 신실하게 참여하여 책임 있는 행동을 하는 것은 중요했다. 그러나 충돌할 수밖에 없는 상황에서도 샬롬을 이루려는 자세를 견지해야 한다. 칼뱅주의자가 바라보아야 할 문화는 의와 화평과 희락을 구현하는 샬롬의 문화이다. 구약성경의 이상인 샬롬은 단지 전쟁이 없는 것을 뜻하지 않는다. 공의와 화평이 함께 이루어짐을 말한다. 샬롬의 태도는 그저 충돌이나 대립을 피하거나 타협과 굴종이 아니다. 사랑과 소망과 믿음에 기초를 두고 분열을 극복하고 화해를 추구하는 것이어야 한다.

샬롬을 위한 그리스도인의 증언은 소망에 대한 물음에 대답할 말을 준비하되 온유함과 선한 양심에 입각한 삶의 능력을 통해 비판자들이라도 함부로 비난할 수 없게 하는 것이어야 한다.[16] 복음이 선포

---

16 베드로전서 3장 15-16절. 혁명적인 사회-문화적 개혁을 주장하는 입장에서는 이런 자세를 정치적 무관심이나 무책임한 자세 또는 소심한 "개량주의"라고 비판한다. 이런 주장은 그람시 이후 좌파 사상가들조차도 인정하는 바라는 사실을 주목할 필요가 있다. 예를 들어 안토니오 그람시(Antonio Gramsci, 1891~1937)의 헤게모니 이론에 입각한 마르크스주의 문화연구와 사회변혁주의는 도덕적 설득력이 사회변혁의 핵심임을 강조해 왔다. 참고. Raymond Williams, *The Long Revolution* (Peterborough: Broadview Press, 1961).

하는 구원은 전인적인 회복이요, 삶의 깨어진 모든 부분의 치유를 포함한다. 참된 경건은 문화창조와 향유에서 소외된 사람들을 돌아보는 일을 반드시 포함해야 한다. 문화 영역은 재능과 은사를 공동체와 나누는 장이어야 한다. 그곳이 경제적 고려에 의해 좌우되고 이념에 의해 전쟁으로 변한 오늘의 현실은 치유가 필요하다. 기독교 공동체는 섬김과 돌봄의 정신으로 이 일을 해야 한다.

한국교회의 역사적 교훈은 오늘날 한국의 칼뱅주의 전통에 서 있는 이들이 바라보아야 할 문화 변혁의 방향이 무엇인지를 잘 보여준다. 지금까지 한국교회의 성공은 주로 교회 성장에 있으며 이는 복음주의적 전도의 성공이라 할 수 있다. 이제는 새로워진 상황 속에서 균형 잡힌 신앙을 정립해야 한다. 이에 칼뱅주의 전통의 기여 가능성이 그 어느 때보다 크다. 칼뱅주의 전통은 실제로 적지 않은 변혁의 자취를 역사 속에 남겼다. 그로 인해서 상당한 자신감을 가지고 있다. 또 강한 전통을 유지해 왔다. 그것이 자타에 비치는 강경한 이미지의 원인이다. 따라서 성공의 역사가 최선의 경우에도 제한적이었다는 사실을 잊지 않아야 한다.

교회는 세상과 구별된 삶의 비전을 제시할 수 있어야 한다. 특히 교회는 문화전쟁을 주도해서는 안 된다. 한국사회는 여전히 미숙한 민주주의를 정착시켜 가야 할 사회이다. 남과 북의 대립과 좌우 이념의 틀 속에서 지난날의 많은 상처들을 치유해야 할 과제가 산적해 있다. 과거사 정리는 화해와 용서를 요청하지만 정치와 사회적 현실은 오히려 원한을 쌓는 중이다. 경제는 발전했으나 양극화가 가속되고 있으며 사회의 각층의 긴장이 고조되어 왔다. 이런 폭발성이 있는 사회이기에 샬롬이 가장 중요한 과제이다.

우리 시대의 도전은 복합적이다. 변혁과 더불어 화해자의 역할을 감당해야 한다. 대립과 함께 소통도 중요하다. 다원주의에 함몰되는 소심함에 빠지지 않아야 한다. 하지만 확신으로 인해 무례함에 빠지지 않는 "탁월한 예절"을 갖춰야 한다. 너그럽게 설득할 수 있는 적절한 자신감이 중요하다. 칼뱅주의의 일반 은총에 대한 인식은 다원주의 사회에서 세상을 바로 이해하고 정당하게 평가함에 있어 매우 소중한 기초다. 지난날 칼뱅주의가 경건주의의 현실도피 성향의 극복을 위해 문화와 사회참여를 힘쓰는 중 엘리트주의적 경향을 보였다는 비판을 주의해야 한다. 그에 대한 대안은 가난하고 약한 이들에 대한 돌봄과 봉사에 힘쓰는 것이다. 지금 우리 현실은 하나님의 주권과 "왕을 위한 행동"(Pro Rege)뿐 아니라 평화와 화해를 강조해야 할 때다.

한국사회에서의 칼뱅주의 공공신학

한국사회에서 개신교는 도시 중산층 종교로 고착되어가는 경향이 있다. 초기 교회가 서민들 편에 서 있던 것과 큰 차이를 보이고 있다. 당시 선교사들은 대부분 청교도와 경건주의 전통에 속한 이들이었다. 청교도가 칼뱅주의에 근거한다면 경건주의는 감리교회나 성결교회 전통이다. 칼뱅주의가 하나님 주권과 삶의 전 영역에서 주께 영광을 돌리는 삶을 강조했다. 반면 경건주의는 내면적이며 주관적 구원의 확신에 초점이 맞춘다. 18세기 이래 경건주의는 부흥운동과 복음주의를 통해 다양한 교단에 영향을 미쳤다.

우리나라의 칼뱅주의는 보수적인 근본주의 성격이 강하다. 하지만 성경에 대한 헌신과 경건주의적 열정과 정통교리와 신학이 강하다. 반면에 사회-문화적 관심은 약해서 이원적 세계관으로 분리된 신앙과 삶의 문제를 가지고 있다. 칼뱅주의 전통은 장로교회를 통해 이미 한국사회에서 가장 강한 기독교 전통을 확립했다. 하지만 전통은 단순히 반복되거나 이식될 수 없다. 전통은 살아있는 신앙으로 해석되어야 한다. 상황이 변했다고 하나님의 말씀과 진리가 변하는 것은 아니다. 말씀을 순종하는 방식이 변할 뿐이다. 그리고 순종하는 방식의 역사적 다양성은 당연한 일이다.

칼뱅주의는 그것이 처한 역사적 상황에 따라 상이한 강조점을 가지고 대응했던 역동성을 보여주었다. 칼뱅주의는 결코 죽은 전통주의는 아니었다. 그것은 "산 자의 죽은 신앙"이 아닌 "죽은 자의 산 신앙"이었다.[17] 지금 한국사회에서 칼뱅주의가 사회-문화적 기여를 하기 위해서는 살아 있는 전통으로 거듭나는 것이 필요하다. 기독교가 상실한 문화적 영향력을 회복하기 위해서는 사회-문화적 과제와 씨름해 변증과 전도에 전략적으로 중요한 기초를 확립하는 것이 필수다.

오늘의 다원주의 시대는 가라지가 알곡과 함께 무성하다. 게다가 우리의 5천 년 역사 속에 누적되어 온 샤머니즘과 유교, 불교 등 다양

---

17 Jaroslav Pelikan, *The Vindication of Tradition* (New Haven: Yale University Press, 1984), 65.

한 종교 전통이 지금도 살아있다. 그리고 근대화 과정에서 발생한 도시화, 민주화, 산업화, 세계화의 와중에서 진보와 보수의 이념적 갈등을 겪고 있다. 이런 도전에 맞서기 위해서는 다원주의 사회에 적합한 시민적 양식과 예절을 갖춰야 한다. 다른 종교와 이념에 대해 이해가 필요하다. 적어도 그것은 우리 자신을 더 깊이 이해하고 겸손한 대처의 자세를 갖추는 데 필요하다. 나아가 다른 세계관에 대해 공정하게 비교하고 대화할 수 있는 기초를 마련할 수 있다. 적절한 자신감을 갖춘 그리스도의 제자도를 배움이 이 시대에 필요한 성숙한 그리스도인의 중요한 조건이자 표지이다.

교회가 사회 전반에서 나타나는 대립 구도에서 휘말리는 것은 바람직하지 않다. 칼뱅주의는 한국사회를 병들게 하는 진보와 보수라는 대립을 넘어설 건전한 공공신학의 기초를 세울 자원을 가지고 있다.[18] 그것은 이데올로기나 지역주의, 다원주의와 독단주의를 넘어서는 전통에 서있다. 승리주의와 패배주의를 넘어설 비전도 있다. 기독교인은 "세상 속에 있으나 세상의 것은 아니다." 전통을 중시하나 전통주의에 빠지지 않는 길은 "항상 개혁"(semper reformanda)의 전통이다.[19]

---

18 Vincent E. Bacote, *The Spirit in Public Theology: Appropriating the Legacy of Abraham Kuyper* (Baker: Grand Rapids, 2005). 빈센트 E. 바코트, 이의현, 정단비 옮김 『아브라함 카이퍼의 공공신학과 성령』, 이의현, 정단비 옮김 (서울: SFC출판부, 2019).

19 George M. Marsden, "Reforming a Reformed Heritage: Calvin and Pluralism," *Reformed Journal* (April, 1973): 15-20.

기독교가 지난 세월 전반적으로 한국사회의 근대화와 민주화에 기여했다면 이제 칼뱅주의 전통은 특히 양극화를 극복하고 균형 잡힌 사회를 세워가는 일에 기여해야 한다. 여기에 칼뱅주의 전통에 근거한 공공신학의 가능성과 그 신학적 기초가 있다. 이는 오늘처럼 다원주의적 사회에서 다원주의에 젖어 도덕과 사회의 기초인 공통적 유대성을 상실하는 상대주의를 피함과 동시에 무례하고 무지한 독단적 자세를 피하는 것을 의미한다.

앞서 칼뱅주의 전통의 역사 속에서 그 비전과 실례를 찾아보았다. 또한 우리 기독교 역사 속에서도 이미 1970년대 이후 세 가지 영역에서 조금씩 기여해 오고 있다. 첫째 기독교 세계관 운동이고, 둘째로 기독교 학교 운동이며, 셋째가 기독교윤리실천운동이다. 이 운동들 모두 칼뱅주의적 신앙과 사회문화적 비전에 기초한 것이다.

희망적 칼뱅주의 운동의 사례: 기독교 세계관 운동

그중에서도 가장 기초적인 것이 기독교 세계관 운동이다. 기독교 세계관은 사회문화적 영향력을 발휘하기 위한 이념적 기초이기 때문이다. 한국교회 역시 마크 놀이 말하는 "복음주의 지성의 스캔들"을 극복해야만 한다. 이는 한국의 장로교회는 유럽의 칼뱅주의 전통보다는 미국의 장로교회 근본주의 영향을 강하게 받았기 때문이다. 이 약점을 극복하는 한 단초로 19세기 말 네덜란드에서 일어난 신칼뱅주의 운동과 기독교 세계관 운동의 면모를 참고해 볼 수 있다.

19세기 말 네덜란드의 신칼뱅주의 운동은 교육제도에 큰 영향을 미쳤을 뿐 아니라 정부를 운영하기도 했다. 그들의 정황은 우리의 1980년대와 흡사하다. 그 운동의 뿌리는 프랑스 혁명의 인본주의 사상에 대항했던 흐룬 반 프린스터러의 "반혁명" 정신이었다. 아브라함 카이퍼는 그 정신을 자유주의와 은둔주의를 넘어 하나님의 영광을 위한 사회-문화적 변혁운동으로 발전시켰다. 한국의 세계관 운동이 뿌리를 거기로 뻗쳐간 것은 단지 신학적 친화성 때문만은 아니었다. 이는 신칼뱅주의 운동에서 얻을 수 있는 통찰의 적용 가능성이 컸기 때문이다. 즉 인본주의적 혁명사상이 일어나게 된 사회정치적 상황에 대한 개혁의 필요성에 공감하면서도 그 비기독교적 이념에 대해서는 비판적일 수밖에 없는 보수적이며 성경적 신앙인들이 역사적 칼뱅주의에서 대안을 발견하는 것은 결코 우연이 아니었다. 한국의 상황도 보수적인 복음주의와 진보적인 자유주의 사이에 건전한 신앙적 대안이 필요했고 칼뱅주의 전통이 그것을 보여주었기 때문이다.

한국의 기독교 세계관 운동은 1970년대의 민주화 이념 운동 같은 진보적 사회운동에 대한 대안으로 시작되었다. 기독교 세계관 운동은 사회주의에 영향을 받은 학생운동의 대안적 위치에서 자생적으로 일어났다. 복음적 신앙인들도 사회정의 구현의 필요와 민주화의 대의에는 공감했다. 하지만 마르크스주의에 입각한 유물론적 변증법의 역사관과 사회-정치적 관점에는 동의할 수 없었다. 복음주의 교회들은 사회적 책임에 대한 가르침이 미약했다. 초창기 기독교 세계관 운동의 모임은 당시 대학생들의 이념 서클과 유사한 형태를 가지고 있었다.[20] 주로 칼뱅주의에 기초한 세계관 책을 읽고 토론을 통해 기독교적 현실 참여에 대한 고민을 나누는 장이었다.

칼뱅주의 신앙의 폭넓은 관점은 이들의 눈을 열어주었다. 거기에는 복음적 교회가 취약했던 삶과 세계에 대한 실제적 가르침이 있었다. 신앙이 구체적으로 현실 정치와 어떻게 연관되어야 하는지에 대한 실마리도 주어졌다. 신앙과 삶이 분리되는 이원론을 넘어서는 신앙과 삶의 통합으로 나가는 길에 대한 비전도 열렸다.[21] 신앙과 삶의 통합이라는 주제를 보는 눈도 열렸다.

초기 세계관 운동은 장 칼뱅의 『기독교 강요』와 아브라함 카이퍼의 『칼뱅주의 강연』, 헨리 반틸의 『칼뱅주의 문화론』 같은 책들의 독서와 토론으로 이루어졌다. 이들은 함께 읽으며 번역한 책들은 지금도 기독교 세계관을 학습하는 필수 교재로 사용된다. 이 운동에 참여한 학생들은 두 가지 비전에 끌렸다. 첫째 신앙과 삶의 이원론적 세계관을 극복하는 통합적 비전이며 둘째는 사회적 행동을 위한 능동적 비전이었다.

모임에 참가했던 이들은 칼뱅주의가 교회뿐 아니라 정치와 사회는 물론 학문과 예술 등 문화 전반에 대한 가르침을 가지고 있다는 사실을 깨닫게 되었다. 무엇보다도 성경과 기독교 신앙이 세계와 삶에

---

20 이 점에 있어서 가장 좋은 서술은 김헌수, "80년대 '기독교세계관 운동'에 대한 기독교세계관적 반성", 『성경적 세계관』 (서울: 기독교학문연구회, 1985), 164-207를 보라.

21 "역자의 글," 알버트 월터스, 『창조 타락 구속』, 양성만 옮김 (서울: IVP, 1992), 6.

대한 조망을 제시한다는 자신감을 갖게 되었다. 즉 칼뱅주의 세계관에서 당시 대학가를 휩쓸던 사회주의나 마르크스주의의 유물론적 변증법, 자연주의, 인본주의, 무신론보다 더 신빙성 있고 설득력 있는 대안을 발견했던 것이다. 그들은 관련 서적들을 찾아 읽고 토론했다. 연구모임을 조직해서 후배들을 가르치기도 했다. 그것에 입각한 다양한 실천을 할 수 있다는 믿음 속에 전진했다. 그것은 운동권과는 다른 방식으로 행한 현실 참여였다.

기독교 교육과 학교 운동

학생으로 1980년대에 기독교 세계관 운동에 참여했던 이들 중 학자나 목회자가 된 이들이 적지 않다. 대학과 연구소에 자리를 잡아 지금까지 그 운동을 이어오고 있다. 이들의 활동을 통해 각종 기독교 대학생 모임엔 세계관이 기본 강좌로 자리하고 있다. 이들이 번역하거나 쓴 세계관 책은 이런 모임의 필독서가 되었다.[22] 교회학교 교사나

---

22 리차드 미들턴, 브라이언 왈쉬, 『(개정판)그리스도인의 비전: 기독교 세계관 정립을 위한 성경적 토대』(*The Transforming Vision: Shaping a Christian World View*) (서울: IVP, 2023); 제임스 사이어, 『(확대개정판)기독교 세계관과 현대사상』(*The Universe Next Door: A Basic World View Catalog*) (서울: IVP, 2024); 알버트 월터스, 『(개정판)창조 타락 구속』(*Creation Regained: Biblical Basics for a Reformational Worldview*), 양성만, 홍병룡 옮김 (서울: IVP, 2007); 헤르만 도예베르트, 『서양사상의 황혼에서』(*In the Twilight of Western Thought: Studies in the Pretended Autonomy of Philosophical Thought*), 신국원, 김기찬 옮김 (서울: 크리스천다이제스트, 1994).

각급 학교의 교사와 교수 모임에서도 세계관 교육이 기초과정으로 여겨지고 있다. 이는 학생들의 연구모임에서 비롯된 기독교 세계관 운동이 이제는 다양한 실제적 결실을 맺고 있다는 증거이다.

기독교 세계관 운동의 모체인 기독교세계관연구회이다.[23] 기독교경영연구원이나 교사운동이 거기서 독립했다. 아울러 누가회나 한국라브리, 기독교 법조인협회, 기독교예술 단체들이 있다. 총신대, 고신대, 백석대, 한동대도 기독교 세계관을 중심으로 연구와 교육이 진행되고 있다. 신앙과 학문의 통합을 모색하는 교수-학습개발 프로그램도 진행되고 있다. 이처럼 학생들의 연구모임에서 시작된 기독교 세계관 운동은 이제 일반적인 명칭이 되었다. 칼뱅주의만 아니라 교파를 초월해 모든 기독교 사회문화 활동의 기초로 간주되고 있다.

기독교학교 운동은 기독교 세계관 운동의 연장선에 있다. 이 역시 기독교 교육운동에서 본격화된 네덜란드의 신칼뱅주의와의 연결점을 분명히 해준다. 1990년대에 일어난 기독교학교 운동은 선교 초기의 "미션스쿨"과의 구별된다. 기독교학교는 기독교 세계관에 기초한 교육과정을 중심으로 교육과 연구를 하는 공동체로 규정된다. 이러한 개념규정은 기독교학교를 설립자의 신앙이나 채플 또는 성경 시간으로 특정하는 것과는 차원을 달리하는 점에서 칼뱅주의의 영향을

---

23 기독교학문연구회와 기독교대학설립동역회가 통합된 (사단법인) 기독교세계관학술동역회가 핵심기관이다. 봄과 가을 연례 기독교학문학회에는 신앙과 학문을 통합한 논문이 발표되고 이중 다수가 연 4회 발간하는 학술진흥재단 우수 등재 『신앙과학문』에 출판된다.

반영한다.

　기독교학교 운동을 하는 이들이 흔히 자신들의 비전과 교육이념을 성경적 진리를 창조 타락 구속의 삼중적 진리로 요약하는 것 역시 기독교 세계관 운동의 영향을 반영한다. 이는 교육법이 대한민국의 교육이념으로 명시한 인본주의와 다원주의적인 실용적 낙관주의를 내포한 "홍익인간"의 정신을 대체해야 할 이념이다.

　1990년대 중반 이후 활발하게 전개되기 시작한, 이른 바 대안학교 운동 역시 대부분 칼뱅주의의 영향을 받은 것이다. 현재 140곳 이상 존재하는 것으로 알려진 대안학교의 대부분이 칼뱅주의 기독교 세계관을 존재의 근거와 이유로 명시하는 곳들이 적지 않다. 진정한 기독교 교육에 대한 이해와 관점 정립이 중요한 이유는 오늘을 지배하는 물질주의 극복이 관건인데 이는 오로지 "지적일 뿐 아니라 기독교 세계관으로 확신 있는 교사와 기독교 철학의 중요성"을 강조한다. 이처럼 과거의 이원론적 미션스쿨과는 확연히 차이를 보이는 점이 신앙과 학문의 통합에 있다. 이는 지식교육만이 아니고 또한 영혼의 구원만이 아니라 삶의 전 영역에서 신앙교육을 의미한다.

기독교 시민운동: 기독교윤리실천운동

칼뱅주의가 한국 사회에 기여한 또 하나 중요한 예로 1980년대 말에 시작된 기독교윤리실천운동(기윤실)을 꼽지 않을 수 없다.[24] 기독교 학자들에 의해서 성경공부 모임에서 시작된 이 운동 역시 진보적인 사회참여와 보수적인 대다수 교회의 사회적 무관심 사이에 끼어 고민하는 신앙인들의 한계를 넘어서려는 노력의 결과였다. 기독교 세계관 운동이 학문과 이론적인 운동이었던 반면에 이 운동은 글자 그대로 "실천"을 위한 "운동"이었다. 기윤실은 그 이름대로 실제로 다차원적 활동과 다른 시민단체들과의 적극적인 연대를 통해 한국사회의 변혁운동을 주도했다.

이 운동 역시 당시 대학사회의 민주화 운동과는 다른 종류의 사회참여 운동 방식이었다. 기독교 세계관 운동이 학생들의 운동이고 연구모임이었다면 기윤실은 기성세대의 실천적 사회개혁 운동이었다. 이 운동은 근검, 절약, 정직과 같은 청교도적 덕목을 강조했다. 절제와 근면성 운동은 한국교회가 선교 초기의 근대화와 관련하여 기여

---

24 참고. http://trusti.kr/2008/introduction/05.htm "'기독교윤리실천운동'은 장기려, 이명수, 이만열, 최창근, 이세중, 김인수, 손봉호, 원호택, [강영안] 등 38명의 기독교인들이 발기인이 되어 1987년 12월에 정식으로 발족한모임"이다. 이 운동의 핵심인 손봉호가 미국 웨스트민스터 신학을 공부하고 네덜란드의 자유대학교에서 철학을 전공한 고신교회 장로이며 칼뱅주의자라는 사실이 이 운동과 그가 연관된 각종 사회운동 전반에서 칼뱅주의의 영향을 실증하는 경우라고 할 수 있다. 기독교윤리실천운동의 설립과 역사는 공식홈페이지 http://trusti.kr/2008/introduction/05.htm에서 확인할 수 있다.

한 내용이기도 하지만 기윤실의 상황은 달랐다. 즉 번영 속에서 청빈 정직 그리고 절제를 통해 도덕적 우위를 갖추자는 운동이다. 하지만 개인적인 덕목 강조에서 그친 것은 아니다. 교회개혁 운동도 그 일부이다. 문화전략위원회나 기독교윤리연구소와 같은 연구 기능을 갖기도 했다. 여기에는 목회자, 학자, 법률가, 예술가 등 다양한 전문 자원봉사자들과 기독시민이 참여한다. 시민단체들과 연대하여 공정선거, 경제정의 실현과 건강가정 운동이나 정직 운동, 교회개혁 운동 같은 사회문화 전반에 걸친 통합적 운동을 펴왔다.

기윤실은 사회적 혁명을 지향하거나 정권 획득을 목적으로 하는 정치활동이 아님을 분명히 한다. 이로 인해 개량주의적이라는 비판에 직면하기도 하지만 사회변혁에 크고 작은 기여했음은 틀림없다. 기윤실은 국내의 가장 오랜 비정부기구(NGO) 중 하나이며 지속적인 시민운동을 해온 몇 안 되는 중요한 위치를 가지고 있다.

기윤실의 활동 가운데 특히 문화소비자운동은 대표적인 시민운동 사례로 꼽힌다. 지금은 K컬쳐로 세계적인 주목을 받게 된 대중문화 산업이 도약을 하던 시기였기에 시의성이 높았다. 민주화로 인해 문화예술계를 통제하던 각종 규제가 해체되면서 대두된 대중문화의 선정성과 폭력성에 대한 대처가 시급했던 시기였다. 이 운동은 문화 산업과 대중매체에 직접적인 비판을 주도했다. 아울러 시민교육을 통해 건강한 문화 형성을 위한 시민의식을 일깨웠다. 이를 기반으로 정보통신윤리위원회나 영상물등급위원회, 청소년보호위원회 같은 공적기관에 위원을 파견하기도 했다.

한국 칼뱅주의의 미래와 소명

칼뱅주의 세계관에 기초한 문화 변혁의 세 가지 예는 한국교회의 규모나 위상에 비추어 볼 때 큰 결실이라고 하기에 아쉬움이 있다. 더욱이 근래에 오히려 상황이 더 어려워졌다. 교회가 처한 상황이 달라졌고 도전도 달라졌다. 교회의 대부분이 신앙을 삶과 통합시킨 실천으로 나가는 일에는 많은 한계를 보여주고 있다. 이 운동들을 통해 새로운 안목을 갖게 된 이들이 적지 않으나 여전히 그런 비전과 능력은 미흡하다. 그 비전은 반드시 삶과 문화 속에 분명히 드러나야 한다. 그것이 오늘의 한국 칼뱅주의 교회의 과제요 사명이다.

한국교회는 하나님의 특별한 섭리 가운데 출발했고 역사상 유래 없는 발전을 누렸다. 하나님의 축복은 특별한 역사를 이루시기 위한 것이다. 모든 은총은 소명이다. 한국교회는 받은 복을 세는 것에서 만족해서는 안 된다. 어떤 역사적 환경이나 이유로 칼뱅주의 교회조차도 신앙을 삶과 통합하는 실천을 하지 못했음은 깊이 반성해야 한다.

특히 일제의 억압에 대해 항거하며 커다란 희생과 순교의 대가를 치렀으면서도 그 전통을 유지하지 못한 것은 안타까운 일이다. 신사참배에 굴복했던 점이나 독재에 분명한 태도로 항거하지 못했던 떳떳하지 못한 역사도 되풀이해서는 안 된다. 로마 가톨릭이 그간 상대적으로 사회-정치적 활동에서 성과를 보였던 것으로 인해 좋은 사회적 평판을 받고 그것이 최근 급성장의 원인으로 분석되고 있다.

한국의 장로교회는 사회에 대한 안목을 잃음 없이 카이퍼 같은 이가 제시한 영역주권의 원리를 다시금 인식해야 한다. 교회는 정치적 기구가 아니다. 교회는 고유의 사명인 복음전도에 주력해야 한다. 그러나 그와 함께 정치 역시 하나님의 주권 아래 있음을 간과해서는 안 된다. 이런 방향은 특히 한국사회가 최근 사회적 현실이 보여주는 대로 심각한 분열 양상을 보이고 있기 때문에 매우 중요하다. 이는 권위주의와 독재를 벗어나 민주사회로 성숙해 가는 불가피한 과정일 수 있다. 하지만 모든 과정이 원만하게 진행될 것이라는 보장은 없다. 국내뿐 아니라 국제적 현실과 특히 북한의 불안정한 태도가 어떤 낙관도 불허하기 때문이다.

오늘날 교회 자체만을 위해서 존재하는 것처럼 행동하는 경우가 많다. 이로 인해 사회로부터 고립되고 소외되어 게토화될 위기에 처해있다. 과거 사회가 위기에 빠져 소망을 상실했을 때 힘을 주었던 것과 같은 활발한 복음전파와 더불어 사회-문화적 영향력을 회복해야 한다. 그러한 능력은 좌로나 우로 편향된 신앙을 극복하는 것에서만 발견될 수 있다. 칼뱅주의 신앙의 전통은 이념적 편향을 극복하고 바른 성경적 균형을 정립함에 힘을 발할 수 있다.

한국교회는 이제 선교 140년을 넘어섰다. 칼뱅주의의 사회-문화적 기여는 최선의 경우 여전히 비전이며 가능성에 머물고 있다. 하지만 그것이 소명이며 과업이다. 그 일이 이미 시작되었고 자라고 있다는 점이 중요하다. 이런 모습은 현실 속에서 조금씩 확장되어가는 하나님 나라의 실재성의 특성과 일치한다. 상당수의 학생들과 기성세대가 이 비전에 감화된 바 있고 그것이 결국 실재로 드러날 것이라는 믿음이 희망과 자신감의 기초이다.

신국원 (PhD, Free University of Amsterdam)

총신대학교 신학과에서 철학을 가르쳤고, 현재는 명예교수로 섬기고 있다.

저서로는 『니고데모의 안경』, 『신국원의 문화 이야기』, 『포스트모더니즘』, 『변혁과 샬롬의 대중문화론』(IVP)과 역서로는 『변증학』(개혁주의신학사), 『행동하는 예술』(IVP) 등이 있다.

✚ 마치는 글

제시카 R. 자우스트라

내가 카이퍼의 『칼빈주의 강연』을 처음 접했을 때, 그 웅장함에 압도되었다. 그것은 그리스도인들이 예수 그리스도를 충실히 따름을 사회와 문화의 모든 영역으로 확장하는 길을 제공하는 포괄적인 삶의 비전을 주는 탄탄한 칼뱅주의 세계관의 개요를 설명하는 강연이었다. 내 친구들과 멘토들이 이 강연을 큰 찬사와 더불어 받아들였듯이, 카이퍼의 성품과 대담한 주장, 중요한 개념에 대한 지식이 그의 강의를 둘러쌌다. 우리는 앞선 여러 장들을 통해 충실한 문화적, 정치적 참여를 추구하는 데 "매우 필요한 산소"를 제공한 카이퍼의 강연의 중요성에 대해 (우리가 본 카이퍼의 강연에 대한 매우 우려 섞인 주장들과 함께) 들었다.¹ 리처드 마우(Richard Mouw)도 마찬가지로 아브라함 카이퍼에 대한 그의 입문서에서 이렇게 말했다. 카이퍼의 스톤 강연에서 "[그가] 찾던 것을 발견했다. 한편으로 사사화(私事化)된 복음주의와 다른 한편으로 공적 제자도에 대한 자유주의 개신교나 로마 가톨릭의 접근 사이에서 나의 길을 걸어갈 수 있게 해줄, 공적 삶에 적극적으로 참여하는 비전 말이다."²

조나단 채플린(Jonathan Chaplin)과 리처드 마우가 쓴 글에서 보여준 그런 비전이 내가 속한 공동체들에서 크게 부각되어온 교육과 정치 조직들을 포함한 여러 기관의 기반을 제공했다. 기독교 노동협회(CLAC), Cardus, 공공 정의 센터(Center for Public Justice, CPJ), 기독교 학문 연구소(Institute for Christian Studies, ICS), 그리고 내 모교인 칼빈대학교다.

카이퍼의 강연의 수용: 당시

그렇다면 여러분은 내가 그토록 중요하고 기초적인 이 강연에 애

---

1 Vincent Bacote, "Kuyper and Race," in *Calvinism for a Secular Age* (Downers Grove, IL: IVP Academic, 2021), 148을 보라. 각 장은 나름의 방식으로 스톤 강연의 생명을 불어넣어 변화시키는 측면과 심각한 문제가 있고 해로워 변명의 여지가 없는 측면도 모두 다루었다. 이는 베이코트의 장에서 명확하게 드러난다. 이 장은 특히 인종에 대한 그의 진술을 감안하여, 우리가 카이퍼 사상에 어떻게 관여해야 하는지에 초점을 맞추었지만, 책의 나머지 책에서도 같은 논의를 볼 수 있다.

2 Richard Mouw, *Abraham Kuyper: A Short and Personal Introduction* (Grand Rapids, MI: Eerdmans, 2011), ix.

초 겨우 30-40여 명만 참석했다는 것을 알게 되었을 때, 얼마나 놀랐는지 상상할 수 있을 것이다.³ 물론 그와 같은 작은 시작이 이 강연의 중요성을 부정하는 것은 아니었다. 그 강연은 즉시 그리고 여러 세대의 그리스도인을 거쳐 흘러내려온 영향을 통해 카이퍼의 말이 받아들여지는 광경을 그려내기 시작했다.

제임스 브랫(James Bratt)이 서문에서 회상하듯이 칼뱅주의를 어떻게 정의하느냐는 카이퍼의 말을 받아들이고 영향을 받는 이야기에 중요하다. 카이퍼의 말을 듣기 위해 모인 최초의 작은 프린스턴 청중은 의심할 여지없이 칼뱅주의에 우호적이었다. 벤자민 B. 워필드와 같은 중요한 사상가들은 카이퍼의 "열정, 믿음, 에너지"에 감명을 받고 교훈을 얻어 강연장을 떠났다.⁴ 한편으로 두 사람은 칼뱅주의의 교리와 교회 정책을 확증하는 동일한 언어를 구사했다. 그러나 브랫이 지적했듯이 카이퍼는 칼뱅주의를 프린스턴 사람들보다 **더** 많은 의미로 사용했다. 카이퍼는 칼뱅주의가 "교회의 체제에 머물지 않고 **삶의 체계**로 확장되고, 교리의 구조로 그 에너지를 소진하지 않고 **세계관과 인생관**을 창조했다"라고 주장했다.⁵ 앞에서 보았듯이, 이 짧은 책 전반에서 살펴본 카이퍼의 칼뱅주의는 세계관이었다.

---

3 James D. Bratt, *Abraham Kuyper: Modern Calvinist, Christian Democrat* (Grand Rapids, MI: Eerdmans, 2013), 262.

4 Bratt, *Abraham Kuyper: Modern Calvinist*, 264.

5 Abraham Kuyper, *Lectures on Calvinism* (1931; repr., Grand Rapids, MI: Eerdmans, 1999), 171 (강조는 원문). 카이퍼, 『아브라함 카이퍼의 칼빈주의 강연』, 304.

결과적으로 비록 프린스턴의 청중이었던 이들이 카이퍼가 이 스톤 강연에서 제시한 세계관적 칼뱅주의를 옹호하라는 부름을 받든 사람들은 아니었지만, 카이퍼의 비전은 미국 땅에서 사라지지 않았다. 이 카이퍼의 강연를 알고 있는 사람들이 이 강연을 즉시 그것이 행해진 프린스턴신학교와 연관 지우는 것은 옳다. 그러나 카이퍼의 1898년 미국 여행이 프린스턴에서 **끝나지** 않았다는 사실을 종종 잊어버린다.[6] 카이퍼는 많은 네덜란드계 미국인들이 정착한 (그리고 오늘날까지 남아 있는) 미시간을 방문하며 계속 여행했다. 그의 여정의 길목에서 이 스톤 강연의 친숙한 텍스트 중 일부가 다시 제시되었다. 카이퍼는 여러 강의와 집회 중에 스톤 강연의 마지막 강연인 〈칼뱅주의와 미래〉에 대한 강의를 다시 한번 했다. 카이퍼는 이 네덜란드계 미국인 청중 속에서, 그리고 나머지 네덜란드계 미국인 정착지를 방문하는 동안 "[그의] 명령을 받들" 사람들을 만났다.[7] 미시간, 아이오와, 일리노이주와 그 너머 미국 전역에 흩어져 있는 이 네덜란드계 미국인들은 칼뱅주의 세계관을 선포하고 적용하라는 카이퍼의 요청을 받아들였다. 그들은 학교 체계와 정치 싱크 탱크, 농업 연맹, 노동조합 등을 형성했는데, 그 모두가 칼뱅주의 세계관의 특성에 뿌리를

---

6 카이퍼의 1898년 여정의 상세한 개요는 Bratt, *Abraham Kuyper: Modern Calvinist*, 261-79를 참조하라.

7 Bratt, *Abraham Kuyper: Modern Calvinist*, 264. 브랫은 이렇게 썼다. Warfield는 "Kuyper가 제시한 인식론적 혁명을 전혀 이해하지 못했다." "Warfield의 행렬을 따랐던 다음 몇 세대의 미국 복음주의자와 근본주의자들도 역시 그러했다."

박았다.

우리가 보았듯이 이 강의에서 칼뱅주의 세계관에 대한 카이퍼 자신의 성찰은 몇 가지 다른 어조를 띤다. 어떤 것은 칼뱅주의의 미래와 가능성에 대해 매우 낙관적이다. 어쨌던 칼뱅주의는 "학문에 대한 사랑"[8]을 "강력하게 보존"하여, "학문에 **그 영역을 다시 주었으며**"[9], 음악 "해방의 미래"와 "전반적인 현대적 발전"을 가능하게 하는 세계관이다.[10] 칼뱅주의 세계관에 대한 카이퍼의 장대하고 낙관적인 주장들은 각기 칼뱅주의가 "인류 발전의 모든 단계와 … 삶의 모든 분야에 적합하다!"는 그의 주장을 강조한다.[11] 그는 낙관론과 약속을 품고 울려 퍼지는 이러한 주장과 더불어 기독교에 대한 임박한 위협에 대해 불길한 다른 어조를 낸다. 그러한 위험에 직면하여 칼뱅주의가 필요하다. 그 이유는 칼뱅주의가 "근대주의가 침투해 들어와 개신교 국가들을 압박하는 데 맞서, 그 국가들을 최종적으로, 합법적으로, 그리고 확고하게 지켜줄 유일한 대안"이기 때문이다.[12] "여러분은 이에 대항하여 여러분의 기독교를 방어할 수 없습니다. 그걸 방어하려면, 여러분은

---

8 Kuyper, *Lectures on Calvinism*, 113. 카이퍼, 『아브라함 카이퍼의 칼빈주의 강연』, 199.

9 Kuyper, *Lectures on Calvinism*, 117 (강조는 원문). 카이퍼, 『아브라함 카이퍼의 칼빈주의 강연』, 205.

10 Kuyper, *Lectures on Calvinism*, 168. 카이퍼, 『아브라함 카이퍼의 칼빈주의 강연』, 299.

11 Kuyper, *Lectures on Calvinism*, 171. 카이퍼, 『아브라함 카이퍼의 칼빈주의 강연』, 304.

12 Kuyper, *Lectures on Calvinism*, 12. 카이퍼, 『아브라함 카이퍼의 칼빈주의 강연』, 30.

동일하게 온전한 연관성과 동일하고 선명한 결과를 지닌 **여러분의 인생관과 세계관**을 역시 원리적으로 대립시켜야 합니다. … **이제 이것은 칼뱅주의로 돌아가는 것과 동일합니다.**"¹³ 실제로 카이퍼는 "오직 **칼뱅주의적 토대**"가 "신뢰할 만한 기초"라고 주장했다.¹⁴

(미국에서 카이퍼의 칼뱅주의의 주요 통로가 되지 못했던) 프린스턴 청중과 (카이퍼의 〈칼뱅주의와 미래〉 강연만 들은) 미시간주 홀랜드의 청중은 카이퍼의 불길하고 낙관적인 광범위한 어조를 모두 들었다. 카이퍼의 낙관론을 고려할 때, 그는 확실히 칼뱅주의를 성경적 증거에 충실하고 고유한 자산과 가치를 지닌 기독교 전통으로 이해한다. 그것은 다른 기독교 전통들보다 "기독교적 이상을 더 정확하고 순수하게 구현"¹⁵하고 "종교의 보편적 성격을 주장하는" 기독교 전통이다.¹⁶

그러나 카이퍼는 또한 칼뱅주의가 그의 시대의 도전에 직면하여 **특별한** 의미를 갖는다고 주장한다. 근대의 위협에는 사람들을 칼뱅주의로 이끌 수 있는 무엇인가가 있다. 그것이 칼뱅주의 세계관에 매달려야 할 필요를 만든다. **그리고** 칼뱅주의에는 이러한 문제들에 대처하는 데 도움이 될 수 있는 무언가가 있다. 브루스 애쉬포드(Bruce

---

13 Kuyper, *Lectures on Calvinism*, 190. 카이퍼, 『아브라함 카이퍼의 칼빈주의 강연』, 337.

14 Kuyper, *Lectures on Calvinism*, 191. 카이퍼, 『아브라함 카이퍼의 칼빈주의 강연』, 339.

15 Kuyper, *Lectures on Calvinism*, 17. 카이퍼, 『아브라함 카이퍼의 칼빈주의 강연』, 39.

16 Kuyper, *Lectures on Calvinism*, 52. 카이퍼, 『아브라함 카이퍼의 칼빈주의 강연』, 98.

Ashford)가 카이퍼와 미래에 관한 그의 장에서 친절하게 설명하는 근대주의의 도전에 직면하여, 우리는 하나님의 주권을 고백하고 하나님의 주권과 제자도에 대한 부르심이 철학, 심리학, 예술, 법, 문학, 의학, 과학 등 삶의 모든 영역으로 확장되는 수단을 선포하는 칼뱅주의가 말하는 삶과 세계관으로 돌아가야 한다.

카이퍼의 강연의 수용: 지금

그러나 이것은 오늘날 우리에게 무슨 의미가 있는가?

피터 헤슬람은 카이퍼가 스톤 강연을 발표한 지 거의 100주년이 되던 때에 이 강연에 관한 책인『기독교 세계관 만들기』(Creating a Christian Worldview)를 저술했다. 헤슬람은 카이퍼의 스톤 강연을 "카이퍼주의 칼뱅주의(Kuyperian Calvinism) 선언"[17]이라고 부르며 카이퍼의 강의는 자신과 20세기 후반, 주로 미국 독자층에게 여전히 깊은 연관이 있고 중요하다고 주장했다. 헤슬람은 그런 주장에 대해 네 가지 이유를 들었다. 첫 번째, 이 강연은 카이퍼 사상의 주요 측면을 요약하고 있다. 두 번째, 이 강의는 카이퍼 이력의 "최고봉"에 행해졌다.[18] 세 번째, 카이퍼의 번역된 다른 작품과 달리 스톤 강연은 영어를 사용하는 외국인 청중을 **대상으로** 했다. 네 번째, 헤슬람이 책

---

17 Peter Heslam, *Creating a Christian Worldview: Abraham Kuyper's Lectures on Calvinism* (Grand Rapids, MI: Eerdmans, 1998), 11.

18 Heslam, *Creating a Christian Worldview*, 10.

을 썼을 당시 이 강의는 가장 멀리 퍼진 카이퍼의 책으로써, 말하자면 "카이퍼의 영향력을 해외에 전하는 중심"이었다.[19]

헤슬람이 이 강연에 관심을 기울였던 이유는 거의 20년이 지난 지금, 카이퍼의 서거 100주년을 막 지난 현 시점에서도 여전히 중요하다. 세기가 바뀌었지만 이 강연는 영어를 사용하는 북미 청중을 대상으로 한 작품으로 남아 있다. 이 강연은 의식적으로 카이퍼의 모국어를 공유하지 않고 그의 모국을 알지 못하는 청중을 위해 쓰여진 개혁파 칼뱅주의 세계관에 대한 명확하고 포괄적인 소개이다. 2세대 카이퍼 학파의 중심적 목소리인 헤르만 도여베이르트(Herman Dooyeweerd)는 이 강의가 카이퍼의 "개혁파 원리"의 "가장 좋은 예"라고 주장했다.[20]

우리가 이 작은 책에서 하려고 한 일도 카이퍼의 본래 의도와 다르지 않다. 우리는 이 책 전반에 걸쳐 영어를 주로 사용하는 북미 독자층을 우선적 대상으로 동일한 스톤 강연과 기독교 세계관에 대한 카이퍼의 기본 원리를 소개하고, 경우에 따라서는 다시 도입하려 했다. 우리는 각 장에서 카이퍼가 강연을 통해 우리에게 주는 심오하고 중요한 세계관 통찰력을 캐내려고 노력하며 카이퍼 자신이 강연에서 말한 내용을 숙고하려고 했다. 그러나 카이퍼의 원 저작과 우리 시대

---

19 Heslam, *Creating a Christian Worldview*, 11.
20 Herman Dooyeweerd, "Kuyper's wetenschapsleer," *Philosophia reformata: orgaan van de vereeniging voor calvinistische wijsbergeerte* 4 (1939): 197, translated by Peter Heslam in *Creating a Christian Worldview*, 10.

사이의 시간을 감안해, 카이퍼의 부름을 받든 이들에 대해서도 관심을 기울였다. "카이퍼주의자들은 무엇을 했는가?" 이 장들은 물었다. 달리 말해 카이퍼의 메시지를 듣고 마음에 새긴 이들이 그 원리를 가지고 무엇을 했는가? 칼뱅주의적 세계관은 그들과 그들의 기관들의 실생활에서 어떤 차이를 만들었는가? 그리고 끝으로 **우리는** 무엇을 해야 하는가?

어떤 면에서는 우리 시대도 카이퍼의 시대가 근대성의 위기를 느꼈던 점과 별반 다르게 느껴지지 않는다. 리차드 마우가 말했듯이 "근대성의 기획은 분명히 21세기 기독교 신앙에 대한 주요 도전으로 남아 있다."[21] 카이퍼가 1898년에 감지한 서구 세계의 "**고통스런 병폐**"[22]와 종교성의 쇠퇴는 현재도 진행 중이다. 서구에서 우리는 브루스 애쉬포드가 밝힌 것처럼 기독교와 (심지어 이신론조차도!) 더 이상 기본 세계관 입장이 아니며 "그 진공을 채우기 위해 이데올로기의 선택지들의 폭발이 일어"나는 곳에서 "'내재적 참조의 틀' 속에서 생활하는"

---

21 Richard Mouw, "Kuyper and Life-Systems," in *Calvinism for a Secular Age* (Downers Grove, IL: IVP Academic, 2021), 17.

22 Kuyper, *Lectures on Calvinism*, 173 (강조는 원문). 카이퍼, 『아브라함 카이퍼의 칼빈주의 강연』, 307. 카이퍼는 이 말을 통해 현대 세계에 어떤 종류의 지속적인 불만이 있음을 의미한다. 근본 원인은 무엇인가? 영성의 쇠퇴와 그에 따른 도덕성의 쇠퇴다. 그는 이것을 학계의 상위 계층(쇼펜하우어, 니체 등)뿐만 아니라 대중, 즉 무정부 상태나 허무주의에 의존하는 이들 사이에서도 볼 수 있다고 주장한다. 카이퍼는 이 많은 사람들이 "현재 상황의 부담을 계속 짊어지기보다는 차라리 모든 것을 부수고 전멸시키길 원한다"고 주장했다.

현실과 계속 씨름하고 있다.[23] 카이퍼의 모더니즘 비판은, 우리 시대에서, 예언적이다. 이데올로기적 분열이 카이퍼에게 충격을 주었다면, 우리 시대엔 지진에 방불한 일이 벌어지고 있다. 한 저명한 사회학자가 말했듯이, 우리는 "쪼개지고" 있다.[24] 카이퍼가 이상화한 미국에서도 공화국이 "깨지고 있다."[25]

그러나 카이퍼가 1898년에 밝힌 모더니즘의 도전이 오늘날에도 여전히 사실인 것처럼 보이는 반면에 모든 것이 변하지 않은 채로 남아 있는 것은 아니다. 카이퍼의 시대는 우리의 시대가 아니다. 데보라 하르스마(Deborah Haarsma)는 "아브라함 카이퍼가 1898년에 강연한 이후로 과학과 신앙 분야에서 많은 것이 변했다"고 상기시켰다.[26] 그런 주장은 분명히 삶의 다른 영역에서도 마찬가지일 것이다. 그녀는 "과학적 발견들이 폭발했다. 과학을 무신론적 과업으로 묘사하는 일이 널리 퍼졌다."[27] 오늘날 과학과 신앙 사이에는 그리스도인들이 헤쳐 나가야 할 해결할 수 없어 보이는 긴장이 존재한다. 그런 도전들에서, 칼뱅주의 세계관의 중요성에 대한 카이퍼의 주장은 "풍부하고

---

23 Bruce Ashford, "Kuyper and the Future," in *Calvinism for a Secular Age* (Downers Grove, IL: IVP Academic, 2021), 128. 이 책 248쪽

24 Charles Murray, *Coming Apart: The State of White America, 1960-2010* (New York: Crown Forum, 2012).

25 Yuval Levin, *The Fractured Republic: Renewing America's Social Contract in the Age of Individualism* (New York: Basic Books, 2016).

26 Deborah B. Haarsma, "Kuyper and Science," in *Calvinism for a Secular Age* (Downers Grove, IL: IVP Academic, 2021), 103.

27 Haarsma, "Kuyper and Science," 103n27.

설득력 있는 대안, 즉 과학을 포함한 삶의 모든 것을 포괄하는 바, 그리스도와 성경에 중심을 둔 완전한 기독교 신앙"을 제공함에 있어 교훈적 지침으로 남아 있으며,28 삶의 다른 모든 영역에 있어서도 물론 마찬가지다.

그러나 빈센트 베이코트(Vince Bacote)가 바르게 우리의 주의를 끈 것처럼 카이퍼 자신이 칼뱅주의를 무비판적인 방식으로 적용하지 않는다는 것을 기억하는 것이 중요하다. 그는 복고 성향의 위험들과 인류의 타락에 대한 예리한 시선을 가지고 "칼뱅주의가 화석인 것처럼 과거를 모방해서는 안 되며, 칼뱅주의 식물의 살아있는 뿌리로 돌아가서 그것을 정화하고 물을 주어, 싹이 트고 다시 꽃을 피우도록" 해야 한다고 했다.29 우리는 이 마지막 장에서 일종의 칼뱅주의적 가지치기를 모델로 삼아 이 강연에서 좋고 옳고 진실한, 그리고 과거 세대에 걸쳐 살아온 방식을 취하여 이를 우리 시대의 도전과 질문에 적용하려고 했다.30

---

28 Haarsma, "Kuyper and Science," 104n28.
29 Kuyper, *Lectures on Calvinism*, 171. 카이퍼, 『아브라함 카이퍼의 칼빈주의 강연』, 304.
30 물론 여기에는 카이퍼의 글에서 문제가 있고 곤혹스러우며 때로는 심각히 해로운 측면을 지적하고 근절하는 일도 포함된다. 이 책에서 보았듯이, 인종 문제를 다루는 카이퍼의 방식이 이런 측면 중 하나다. 우리는 이 책에서 카이퍼 작품의 충만함을 조명해 칼뱅주의적 가지치기 작업을 잘 해낼 수 있도록 스톤 강연에 나타난 그의 강점과 약점을 (실패까지도!) 분명히 밝히려 했다.

카이퍼주의 세계관을 위한 신학적 원리들

카이퍼는 칼뱅주의가 삶의 모든 영역에서 우리의 참여를 이끌고 발전시킬 방법을 흥분과 기대를 품고 바라볼 낙관적 순간들만 **아니라** 불길한 위기에 중요한 확신과 교정의 말을 발할 때에도, 칼뱅주의 세계관이 **중요하다**고 주장했다. 리처드 마우의 설명처럼, 칼뱅주의는 "우리 삶의 모든 순간이 하나님의 직접적인 바라보심을 피할 수 없는 실재임을 강조하는 생활 체계"를 제시하는 세상의 "큰 그림"을 펼쳐 보여준다.[31]

그러나 무엇이 칼뱅주의로 하여금 "모든 분야", 그리고 우리가 덧붙일 수 있다면, "삶"의 모든 때와 시기에 대해, 이런 식으로 말할 수 있게 하는 것인가? 카이퍼에게는 적어도 세 가지 연결된 신학적 원리가 스톤 강연 전체에 걸쳐 엮여 있다. 즉 하나님의 주권에 대한 칼뱅주의의 주장, 삶의 영역들을 다시금 통합하는 세계관, 그리고 복음이 삶 전체에 영향을 미침을 선포하는 교회의 온전한 보편성에 대한 주장이다.

무엇보다도, 우리가 이 장들을 통해 몇 번이고 다시 보았듯이, 칼뱅주의는 하나님의 주권에 포괄적으로 헌신하고 있다. 카이퍼는 칼뱅주의와 종교에 관한 강의에서 "삼위일체 하나님의 절대 주권에 대한 고백"이 여전히 최우선임을 거듭해 주장한다. 이는 "만물이 그에게

---

31 Mouw, "Kuyper and Life-Systems," 19.

서 나오고, 그로 말미암고, 그에게로 돌아가기" 때문이다.[32] 칼뱅주의의 "지배적 원리"는 만물에 대한 하나님의 주권이다.[33] 칼뱅주의 세계관은 하나님의 주권에 대한 고백에서 시작된다.

하나님의 주권을 고백하는 것은 광범위한 의미를 갖는다. 카이퍼는 하나님의 주권에 대해 말할 때, "가시적이거나 비가시적인 **모든 피조된 생명에 대한 삼위일체 하나님의 절대주권**"[34]을 확증했다. 하나님은 우리의 마음과 예배뿐 아니라 삶의 모든 면을 주관하신다.[35] 카이퍼의 이 기초적이며 첫 번째 요점은 스톤 강연에서 그의 주장의 핵심이며 당연히 그의 나머지 작업에서도 강력하게 나타난다. 카이퍼에 대해 한 가지만 아는 사람도 자유대학교 설립 시 그가 한 유명한 말을 잘 알고 있다. "우리 인간 삶의 모든 영역에서 **만유**의 주재이신 그리스도께

---

32 Kuyper, *Lectures on Calvinism*, 46, cf. 58. 카이퍼, 『아브라함 카이퍼의 칼빈주의 강연』, 90, 108 참고.

33 Kuyper, *Lectures on Calvinism*, 79, cf. 22. 카이퍼, 『아브라함 카이퍼의 칼빈주의 강연』, 140, 46-47 참고. 카이퍼는 칼뱅주의에서 하나님의 주권이 우선임을 주장한다. **이것은** 그의 시대와 우리 시대의 많은 이들이 주장하는 구원론이 아니라 "지배적인 원칙"이다. 하나님의 주권에 대한 일관된 확증은 중요한 구원론의 주장으로 이어지지만, 이 주장은 칼뱅주의의 **출발점**이 아니다. 하나님의 주권에 대한 칼뱅주의 주장과 구원론과 그것의 관계에 대한 Richard Mouw, *Calvinism in the Las Vegas Airport: Making Connections in Today's World* (Grand Rapids, MI: Zondervan, 2004), 27-28; 리차드 마우, 『칼빈주의, 라스베가스 공항을 가다』, 김동규 옮김 (서울: SFC출판부, 2008)의 유익한 논의를 참고하라.

34 Kuyper, *Lectures on Calvinism*, 79 (강조는 원문). 카이퍼, 『아브라함 카이퍼의 칼빈주의 강연』, 140.

35 예를 들어, 칼뱅주의, 정치, 그리고 하나님의 주권에 대한 카이퍼의 논의를 참고하라. Kuyper, *Lectures on Calvinism*, 85, 98. 카이퍼, 『아브라함 카이퍼의 칼빈주의 강연』, 150-151, 172.

서 '나의 것이다'라고 외치지 않는 영역은 한 치도 없습니다."[36] 우리는 여기에서도 하나님의 주권에 대한 대담한 주장을 듣는다.

그렇기에 인간의 권위와 주권에 대한 모든 주장은 하나님의 주권에 비추어 이해되어야 한다. 하나님이 하나님이시며, 우리는 아니다. 그러나 이것이 인류를 능동성이 없게 만들지 않는다. 오히려 우리의 능동성과 권위는 **위임된** 권위다. 예를 들어, 정치의 경우 카이퍼는 이렇게 주장한다. "이 땅의 모든 정부의 권위는 오직 하나님의 주권으로부터 흘러나옵니다."[37] 모든 권위는 오직 하나님께로부터 나오기 때문에 우리는 또한 우리가 이 권위를 사용하는 방법에 대해 그분께 책임을 져야 한다. 우리는 하나님께서 우리에게 부여하신 권위를 그분의 방법으로 그분의 목적을 위해 사용해야 한다. 감사하게도 우리에게는 이 권위를 어떻게 관리해야 하는지에 대한 명확한 본보기와 이정표들이 주어졌다. 하나님께서 우리에게 자신의 말씀과 율법이라는 좋은 선물, 그리고 심지어 예수 그리스도를 살아 있는 모본과 사례로 주셨다. 이는 우리가 이 권위를 하나님의 뜻대로 하늘에서와 같이 땅에서 어떻게 수행해야 할지를 알게 하려 하심이다. 하나님의 주권적

---

36 Abraham Kuyper, "Sphere Sovereignty," in *Abraham Kuyper: A Centennial Reader*, ed. James D. Bratt (Grand Rapids, MI: Eerdmans, 1998), 488. 카이퍼, 『아브라함 카이퍼의 영역주권』, 67.

37 Kuyper, *Lectures on Calvinism*, 82. 카이퍼, 『아브라함 카이퍼의 칼빈주의 강연』, 145. 이 권한은 **부여**된 것이며 또한 제한된 것이라는 점이 중요하다. 하나님만이 주권자이시다. 이에 대한 자세한 내용은 다음을 참조하라. Kuyper, *Lectures on Calvinism*, 96-97. 카이퍼, 『아브라함 카이퍼의 칼빈주의 강연』, 168-169.

권위가 우리 삶 전체에 미친다. 모든 문화 영역과 인간의 모든 활동은 **코람 데오**, 즉 하나님 앞에서 행해진다.[38]

두 번째, 하나님의 주권을 확증하는 것으로 시작하는 세계관은 삶의 영역들을 재통합하는 세계관이다. 하나님은 **반드시** 삶의 모든 분야에서 규범적 원칙을 조성하는 방식으로 모든 피조물에 대한 자신의 주권을 행사하신다. 교리, 교회, 경건에 대해서는 물론이다. 그러나 하나님의 주권은 이것들을 넘어서 정치, 예술, 경제, 과학, 가정생활을 포함한 모든 삶에까지 확장된다.[39]

카이퍼는 이것이 개혁파 세계관의 특징이라고 주장한다. 그것은 하나님의 주권을 매우 진지하게 여기기 때문에 그것이 우리의 법과 의료 행위에 영향을 미쳐야 한다고 주장한다. 그것은 우리가 가정생활을 영위하는 방식을 떠받쳐야 하다. 그것은 우리의 예술과 철학에 생기를 불어넣고 인도해야 한다. 카이퍼는 이렇게 말했다. "왜냐하면 신학도 삶의 넓은 분야에 영향을 미치기 때문입니다."[40] 우리가 진정으로 하나님이 주권자이심을 믿고 성경이 이 사실을 선포한다고 올바르게 읽고 있다면, 우리는 삶의 모든 것을 포괄하는 세계관을 만들어내야 한다. 그리고 칼뱅주의가 이것을 한다. 칼뱅주의는 현대 도덕

---

38 Kuyper, *Lectures on Calvinism*, 90. 카이퍼, 『아브라함 카이퍼의 칼빈주의 강연』, 160.

39 Kuyper, *Lectures on Calvinism*, 78, 171. 카이퍼, 『아브라함 카이퍼의 칼빈주의 강연』, 140, 304.

40 Kuyper, *Lectures on Calvinism*, 194. 카이퍼, 『아브라함 카이퍼의 칼빈주의 강연』, 140, 344.

질서에 의해 붕괴되었던 영역들의 재통합을 (하나님의 주권적 지배와 통치 아래서) 제공한다. 개성과 자율성의 강조로 세계관들이 "얄팍해지고 … 저며진" 시대에, 칼뱅주의 세계관은 만물을 하나님의 통치 아래에 모은다.[41] 브랫이 확증했듯이 카이퍼는 하나님의 통치와 다스리심의 주권에 근거해 "만물의 상호 연결성"에 주의를 기울였다.[42]

끝으로 하나님의 주권에 기초한 칼뱅주의 세계관은 삶 전체에 관여하는 복음을 선포하며, 교회의 온전한 보편성을 주장하는 세계관이다. 이 강의에서 우리는 카이퍼 신학의 "한 치"의 속성을 아주 분명히 보았다. 그리스도는 "인간 삶의 모든 부분"[43]을 다스리는 왕이시다. 물질적이든 영적이든, 개인적이든 공적이든 복음이 변화시키지 않는 것은 전혀 없다.

카이퍼의 동시대 인물인 헤르만 바빙크는 카이퍼의 사상에서 매우 명확히 드러나는 이 보편성이라는 주요 개념에 관한 중요한 신학적 성찰과 언어를 제공했다. 카이퍼의 강의에서 보편성이라는 말은 나오지 않는다. 하지만 바빙크는 1888년 이 주제에 대해 총장 연설을 했다. 이 연설에서 그는 청중에게 교부들이 보편성을 세 가지 기본 방

---

41 Richard Mouw, "Mine! Kuyper for a New Century," in *Comment Magazine*, June 1, 2007, www. cardus.ca/comment/article/mine-kuyper-for-a-new-century/.

42 James Bratt, "Preface," in *Calvinism for a Secular Age* (Downers Grove, IL: IVP Academic, 2021), xvii.

43 Kuyper, *Lectures on Calvinism*, 23. 카이퍼, 『아브라함 카이퍼의 칼빈주의 강연』, 48.

식으로 이해했음을 상기시켰다. (1) 지역 교회는 보편 교회에 속하기 때문에 보편적(the Catholic이 아닌 catholic)이다. (2) 보편적 교회는 모든 시대와 장소에서 신자들을 연합한다. (3) 교회와 교회가 선포하는 복음은 "인간 존재 전체를 포용"한다.[44]

바빙크는 보편성의 이 세 번째 측면이 교회가 걸려 넘어지는 곳이라고 주장했다. 교회는 보편성을 가지는 데 실패했으며, 따라서 세상과 삶의 모든 면에 영향을 주지 **못하는** 복음을 선포함으로 하나님의 주권을 진지하게 받아들이는 데도 실패했다. 바빙크는 다시 이것이 칼뱅주의의 중요성이라고 주장한다. 칼뱅주의는 "전능하신 천지의 창조주 아버지 하나님을 믿는다"[45]라는 말은 하나님께서 자신이 창조하신 만물에 대한 주권자이심을 의미하며, 복음은 하나님의 구속과 회복의 이야기라고 주장한다.[46] 그 주장에서 교회와 교회가 선포하는 복음은 세상의 것들에 적대적이지 않고, 단지 세상의 방식과 동일하지도 않으며, 세상의 것들을 취하여 새로운 차원으로 끌어올리지

---

[44] Herman Bavinck, "The Catholicity of Christianity and the Church," trans. John Bolt, *Calvin Theological Journal* 27 (1992): 221. 헤르만 바빙크, 『헤르만 바빙크의 교회를 위한 신학』, 박태현 편역 및 해설 (군포: 도서출판다함, 2021), 103-104.

[45] Bavinck는 사도신경의 이 부분을 자신의 글에서 인용한다. Bavinck, "Catholicity," 236, cf. 237-38. 바빙크, 『헤르만 바빙크의 교회를 위한 신학』, 134. 138도 참조하라.

[46] 바빙크는 개혁주의 전통이 옹호하는 이 주장은 새로운 발전이 아니라 그것이 원래 이해되었던 방식의 **회복**이라고 주장한다. (Bavinck, "Catholicity," 236. 바빙크, 『헤르만 바빙크의 교회를 위한 신학』, 134).

도 않는다.[47] 그 대신에 그것은 빵 반죽에 들어 있는 누룩처럼 만물 속에 들어가 그것을 발효시켜 부풀게 한다.[48] 복음은 사업에서 중요하다. 법에서도 중요하다. 가정에서 중요하다. 교회에서 중요하다. 예수님을 따르는 것에는 분명히 자기 부인과 십자가를 지는 것과 오래 참음이 들어있다. 그러나 또한 복음으로 말미암아 "사람이 먼저 새롭게 되며", 그 다음으로는 "삶과 국가와 사회와 세상 전체가 [새롭게 된]다."[49] 복음은 우리가 우리의 십자가를 지고 예수님을 따를 것을 요구하지만, 그것은 또한 이 동일한 예수님이 삶의 모든 영역을 구속하고 새롭게 하고 회복시키는 사역을 하신다는 것을 약속한다.

바빙크는 칼뱅에게 하나님의 주권과 교회의 보편성은 성경이 "모든 삶의 규범"이 되어야 한다는 것이었다고 주장한다.[50] 성경과 그 가르침에 대한 그런 접근이 한마디로 칼뱅주의의 중요성이다. 이렇듯 칼뱅주의는 가장 일관되고 포괄적이며 가장 중요하게는 성경적인 세계관과 인생관을 제시한다. 그리하여 우리는 카이퍼의 낙관주의(칼뱅주의는 하나님의 창조 의도에 따라 우리의 삶과 세상을 변화시킨다)와 그의 시대의 위협에 대해 대처해야 한다는 그의 불길한 요청(칼뱅주의는 근

---

47 Bavinck, "Catholicity," 228-31. 바빙크, 『헤르만 바빙크의 교회를 위한 신학』, 117-23.

48 Bavinck, "Catholicity," 231, 236. 바빙크, 『헤르만 바빙크의 교회를 위한 신학』, 123, 135.

49 Bavinck, "Catholicity," 237. 바빙크, 『헤르만 바빙크의 교회를 위한 신학』, 137.

50 Bavinck, "Catholicity," 238. 바빙크, 『헤르만 바빙크의 교회를 위한 신학』, 138)

대성의 도전에 대처할 수 있는 바로 그 강력한 세계관이다)을 듣는다. 왜냐하면 카이퍼와 바빙크가 모두 말했듯이, 칼뱅주의는 창조의 모든 영역에 대한 그리스도의 주권을 선포하고, 우리 왕의 재림을 열렬히 대망함으로써, 모든 사람이 하나님의 사랑과 그의 주권적 통치가 얼마나 넓고 깊고 높은지를 알도록 하기 때문이다.

부록: 카이퍼의 세계관과 경건

그러나 카이퍼는 세계에 관여하는 낙관주의나 모더니즘과의 전투에 대한 불길한 어조로 강의를 끝맺지 않는다. 그 대신, 모든 영역에서 참여하도록 우리를 부르시고 채비를 갖추게 하시는 분인 우리 하나님의 주권에 대한 그의 주장에 맞추어, 이 복된 소식을 듣도록 마음을 깨어나는 것은 오직 하나님의 영을 통해서만 일어난다는 것을 그의 청중들과 오늘날 우리에게 상기시킨다. 그렇다면 우리는 카이퍼의 주장처럼 하나님께서 만유를 포괄하는 그의 통치에 대한 메시지를 선포하고, 또한 모든 영역에서 모든 사소한 부분("한 치")을 갱신하고 회복하는 사업에 그분과 함께 참여하기 위해 쓰임을 받을 것을 기대해야 한다. 칼뱅주의는 감미로운 음악을 만들기 위해 "주의 성령"을 필요로 하는 "아이올리스 하프"(Aeolian Harp)에 불과하다. 따라서 우리는 이 하프가 "하나님의 거룩한 시온의 창가에 구비되어 성령

의 바람이 다시 불기를 기다려야" 한다.[51]

스톤 강연 전체에서 카이퍼의 경건함이 어렴풋이 드러나는 순간이 몇 번 있다. 그는 이렇게 말했다. "기도는 모든 종교에 있어서 삶의 가장 깊은 표현입니다."[52], "신비적 요소를 무시하는 기독교는 차갑게 식고 얼어붙을 것입니다."[53] 그러나 이런 정서가 이 강연 전반에 지배적이지 않다. 그는 거기서 칼뱅주의의 세계 조망과 세상과 적극적으로 씨름하는 성격에 초점을 맞추었다. 우리 또한 카이퍼의 사상 **전체**를 소개하려는 것이 아니었으며, 카이퍼의 특정 작품인 스톤 강연을 소개하려는 작은 책으로, 여기에서도 그의 사상의 이 측면에 초점을 맞추었다. 우리는 이 소개 속에서 카이퍼의 명백한 결점에 사탕 발림을 하지 않고, 과장하지 않고, 좋든 나쁘든 이 강연의 전체가 빛날 수 있도록 정직하게 노력했다. 우리는 이 강연에서 "나쁜 것"과 함께, 또한 좋고, 옳고, 진실한 것을 밝혔다.

그러나 우리가 이 장에서 수집한 내용에 약간의 부록을 포함하지 않는다면, 카이퍼의 사상에 해가 될 것이라고 생각한다. 신칼뱅주의 철학자 알버트 월터스(Al Wolters)는 카이퍼 이후의 세대들이 그의 세계 조망과 세상과 적극적으로 씨름하는 주제를 빠르게 받아들였음

---

51 Kuyper, *Lectures on Calvinism*, 199. 카이퍼, 『아브라함 카이퍼의 칼빈주의 강연』, 353-54.

52 Kuyper, *Lectures on Calvinism*, 46. 카이퍼, 『아브라함 카이퍼의 칼빈주의 강연』, 90.

53 Kuyper, *Lectures on Calvinism*, 188. 카이퍼, 『아브라함 카이퍼의 칼빈주의 강연』, 334.

을 주목했다. "일반적으로 말해서, 신칼뱅주의자들은 개인적인 경건이나 예수 그리스도와의 살아있는 관계보다 지적 능력과 문화를 변화시키는 열성으로 더 잘 알려져 있다."[54]

원인이 무엇이든,[55] 그런 강조는 때때로 카이퍼가 신실한 문화적, 정치적 참여를 추구하는 데 중요한 안내자가 되었을 뿐만 아니라 『하나님께 가까이』(Near unto God)를 포함하여 영적 생활에 관한 많은 묵상을 저술한 깊은 경건과 강한 신앙생활을 하는 사람이라는 점을 강조하는 데 소홀했다.

아마도 카이퍼의 일상적인 야간 일과가 그의 삶과 일의 이 측면에 대해 약간의 빛을 비추어 줄 수 있을 것이다. 매일 밤 카이퍼는 침실 벽에 걸린 십자가를 바라보며 하루 종일 예수님의 고통에 충분히 동

---

54 Al Wolters, "What Is to Be Done … Toward a Neocalvinist Agenda?," in *Comment Magazine*, December 1, 2005, www.cardus.ca/comment/article/what-is-to-be-done-toward-a-neocalvinist-agenda/.

55 아마도 이 중 일부는 스톤 강연이 꽤 오랫동안 영어를 사용하는 카이퍼주의자들이 접근할 수 있었던 거의 모두였다는 것과 관련이 있을 것이다. 지난 수십 년 동안에만 훨씬 더 많은 카이퍼의 작품이 영어로 제공되었다. 브랫이 그의 서문에서 언급했듯이, 지난 10년간 렉스햄 출판사의 『아브라함 카이퍼의 공공신학 시리즈』(*Abraham Kuyper Collected Works in Public Theology*, eds. Melvin Flikkema and Jordan J. Ballor, 12 vols. Bellingham, WA: Lexham Press)를 비롯해 여러 카이퍼 책이 번역되었다. accessed April 20, 2020, https://lexhampress.com/product/55067/abraham-kuyper-collected-works-in-public-theology. 이 작품들 외에도 카이퍼 새로운 명상집 『반석에서 솟는 꿀』(*Honey from the Rock*)(Bellingham, WA: Lexham Press, 2018)도 번역되었다. 이 책은 잘 알려진 그의 묵상집 『하나님께 가까이』(*Near unto God*)와 더불어 카이퍼의 경건에 대한 멋진 그림을 보여주기 시작한다.

참하지 못했음을 다시 고백했다.[56] 이것은 아마도 우리가 단순히 스톤 강연을 읽고 상상할 수 있는 것과는 다른 카이퍼의 모습일 수 있다. 그렇지만 이 또한 그의 삶과 사상에서 중요한 부분이다.

카이퍼에게 경건과 실천, 세계 조망과 영적 명상은 적대적인 것이 아니라 필연적으로 서로를 살려냈다. 일과 공적 생활의 "모든 사소한 부분"에 대한 하나님의 부르심을 이해해야 한다는 카이퍼의 주장은 우리가 경건, 기도, 예배에서 "하나님께 가까이" 있어야 한다는 그의 똑같이 강한 주장과 짝을 이룬다.

결국, 삶의 모든 면에 대한 하나님의 부르심을 확언하는 카이퍼 사상의 세계와 씨름하는 세계 조망적 성격은 개인의 경건과 하나님과의 친밀함과 깊이 연관되어야 한다는 하나님의 부르심을 강력히 확증한다. 카이퍼 자신이 이 둘을 『하나님께 가까이』의 마가복음 12장 30절에 대한 묵상에서 함께 엮는다. 그는 다음과 같이 말했다.

> 모든 사람은 하나님의 창조를 바라보며 알 수 있는 모든 것을 내다볼 수 있는 모종의 세계관, 즉 윤리적 또는 도덕적, 종교적 출입구를 가지고 있다. 가장 중요한 것은 우리가 여기서 세상을 볼 때, 전능하신 하나님이 부엌이나 서재, 거실에만 머물러 계시지 않는다는 것이다. …
>
> 그러나 우리 마음의 능력은 하나님에 대한 개인적인 개념에 국한되지 않는다. 기독교적으로 **생각하고** 깊이 숙고하려면 역사, 교리, 과학, 많은 분야에서 알려진 것에 대한 포괄적

---

56 Richard J. Mouw, *All That God Cares About: Common Grace and Divine Delight* (Grand Rapids, MI: Baker Academic, 2020), 7.

인 이해가 필요하다. 역사 자체가 축복이다.

그리고, 마음으로 하나님을 사랑하는 것은 학문적 지식을 흡수하는 것 이상이다. 우리는 한 날에 **읽는** 것보다 훨씬 더 많은 **일을 한다.** 무엇을 먹고, 어떻게 여가 시간을 보낼지를 선택하는지, 일할 때 어떻게 할지 등은 지극히 개인적인 차원에서 마음이 작용하는 것이며, 하나님을 사랑함에 대한 이해와 연관되어 숙고해야 한다. 우리 시간은 결국 그리스도의 시간이다. …

누구도 기독교를 몰아낼 수 없다. 애써서 밀어내고 갈망한다 해도 우리를 (하나님이 아닌) 어딘가로 이르게 하지 못할 것이다. 하나님께 가까이 간다는 것은 그분이 우리를 얼마나 사랑하시는지 깊이 알고 감사함으로 그분께 우리의 생명을 드리는 문제다.

마음과 영혼에서 우러나오는 하나님에 대한 사랑은 그가 심어 놓으신 것과 밀접한 관계가 있다. 그분에 대한 우리 헌신의 근원은 바로 그분 자신이다. 하지만 지성은 조금 다르다. 우리는 그분에 대해 깊이 생각하고, 그분의 뜻을 이루기 위해 노력하고, 우리의 모든 단계에서 찬양이 들릴 수 있는 방식으로 삶을 구성하도록 자신을 훈련할 수 있다. 그 과정 자체가 우리를 하나님께 더 가까이 데려가 줄 것이다.[57]

이 짧은 묵상에서 카이퍼는 복음이 공적**이거나** 사적인 것**도** 아니라는 자신의 확신을 전달한다. 그것은 우리 삶의 모든 측면, 즉 공적 삶과 개인적인 헌신에 영향을 미친다.

---

57 Abraham Kuyper, "With All Thy Mind," in *Near unto God*, trans. James C. Schaap (Grand Rapids, MI: Eerdmans, 1997), 95 (강조는 원문). 아브라함 카이퍼, 『하나님께 가까이』, 정성구 옮김 (서울: CH북스, 2015), (쪽수 확인).

이 강연에서 카이퍼가 우리에게 주는 메시지는 흥미진진하다. 그것은 나와 많은 이들에게 과학, 정치, 예술, 경제, 그리고 지역 협회와 학교 이사회의 일과, 저녁을 준비하는 것이나 육아, 농구, 잡초 뽑기, 기타 겉보기에 평범한 일들에 있어서도 예수 그리스도의 복음의 좋은 소식이 중요한 방향을 잡는 데 도움이 되었다. 그러나 공적이며 문화적 제자도라는 비전에 참여할 때, 하나님께 가까이 가는 것의 중요성에 대한 카이퍼의 주장을 잊지 않도록 하자. 결국 우리는 "주의 성령 없이는 전적으로 무력"한 "아이올리스 하프"[58]에 불과하다.

우리 하나님이 참으로 주권자이시라는 확고한 신뢰와 희망을 가지고 삶의 모든 영역에서 그분을 섬기는 데 우리의 온전한 자신을 바칠 수 있기를 소망한다.

> **제시카 자우스트라**(Jessica R. Joustra, PhD, Fuller Theological Seminary and the Free University of Amsterdam)
>
> 캐나다 소재 리디머대학교의 종교와 신학 조교수이며, 네덜란드 캄픈신학교의 신칼뱅주의연구소 협력 연구원이다.
>
> 헤르만 바빙크의 『개혁파 윤리학』(*Reformed Ethics*)을 편역했으며, *Bavinck Review*의 부편집장이다.

---

58 Kuyper, *Lectures on Calvinism*, 199. 카이퍼, 『아브라함 카이퍼의 칼빈주의 강연』, 353-54.

참고문헌

Abraham Kuyper Papers. Historical Documentation Center for Dutch Protestantism. Vrije Universiteit Amsterdam.

Adonis, J. C. "The Role of Abraham Kuyper in South Africa: A Critical Historical Evaluation." In Van der Kooi and De Bruijn, *Kuyper Reconsidered*, 259-72.

Algemeen Handelsblad. "Dr. Kuyper naar Amerika." January 16, 1897.

Ashford, Bruce Riley. *Letters to an American Christian.* Nashville: B&H Publishing, 2018.

──────. "What Hath Nature to Do with Grace? A Theological Vision for Higher Education." *Southeastern Theological Review* 7, no. 1 (Summer 2016): 3-22.

Ashton, Ethel. "Dr. Abraham Kuyper." *The American Daily Standard*, January 10, 1921.

──────────. "Een herinnering aan den zomer van 1898." In *Herinneringen van de oude garde aan den persoon en levensarbeid van Dr. A. Kuyper*. Edited by Henriëtta Sophia Susanna Kuyper and Johanna Hendrika Kuyper. Amsterdam: W. ten Have, 1922.

──────────. *Gedenkboek ter herinnering aan het overlijden van Dr. A. Kuyper en de sprake die daarbij uit de pers voortkwam*. Amsterdam: W. ten Have, 1921.

──────────. *Onder Neerlands vlag: Album ter herdenking van het vijf en twintig jarig bestaan van den Nederlandschen militairen bond, 1874-1899*. Amsterdam: Van Holkema & Warendorf, 1899.

Audi, Robert, and Nicholas Wolterstorff. *Religion in the Public Square: The Place of Religious Convictions in Public Debate*. Lanham, MD: Rowman & Littlefield, 1997.

Bacote, Vincent E. "Critical Thinking Is Obeying the Commandment of Loving Your Neighbor as Yourself." Interview by Bart Noort. *Theological University Kampen Magazine*, December 2014.

──────────. *The Spirit in Public Theology: Appropriating the Legacy of Abraham Kuyper*. Grand Rapids, MI: Baker Academic, 2005.

빈센트 베이코트. 『아브라함 카이퍼의 공공신학과 성령』. 이의현, 정단비 옮김. 서울: SFC출판부, 2019.

Bailey, Justin. *Reimagining Apologetics*. Downers Grove, IL: IVP Academic, forthcoming.

Ballor, Jordan J., and Robert Joustra, eds. *The Church's Social Responsibility: Reflections on Evangelicalism and Social Justice*. Grand Rapids, MI: Acton Institute, 2015.

Bancroft, George. *History of the United States from the Discovery of the American Continent to the Declaration of Independence*. 15th ed. Boston: Little, Brown, 1853.

Barbour, Ian G. *Religion and Science: Historical and Contemporary Issues*. Rev. ed. San Francisco: HarperSanFrancisco, 1997.

Barna Group. *Gen Z: The Culture, Beliefs, and Motivations Shaping the Next Generation*. Ventura, CA: Barna Group, 2018.

Barth, Karl. *Church Dogmatics* I.2. Edited by G. W. Bromiley and T. F. Torrance. Translated by G. T. Thomson and Harold Knight. Edinburgh: T&T Clark, 1980.

Bartholomew, Craig. *Contours of the Kuyperian Tradition: A Systematic Introduction*. Downers Grove, IL: IVP Academic, 2017.
크레이그 바르톨로뮤. 『아브라함 카이퍼 전통과 삶의 체계로서의 기독교 신앙』 이종인 옮김. 서울: IVP, 2023.

Bartholomew, Craig, ed. *In the Fields of the Lord: A Calvin Seerveld Reader*. Carlisle, UK: Piquant, 2000.

Bavinck, Herman. *Bilderdijk als denker en dichter*. Kampen: Kok, 1906.

_____. "The Catholicity of Christianity and the Church." Translated by John Bolt. *Calvin Theological Journal 27* (1992): 221-51.
헤르만 바빙크. 『헤르만 바빙크의 교회를 위한 신학』. 박태현 옮김. 군포: 도서출판 다함, 2021.

_____. "Defining Religious Consciousness: The Five Magnetic Points." In *The J. H. Bavinck Reader*, edited by John Bolt, James D. Bratt, and Paul J. Visser, translated by James A. De Jong, 145-98. Grand Rapids, MI: Eerdmans, 2013.

_____. "Herman Bavinck's 'Common Grace.'" Translated by Raymond C. Van Leeuwen. *Calvin Theological Journal 24*, no. 1 (1989): 35-65.
헤르만 바빙크. 『헤르만 바빙크의 일반은총』. 박하림 옮김. 우병훈 감수. 군포: 도서출판 다함, 2021.

_____. "Recent Dogmatic Thought in the Netherlands." *The Presbyterian and Reformed Review 3*, no. 10 (1892): 209-28.

Begbie, Jeremy. *Voicing Creation's Praise: Towards a Theology of the Arts*. Edinburgh: T&T Clark, 1991.

Benedict, Philip. "Calvinism as Culture? Preliminary Remarks on Calvinism and the Visual Arts." In *Seeing Beyond the Word: Visual Arts and the Calvinist Tradition*. Edited by Paul Corby Finney. Grand Rapids, MI: Eerdmans, 1999.

Benjamin B. Warfield Papers. Special Collections. Princeton Theological Seminary Libraries. Princeton, NJ.

Bennett, Kyle D. *Practices of Love: Spiritual Disciplines for the Life of the World*. Grand Rapids, MI: Brazos Press, 2017.

BioLogos. "BioLogos." Accessed October 19, 2019. https://biologos.org/.

Boesak, Allan. *Black and Reformed: Apartheid, Liberation, and the Calvinist Tradition*. New York: Orbis Press, 1984.

Bolt, John. *A Free Church, A Holy Nation: Abraham Kuyper's Public Theology*. Grand Rapids, MI: Eerdmans, 2001.

Bonhoeffer, Dietrich. *Letters and Papers from Prison*. Edited by Eberhard Bethge. New York: Touchstone, 1971.

Botman, H. Russel. "Is Blood Thicker Than Justice? The Legacy of Abraham Kuyper for Southern Africa." In *Religion, Pluralism, and Public Life: Abraham Kuyper's Legacy for the Twenty-First Century*, edited by Luis E. Lugo, 342-61. Grand Rapids, MI: Eerdmans, 2000.

Bowlin, John, ed. *The Kuyper Center Review*. Vol. 4, *Calvinism and Democracy*. Grand Rapids, MI: Eerdmans, 2014.

Brand, Hilary, and Adrienne Chaplin. *Art and Soul: Signposts for Christians in the Arts*. Downers Grove, IL: InterVarsity Press, 2007.
힐러리 브랜드, 아드리엔느 채플린.『예술과 영혼』. 김유리, 오윤성 옮김. 서울: IVP, 2004.

Bratt, James D., ed. *Abraham Kuyper: A Centennial Reader*. Grand Rapids, MI: Eerdmans, 1998.

──────────. *Abraham Kuyper: Modern Calvinist, Christian Democrat*. Grand Rapids, MI: Eerdmans, 2013.

──────────. "Calvinism in North America." In *John Calvin's Impact on Church and Society, 1509-2009*, edited by Martin Ernst Hirzel and Martin Sallmann, 49-66. Grand Rapids, MI: Eerdmans, 2009.

──────────. "De Erfenis van Kuyper in Noord Amerika" [Kuyper's Legacy in North America]. In *Abraham Kuyper: zijn volksdeel, zijn invloed*, edited by C. Augustijn, J. H. Prins, and H. E. S. Woldring, 203-28. Delft: Meinema, 1987.

──────────. *Dutch Calvinism in Modern America: A History of a Conservative Subculture*. Grand Rapids, MI: Eerdmans, 1984.

──────────. "The Reformed Churches and Acculturation." In *The Dutch in America: Immigration, Settlement, and Cultural Change*, edited by Robert P. Swierenga, 191-208. New Brunswick, NJ: Rutgers University Press, 1984.

Calvin, John. *Institutes of the Christian Religion*. Edited by John McNeill. Translated by Ford Lewis Battles. 2 vols. Philadelphia: Westminster Press, 1960.

Camacho, Daniel José. "Common Grace and Race." *The Twelve Blog* by *Reformed Journal*, March 26, 2014. https://blog.reformedjournal.com/2014/03/26/common-grace-and-race-2/.

Campbell, Heidi A., and Heather Looy, eds. *A Science and Religion Primer*. Grand Rapids, MI: Baker Academic, 2009.

Cardus. "Comment Magazine." Accessed April 6, 2020. www.cardus.ca/comment/.

_____. "Work & Economics—Cardus." Accessed April 6, 2020. www.cardus.ca/research/work-economics/.

Carlson-Thies, Stanley, and James W. Skillen, eds. *Welfare in America: Christian Perspectives on a Policy in Crisis*. Grand Rapids, MI: Eerdmans, 1996.

Center for Public Justice. "The Center for Public Justice." Accessed April 6, 2020. www.cpjustice.org.

_____. "Public Justice Review: A Publication of the Center for Public Justice." Accessed April 6, 2020. www.cpjustice.org/public/public_justice_review.

Chaplin, Jonathan. "Civil Society and the State: The Neo-Calvinist Perspective." In *Christianity and Civil Society: Catholic and Neo-Calvinist Perspectives*, edited by Jeanne Heffernan Schindler, 67-96. Lanham, MD: Lexington, 2008.

_____. *Herman Dooyeweerd: Christian Philosopher of State and Civil Society*. Notre Dame, IN: University of Notre

Dame Press, 2016.

———. *Multiculturalism: A Christian Retrieval*. London: Theos, 2011.

———. "Rejecting Neutrality, Respecting Diversity: From 'Liberal Pluralism' to 'Christian Pluralism.'" *Christian Scholar's Review 35*, no. 2 (Winter 2006): 143-75.

Christian Farmers Federation of Ontario. "Christian Farmers Federation of Ontario." Accessed April 6, 2020. www.christianfarmers.org/.

The Christian Intelligencer. Unsigned review of "Calvinism and Confessional Revision," by Abraham Kuyper. July 29, 1891.

Citizens for Public Justice. "Citizens for Public Justice." Accessed April 6, 2020. https://cpj.ca/.

CLAC. "CLAC: Better Together." Accessed April 6, 2020. www.clac.ca/.

Copan, Paul, Tremper Longman III, Christopher L. Reese, and Michael G. Strauss, eds. *The Dictionary of Christianity and Science: The Definitive Reference for the Intersection of Christian Faith and Contemporary Science*. Grand Rapids, MI: Zondervan, 2017.

De Brès, Guido. The Belgic Confession. 1561. English translation available in *Our Faith: Ecumenical Creeds, Reformed*

Confessions, and Other Resources, 25-68. Grand Rapids, MI: Faith Alive Christian Resources, 2013.

De Jong, Marinus. *The Church Is the Means, the World Is the End: Klaas Schilder's Thought on the Relationship Between Church and World.* PhD diss., Theologische Universiteit Kampen, 2019.

De Vries, John. *Beyond the Atom: An Appraisal of Our Christian Faith in This Age of Atomic Science.* 2nd ed. Grand Rapids, MI: Eerdmans, 1950.

Dennison, James T., Jr., ed. *The Letters of Geerhardus Vos.* Phillipsburg, NJ: P&R Publishing, 2005.

Donaldson, Dave, and Stanley Carlson-Thies. *A Revolution of Compassion: Faith-Based Groups as Full Partners in Fighting America's Social Problems.* Grand Rapids, MI: Baker Books, 2003.

Ecklund, Elaine Howard. *Religion vs. Science: What Religious People Really Think.* Oxford: Oxford University Press, 2018.

―――. *Science vs. Religion: What Scientists Really Think.* Oxford: Oxford University Press, 2012.

Ecklund, Elaine Howard, and Christopher Scheitle. "Religious Communities, Science, Scientists, and Perceptions: A Comprehensive Survey." Paper prepared for presentation at the Annual Meetings of the American Association for the Advancement of Science.

February 16, 2014. www.aaas.org/sites/default/files/content_files/ RU_AAASPresentationNotes_2014_0219%20%281%29.pdf.

Eglinton, James. *Trinity and Organism: Towards a New Reading of Herman Bavinck's Organic Motif.* London: T&T Clark, 2012.

Ensminger, Sven. *Karl Barth's Theology as a Resource for a Christian Theology of Religions.* London: T&T Clark, 2016.

Finney, Paul Corby, ed. *Seeing Beyond the Word: Visual Arts and the Calvinist Tradition.* Grand Rapids, MI: Eerdmans, 1999.

Flatt, Kevin. *After Evangelicalism: The Sixties and the United Church of Canada.* Montreal: McGill-Queen's University Press, 2013.

Flipse, Abraham C. "Creation and Evolution: History of the Debate in the Netherlands." BioLogos, November 17, 2014. https://biologos.org/articles/creation-and-evolution-history-of-the-debate-in-the-netherlands.

Glenn, Charles L. *The Ambiguous Embrace: Government and Faith-Based Schools and Social Agencies.* Princeton, NJ: Princeton University Press, 2000.

Goudzwaard, Bob. *Aid for the Overdeveloped West.* Toronto: Wedge, 1975.

          . *Capitalism and Progress: A Diagnosis of Western Society.* Grand Rapids, MI: Eerdmans; Toronto: Wedge Publishing, 1979.

          . *Globalization and the Kingdom of God.* Grand Rapids, MI: Baker Books, 2001.

Goudzwaard, Bob, and Craig G. Bartholomew. *Beyond the Modern Age: An Archaeology of Contemporary Culture.* Downers Grove, IL: IVP Academic, 2017.

Goudzwaard, Bob, and Harry de Lange. *Beyond Poverty and Affluence: Towards a Canadian Economy of Care.* Toronto: University of Toronto, 1994.

Gould, Lewis L. "1912 Republican Convention: Return of the Rough Rider." *Smithsonian Magazine*, August 2008. www.smithsonianmag.com/history/1912-republican-convention-855607/.

Graham, Gordon, ed. *The Kuyper Center Review.* Vol. 3, *Calvinism and Culture.* Grand Rapids, MI: Eerdmans, 2013.

Griffis, William Elliot. *The American in Holland: Sentimental Rambles in the Eleven Provinces of the Netherlands.* Boston: Houghton Mifflin, 1899.
    "An Evening with Dr. Kuyper." *The Christian Intelligencer*, August 31, 1892.

          . "The Inauguration of Queen Wilhelmina." *The Christian Intelligencer*, September 21, 1898.

Grundlach, Bradley J. "Protestant Evangelicals." In *The Warfare Between Science and Religion: The Idea That Wouldn't Die*. Edited by Jeff Hardin, Ronald L. Numbers, and Ronald A. Binzley. Baltimore, MD: Johns Hopkins University Press, 2018.

Guinness, Os. *The Global Public Square: Religious Freedom and the Making of a World Safe for Diversity*. Downers Grove, IL: InterVarsity Press, 2013.

Haan, Roelf. *The Economics of Honour: Biblical Reflections on Money and Property*. Grand Rapids, MI: Eerdmans, 2009.

Haarsma, Deborah B., and Loren D. Haarsma. *Origins: Christian Perspectives on Creation, Evolution, and Intelligent Design*. Grand Rapids, MI: Faith Alive Christian Resources, 2011.

Hardin, Jeff, Ronald L. Numbers, and Ronald A. Binzley, eds. *The Warfare Between Science and Religion: The Idea That Wouldn't Die*. Baltimore, MD: Johns Hopkins University Press, 2018.

Harinck, George. "Abraham Kuyper, South Africa, and Apartheid." Speech at the opening ceremony of the Abraham Kuyper Institute for Public Theology at Princeton Theological Seminary. *The Princeton Seminary Bulletin* 23, no. 2 (Spring 2002): 184-87.

──────. "D. J. Doornink and the Early Years of the Dutch-American Book Selling Trade (1860 to 1880)." In

Across Borders: Dutch Migration to North America and Australia, edited by Jacob E. Nyenhuis, Suzanne M. Sinke, and Robert P. Swierenga, 113-34. Holland: Van Raalte Press, 2010.

_____. "Geerhardus Vos as Introducer of Kuyper in America." In *The Dutch-American Experience: Essays in Honor of Robert. P. Swierenga*, edited by Hans Krabbendam and Larry J. Wagenaar, 242-62. Amsterdam: VU Uitgeverij, 2000.

_____. ed. *Kuyper in America: "This Is Where I Was Meant to Be."* Sioux Center, IA: Dordt College Press, 2012.

_____. "Neo-Calvinism and Democracy: An Overview from the Mid-Nineteenth Century till the Second World War." In *The Kuyper Center Review*. Vol. 4, *Calvinism and Democracy*, edited by John Bowlin, 1-20. Grand Rapids, MI: Eerdmans, 2014.

_____. "A Triumphal Procession? The Reception of Kuyper in the USA (1900-1940)." In Van der Kooi and De Bruijn, *Kuyper Reconsidered*, 273-82.

_____. *"We Live Presently Under a Waning Moon": Nicolaus Martin Steffens as Leader of the Reformed Church in America in the West in Years of Transition (1878-1895)*. Holland: Van Raalte Press, 2013.

_____. "Wipe Out Lines of Division (Not Distinctions)." *Journal of Reformed Theology* 11, no. 1-2 (January 2017):

81-98.

The Heidelberg Catechism. 1563. English translation available in *Our Faith: Ecumenical Creeds, Reformed Confessions, and Other Resources*, 25-68. Grand Rapids, MI: Faith Alive Christian Resources, 2013.

Heslam, Peter. *Creating a Christian Worldview: Abraham Kuyper's Lectures on Calvinism*. Grand Rapids, MI: Eerdmans, 1998.

Hiemstra, John L. "A Calvinist Case for Tolerant Public Pluralism: The Religious Sources of Abraham Kuyper's Public Philosophy." *Religious Studies and Theology* 34, no. 1 (2015): 53-83.

History Matters. "Bryan's 'Cross of Gold' Speech: Mesmerizing the Masses." Accessed May 1, 2020. http://historymatters.gmu.edu/d/5354/.

Hoezee, Scott. *Proclaim the Wonder: Engaging Science on Sunday*. Grand Rapids, MI: Baker Books, 2003.

Holifield, E. Brooks. *Theology in America: From the Age of the Puritans to the Civil War*. New Haven, CT: Yale University Press, 2003.

Holmes, Arthur F. *Contours of a World View*. Grand Rapids, MI: Eerdmans, 1983.
아더 홈즈. 『기독교 세계관』. 이승구 옮김. 서울: 솔로몬, 2017.

Hough, Franklin B. *American Constitutions: Comprising the Constitution of Each State in the Union, and of the United States, with the Declaration of Independence and Articles of Confederation* [...]. 2 vols. Albany: Weed, Parsons & Co., 1871-1872.

Inazu, John. *Confident Pluralism: Surviving and Thriving Through Deep Difference.* Chicago: University of Chicago Press, 2016.

Joustra, Robert, and Alissa Wilkinson. *How to Survive the Apocalypse: Zombies, Cylons, Faith, and Politics at the End of the World.* Grand Rapids, MI: Eerdmans, 2016.

Kaemingk, Matthew. *Christian Hospitality and Muslim Immigration in an Age of Fear.* Grand Rapids, MI: Eerdmans, 2018.

Kemeny, P. C., ed. *Church, State, and Public Justice: Five Views.* Downers Grove, IL: InterVarsity Press, 2007.

Koyzis, David T. *Political Visions & Illusions: A Survey & Critique of Contemporary Ideologies.* 2nd ed. Downers Grove, IL: IVP Academic, 2019.

─────. *We Answer to Another: Authority, Office, and the Image of God.* Eugene, OR: Pickwick Publications, 2014.

Kuiper, Dirk Th. "Groen and Kuyper on the Racial Issue." In Van der Kooi and De Bruijn, *Kuyper Reconsidered*, 69-81.

Kuipers, Tjitze. *Abraham Kuyper: An Annotated Bibliography, 1857-2010.* Leiden: Brill, 2011.

Kuyper, Abraham. *Abraham Kuyper Collected Works in Public Theology.* Edited by Melvin Flikkema and Jordan J. Ballor. 12 vols. (unnumbered). Bellingham, WA: Lexham Press.

_____. *Antirevolutionaire Staatkunde.* 2 vols. Kampen: Kok, 1916-1917. 아브라함 카이퍼. 『반혁명 국가학 1~2 세트』. 최용준, 임경근 옮김. 서울: 국제제자훈련원, 2023.

_____. *Bilderdijk en zijn nationale beteekenis.* Amsterdam: Höveker & Wormer, 1906.

_____. "Calvinism: Source and Stronghold of Our Constitutional Liberties." In Bratt, *Abraham Kuyper: A Centennial Reader*, 279-322.

_____. "Calvinism and Art." Translated by John H. De Vries. In *Christian Thought: Lectures and Papers on Philosophy, Christian Evidence, Biblical Elucidation.* Vol. 9 (February 1892): 259-82; (June 1892): 447-59.

_____. "Calvinism and Confessional Revision." Translated by Geerhardus Vos. *The Presbyterian and Reformed Review.* Vol. 2, no. 7 (July 1891): 369-99.

_____. "Common Grace." In Bratt, *Abraham Kuyper: A Centennial Reader*, 165-204.

_____. *Guidance for Christian Engagement in Government.* Translated and edited by Harry Van Dyke. Grand Rapids, MI: Christian's Library Press, 2013.

_____. *Het calvinisme, oorsprong en waarborg onzer constitutioneele vrijheden.* Amsterdam: B. van der Land, 1874.
아브라함 카이퍼. 『아브라함 카이퍼의 칼빈주의 강연』. 박태현 옮김, 군포: 도서출판 다함, 2021.

_____. *Honey from the Rock: Daily Devotions from Young Kuyper.* Translated by James A. De Jong. Bellingham, WA: Lexham Press, 2018.

_____. *Lectures on Calvinism.* 1931. Reprint, Grand Rapids, MI: Eerdmans, 1999.
아브라함 카이퍼. 『아브라함 카이퍼의 칼빈주의 강연』. 박태현 옮김, 군포: 도서출판 다함, 2021.

_____. "Manual Labor." In Bratt, *Abraham Kuyper: A Centennial Reader,* 231-54.

_____. "Modernism: A Fata Morgana in the Christian Domain." In Bratt, *Abraham Kuyper: A Centennial Reader,* 87-124.

_____. *On the Church.* Edited by John Halsey Wood Jr. and Andrew M. McGinnis. *Abraham Kuyper Collected Works in Public Theology,* edited by Melvin Flikkema and Jordan J. Ballor. Bellingham, WA: Lexham Press, 2016.

_____. "Pantheism's Destruction of Boundaries." Translated by John H. De Vries. *The Methodist Review* 75, no. 4 (July/August 1893): 520-37; no. 5 (September/October 1893): 762-78.

_____. *Pro Rege: Living Under Christ's Kingship: Volume 3*. Edited by John Kok with Nelson D. Kloosterman. Translated by Albert Gootjes. *Abraham Kuyper Collected Works in Public Theology*, edited by Melvin Flikkema and Jordan J. Ballor. Bellingham, WA: Lexham Press, 2019.

_____. *The Problem of Poverty*. Edited by James W. Skillen. Grand Rapids, MI: Baker Books, 1991.

_____. *Scholarship: Two Convocation Addresses on University Life*. Translated by Harry Van Dyke. Grand Rapids, MI: Christian's Library Press, 2014.

_____. "The Social Question and the Christian Religion." In *Makers of Modern Christian Social Thought: Leo XIII and Abraham Kuyper on the Social Question*, edited by Jordan J. Ballor, 45-118. Grand Rapids, MI: Acton Institute, 2016.

_____. "The South African Crisis." In Bratt, *Abraham Kuyper: A Centennial Reader*, 323-60.

_____. *Souvereiniteit in eigen kring*. Kampen: Kok, 1930. 아브라함 카이퍼. 『아브라함 카이퍼의 영역주권』. 박태현 옮김. 군포: 도서출판 다함, 2020.

_____. *Souvereiniteit in eigen kring: Rede ter inwijding van de Vrije Universiteit, den 20sten October 1880 gehouden, in het Koor der Nieuwe Kerk te Amsterdam*. Amsterdam: J. H. Kruyt, 1880.

아브라함 카이퍼. 『아브라함 카이퍼의 영역주권』. 박태현 옮김. 군포: 도서출판 다함, 2020.

_____. "Sphere Sovereignty." In Bratt, *Abraham Kuyper: A Centennial Reader*, 461-90.

_____. *Wisdom and Wonder: Common Grace in Science and Art*. Edited by Jordan J. Ballor and Stephen J. Grabill. Translated by Nelson D. Kloosterman. Grand Rapids, MI: Christian's Library Press, 2011.

_____. "With All Thy Mind." In *Near unto God*. Translated by James C. Schaap. Grand Rapids, MI: Eerdmans, 1997.

Kuyper, Henriëtta Sophia Susanna, and Johanna Hendrika Kuyper, eds. *Herinneringen van de oude garde aan den persoon en levensarbeid van Dr. A. Kuyper*. Amsterdam: W. ten Have, 1922.

Legutko, Ryszard. *The Demon in Democracy: Totalitarian Temptations in Free Societies*. New York: Encounter Books, 2016.

Lever, Jan. *Creation and Evolution*. Translated by Peter G. Berkhout. Grand Rapids, MI: Grand Rapids International Press, 1958.

Levin, Yuval. *The Fractured Republic: Renewing America's Social Contract in the Age of Individualism*. New York: Basic Books, 2016.

Lodge, Henry Cabot. *Alexander Hamilton*. Boston, 1892.

Lugo, Luis E., ed. *Religion, Pluralism, and Public Life: Abraham Kuyper's Legacy for the Twenty-First Century*. Grand Rapids, MI: Eerdmans, 2000.

Mahoney, Daniel J. *The Idol of Our Age: How the Religion of Humanity Subverts Christianity*. New York: Encounter Books, 2018.

Manent, Pierre. "La tentation de l'humanitaire." *Géopolitique*, no. 68 (2000): 5-10.

Marshall, Paul. *God and the Constitution: Christianity and American Politics*. Lanham, MD: Rowman & Littlefield, 2002.

McGoldrick, James Edward. *God's Renaissance Man: Abraham Kuyper*. Darlington, UK: Evangelical Press, 2000.

Menninga, Clarence. "History of Geology at Calvin College." Lecture presented at Calvin College 125th anniversary celebration, April 10, 2001. Accessed July 19, 2021. https://studylib.net/doc/14496792.

Monsma, Stephen V. *Healing for a Broken World: Christian Perspectives on Public Policy*. Wheaton, IL: Crossway, 2008.

──────. *Pluralism and Freedom: Faith-Based Organizations in a Democratic Society*. Lanham, MD: Rowman & Littlefield, 2012.

──────. *Positive Neutrality: Letting Religious Freedom Ring*. Grand Rapids, MI: Baker Books, 1993.

Monsma, Stephen V., and Stanley W. Carlson-Thies. *Free to Serve: Protecting the Religious Freedom of Faith-Based Organizations*. Grand Rapids, MI: Brazos Press, 2015.

Monsma, Stephen V., and J. Christopher Soper, eds. *Equal Treatment of Religion in a Pluralistic Society*. Grand Rapids, MI: Eerdmans, 1998.

Mouw, Richard J. *Abraham Kuyper: A Short and Personal Introduction*. Grand Rapids, MI: Eerdmans, 2011.
리처드 마우. 『아브라함 카이퍼- 리처드 마우가 개인적으로 간략하게 소개하는』. 강성호 옮김. 서울: SFC출판부, 2015.

_____. *All That God Cares About: Common Grace and Divine Delight*. Grand Rapids, MI: Baker Academic, 2020.

_____. *Calvinism in the Las Vegas Airport: Making Connections in Today's World*. Grand Rapids, MI: Zondervan, 2004.
리처드 마우. 『칼빈주의, 라스베가스 공항을 가다』. 김동규 옮김. 서울: SFC 출판부, 2008.

_____. *He Shines in All That's Fair: Culture and Common Grace*. Grand Rapids, MI: Eerdmans, 2001.
리처드 마우. 『문화와 일반 은총』. 권혁민 옮김. 서울: 새물결플러스, 2012.

_____. "Mine! Kuyper for a New Century." In *Comment Magazine*. June 1, 2007. www.cardus.ca/comment/article/mine-kuyper-for-a-new-century/.

_____. *Uncommon Decency: Christian Civility in an Uncivil*

World. Downers Grove, IL: InterVarsity Press, 1992.
리처드 마우. 『무례한 기독교』. 홍병룡 옮김. 서울: IVP, 2004.

Mouw, Richard J., and Sander Griffioen. *Pluralisms and Horizons: An Essay in Christian Public Philosophy*. Grand Rapids, MI: Eerdmans, 1993.
리처드 마우, 신더 흐리피운. 『다원주의들과 지평들』. 신국원 옮김. 서울: IVP, 2021.

Mozur, Paul, and Ian Johnson. "China Sentences Wang Yi, Christian Pastor, to 9 Years in Prison." *New York Times*, January 2, 2020. www.nytimes.com/2019/12/30/world/asia/china-wang-yi-christian-sentence.html.

Murray, Charles. *Coming Apart: The State of White America, 1960-2010*. New York: Crown Forum, 2012.

Naber, S. A. *Levensbericht van Allard Pierson*. Amsterdam: Johannes Müller, 1898.

Nicholson, Robert. "Is the Struggle with Islam Reshaping the Modern World? An Interview with Shadi Hamid." *Providence*, September 25, 2018. https://providencemag.com/2018/09/struggle-islam-reshaping-modern-world-interview-shadi-hamid/.

Noll, Mark. *America's God: From Jonathan Edwards to Abraham Lincoln*. New York: Oxford University Press, 2002.

_____. *Jesus Christ and the Life of the Mind*. Grand Rapids, MI: Eerdmans, 2011.

_____. *The Scandal of the Evangelical Mind*. Grand Rapids, MI: Eerdmans, 1994.
마크 놀. 『복음주의 지성의 스캔들』. 박세혁 옮김. 서울: IVP, 2010.

Numbers, Ronald. *The Creationists: The Evolution of Scientific Creationism*. New York: Knopf, 1992.

Paris, Peter J. "The African and African-American Understanding of Our Common Humanity: A Critique of Abraham Kuyper's Anthropology." In Lugo, *Religion, Pluralism, and Public Life*, 271-72.

Parsons, William B., ed. *Being Spiritual but Not Religious: Past, Present, Future(s)*. Abingdon, UK: Routledge, 2018.

Pew Research Center. "Elaborating on the Views of AAAS Scientists, Issue by Issue." July 23, 2015. www.pewresearch.org/science/2015/07/23/elaborating-on-the-views-of-aaas-scientists-issue-by-issue/.

_____. "Public's Views on Human Evolution." December 30, 2013. www.pewforum.org/2013/12/30/publics-views-on-human-evolution/.

_____. "Strong Role of Religion in Views About Evolution and Perceptions of Scientific Consensus." October 22, 2015. www.pewresearch.org/science/2015/10/22/strong-role-of-religion-in-views-about-evolution-and-perceptions-of-scientific-consensus/.

Pinson, J. Matthew, Matthew Steven Bracey, Matthew McAffee, and

Michael A. Oliver. *Sexuality, Gender, and the Church*. Nashville: Welch College Press, 2016.

Plantinga, Alvin. *Where the Conflict Really Lies: Science, Religion, and Naturalism*. Oxford: Oxford University Press, 2011.

Plantinga, Cornelius, Jr. *Engaging God's World: A Christian Vision of Faith, Learning, and Living*. Grand Rapids, MI: Eerdmans, 2002.

Pugh, Jeffrey C. *Religionless Christianity: Dietrich Bonhoeffer in Troubled Times*. London: T&T Clark, 2008.

Rainer, Thom S. "A Resurgence Not Yet Realized: Evangelistic Effectiveness in the Southern Baptist Convention Since 1979." *Southern Baptist Journal of Theology* 9, no. 1 (Spring 2005): 54-69.

Ramm, Bernard. *The Christian View of Science and Scripture*. Grand Rapids, MI: Eerdmans, 1954.

Rasmussen, Joel D. S., Judith Wolfe, and Johannes Zachhuber, eds. *The Oxford Handbook of Nineteenth-Century Christian Thought*. Oxford: Oxford University Press, 2019.

Rieff, Philip. *The Crisis of the Officer Class: The Decline of the Tragic Sensibility*. Edited by Alan Woolfolk. Vol. 2, *Sacred Order/Social Order*, edited by Kenneth S. Piver. Charlottesville: University of Virginia Press, 2007.

_____. *My Life Among the Deathworks: Illustrations of the

Aesthetics of Authority. Vol. 1, Sacred Order/Social Order. Charlottesville: University of Virginia Press, 2006.

Rookmaaker, Hans. Art Needs No Justification. Leicester, UK: Inter-Varsity Press, 1978. Reprint, Vancouver: Regent College, 2010.

_____. The Complete Works of Hans Rookmaaker. Edited by Marleen HengelaarRookmaaker. 6 vols. Carlisle, UK: Piquant, 2001-2002.

_____. Modern Art and the Death of a Culture. London: Inter-Varsity Press, 1970.

Schilder, Klaas. Christ and Culture. With a foreword by Richard Mouw. Translated by William Helder and Albert H. Oosterhoff. Hamilton, ON: Lucerna CRTS Publications, 2016.
클라스 스킬더. 『그리스도와 문화』. 손성은 옮김. 서울: 지평서원, 2017.

Schleiermacher, Friedrich. On Religion: Speeches to Its Cultured Despisers. Edited by Richard Crouter. Cambridge: Cambridge University Press, 1996.

Schuurman, Derek. Shaping a Digital World: Faith, Culture and Computer Technology. Downers Grove, IL: IVP Academic, 2013.

Seerveld, Calvin. A Christian Critique of Art and Literature. Toronto: Tuppence Press, 1995.

_____. *Rainbows for the Fallen World*. Toronto: Tuppence Press, 1980.

_____. *Redemptive Art in Society*. Sioux Center, IA: Dordt College Press, 2014.

Seerveld, Calvin, and Nicholas Wolterstorff. "Two Writers Engage in Rainbow Action: Nick Looks at Cal; Cal Looks at Nick." *Vanguard* 10, no. 6 (November-December 1980): 4-5, 18.

Sire, James. Interview by Fred Zaspel. Books at a Glance, May 12, 2015. www.booksataglance.com/author-interviews/interview-with-james-sire-author-of-apologetics-beyond-reason-why-seeing-is-really-believing/.

Skillen, James W. "Civil Society and Human Development." In *In Pursuit of Justice: Christian-Democratic Explorations*, 19-40. Lanham, MD: Rowman & Littlefield, 2004.

_____. *The Good of Politics: A Biblical, Historical, and Contemporary Introduction*. Grand Rapids, MI: Baker Academic, 2014.

_____. *Recharging the American Experiment: Principled Pluralism for Genuine Civic Community*. Grand Rapids, MI: Baker Books, 1994.

_____. *With or Against the World? America's Role Among the Nations*. Lanham, MD: Rowman & Littlefield, 2005.

_____. "Why Kuyper Now?," in Lugo, *Religion, Pluralism, and Public Life*, 189-201.

Skillen, James W., and Rockne M. McCarthy, eds. *Political Order and the Plural Structure of Society*. Atlanta: Scholars Press, 1991.

Smith, Christian, with Melina Lundquist Denton. *Soul Searching: The Religious and Spiritual Lives of American Teenagers*. Oxford: Oxford University Press, 2005.

Smith, Gary Scott, ed. *God and Politics: Four Views of the Reformation of Civil Government*. Phillipsburg, NJ: P&R Publishing, 1989.

Smith, James K. A. *Awaiting the King: Reforming Public Theology*. Grand Rapids, MI: Baker Academic, 2017.
제임스 K. A. 스미스. 『왕을 기다리며』. 박세혁 옮김. 서울: IVP, 2019.

_____. *Desiring the Kingdom: Worship, Worldview, and Cultural Formation*. Vol. 1, Cultural Liturgies. Grand Rapids, MI: Baker Academic, 2009.
제임스 K. A. 스미스. 『하나님 나라를 욕망하라』. 박세혁 옮김. 서울: IVP, 2016.

_____. *How (Not) to Be Secular: Reading Charles Taylor*. Grand Rapids, MI: Eerdmans, 2014.

Solzhenitsyn, Alexander. *The Gulag Archipelago*. New York: Harper & Row, 1974.

Stellingwerff, Johannes. *Dr. Abraham Kuyper en de Vrije Universiteit.* Kampen: Kok, 1987.

──────────. ed. *Geboekt in eigen huis: Bevattende een opsomming van de werken van Abraham Kuyper zoals vermeld in de catalogus van de bibliotheek van de Vrije Universiteit, een essay van J. Stellingwerff benevens twee herdrukte redes van Abraham Kuyper.* Amsterdam: VU Uitgeverij, 1987.

Strachan, Owen. *Awakening the Evangelical Mind: An Intellectual History of the Neo-Evangelical Movement.* Grand Rapids, MI: Zondervan, 2015.

Strauss, David Friedrich. *The Old Faith and the New: A Confession.* Translated by Mathilde Blind. New York: Henry Holt and Co., 1873.

Strauss, P. J. "Abraham Kuyper and Pro-apartheid Theologians in South Africa: Was the Former Misused by the Latter?" In Van der Kooi and De Bruijn, *Kuyper Reconsidered*, 218-27.

Stump, James, and Alan Padgett, eds. *The Blackwell Companion to Science and Christianity.* Chichester, UK: Wiley-Blackwell, 2012.

Summers, Stephanie, ed. "Fairness for All: Does Supporting Religious Freedom Require Opposition to LGBT Civil Rights?" *Public Justice Review* 9, no. 3. www.cpjustice.org/public/public_justice_review/volume/9-3.

Synod of Dort. *Decision of the Synod of Dort on the Five Main Points of Doctrine in Dispute in the Netherlands*. English translation available in "Synod of Dort." Christian Classics Ethereal Library. Accessed May 16, 2020. https://ccel.org/ccel/anonymous/canonsofdort/canonsofdort.iii.i.html.

Taylor, Charles. *A Secular Age*. Cambridge, MA: The Belknap Press of Harvard University Press, 2007.

Tiemstra, John, ed. *Reforming Economics: Calvinist Studies on Methods and Institutions*. Lewiston, NY: Edwin Mellen Press, 1990.

──────. *Stories Economists Tell*. Eugene, OR: Pickwick Publications, 2012.

Troeltsch, Ernst. *The Social Teaching of the Christian Churches, Volume II*. London: Allen & Unwin; New York: Macmillan, 1931.

Turnbull, Herbert Westren, ed. *The Correspondence of Isaac Newton: 1661-1675*. Vol. 1. Cambridge: Cambridge University Press for the Royal Society, 1959.
The Malaise of Modernity. Toronto: House of Anansi Press, 1991.

Van den Brink, Gijsbert. *Reformed Theology and Evolutionary Theory*. Grand Rapids, MI: Eerdmans, 2020.

Van der Kooi, Cornelis, and Jan de Bruijn, eds. *Kuyper Reconsidered*:

Aspects of His Life and Work. Vol. 3, *VU Studies on Protestant History*. Amsterdam: VU Uitgeverij, 1999.

Van Deursen, Arie. *The Distinctive Character of the Free University in Amsterdam, 1880-2005*. Grand Rapids, MI: Eerdmans, 2008.

Van Prinsterer, Groen. *Unbelief and Revolution*. Translated by Harry Van Dyke. Bellingham, WA: Lexham Press, 2018.

Vanderkloet, Edward, ed. *A Christian Union in Labour's Wasteland*. Toronto: Wedge Publishing, 1978.

Vandezande, Gerald. *Justice, Not Just Us: Faith Perspectives and National Priorities*. Edited by Mark R. Vander Vennen. Toronto: Public Justice Resource Centre, 1999.

Volf, Miroslav. *A Public Faith: How Followers of Christ Should Serve the Common Good*. Grand Rapids, MI: Brazos Press, 2011.
미로슬라브 볼프. 『광장에 선 기독교』. 김명윤 옮김. 서울: IVP, 2014.

Walsh, Brian J., and J. Richard Middleton. *The Transforming Vision: Shaping a Christian World View*. Downers Grove, IL: InterVarsity Press, 1984.
리처드 미들턴, 브라이언 왈쉬. 『그리스도인의 비전』. 황영철 옮김. 서울: IVP, 2023.

William Elliot Griffis Collection. Special Collections. Alexander Library. Rutgers University. New Brunswick, NJ.

Witte, John, Jr. "The Biography and Biology of Liberty: Abraham

Kuyper and the American Experiment." In Lugo, *Religion, Pluralism and Public Life*, 243-62.

Woldring, Henk E. S. "Kuyper's Formal and Comprehensive Conceptions of Democracy." In Van der Kooi and Jan de Bruijn, *Kuyper Reconsidered*, 206-17.

Wolters, Al. "What Is to Be Done... Towards a Neocalvinist Agenda?" In *Comment Magazine*, December 1, 2005. www.cardus.ca/comment/article/what-is-to-be-done-toward-a-neocalvinist-agenda/.

Wolterstorff, Nicholas. *Art in Action: Toward A Christian Aesthetic*. Grand Rapids, MI: Eerdmans, 1980.
니콜라스 월터스토프. 『행동하는 예술』. 신국원 옮김. 서울: IVP, 2010.

_____. *Art Rethought: The Social Practices of Art*. Oxford: Oxford University Press, 2015.

_____. *Reason Within the Bounds of Religion*. 2nd ed. 1984. Reprint, Grand Rapids, MI: Eerdmans, 1999.
니콜라스 월터스토프. 『종교의 한계 안에서의 이성』. 김지호 옮김. 파주: 도서출판100, 2023.

_____. *Until Justice and Peace Embrace*. Grand Rapids, MI: Eerdmans, 1983.
니콜라스 월터스토프. 『정의와 평화가 입맞출 때까지』. 홍병룡 옮김. 서울: IVP, 2007.

Wood, John Halsey. *Going Dutch in the Modern Age: Abraham Kuyper's Struggle for a Free Church in the Nineteenth-Century*

Netherlands. Oxford: Oxford University Press, 2013.

Young, Davis, and Ralph Stearley. *The Bible, Rocks, and Time: Geological Evidence for the Age of the Earth*. Downers Grove, IL: InterVarsity Press, 2008.
데이비스 영, 랠프 스티얼리. 『성경, 바위, 시간』 김의식 옮김. 서울: IVP, 2018.

Zakaria, Fareed. *The Post-American World: Release 2.0*. New York: W. W. Norton, 2012.

Zuidervaart, Lambert. *Art, Education, and Cultural Renewal: Essays in Reformational Philosophy*. Montreal: McGill-Queen's University Press, 2017.

_____. "Art in Public: An Alternative Case for Government Arts Funding." *The Other Journal,* January 3, 2009. http://theotherjournal.com/2009/01/03/art-in-public-an-alternative-case-for-government-arts-funding/.

_____. *Artistic Truth: Aesthetics, Discourse, and Imaginative Disclosure*. Cambridge: Cambridge University Press, 2004.

_____. "Macrostructures and Societal Principles." In *Religion, Truth, and Social Transformation: Essays in Reformational Philosophy*, 252-76. Montreal: McGill-Queens University Press, 2016.

색인

가톨릭주의. 로마 가톨릭을 보라.

게르할더스 보스 295-303, 308-14

경제적 불공정 147-50, 152-5, 228-220, 254

과학(학문)
  윤리와 169-70, 188-9
  믿음과 167-70, 172-5, 179-80, 194-6, 375-6
  을 위한 가정 174-5

과학주의 22-3, 86-7, 183

교차성 148-9

교회
  의 보편성 285-6, 381-4
  의 쇠퇴(쇠락) 38-9, 249-52
  의 통치 92-4

  의 사명 19-20, 100-6
  와 국가 139-46
  교회와 예술도 보라.

구속 45, 59, 73-4, 100-1, 167-8, 225-6, 381-3

국가
  다른 영역에 대한 의무 131-4
  종교에 대한 의무 138-44

국민 주권 대 국가 주권 129-30

근대주의
  와 칼뱅주의 240-252, 370-1, 383-4
  와 근대 예술 213-4
  기독교에 대한 위협 26-7, 58-60, 373-6
  도덕성에 대한 위협 236-8

니콜라스 월터스토프 46-7, 217-9

다원주의
  와 일반 은총 172-3
  고백적 134-55
  자신감 있는 43-6
  입헌적 121, 134
  상황적 149
  와 국교 폐지 95, 103-4, 254-6
  원칙 있는 46-8
  학교에서의 22
  구조적 134-55

도덕성
  의 쇠퇴(근대주의: 도덕성에 대한 위협도 보라.) 38-9, 233-4
  종교와 94-5, 246-7

도르트 총회 또는 신조 41, 206-7, 192-3

동성애 147-9, 151-2, 224-5, 258-9

로마 가톨릭 57, 62, 92, 102-3

무슬림. 이슬람을 보라.

범신론 22, 57-8, 60, 73, 246

벤자민 워필드 180, 295-99, 307-315, 368

분리. 인종을 보라.

삶의 체계 57

선택
  과 예술 207-10, 212, 222-3,
  소망을 위한 이유로서의 243-4
  대 다원주의적 선택 243, 273, 276-8
  을 향한 카이퍼의 열정 57-8, 104-5

성 74, 106

성경의 권위 66, 182, 238-9, 251-2, 383

세계관 74-5
  하나님의 주권과 칼뱅주의 세계관도 보라.

속죄. 구속을 보라.

신학백과사전 23, 294-301, 328

아름다움 204, 204-9, 213-6, 221, 224-6

양상 이론 213-4

영역주권 116-8
  과 예술 204-5, 210-4, 219-20
  칼뱅주의와 240-2
  네 종류의 122
  와 이슬람 257
  과 다원주의 119-23, 133-5, 258-9
  하나님의 주권과 청지기도 보라.

예술
  교회와 203-4, 207-11, 225-7
  고대 그리스 172, 202-4, 206
  "이중 의무" 수행 216-7
  화해의 사역으로서 218-21
  의 본성 204-5

예정. 선택을 보라

음악 204-5, 210-1, 214-6, 370

이교주의 57, 60, 206, 214, 216

이마누엘 칸트 95-6, 254

이슬람 46, 49, 57, 61, 73, 109, 141, 177, 255-6

인식론 18, 28, 249

인종
　아브라함 카이퍼의 36, 50, 63-5, 76-8, 185-6, 259, 264-87
　와 아파르트헤이트 63-4, 258-9, 265, 274-275, 279, 280-1
　와 "혼혈" 64, 270, 276
　"함의 저주" 63-4, 270, 277
　과 교차성 148
　국가의 의무 133
　일반 은총과 인종도 보라.

일반 은총
　과 예술 206-7, 212, 222-6
　논쟁 68
　과 인종 278-79, 284
　억제하는 힘으로서 125
　과 학문 172-76, 190-6

자연 계시 164-71, 175-6, 190-1, 194-5

자연주의. 과학주의를 보라.

정체성 정치 147-52

젠더
　정체성 148-9, 151, 258-9
　역할 128-9, 133-134, 258-9, 282-4

진화
　와 섭리 60
　과학 또는 세계관으로서 179-186
　선택 대 다원주의적 선택도 보라.

청지기 204-5, 378-9
　하나님의 주권과 청지기도 보라.

찰스 하지 19, 296

타락
　과 세상의 파괴 58-59, 124-130, 237-238, 264
　과 세상의 구속 19-20, 98-101, 206-7, 217-21

프랑스 혁명 29, 59, 73-6, 130, 234, 238, 246

프리드리히 슐라이어마허 86, 90, 238-9, 251

하나님의 주권
　과 칼뱅주의 세계관 19-22, 73-4, 165-7, 252-3, 370-73, 377-83
　과 청지기 77-8, 120-34, 167-8, 254-5, 380-1
　(영역주권도 보라.)

하나님의 창조 사역
　과 신적 주권 57-9, 384
　진화론적 창조론 191-5
　와 로고스 교리 96-8
　예술을 위한 동기로서 225-6
　학문을 위한 동기로서 164-71, 176-77
　와 사회의 "유기적 이론" 123-30, 131-33
　젊은 지구 창조론 181-3

헤르만 바빙크 97, 104, 298, 382-4

환경주의 77, 124-5, 154, 182-3, 188-9